Startup to
Scale-up

하이테크 강국
이스라엘

한정화 지음

한국 경제 퀀텀 점프, 이스라엘에 답이 있다

하이테크 강국 이스라엘

한정화 지음

Startup to Scale-up

아라크네

이스라엘과 한국은 천연자원이 빈약한 환경 조건과 적대적인 국가들에 둘러싸인 지정학적 여건 속에서 생존과 번영을 이루어 낸 나라들입니다. 두 나라 모두 단기간에 탁월한 성취를 이루었지만 현재 여러 가지 한계에 직면해 있습니다. 이스라엘은 스타트업 국가로서는 성공했지만, 스케일업 전략을 실천하기 위해서는 제조 역량을 가진 외부 파트너와의 협력이 필요합니다. 한국도 제조업 역량은 우수하지만, 혁신 성장을 위해서는 하이테크 스타트업과 오픈 이노베이션 파트너십이 필요한 상황입니다.

이스라엘은 Zero to One, 즉 원천 기술 기반 스타트업이 강한 나라입니다. 반면에 한국은 1 to 100, 1,000, 즉 규모의 경제를 통한 스케일업이 강한 나라입니다. 스타트업 혁신 강국 이스라엘과 제조 혁신 스케일업 강국 한국의 만남은 글로벌 밸류체인의 혁신을 선도할 수 있는 가능성이 높습니다. 한국과 이스라엘 기업 간 상호 협력을 증진하기 위해서는 깊이 있는 이해와 다양한 형태의 교류·협력이 필요합니다. 이를 촉진하기 위해 2023년 한국이스라엘 컨퍼런스가 설립됐고, 요즈마 그룹의 회장인 이갈 에를리히와 제가 공동 이사장을 맡게 됐습니다.

10년 전 창조경제가 국정 과제가 됐을 때 창업 국가 이스라엘이 많은 주목을 받았습니다. 당시 중소기업청장을 맡았던 저는 이스라엘의 기술 창업 인큐베이터 정책을 벤치마킹한 민간 주도 기술 창업 지원 프로그램인 TIPS(Tech-incubator Program for Startup)를 설계한 바 있습니다. TIPS 정책은 우수 전문 인력의 창업을 지원해 10년이 지난 오늘 가장 성공적인 기술 스타트업 지원 프로그램으로 자리매김했습니다.

좀 더 역사를 거슬러 올라가 보면 한국은 1990년대 중반 벤처 정책을 디자인할 때 이스라엘을 참고로 했던 적이 있습니다. 요즈마라는 정부 주도의 모태펀드가 이스라엘 창업 생태계의 획기적 변화를 가져왔다는 사실을 알고 이를 한국에 도입하고자 하는 노력을 했었습니다. 그 결과 2005년 한국형 모태펀드인 한국벤처투자가 설립돼 한국 벤처 생태계의 발전에 큰 기여를 해 왔습니다.

이 책은 이스라엘이 창업 국가로 변모하기 시작한 지 30년이 지난 시점에서 성공 요인은 무엇이었는지, 핵심 산업의 발전 수준은 어느 정도인지, 이스라엘과 한국 기업 간 협력을 강화하기 위해서는 어떻게 해야 하는지 등에 대한 답을 제시하기 위해 쓰였습니다. 책 내용은 두 파트로 나누어져 있습니다. 전반부에서는 하이테크 혁신 국가 이스라엘이 걸어온 길을 살펴보았습니다. 이스라엘 특유의 혁신 문화와 기업가정신을 정리해 보고 과학기술과 핵심 산업에 대해 소개했습니다. 특히 스타트업 생태계의 현황과 주요 이슈들을 정리해 보면서 한국에 대한 시사점을 논의했습니다. 그간 이루어진 한국 기업과 이스라엘 기업 간 교류·협력의 사례들을 살펴보면서, 향후 전략적 파트너십을 강화하기 위한 방안을 제시해 보았습니다.

후반부에서는 사이버 보안 산업, 방위 산업, 바이오·헬스 산업, 애그테크 산업, 기후테크 산업, AI 산업, 모빌리티 산업, 핀테크 산업 등 8개 하이테크 산업에 대해 분석한 내용을 정리했습니다. 이미 도래한 4차 산업 혁명의 시대에 가장 앞서 나가고 있는 이스라엘의 산업과 기술에 대한 이해에 도움이 되리라 생각합니다. 이 분야들은 전 세계 선진국들이 국가의 명운을 걸고 전력투구하는 산업들로서 한국도 최우선 순위에 두고 발전시키고자 하는 산업들입니다. 하이테크 산업 발전을 위한 국가 정책 수립과 이스라엘 기업과 협력을 추진하고자 하는 기업에 참고가 되리라 생각합니다.

이 책이 완성되기까지 많은 분의 도움이 있었습니다. 우선 방한 중 바쁜 일정 가운데 면담에 응해 준 요즈마 그룹의 이갈 에를리히 회장, 에어로베이션의 마랏 마얀 대표, 아워크라우드의 데니스 반 아태 지역 대표, 버텍스 벤처 캐피털의 데이비드 헬러 대표, 테벨 에어로보틱스의 도브 패트만 CFO, 요즈마 이노베이션 센터의 야니브 골드버그 센터장께 감사를 드립니다. 또한 책을 쓰도록 격려와 지원을 해 준 주한 이스라엘 대사 아키바 토르, 요즈마 그룹 코리아의 이원재 대표, 이동준 대표, 전한석 상무께도 감사를 드립니다. 이분들과의 면담이 책 전체의 프레임을 구성하는 데 큰 도움이 됐습니다. 이스라엘과 오랜 사업 경험을 가진 비츠로셀의 장승국 대표, 울트라사이트와 조인트벤처를 설립한 셀바스 헬스케어의 유병탁 대표, 에어로베이션 코리아 신용상 대표와의 인터뷰는 이스라엘과 성공적인 비즈니스를 할 수 있는 가이드라인 작성에 큰 도움이 됐습니다.

산업 분석을 위해 수고해 주신 한양대 박성일 박사와 김지현 박사과정 조교께 감사드리는 바입니다. 원고를 꼼꼼히 읽으면서 많은 조언을 해 주신 요즈마 그룹 코리아의 임수진 상무, 양정훈 CTO, 최경철 본부장, 한국이스라엘 컨퍼런스의 엄치성 사무총장, 채지영 수석, 이재인 수석의 도움에 감사를 드립니다. 책 제목 선정을 위해 많은 아이디어를 주신 요즈마 그룹 코리아 임직원께도 감사를 드립니다. 마지막으로 이 책의 출판을 맡아 주신 아라크네의 김연홍 대표와 임직원분들에게도 감사를 드리는 바입니다. 이 책이 이스라엘과 비즈니스를 하는 한국의 기업인들과 이스라엘의 혁신 생태계에 관심을 가진 독자들에게 널리 읽혀서 한국과 이스라엘 기업 간 교류 협력이 활발해지고, 두 나라가 함께 번영하는 미래를 만드는 데 도움이 되기를 바랍니다.

2024년 5월
한정화

PART 2
이스라엘 하이테크 산업의 이해

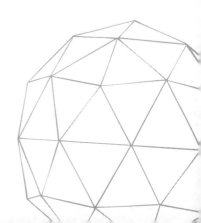

PART 1

혁신 강국 이스라엘, 어떻게 만들어졌나?

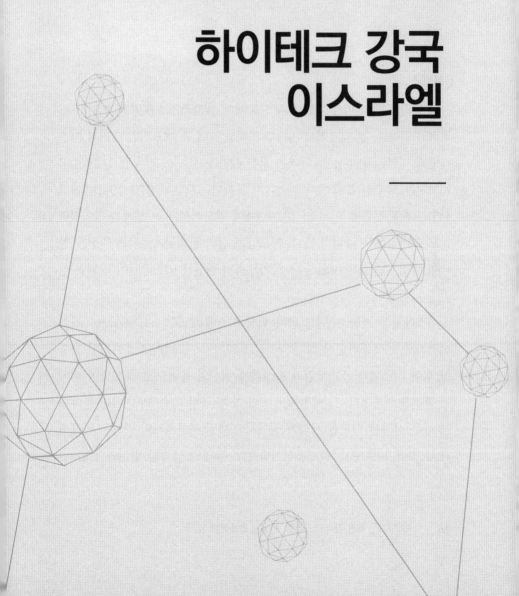

1장

하이테크 강국
이스라엘

이스라엘과 한국

한 국가가 불과 반세기 만에 후진국에서 선진국으로 도약하는 것은 기적적인 일이다. 전 세계에서 이러한 기적을 보여 준 대표적인 나라가 이스라엘과 대한민국이다. 두 나라는 같은 해인 1948년에 건국됐고, 1960년대까지는 낙후된 모습에서 벗어나지 못했다. 그러나 1970~1980년대에 산업구조의 전환을 이루고, 2020년대에 이르러서는 전 세계가 경이적인 눈으로 바라보는 나라가 됐다. 제조업 중심의 산업국가로서의 변신은 한국이 빨랐지만 스타트업startup 국가로서의 변신은 이스라엘이 탁월한 성과를 나타냈다.

이스라엘은 지난 30년간 국가 혁신 시스템National Innovation System이 본격적으로 작동하면서 혁신 국가로 변모하기 시작했다.[1] 효율적인 산관학 협력 시스템과 스타트업의 활성화가 혁신의 동력으로 작용하며 비약적 발전을 이루었다. 그 이전에도 농업 기술, 국방 기술, 의약 기술 분야에서 높은 성과를 실현한 사례가 있었지만 혁신 국가로서의 위상은 미약했다. 그러나 1990년대 정보통신기술(ICT) 산업의 급속한 발전과 2000년대 사이버 보안, 바이오, 헬스케어, AI, 기후테크, 모빌리티, 핀테크 등 다양한 분야에서의 약진은 "혁신 국가 이스라엘"에 대한 전 세계적인 관심을 불러일으켰다. 여러 나라에서 이스라엘과 같은 스타트업 생태계를 마련하기 위한 국가적 노력을 기울였다. 가장 대표적인 나라가 "창조경제"를 추진했던 한국이다.

한국에서는 1990년대 후반 무렵 벤처 창업을 통한 스타트업 강국을 만들고자 하는 범국가 차원의 움직임이 본격화됐다. 1996년에 코스닥 시장을 만들고 1997년에 "벤처기업 육성을 위한 특별조치법"을 제정했다. 이 와중에 1997년 말 한국을 강타한 IMF 금융 위기는 30대 재벌 기업 절반가량을 무너뜨리며 경제 전망을 암울하게 만들었다. 위기 극복에 나선 김대중 정부는 벤처 육성을 국가 전략으로 제시했다. 그렇게 1990년대 말 정부 주도의 벤처 열풍이 조성되면서 미국의 실리콘 밸리 Silicon Valley를 학습하고자 하는 노력과 함께 이스라엘의 기술 인큐베이터와 요즈마 펀드Yozma Fund에 대한 관심이 생겨났다. 그 결과 이스라엘과 같은 정부 차원의 모태펀드 조성의 필요성이 인식돼 2005년 공공 모태펀드인 한국벤처투자(KVIC)가 설립됐다.

또 한 번의 이스라엘 벤치마킹은 2013년 박근혜 정부가 출범하면서 시도됐다. 당시 사울 싱어Saul Singer와 댄 세노르Dan Senor의 『창업국가 Startup Nation』가 국내에 소개되면서 창조경제의 모델로서 이스라엘을 학습한 것이다. 그 결과 만들어진 정책이 민간 주도 기술 창업 활성화를 위한 TIPS(Tech-incubator Program for Startup) 프로그램이다. TIPS 프로그램은 우수한 역량을 지닌 과학자나 기술자가 실패에 대한 두려움 없이 창업에 도전하도록 하는 정책으로, 2013년 출범 이래 가장 성공적인 기술 창업 지원 프로그램으로 발전해 왔다.[2]

역사를 돌이켜 보면 이스라엘과 한국은 지리적으로도 떨어져 있고, 1990년대 이전만 해도 교류가 활발하지 않았음에도 불구하고 여러 가지로 벤치마킹의 대상이 되어 왔다. 척박한 지리적 환경 및 적대적 안보 환경 속에서 생존해 온 것에 대한 관심과 더불어 배울 점이 많았기 때문이다. 이스라엘의 키부츠Kibbutz와 모샤브Moshv는 집단 농업 형태의 공동체로 사막을 옥토로 바꾸는 기적을 만들어 냈는데, 이는 박정희 대통령 시절에 "잘살아 보세"를 구호로 내건 새마을운동의 모티브가 됐다. 우리는 유대인의 저돌성과 도전 정신 못지않은 '하면 된다' 정신으로 노력한 결과 1960년대 초 세계 최빈국에서 현재 세계 10위권 경제 대국으로 도약했다.

이스라엘은 국방 분야에서도 한국의 모델이 됐다. 1948년 5월 14일 이스라엘이 독립 선언을 하자, 바로 다음 날 아랍 6개 국가에서 침공했다. 이 과정에서 이스라엘은 기적적으로 살아남았다. 1967년의 6일 전쟁 당시에는 기습 작전으로 예루살렘 구시가지를 포함해 북쪽으로는 골란고원, 남쪽으로는 시나이반도까지 점령했다. 전쟁 직후 프랑스의 군사 지원이 중단된 상태에서 자력으로 국가 방위를 위해 혼신의 노력을 추진하던 이스라엘은 당시 남북한 대치 상황에서 자주국방을 이루고자 했던 박정희 정부의 이상적인 모델로 여겨졌다.

하지만 1973년에 벌어진 제4차 중동전쟁의 여파로 사우디아라비아를 비롯한 중동 산유국들이 단합해 '오일 쇼크'로 불리는 석유 수출 무기화 전략을 단행했다. 기름 한 방울 나지 않던 한국은 압력에 굴복할 수밖에 없었다. 한국은 1962년에 수교를 맺었던 이스라엘과의 외교 관계를 흐지부지 중단했고, 1992년이 돼서야 주한 이스라엘 대사관을 다시 세울 수 있었다. 그 후 한국은 이스라엘과 꾸준히 교류와 교역을 증진해 왔다.

기술 협력 펀드 조성 등 다양한 협력이 이루어져 왔는데, 본격적으로 교류가 활성화된 것은 최근 10년간이다. 삼성, LG, 현대자동차 등이 현지에 연구소를 세우거나 스타트업 투자를 했다. 2022년 12월 한·이스라엘 FTA가 공식 발효되면서 이스라엘과의 협력과 교류 움직임은 더욱 활발해질 것으로 기대된다.

혁신 스타트업의 발전

혁신 기술 강국의 위상

현재 이스라엘은 세계 최고 수준의 테크 기업을 보유한 혁신 기술 강국이다. 스위스 국제경영개발원(IMD)의 국가 경쟁력 순위에 따르면 이스라엘은 전문화된 노동력, 벤처 창업, 연구개발 투자 비율, 혁신 수용성 등에서 세계 1위를 차지했으며 과학기술, 경영 전문성 등에서 2위를 기록했다. 이스라엘은 1인당 R&D 지출 세계 1위로, GDP의 약 5.56퍼센트를 R&D에 투자한다. 이는 OECD 국가 평균의 두 배 수치다.[3] 2023년 기준으로 이스라엘은 과학 인프라 분야 세계 10위, 기술 인프라 분야 세계 6위를 차지하고 있다.[4] 우수한 기술력을 바탕으로 많은 기술 스타트업이 탄생했고, 전 세계에서 몰려든 글로벌 다국적 기업의 연구개발 거점이 됐다. 이스라엘에는 아마존Amazon, 애플Apple, 인텔Intel, IBM, 구글Google, 마이크로소프트Microsoft, 삼성, LG 등 500개가 넘는 글로벌 기업의 R&D 센터가 모여 있다.

이스라엘의 우수한 과학·기술 인프라는 하이테크 산업의 발전에 큰 영향을 미쳤다. 이스라엘의 하이테크 산업 수출 규모는 2022년 기준 총 710억 달러였는데, 이는 이스라엘 전체 수출액의 48퍼센트다.[5] 지난 10년간 무려 107퍼센트 성장한 수치다. 이스라엘 혁신청 자료에 따르면 하이테크 산업은 2012년 이스라엘 GDP의 13.9퍼센트를 차지했고, 2019년에는 15.6퍼센트, 2022년에는 18.1퍼센트로 상승했다. 미국의 경우 2021년 기준 하이테크 산업이 GDP에서 차지하는 비중은 9.3퍼센트다.[6] 이와 비교했을 때 이스라엘 하이테크 산업의 규모는 미국의 거의 두 배에 달하는 수준이다. 이처럼 하이테크 분야는 이스라엘 경제 성장에 크게 기여하고 있다.

이스라엘은 사이버 보안, 농업 기술, AI 분야 등에서 세계적인 기술력을 가진 뛰어난 스타트업을 배출하는 국가다. '스타트업 국가'로도 불리는 이스라엘은 강력한 스타트업 생태계를 가지고 있으며, 매년 800~1,000개의 스타트업이 신규로 설립된다. 이러한 성장은 1990년대 이후 급속하게 이루어졌다. 1991년 이스라엘에서 설립된 스타트업 수는 51개에 불과했지만, 1993년에는 124개로 두 배 증가했으며 2000년에는 642개가 설립됐다. 이스라엘 스타트업의 가치는 2022년 기준 1,200억 달러에 달한다.[7]

이스라엘 기업의 나스닥 상장도 눈에 띄는 성과를 나타내고 있다. 글로벌 무대에서 강세를 보이는 이스라엘 기업은 나스닥에 상장된 외국 기업 중 중국 다음으로 많은 수를 차지한다. 2024년 1월 기준 총 128개의 이스라엘 기업이 나스닥에 상장되어 있다. 나스닥에 상장된 이스라엘 기업들은 헬스케어와 소프트웨어 분야에서 강세를 보인다. 헬스케어 기업으로는 이스라엘의 국민 제약 기업 테바Teva, 세계 최초로 경구용 인슐린 치료제를 개발한 오라메드Oramed, 세계 최초로 알파선 방사선 치료제를 개발한 알파타우AlphaTau 등이 있다. 컴퓨터 소프트웨어 기업으로는 첨단 자율주행 솔루션 기술 기업 모빌아이Mobileye, 글로벌 사이버 보안 기업 체크포인트Check Point 및 사이버아크CyberArk 등이 있다. 2021년에는 57개의 이스라엘 기업이 나스닥에 상장돼 40억 달러를 조달했다. 2020년의 17억 달러에 비하면 거의 세 배가 증가했다.[8]

1993년부터 2000년까지 나스닥에 상장한 이스라엘 기업의 69퍼센트가 벤처 캐피털venture capital(VC)의 지원을 받았다. 이스라엘 기업이 IPO나 M&A로 회수(exit)하는 데 걸리는 기간은 7년으로, 세계 평균 9.4년에 비해 짧은 편이었다.[9] 수익 확대를 위해 빠른 회수를 추구했던 투자자들이 초기 기업을 발굴해서 혁신 성과를 창출하는 방식으로 변화됐다. 2013년부터 2019년까지 이스라엘의 기관별 하이테크 산업 투자 비율을 보면, 액셀러레이터를 비롯해 개인 엔젤 투자자와 기업 투자자 등 여러 투자 기관이 있지만 벤처 캐피털 펀드가 40퍼센트 넘는 비중을 차지하며 꾸준히 투자 금액을 확대해 온 것을 알 수 있다.

초기 기업 발굴과 성장에 집중하자 유니콘 기업의 수도 증가했다. 2023년 12월 기준으로, 유니콘으로 등록된 이스라엘 기업 수는 93개다. 매해 20개가 넘는 이스라엘 기업이 유니콘 기업으로 성장했다. 사이버 보안 분야의 기업이 가장 많고(29.2%), 핀테크(12.5%)와 AI(12.5%) 분야가 그 뒤를 따르고 있다.

혁신 생태계의 선순환적 발전

1990년대 이전만 해도 글로벌 하이테크 산업에서 이스라엘의 존재감은 미미했다. 와이즈만(바이츠만) 연구소Weizmann Institute of Science에서 나온 신약이 글로벌 제약 회사에 매각돼 큰 성공을 거둔 사례들이 있었지만 ICT 분야에서는 별다른 두각을 나타내지 못했다. 그러나 30년 만에 제2의 실리콘 밸리라고 칭할 정도로 역동적인 하이테크 스타트업 생태계로 변모해 전 세계를 놀라게 했다. 스타트업 혁명이라고 부를 만큼의 극적인 변화를 일으킨 원인은 이스라엘이 가진 혁신 잠재력이 글로벌 투자 자본과의 만남을 통해 폭발적인 역동성을 실현했기 때문이다. 이를 좀 더 심층적으로 이해하기 위해 먼저 이스라엘 하이테크 산업의 발전 동인을 살펴보고자 한다.

천연자원은 부족하지만 완전 고용을 열망하고 인력 자원을 개발하며 국민의 복지와 삶을 개선하는 일에 전념하는 것이 이스라엘의 국가 혁신 전략이다.[10] 이스라엘 정부는 건국 이래 과학과 기술 연구개발, 교육, 학계, 방위, 산업에 막대한 예산을 투입했다. 그 과정의 정점은 1985년의 R&D법(산업 연구, 개발, 기술 및 혁신 장려법Law to Encourage Research, Development and Technological Innovation in Industry)의 탄생이다. R&D법에 따르면, 수석 과학관Chief Scientist은 다른 정부 기관의 활동과는 독립적으로 1년 이상 자금이 필요한 중요 연구개발 프로젝트에 지속해서 보조금을 지원할 수 있었다. 이스라엘 혁신청Israel Innovation Authority은 위험 요소가 크거나 장기적인 계획이 필요해 민간에서 투자를 주저하는 분야에서 마중물 역할을 했다.[11] 혁신 기술이 있다면 실패를 두려워하지 않고 적극적으로 투자한다는 의미다. 다만 도덕적 해이를 차단하기 위해 비용은 정부와 지원자가 각각 50퍼센트씩 부담했다.

국토의 절반 이상이 사막 지형이고 적대적인 나라에 둘러싸인 상황에서 이스라엘은 제한된 국가 자원을 효율적으로 쓰면서 성과를 높이기 위해 산관학이 긴밀히 협조하는 시스템을 구축했다. 이스라엘의 혁신 시스템은 정부와 학계, 벤처 캐피털, 군 등이 참여해 이끌어 간다. 산관학 협력 모델에서 이스라엘만의 특징은 군과 글로벌 벤처 캐피털의 역할이다. 1990년대에 이러한 시스템이 효과적으로 작동하면서 역동적인 변화를 실현했다. 그 핵심에는 정부와 민간 영역 간의 적절한 역할 분담과 상호 조정이 있었다.

이스라엘 하이테크 산업의 기초는 대학과 연구소에 있다. 국력에 비해 일찍이 세계 수준의 대학과 연구소를 보유하고 있었으며 바이오, 제약, 의학 분야에서 뛰어난 연구 실적을 보였다. 과학기술적 발견을 사업화하는 데도 많은 성과를 보여 왔다. 하이테크 산업 발전의 다른 한 축은 국방 기술과 방위 산업이었다. 항시 전쟁의 위협이 존재하는 환경 속에서 제한된 자원으로 국가 안보를 유지해야 하는 것은 최우선의 국가 과제였다. 이 과정에서 첨단 기술이 개발되기 시작했고, 기술이 민간으로 이전되면서 산업 발전을 촉진했다. 방위 산업에서의 수익을 연구개발에 투자하면서 선순환이 가속화됐다.

여기에 결정적 전환점을 가져온 것은 1989년 소련 연방이 해체되면서 수년에 걸쳐 100만 명 넘는 유대인이 이스라엘로 유입된 사건이다. 그중에는 20만 명의 과학자와 기술자가 포함되어 있었다. 이스라엘은 이들에게 일자리를 제공하면서 고급 전문 인력을 활용할 방법을 모색했다. 이를 위해 마련된 것이 창업을 촉진하기 위한 기술 인큐베이터 설립이었다. 그러나 정책 지원금만으로 성공적인 결과를 도출하기 힘들다는 사실을 알게 되자 새로운 방향을 모색했다. 정책 자금을 마중물로 해외 벤처 캐피털을 끌어들여 창업 성공률을 높이기 위한 방안을 찾는 가운데, 국가 주도의 모태펀드인 요즈마 펀드가 결성되어 해외 벤처 캐피털을 유치하기 시작했다. 선진 경영 역량과 글로벌 마케팅 역량을 갖춘 해외 벤처 캐피털과 이스라엘 스타트업의 만남은 이스라엘 산업 기술의 잠재력을 폭발시켰다. 첨단 기술과 자본과 시장의 만남이 새로운 산업의 지평을 연 것이다. 기술 기반 창업 생태계를 조성하는 과정에서 국가 차원의 집단학습collective learning을 가능하게 했다. 한편, 1990년대 벤처 캐피털 산업의 성장과 함께 하이테크 스타트업이 획기적으로 증가하게 된 배경에는 국가 방위 차원에서 길러 낸 고급 전문 기술 인력이 있었다. 하이테크 국가 이스라엘이 출현하게 된 것은 적대적 환경 속에서 살아남고자 하는 국가적 열망과 국민적 지혜가 총체적으로 결집된 결과다.

국방과 안보

자주국방과 방위 산업의 발전

이스라엘 하이테크 산업의 태동은 전쟁의 역사와 함께한다. 직접적 발단은 '6일 전쟁'이라 불리는 1967년의 제3차 중동전쟁이다. 이 전쟁에서 이스라엘은 선제공격으로 이집트를 굴복시키고 승리를 얻어 냈다. 이스라엘은 1948년 국가 수립 후부터 생존에 필요한 무기 확보가 국방 정책의 최우선이었고, 이를 위해서 프랑스와 긴밀한 군사 협력 관계를 유지해 왔다. 그러나 이스라엘은 선제공격을 하지 말라는 프랑스의 요구를 무시했고, 이에 격분한 샤를 드골Charles de Gaulle 프랑스 대통령은 이스라엘 방위에 대한 지원을 중단했다. 이때부터 이스라엘은 생존을 위해 자주국방에 자원을 쏟아부으면서 방위 산업을 육성하기 시작했다. 해외로부터의 무기 조달 의존도를 낮추기 위해 자국의 방위 산업 R&D와 생산 역량을 키우는 데 주력했다.

이스라엘 방위 산업의 또 다른 전환점은 1973년에 발생한 욤 키푸르 Yom Kippur 전쟁 이후였다. 세계 최고의 첩보 역량을 자랑하면서 주변 아랍 국가들과의 전쟁에서 한 번도 패한 적이 없던 이스라엘은 1973년 10월 6일 이집트와 시리아의 기습 협공으로 전쟁 초반 크나큰 패배의 쓴맛을 보게 된다. 욤 키푸르 전쟁 실패의 원인은 6일 전쟁의 승리에 도취해서 과도한 자신감과 오만, 안주와 부주의가 만연했던 데 있었다. 이스라엘이 그토록 자신하던 첩보에서부터 실패함으로써 심각한 국가적 위기를 피하지 못했다.

이 전쟁은 이스라엘의 군대와 정치는 물론이거니와 경제와 하이테크 산업에까지 심대한 영향을 미쳤다. 이 전쟁을 계기로 이스라엘은 방위군의 대폭적인 증강을 위해 엄청난 방위 비용을 쏟아부었는데, 과도한 국방 예산 투입으로 경제의 불균형이 심화되는 결과를 초래하고 말았다. 이른바 "잃어버린 10년"이라 불리는 전후 1970년대는 이스라엘인들에게 엄청나게 고통스러웠던 시대로 기억된다.[12] 1973년 전쟁 이후에는 미국이 동맹국이 되었지만 1981년 이라크 원자로 폭격, 2007년 시리아 원전 공습 사례에서 보듯이 이스라엘은 자국 안보를 위협하는 요인의 제거를 위해서는 가장 중요한 동맹국에도 사전 통보 없이 독자적으로 행동했다.

이스라엘 군대의 방위 산업 기술 개발 방식은 기술 창업의 관행에도 많은 영향을 미쳤다. 척박한 안보 환경 속에서 크고 작은 전쟁에 시달리는 이스라엘이 무기를 개발하는 방식은 독특하다. 미완성의 무기를 실전에 적용해 실험을 거치면서 용도에 맞는 방향으로 끊임없이 개조하는 것은 전투 상황이 상시 발생하는 이스라엘만의 관행이다. 2011년부터 실전에 배치된 단거리 로켓 요격용 미사일 아이언돔Iron Dome은 기존의 요격 기술을 융합해 3년의 동안 개발한 후 지속적인 개조로 성능을 개선한,

이스라엘식 무기 개발 방식의 대표적인 사례다.

이스라엘 군수산업의 실용적 전통은 완제품보다는 핵심 부품이나 소프트웨어 생산에 주력하고, 기존 제품에 새로운 아이디어나 기술을 접목하는 실험을 통해 첨가하고 융합하는 개발에 치중하는 이스라엘 기술 창업 기업가들과 맥을 같이 한다. 소규모의 수평적 팀워크를 중시하며 군과 민간 사이의 장벽이 거의 없다. 군대에서 개발된 기술의 민간 전파도 활발하다. 1980년대 이스라엘 정부가 추진했던 라비Lavi 전투기 제작은 미국의 압력과 재원 부족으로 중단됐지만, 이 계획에 종사했던 수만 명의 기술 인력이 자구책을 찾는 과정에서 1990년대 이스라엘 IT 붐이 시작되고 기술 창업의 인재풀이 형성된 사례도 있다.

방위 기술의 민간 이전

국가의 지원에 의존하던 이스라엘 방위 산업은 1980년대(1982~1992년) 세계 방산 시장의 급속한 축소와 자국 국방 예산의 감축으로 심각한 위기에 봉착한다. 국방 예산의 감소(종전 GDP의 13% 이상에서 8% 이하 수준)로 무기 구매가 절반으로 줄었고, 방위 산업 종사자 수는 35퍼센트나 감소했다. 이에 따라 정부 주도의 구조 조정이 불가피해진 이스라엘은 내부 효율성 강화와 방산 수출을 적극 추진하는 동시에 글로벌 틈새 시장을 장악하는 데 주력했다.

국방 예산 감축으로 국내 시장에만 의존할 수 없게 된 이스라엘 방산 업체는 적극적으로 해외 시장을 개척하기 시작했다. 프랑스의 공백을 메꾼 미국은 전략적 파트너이자 공급자가 되면서 1987년 이래 매년 30억 달러의 군사원조를 했다. 이스라엘은 미국과의 협력을 통해 자금과 첨단 기술에 대한 접근성을 높일 수 있었다. 원조가 증가하면서 이스라엘 방위 산업은 미국의 영향력 아래에 놓이게 됐고, 미국 국방의 이해관계에 따라 제한된 범위의 제품을 사고팔 수 있게 됐다.

국가 R&D 예산과 관리를 평가하는 과정에서 방위 기술을 민간에 이전할 것이 제안됐다. 다양한 경제 및 산업 분야에 미치는 방산 기술의 잠재력에 관한 인식이 높아졌기 때문이었다. 방위 기술의 민간 이전은 국가 경제에 레버리지 역할을 할 것으로 기대됐다. 기업 주도적 환경을 구축하기 위해 정부는 선택적으로 개입했다. 정부 부처의 R&D를 국가 계획과 더불어 검토해서 조정하고, 각 부처는 관할 아래 있는 R&D 정책과 관리를 담당하는 각각의 수석 과학관을 임명하도록 건의했다.

1984년 산업통상부에 의해 산업 연구개발 R&D 촉진법이 만들어지면서 새로운 기술 창출에 관심이 집중됐다. 이에 따라 스타트업과 중소기업에 대한 지원이 정부 보조금 방식으로 제공됐다. 지원 분야는 ① 대기업·스타트업·특정 지역 내 기업의 제품 개발 프로젝트, ② 해외 고객을 위한 하도급 이스라엘 기업에 의해 수행되는 프로젝트, ③ 산업 R&D를 위한 시장조사와 타당성 연구 등이었다. 기술 인큐베이터가 R&D 지원, 사무실 제공, 자문 등을 수행했다.

이스라엘 경제 전반에 기술 기반을 구축하기 위한 마그넷MAGNET 프로그램도 마련됐다. 이는 이스라엘 혁신청(구 수석 과학관실)에서 지원하는 기술 이전 프로그램 중 하나로, 기술 협력과 확산을 촉진하기 위해 정부와 대학 연구 기관 및 기업체 간의 컨소시엄을 구축하는 것이다. 경쟁 단계 이전의 기술 개발을 위한 R&D, 외국으로부터 국내 기술 사용자로의 기술 이전 등이 지원 대상이었다. 산업통상부는 R&D 컨소시엄 결성과 비용을 지원했다. 참가 기업은 비용의 66퍼센트, 대학 참가자는 100퍼센트를 지원받았다. 1997년까지 15개의 컨소시엄이 결성됐다.

선도적인 방산 업체(라파엘Rafael, IAI, 엘옵El-Op, 엘빗 시스템즈Elbit systems)들은 각각의 네트워크 내 협력적 R&D를 추진했다. 네 개의 학술 기관(텔아비브대학교Tel Aviv University, 와이즈만 연구소, 테크니온Technion 공대, 벤구리온대학교Ben-Gurion University)이 네트워크에 포함되어 있었다. 군사용과 민간용으로 사용할 수 있는 기술에 R&D 지원을 함으로써 민간과 국방이 상호 지원하는 형태가 됐다. 방산 분야의 기술 이전과 확산은 다양한 경제 영역에 걸친 열린 집단학습 과정open process of collective learning을 가능하게 했다.

이스라엘 방산 기업은 '선택과 집중' 전략을 고수해 완제품보다는 첨단 레이더와 전자 기술 기반 핵심 체계와 부품에 강점을 지니고 있다. 특히 1973년 제4차 중동전쟁(욤 키푸르 전쟁)을 겪은 이후 기습에 대한 경각심을 바탕으로 적의 공격을 사전에 파악하고 미리 대응할 수 있는 항공 정찰, 레이더, 미사일, 정보통신 등의 분야가 발전하기 시작했다. 직접적인 공격용 무기뿐만 아니라 군사작전에서 꼭 필요한 정보통신기술의 발전에는 이스라엘 엘리트 부대(8200부대, 탈피오트Talpiot 프로그램 등)의 결정적인 기여가 있었다. 이렇게 축적된 첨단 기술은 정보통신, 바이오 등 4차 산업 분야로 확산돼 4차 산업혁명 시대에 이스라엘의 위상을 높이는 데 기여하고 있다. 그 결과 방위 산업은 수출 기여도와 다른 산업의 발전에도 많은 영향을 주면서 이스라엘 혁신 생태계에서 큰 비중을 차지하게 됐다.

스타트업 인재 양성

이스라엘의 스타트업 인재 대다수는 군 경력을 기반으로 탄생했다는 독특성을 가지고 있다. 이스라엘은 국토가 협소한 상황에서 주변의 아랍 국가들과 빈번한 전쟁을 겪었다. 이런 상황에서 군사정보력은 매우 중요했다. 적의 구체적 정보를 우선 입수해서 선제공격을 가해 적국의 영토 내에서 전쟁을 치르는 것이 이스라엘의 기본적인 군사전략이다. 이를 위해 적국의 군사정보를 입수·분석하는 비밀 정보 부대, 컴퓨터 부대 등의 역할이 무엇보다도 중요하다. 이를 위해 우수한 군 기술 부대 리더 양성을 추진했다. 군 기술 리더들은 기술 정보 부대, 전산 부대 등에서 근무하며 기술의 전문성을 높이고 연구개발 프로젝트의 성공 등을 경험했다. 그리고 제대 후에는 민간 산업계에서 우수한 기술 전문가 혹은 창업가로 활동해 왔다.

군 기술 리더들은 동기부여가 강하게 된 소규모 팀에서 일하며 예산과 시간이 매우 부족하고 잠도 제대로 자지 못하는 극한 상황 속에서 연구개발 과업을 성공적으로 수행해야 한다. 군 기술 부대의 열악한 업무 환경은 창업 벤처 기업 초기의 어려운 환경과도 유사하다. 군 복무를 마친 후 창업 기업의 CEO가 된 사람들은 이러한 경험을 토대로 스타트업의 성공을 이끌고 있다. 따라서 "군대 생활이 최고의 비즈니스 스쿨"이라고 말하기도 한다.[13]

탈피오트 부대는 과학 영재를 선발해 무기 연구개발 인력을 양성하는 제도로, 이스라엘 방산·정보 산업에 최고의 기술 인력을 공급한다. 그뿐 아니라 군, 학계, 정부의 지도급 인사를 비롯해 첨단 기술 인력과 기술 창업 기업인을 배출하는 집단으로서 높은 명성을 자랑하고 있다. 탈피오트 부대는 이스라엘이 1973년 욤 키푸르 전쟁에서 이집트의 기습 공격으로 건국 이래 최대의 안보 위협을 경험한 후, 이에 대한 대책 마련 과정에서 탄생했다.[14] 최고의 인재들을 뽑아 기초과학과 기술을 가르치면서 창의적인 아이디어를 만들어 낼 수 있도록 훈련하는 프로그램이다.

이스라엘 스타트업 인재 양성소로 탈피오트와 쌍벽을 이루는 곳이 8200부대다. 1952년 설립된 8200부대는 암호해독과 첩보 신호 수집을 책임지는 이스라엘 최대의 첩보 부대다. 최신 기술을 이용해서 첩보를 수집하는 8200부대는 미국의 국가안보국(NSA)이나 영국의 정보통신본부(GCHQ)에 상응하는 부대로, 오늘날 이스라엘 하이테크 산업을 선도하는 스타트업 창업가를 다수 배출한 하이테크 전문가 양성소로 명성이 높다.[15] 8200부대 출신이 창업한 스타트업이 1,000개가 넘고, 그중 사이버보안 기업만 400개에 이른다. 인터넷 방화벽firewall 시장 세계 1위 기업인 체크포인트를 만든 길 슈웨드Gil Shwed도 8200부대 출신이다.

주변 적국들의 위협에 대비한 신속하고 정확한 첩보 활동이 필요하고, 급격하게 발전하는 정보통신기술 추세에 뒤처져서는 안 되는 이들은 언제나 혁신과 창의를 추구해야 하는 운명이다. 특히 소프트웨어 기술의 최첨단에서 일하는 그들에게는 따라 할 대상이 없으므로 스스로 혁신을 해내야만 했다. 스스로 긴장감을 조성하면서 혁신과 효율이라는 이율배반적인 가치를 동시에 달성하기 위해 소위 "틀을 깨는 사고out of the box thinking"를 생활화할 수밖에 없었다.

어느 국가나 바람직한 가치를 창출하기 위해서는 사회의 최우수 인력이 그 일에 주도적으로 참여하도록 해야 한다. 이스라엘은 최우수 정예 인력이 하이테크 스타트업에 적극적으로 참여해서 탁월한 성과를 거두었고, 이를 바탕으로 새로운 기업을 만드는 연쇄 창업serial entrepreneurship 현상이 보편화됐다. 엘리트 군대가 엘리트 창업자를 만들어 낸 것이다. 이스라엘 하이테크 스타트업은 8200부대나 탈피오트 같은 특수 기술 부대에서 함께 복무했던 이들이 창업 팀으로 참여하는 것이 일반적이다. 같은 부대에서 복무했다는 사실이 끈끈한 유대를 만들고, 공통 경험에 기반한 강한 신뢰를 공유하고 있다. 한창 감수성이 예민한 청년 시절에 힘겨운 훈련장과 전쟁터에서 동고동락한 유대감은 스타트업 팀워크의 기반이 된다.[16]

벤처 캐피털 주도 하이테크 생태계

벤처 캐피털의 글로벌화

이스라엘 하이테크 스타트업의 발전을 주도한 것은 글로벌화된 벤처 캐피털이었다. 1997년에 4억 달러, 1999년에 10억 달러였던 하이테크 분야 투자 금액은 2000년에 30억 달러까지 확대됐다. 1997년부터 2013년까지 150억 달러 이상의 펀드가 조성됐고 260억 달러의 VC 투자가 이루어졌다. 그동안 이스라엘에는 6,500개가 넘는 스타트업이 설립돼 벤처 캐피털의 성장이 하이테크 산업과 경제 성장을 가속화하는 역할을 했다. 2010년 이후 10년간 이스라엘 스타트업이 조달한 자금은 5배 이상 증가해 총 950억 달러에 달했다.[17]

이스라엘은 실리콘 밸리에 이어 세계에서 두 번째로 활발한 벤처생태계가 되면서 "실리콘 와디Silicon Wadi"로 불리기 시작했다. IT, 사이버 보안, 핀테크 등에서 투자가 활발하게 이루어지며 특히 2021년에는 250

억 달러가 넘는 투자금을 유치했다. 당시는 이스라엘 벤처 캐피털 투자의 전성기로, 국민 1인당 미국보다 28배 많은 자금이 유치됐다. 이어서 2022년 이스라엘의 하이테크 산업은 663건의 펀딩을 통해 149억 5,000만 달러의 투자금을 유치했다. 2023년 상반기 기준 이스라엘 테크 기업에 대한 국내외 투자 비율을 보면, 이스라엘 국내 자본이 36퍼센트인 반면 국외 자본은 64퍼센트로 두 배가량 많다.[18] 이는 이스라엘 혁신 투자 생태계가 국제화되어 있다는 의미인 동시에, 해외 의존도가 매우 높다는 양면성을 보여 준다.

요즈마 펀드 출현과 생태계의 학습 효과

1992년 요즈마 펀드가 만들어졌을 당시 이스라엘 VC 업계는 투자 경험과 산업에 대한 지식이 해외 VC보다 부족한 상황이었다. 미국의 경우 이미 1960년대부터 VC 산업이 성장하면서 투자할 만한 기업을 발굴하고 성장시키는 방법, 적절한 가치에 지분을 매각하는 방법 등이 프로세스화 되어 있었다. 그러나 1990년대 이전까지 이스라엘 국내 VC는 객관적인 지표나 프로세스보다 직관을 바탕으로 투자하는 경향이 있었다. 요즈마 펀드의 설립을 통해 이스라엘 국내 VC는 해외 VC의 투자 거래 방법을 학습하면서 1993년부터 2000년대까지 짧은 기간 동안 압축적으로 투자 역량을 개발하게 됐다.[19]

이스라엘 VC는 초기 수익 성과를 올리기 위한 방법으로 M&A를 선택했다. 그러나 다소 이른 시점에 투자 회수를 위한 전략으로 M&A를 활용하다 보니 가치를 낮게 평가받았다. 이로 인해 단순히 기업을 매각하는 것만이 전부가 아님을 체득했다. 이후 기업을 성장시켜 가치를 올리는 것에 중점을 둔 이스라엘 VC는 투자한 기업의 파트너 역할을 하게 됐다. 기업의 조직 구성부터 제품 출시, 잠재 고객과의 연결 등 비즈니스를 돕는 다양한 역할을 수행했다. 이 시기 이스라엘의 벤처 기업들도 단순 자금 지원 외에 VC를 통해 얻을 수 있는 비즈니스 네트워크를 이해하고 배우기 시작했다. 이러한 노력이 이스라엘에 하이테크 기업의 대량 출현을 가능하게 했다.

이스라엘 벤처 캐피털 생태계의 성장은 오랜 기간에 걸친 정부와 민간의 위험 분담과 협력이 있었기에 가능했다. 이스라엘에 벤처가 태동하던 시기, 기업이 필요한 자금 조달을 받는 통로는 국가과학위원회의 보조금을 받거나 미국과 이스라엘 정부가 설립한 이스라엘-미국 산업연구개발재단Israel-U.S. Binational Industrial Research and Development(BIRD)을 통한 보조금을 받는 것이었다. 이스라엘 국가과학위원회의 보조금은 기업 성장의 발판으로 이용하기에는 무리가 있을 만큼 적은 금액이어서, 제품은 개발했지만 시장 진입에 실패한 기업이 속출했다. 1977년 설립한 BIRD에서 지원하는 프로그램은 미국 기업과 그들에게 필요한 기술을 지닌 이스라엘 기업을 매칭하는 프로그램으로, 개발비의 일정 부분을 지원하는 방식이었다. 마찬가지로 지원금은 적었지만, 이스라엘 기업은 이 프로그램을 통해 미국 시장과 비즈니스에 관해 배울 수 있었고 미국 진출에도 도움을 받았다.

이후 1992년 이스라엘 재무부가 주도해서 인발Inbal 펀드를 결성했다. 인발 펀드는 이스라엘 국영 보험회사 인발을 공적 보증기관으로 참여시켜 투자자의 손실을 70퍼센트까지 지원하는 프로그램이다. 하지만 인발 펀드는 투자 성공 시 인센티브를 주는 방식이 아닌, 실패의 손실을 최소화하는 방향으로 설계되다 보니 역량 있는 벤처 캐피털이나 해외 유수 벤처 캐피털의 참여 유인책이 되지 못한 채 결국 낮은 성과로 마감했다.

이 시기 이스라엘 정부는 벤처 기업 육성을 위해 자금뿐만 아니라 멘토링과 비즈니스 네트워크 등을 전방위적으로 지원할 수 있는 형태의 정책 프로그램을 만들고자 했다. 특히 인발 펀드의 실패와 빈약한 이스라엘 국내 벤처 캐피털 생태계라는 난제를 해결하기 위해 해외 자본 유입 방안을 고민했다. 내수 시장 규모의 한계로 이스라엘 벤처 기업에게 해외 진출은 선택이 아닌 필수였다. 해외 진출을 위해서는 해외 자본 및 비즈니스가 연결돼야만 했다. 그 결과 1993년 수석 과학관실Office of the Chief Scientist의 주도로 모태펀드 형태인 요즈마 펀드가 만들어졌다.

요즈마 펀드는 이스라엘의 벤처 캐피털 및 스타트업 생태계를 활성화한 성공적인 사례로 평가받는다. 요즈마 펀드는 정부와 민간이 협력해서 투자 위험을 분담하며, 투자 성과에 따라 정부의 지분을 인수하는 인센티브를 제공하는 모델을 채택했다. 기업이 성장해서 주가가 오르면 원가로 지분을 가져갈 수 있는 것이다. 인발 펀드가 손실을 보장하는 시스템이었다면, 요즈마 펀드는 업사이드 인센티브 제도를 통해 벤처 캐피털이 기업을 성장시킬 수 있도록 동기를 부여했다.

요즈마 펀드는 총 10개가 만들어졌으며, 1993년부터 1996년까지 총 8,000만 달러의 정부 자금이 제공됐다. 10개의 펀드 중 8개는 정부가 간접 투자를 하고, 2개의 펀드는 직접 투자를 했다. 수석 과학관실에서 요즈마를 통해 직접 투자하는 대상은 투자자에게는 인기가 없지만 잠재력이 있는 기업이었다. 정부가 직접 2,000만 달러를 총 16개 기업에 투자했는데, 잠재력만 있으면 투자를 유치할 수 있다는 인상을 주어 많은 이들이 창업에 도전하는 유인책이 됐다. 요즈마 펀드는 10년 동안 2억 달러 이상을 168개 기업에 투자했으며, 대부분 펀드가 10배 이상의 수익을 창출했다.

요즈마 펀드는 정부 자금 40퍼센트와 해외 투자 60퍼센트의 조합으로 만들어졌다. 미국의 어드벤트Advent와 유럽의 다임러-벤츠Daimler-Benz를 비롯해 독일, 일본, 싱가포르 등의 해외 벤처 캐피털을 참여시키는 데 성공했다. 요즈마 펀드의 성공으로 인해 이스라엘 기업에 투자하면 수익 성과를 얻을 수 있다는 것이 증명되자 많은 해외 VC가 적극적으로 이스라엘에 진출했다. 당시 미국의 나스닥 붐과 더불어 투자처를 찾던 많은 투자자가 이스라엘 스타트업에 주목했다. 이전까지 이스라엘은 전쟁이 일어나는 불안전한 국가의 이미지였는데, 요즈마 펀드를 통해 우수한 기술력을 가진 스타트업이 부각되고 실제 투자 수익이 난다는 것까지 증명했다.

1999년부터 2011년까지의 이스라엘 국내 벤처 캐피털과 해외 벤처 캐피털의 투자 비율을 보면, 전체 투자금 중 해외 벤처 캐피털의 비중이 꾸준히 50퍼센트 이상을 상회하는데 2010년부터는 70퍼센트 이상을 차지하고 있다. 이스라엘 정부는 해외 투자를 장려하기 위해 법률도 제정했는데, 법인세 인하와 외국인 투자로 인한 자본세 면제 등을 승인해 해외 투자자 유치에 일조했다. 이러한 해외 현지 벤처 캐피털의 참여는 단순히 이스라엘 기업에 자금을 지원할 뿐만 아니라 글로벌 비즈니스 경험이 있는 투자자를 통해 세계 시장에서 경쟁하는 방법을 익히는 계기가 됐다.

스케일업 국가로의 길

이스라엘 혁신 생태계는 규모는 작지만 인력·기술·글로벌화 측면에서 선도적이다. 특히 성공적인 혁신 정책, 이민자·군 출신의 우수 연구개발 인력, 풍부한 자금, 디아스포라Diaspora 및 해외 투자자 등의 글로벌 네트워크, 창업과 글로벌화 경험이 풍부한 연쇄 창업가serial entrepreneur를 강점으로 들 수 있다. 반면에 스타트업에서 스케일업scale-up으로의 전환 미비로 일자리 창출 효과 및 경제 전반으로의 파급 효과가 부족했던 것이 아쉬운 점으로 꼽힌다. 이 밖에 해외 투자금에 대한 의존, 숙련된 과학기술 인력 부족의 문제도 있었다.

그간 이스라엘 스타트업은 내수 시장과 제조 기반이 취약했기에 M&A를 통한 기업 매각을 선호했다. 대부분 스타트업은 글로벌 대기업에 의해 지식재산권과 기술 인력의 확보를 위한 수단으로 인수됐다. 창업자는 회사를 매각한 뒤 새로운 회사를 설립하는 연쇄 창업자의 길을 택하는 경우가 많았으며, 다국적 기업은 인수한 이스라엘 스타트업을 현지 R&D 센터화했다.

최근 이러한 관행에 변화가 나타나고 있다. 지난 수년간 이스라엘 스타트업은 '조기 매각' 대신 '성장'을 추구하는 전략에 선호도가 높아졌다. 스케일업을 통해 기업의 가치를 높여서 IPO를 하거나, 좀 더 높은 가치로 매각하기를 원한다. 이 과정에서 스타트업은 생산과 마케팅 역량을 강화하고 자금을 조달하기 위해 대기업과 제휴하거나 기관 투자자로부터 자금을 조달하고자 한다. VC나 PEF(사모펀드) 등 투자 기관 입장에서 보면, 성장 단계의 기업에 투자할 기회가 증가하고 있다.

이스라엘 국가 차원에서도 그동안 조기 매각을 통해 개인적으로 큰 부를 이룬 기업가는 많이 배출됐으나 기업 성장에 따른 일자리 창출 기여도는 미흡하다는 아쉬움이 있었다. 이스라엘 정부의 정책이 창업 지원에 지나치게 초점을 맞추고 있어서 창업 기업이 중견기업 또는 대기업으로 발전하지 못했고, 실업률 감소에도 별다른 기여를 하지 못했다는 비판도 나왔다. 반면에 이스라엘 스타트업을 인수한 글로벌 대기업은 수십에서 수백 배 성장하는 것을 보면서 조기 매각이 아닌 지속 성장의 필요성이 인식됐다. 이러한 인식의 변화가 이스라엘이 스타트업 국가에서 스케일업 국가로 전환을 추진하게 된 배경이다. 변화 추세에 따라 이스라엘 정부도 스타트업이 중견기업 또는 대기업으로 성장하는 데 인센티브를 제공하는 방향으로 정책을 전환하고 있다.

이러한 기조 속에 이스라엘 기업과 한국 기업 간의 협력을 증진시키고자 하는 움직임이 활발해지고 있다. 신생 기업을 크게 키우려면 외부와 협업해 진행하는 혁신, 즉 '오픈 이노베이션'이 필수다. 이스라엘을 대표하는 벤처 캐피털 버텍스Vertex의 데이비드 헬러David Heller는 "한국 기업이 제조 중심에서 지식 기반 산업으로 바뀌는 엄청난 변화가 일어났습니다. 서울에서 흥미로운 스타트업을 많이 봤어요. 그런데 대표들에게 글로벌 진출 방안을 물어보면 다들 '생각 안 해 봤다'고 합니다. 이스라엘 스타트업은 처음부터 글로벌을 노립니다. 그래서 이스라엘과 한국의 스타트업이 손잡으면 시너지 효과가 날 것입니다. 서로 부족한 것을 보완해 줄 수 있으니까"라고 평가했다.[20]

야니브 골드버그Yaniv Goldberg 요즈마 이노베이션 센터장도 이스라엘 기업의 스케일업을 추진하는 과정에서 한국과의 협력 필요성을 이렇게 강조했다. "이스라엘 혁신 기업은 한국의 대표 기업처럼 스케일업 하고 다국적 기업으로 커나 갈 경험과 노하우가 부족합니다. 아시아 시장에서 한국 기업은 이스라엘 스타트업에 시장 진출의 문을 열어 줄 수 있고, 이스라엘 기업은 미국 시장 내 네트워크가 있어 서로 협력한다면 또 다른 기회의 문이 열릴 것입니다."[21]

이스라엘 기업과 한국 기업 간 협력을 활성화하기 위한 방법은 다음과 같다. 첫째, R&D와 생산 기능의 역할을 분담하는 방식으로 협력 관계를 구축해 공동 기술 개발 및 제3국 시장으로 공동 진출하는 것이다. 이스라엘은 한국과의 협력을 통해 동아시아 지역으로 진출하거나, 전자제품·자동차 등의 완제품 기술을 상용화하는 플랫폼으로 한국을 활용할 수 있을 것이다.

둘째, 글로벌 벤처 캐피털, 다국적 기업 연구소 등 이스라엘의 글로벌 네트워크를 활용하는 방법이다. 이스라엘 텔아비브에 창업 기업을 위한 네트워크 플랫폼을 구축하고, 이스라엘의 액셀러레이터 및 벤처 캐피털과 긴밀한 네트워크를 형성할 필요가 있다. 이 플랫폼은 혁신 기술의 글로벌 트렌드를 파악해서 국내 기업에 전달해 주는 한편, 국내 기업을 글로벌 네트워크가 있는 이스라엘 벤처 캐피털에 연결해 주는 역할을 할 것이다.

셋째, 공동 연구 센터 합작 기업Joint Venture을 설립해 이스라엘 연구 기관 및 대학의 원천 기술을 파악하고 협력해서 상용화하는 전략이 필요하다. 한국과 이스라엘의 기업은 공동 연구를 통한 성과를 바탕으로 국내 시장 및 글로벌 시장 진출 가능성을 모색할 수 있다. 이스라엘과 한국의 기술 협력과 사업 협력은 4차 산업혁명 시대 글로벌 밸류체인(GVC) 혁신을 선도하는 기회를 만들 수 있을 것이다.

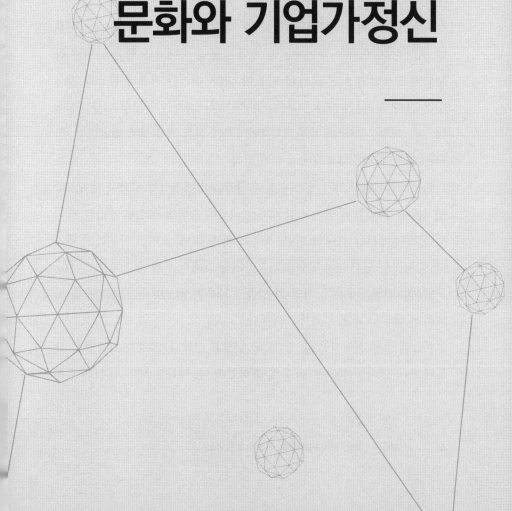

2장

이스라엘의 혁신
문화와 기업가정신

모순과 혁신

이스라엘의 혁신 문화를 설명할 때 제일 먼저 떠오르는 단어는 '모순과 역설'이다. 빈약한 천연자원과 적대적 환경 속에서의 생존을 위한 몸부림이 오늘날의 혁신 국가를 만들어 냈다. 이러한 점에서 한국과 닮은 점이 많다. 두 나라 모두 20세기 초반까지는 국가의 정체성이 불확실했다. 이스라엘은 건국에 대한 꿈은 있었지만 실현 가능성이 희박했고, 한국은 일제의 식민 지배하에 놓여 있었다.

이스라엘이란 국가가 생기기 전 유대인들이 정착하기 시작한 팔레스타인 지역은 자연환경 면에서 한국과는 비교하기 힘들 정도로 메마른 땅이었다. 성경에서는 가나안 땅을 가리켜 젖과 꿀이 흐르는 땅이라고 했지만, 실제로는 연간 강수량이 700밀리에 불과해 농사를 짓기에 척박하다. 4월부터 10월까지 비가 거의 한 방울도 내리지 않으며 국토의 절반을 차지하는 남부는 네게브 사막 지역이다.

이스라엘은 전형적인 물 부족 국가였다. 그러나 현재 이스라엘은 요르단, 팔레스타인 등으로 물을 수출하고 있다. 대규모 해수 담수화 추진

프로젝트를 통해 새로운 국가 수자원 시스템을 구축한 것이다. 해수 담수화 플랜트는 바닷물을 정수하는 시설인데, 세계 최대 규모의 해수 담수화 플랜트 2기가 이스라엘에 있다. 또한 이스라엘의 폐수 재활용률은 86퍼센트로 세계 1위다. 2022년 기준 이스라엘 국내 식수의 85퍼센트를 해수 담수화로 충당하고 있다.[22] 물 부족 국가에서 역동적인 물 수출국으로 변모한 이스라엘에는 300개 이상의 물 관련 기업이 있으며, 물 관련 산업은 20억 달러 규모로 성장했다.[23]

오늘날 이스라엘은 불리한 자연조건을 극복하고 세계적인 선진 농업 국가가 됐다. 이스라엘 농업 인구는 2021년 기준 약 7만 명으로, 이스라엘 전체 인구의 0.7~0.8퍼센트를 차지한다.[24] 한국 농업 인구(216만 6,000명, 2022년 기준)[25]의 3퍼센트 정도인데, 농업 수출액은 한국의 73퍼센트에 이른다. 국가 차원에서 수출에 유리한 작물을 선정해 농민에게 보급한 뒤 농업 예산의 20퍼센트를 들여 R&D까지 나선 결과다.

이스라엘 국토에서 경작이 가능한 토지는 전체의 20퍼센트다.[26] 건조하고 가파른 언덕으로 이루어진 이스라엘 땅에 효율적인 관개 시스템을 개발하고 첨단 기술과 농업을 접목해서 이루어 낸 성과다. 이스라엘의 농업 분야 수출액은 2021년 기준 24억 달러로 바나나, 오렌지를 비롯해 상추, 배추, 가지, 오이, 호박 등을 유럽 시장으로 내다 팔고 있다. 농산물 외에 이스라엘의 농업 기술과 농업 기계도 인기 있는 수출 품목이다. 세계적인 농업 국가 이스라엘을 배우기 위해 전 세계 농업 기술자들의 견학이 끊이지 않는다. 축산 분야의 경우 젖소 한 마리가 1년 동안 생산하는 우유의 양은 평균 8,000리터지만, 이스라엘 젖소의 연간 생산량은 1만 3,000리터 이상이다. 곡물은 동일한 면적에서 수확할 수 있는 양을 기술로 두세 배 늘렸다.[27]

황량한 광야를 비옥한 농토로 바꾼 원동력은 키부츠 집단 농장이다. 이스라엘 농장의 80퍼센트는 집단 마을 공동체인 키부츠와 협동 마을 공동체인 모샤브가 소유하고 운영한다.[28] 이들은 흩어져 살던 유대인들이 이스라엘 건설을 위해 다시 모여 버려진 땅을 개척한 농업 위주의 공동체다. 토지는 국유이며, 생산 및 자동차·집·교육·생활비까지 공동 소유다. 구성원의 전체 수입은 키부츠에 귀속되고, 주거는 부부 단위로 할당된다. 세탁과 젖소 키우기, 가게 점원 등 활동은 나눠서 하고 자신에게 맞지 않는 일은 바꿀 수 있다.

앞서 이스라엘의 기술 혁신이 자주국방을 위한 처절한 노력에서 시작됐다는 사실을 언급한 바 있다. 국가 안보를 최우선시하는 데 총력을 기울였고, 그 성과가 산업으로 연결되면서 기술 수준을 획기적으로 끌어올렸다. 전쟁 및 테러의 위협과 긴장감은 오히려 산업화의 동력이 됐다. 내수 시장이 빈약했기에 글로벌 시장에 적극 진출했고, 세계 최고 수준의 기술력을 확보해 경쟁할 수밖에 없었다. 국내 벤처 캐피털이 빈약했기 때문에 해외 VC를 적극적으로 끌어들였다. 이는 스타트업의 글로벌화 촉진과 함께 기술 및 경영 역량을 단기간에 업그레이드하는 계기가 됐다.

이스라엘의 혁신 문화를 잘 들여다보면 고대 그리스 문명의 두 국가가 연상된다. 바로 아테네와 스파르타다. 이스라엘은 지식을 사랑하고 토론을 즐긴다는 점에서 아테네적 문화를 지녔다. 지식의 보고인 『탈무드』는 수천 년의 생명력을 가지고 오늘도 학습되고 있다. 국가 R&D 투자 비율은 세계 1위이며, 첨단 기술 국가로 발전해 왔다. 유대인들은 과학, 의학 분야에서 세계 최고 수준의 노벨상 수상 실적을 이루었다. 이러한 면만 본다면 이스라엘은 학문과 지식을 숭상하는 아테네 문명과 유사성이 많다.

반면, 이스라엘은 독립 후 국가 안보를 최우선의 가치로 설정해 사실상 모든 부분이 이에 종속돼 왔다. 이로 인해 서구 사회의 문민 우위 전통과는 다른, 독특한 군사 문화가 사회 전반에 스며들어 있다.[29] 모든 국민이 의무적으로 군 복무를 해야 하며 전역 후에도 병사는 40세, 전투병과 장교는 42세, 비전투병과 장교는 45세까지 예비군의 의무를 수행해야 한다. 이스라엘은 17만 명의 정규군과 46만이 넘는 예비군을 보유하고 있다. 공군은 세계 최강의 전투력을 갖추었으며, 미사일·탱크를 비롯해 미사일 방어 체계인 아이언돔까지 세계 최고 수준의 국방력을 지녔다. 이것이 적대적인 아랍 국가들에 둘러싸여 있으면서도 생존할 수 있는 이유다. 이러한 측면에서 이스라엘은 스파르타에 가까운 면모를 보인다.

　이스라엘은 아테네인가, 아니면 스파르타인가? 이 질문에 "두 얼굴을 가진 국가"라고 말할 수 있다. 아테네적인 마인드를 가진 스파르타, 또는 스파르타 정신을 가진 아테네인 것이다. 이 모순적인 모습이 오늘날 이스라엘을 설명할 수 있는 말이 아닐까? 이는 군수산업에서 특히 잘 드러난다. 최첨단 과학과 기술을 결합한 국방력의 원천은 지식을 향한 열망과 국가 안보에 대한 헌신에 있다. 가장 우수한 인재를 선발해 학문적 역량을 고도화해서 국방 전력으로 활용하는 국가 전략도 이스라엘 혁신 문화를 상징적으로 보여 준다.

혁신 문화와 기업가정신의 핵심 요소

지식과 지혜에 대한 존중

유대인은 지식과 지혜를 사랑하고 존중하는 민족이다. 그 전통은 하나님의 말씀인 '토라'에서 시작해 『탈무드』를 통해 축적과 전승이 이루어져왔다. 성경에서 지혜서라 일컫는 '잠언 1장 7절'에서는 "하나님을 경외하는 것이 지식의 근본이다"라고 말한다. 유대인은 모든 진리가 창조주 하나님에게서 나온다고 믿는다. 따라서 지식과 지혜의 근원이 되는 하나님을 존경하고 두려워하는 마음이 있어야 올바른 지식과 지혜를 얻을 수 있다는 것이다. 보물을 구하는 것처럼 열심히 지식을 사모하며 지혜를 구하라고 말한다.

유대인의 지식과 지혜에 대한 사랑은 오랜 역사 동안 변함없이 이어져왔다. 나라를 잃고 고난과 방랑의 시대를 거치면서 더욱 깊어졌다고 볼수 있다. 하루아침에 삶의 터전을 잃는 어려움 속에서도 지식과 전문성이 있으면 생존이 가능하다는 깨달음이 의식 속에 각인돼 왔다. 『탈무드』에 이런 이야기가 있다. 랍비와 부자들이 한배를 타고 여행하게 됐다. 부자들은 자신들이 얼마나 부자인지 자랑하기 시작했다. 그러나 랍비는 자신이 가진 것은 지식밖에 없다고 했다. 갑자기 해적이 배를 습격해 부자들은 모든 재산을 뺏기고, 그제야 랍비가 한 말을 깨달았다고 한다. 눈에 보이는 재물은 한순간에 사라질 수 있지만, 머릿속 지식은 뺏기지 않고 간직할 수 있기 때문이다.

이스라엘 건국의 결정적인 계기가 된 밸푸어Balfour 선언은 유대인 과학자 하임 바이츠만Chaim Weizmann의 공로에 따른 것임은 널리 알려진 사실이다. 바이츠만은 1874년에 러시아제국의 모탈(현재는 벨라루스 영토)에서 태어났으며, 젊은 시절에는 시온주의 운동에 참여하기도 했다. 1910년대 초에 그는 영국 맨체스터대학교에서 인조고무에 관한 연구를 하고 있었다. 설탕을 인조고무의 원료로 변화시킬 수 있는 박테리아를 찾고 있었는데, 이 과정에서 우연히 설탕을 아세톤으로 바꾸는 박테리아를 발견했다. 1914년에 발발한 제1차 세계대전 중 바이츠만은 영국 정부로부터 화약 생산의 필수 재료인 아세톤 제조법을 개발해 달라는 요청을 받고, 옥수수를 사용해 아세톤을 대량 생산하는 데 성공한다.

전쟁을 승리로 끝낸 영국의 수상 데이비드 로이드조지David Lloyd George는 바이츠만의 공로에 보답하고자 했다. 이에 바이츠만은 유대인들이 팔레스타인 지역에 돌아가 살 수 있게 지원해 달라고 요청했다. 그 결과 1917년에 영국 외무장관 아서 밸푸어Arthur Balfour가 유대인 독립국가 건설을 지지한다고 발표하게 됐다. 이스라엘 건국에 크게 기여한 바이츠만은 1948년 건국 이후 공로를 인정받다 이스라엘 초대 대통령으로 선출됐다. 그의 이름을 딴 바이츠만(와이즈만) 연구소는 과학기술 혁신의 핵심 기관이 됐고, 기술 사업화에 의해 이스라엘의 산업 기술 발전을 견인하는 역할을 하게 된다. 이러한 역사적 사실은 이스라엘이 왜 과학과 기술을 국가 생존과 발전의 핵심으로 인식하게 됐는지 이해할 수 있게 한다.

유대인의 지식과 학문에 대한 사랑은 이스라엘의 기초과학 중시 정책과 문화로 구현됐다. 다비드 벤구리온David Ben-Gurion 이스라엘의 초대 총리는 "과학적 연구와 그 성취는 더 이상 단순히 추상적인 지적 탐구 작업이 아니라, 모든 문명 민족의 삶에서 중심적인 요소다"라고 강조했다.30 2009년 노벨 화학상 수상자인 아다 요나트Ada Yonath 와이즈만 연구소 교수는 "이스라엘에는 당장 이익이 나지 않더라도 기초과학과 지식, 다른 학문 간 교류를 존중하는 문화가 있다"고 말했다. 이와 비슷하게 다니엘 자이프만Daniel Zaifman 와이즈만 연구소장도 "새로운 것에 도전하기 위해서는 기초과학이 강해야 하며, 기초 분야만이 미래를 보장한다"고 말했다. 그는 또한 "기초과학은 돈을 지식으로 만드는 것이고, 산업화는 지식을 돈으로 만드는 것"이라고 정의한 뒤 "접근하기 어려운 기초과학일수록 수십 년 뒤에는 다양한 분야에서 활용되며 훨씬 더 큰 결실을 보게 된다"고 했다. 세계 5대 기초과학 연구소 중 하나로 꼽히는 와이즈만 연구소는 물리학, 화학, 생물학, 생화학, 수학 및 전산학 등 공학이 아닌 기초과학 다섯 개 학부가 중심이다.

유대인의 창조성은 오랫동안 관심과 연구의 대상이었다. 대표적인 지표로 노벨상 수상자를 들기도 한다. 인류 지식의 진보가 유대인에 의해 이루어진 사례는 부지기수다. 유대인이 인종적으로 타고난 천재가 아니라는 사실은 널리 알려져 있다. 그렇다면 후천적 요인에 의한 것인데, 그것이 무엇인지 많은 호기심을 자극했다. 그 결과 여러 가지 설명이 제시됐는데 교육, 특히 가정에서의 교육, 토라와 유대교, 지혜의 집합체인 『탈무드』, 토론 중심의 하브루타Havruta 교육 등이 소개됐다.

가장 본질적인 설명은 보이지 않는 유일신을 믿는 유대교에서 근원을 찾아볼 수 있다. 전지전능한 하나님이 온 세상을 관할하는 오직 하나의 신이라고 믿고, 그 섬김을 자기 정체성의 차원까지 완성한 민족의 원조는 유대인이다. 유대인들은 특유의 개념화 능력과 기존 관념에 대한 적극적인 도전과 의문 제기 정신으로 과학의 발전 및 논리적 사고에 큰 역할을 했다. 이러한 전통이 이스라엘을 하이테크 창업 국가로 이끈 유전자가 됐다고 볼 수 있다.[31]

다른 설명은 유대인이 겪어 온 민족적 고난과 결부되어 있다. 유대인은 오랫동안 여러 나라에서 배척받으며 유랑했는데, 20세기에 이르러 미국으로 대규모 이민이 이루어졌다. 새로운 땅에서 유대인들은 아주 오랫동안 권력, 부, 사회로부터 배척당해 온 구시대 질서를 뛰어넘을 수 있는 길을 과학에서 발견했다. 왜냐하면 과학은 보편성, 불편 부당성, 실적주의의 가치에 기초하고 있었기 때문이다. 유대인은 다른 민족과 동등하게 존중받고 받아들여지기를 갈망했으며, 진정으로 자유롭게 경쟁할 수 있는 사회에 살고 싶다는 마음이 절실했다.[32]

헝가리 태생의 유대인으로 인텔의 창업자인 앤디 그로브Andy Grove는 창조적인 힘의 원동력이 '두려움'이라고 말한다. "편안하게 안주하는 생활에서 벗어나게 해 주는 것은 두려움이다. 그것은 불가능해 보이는 어렵고 힘든 일을 가능하게 만들어 준다."[33] 이스라엘 사람들은 '절박함'을 중요한 이유로 꼽기도 한다. "그렇게 하지 않으면 안 되는 이유"가 있어서 끊임없이 혁신을 할 수밖에 없었다고 말한다. 그들은 싸우면서 논밭을 일구고 국가 시스템도 정비해야 했었다. 이런 절박함 위에 용기, 창의력, 민첩함이 피어났고, 이는 스타트업 강국의 기반이 됐다. "조건이 나쁘니까 할 수 없다"고 말하는 유대인은 없다. 어려움이 있다면 어떻게 해서 그 불이익을 극복할 수 있을지 머리를 싸매고 필사적으로 고민한다. 어려움이 있음에도 상대를 이기는 방법을 연구한다.[34]

이스라엘의 대통령과 총리를 역임한 시몬 페레스Shimon Peres는 단언한다. "과학은 영토와는 달리 국경이나 국적이 없다. 과학은 탱크로 정복할 수 없고, 전투기로 보호받을 수 없다. 과학은 한계가 없다. 한 국가는 다른 국가로부터 어떤 것도 강제로 빼앗지 않고 과학적 업적을 신장시킬 수 있다. 그리고 그 위대한 과학적 업적은 국가의 모든 부를 끌어올릴 수 있다. 인류 역사상 처음으로 아무도 패배하지 않고 모두가 승리할 수 있는 수단을 갖게 된 것이다."[35]

유대인의 지적인 통찰은 하나님에 대한 사상에만 머무르지 않았다. 유대인에게는 세상의 잘못을 고치라는 가르침이 있는데, 히브리어로 이를 '티쿤 올람Tikun Olam'이라고 한다. 티쿤 올람 사상에 따르면 '세상은 있는 그대로'가 아닌 '개선해 완성해야 할 대상'이다. 신은 세상을 창조했지만, 세상은 아직 미완성 상태이기 때문에 인간은 하나님을 도와서 창조의 역사를 완성해야 한다. 그것이 바로 신의 뜻이며 인간의 의무라는 것이다. 따라서 인간은 하나님의 동반자로 온 세상에 도덕과 정의를 전파할 책임이 있다. 특히 세상을 고치기 위해 사회적으로 소외될 가능성이 높은 사람들을 더 많이 보호해야 한다. 선지자 이사야Isaiah는 『이사야서』 42장 6절에서 유대인들이 "열방을 비추는 빛"이 될 것을 요구했다.[36] 페레스도 "유대인들은 자신뿐만 아니라 전 세계를 더 좋은 곳으로 만들고자 하는 포부, 즉 티쿤 올람의 원칙에 따르면서 살아왔다"고 말한다.[37]

유대인의 창조성이 강하다는 평가를 받는 이유 중 하나는 바로 이러한 사상이 그들의 의식 깊은 곳에 깔려 있기 때문이다. 그러므로 유대교에서는 불완전하게 창조돼 각종 질병으로부터 고통받는 인간의 몸을 낫게 하는 의학 산업이 매우 가치 있는 일로 여겨져 왔다. 유대인이 인류의 생명을 구할 수 있는 수많은 의약품을 찾아낸 힘도 여기에서 비롯됐다. 이러한 생각은 비단 의약 분야뿐만 아니라 모든 분야에 걸쳐 유대인의 의식을 관통하고 있다.[38]

수평적 사고와 토론 문화

이스라엘은 이민자들이 세운 평등 사회다. 유대인이라는 공통분모가 있지만 전 세계 수많은 문화적 배경에서 자란 사람들이 모여들어 국가를 이루었다. 생존의 위협 속에서 나라를 만들어 가는 가운데, 형식과 격식보다는 실질적이고 유용한 것을 추구하는 문화가 형성됐다. 권위에 도전하고 질문하며 누구나 아는 뻔한 일을 거부하도록 장려하는 문화는 사회 전반에 격식 파괴의 수평적 사고와 고정관념을 깨는 융통성이 자리 잡게 된 주요인으로 작용했다.[39] 이러한 문화는 다양성에 기초한 신생 국가에 역동성을 불러왔으며, 하이테크 산업 발전 동인driving force으로 작용하고 있다.

일반적으로 이스라엘 문화는 고정관념에서 벗어나 생각하고, '아니요'를 대답이나 결론으로 받아들이지 않고, 달성하고자 하는 목표를 향해 노력하는 것을 당연시한다. 이러한 태도의 형성에는 하브루타 교육이 기초가 됐다. 하브루타는 '우정' '동반자 관계'를 뜻한다. 유대인의 전통적인 공부법이자 교육법으로, 짝을 이뤄 서로 질문을 주고받으면서 논쟁하는 토론식 공부 방법이다. 유대교 경전인 『탈무드』를 공부할 때 주로 사용된다. 나이와 성별, 계급에 차이를 두지 않고 두 명씩 짝을 지어 공부하며 논쟁을 통해 진리를 찾아가는 방식이다. 이때 부모와 교사는 학생이 마음껏 질문할 수 있는 환경을 만들어 주고 학생이 스스로 답을 찾을 수 있게 유도하는 역할을 한다. 하브루타는 소통으로 답을 찾아가는 과정에서 다층적으로 지식을 이해하고 문제를 해결할 수 있다는 장점이 있다. 하나의 주제에 대한 찬반양론을 동시에 경험하게 되므로, 이를 통해 새로운 아이디어와 해결법을 끌어낼 수도 있다.

수평적 사고의 근본이 후츠파Chutzpah 정신에 있다고 보기도 한다. 후츠파는 '하나님 앞에 평등하다'는 평등사상에 기초를 두고 있다고 말한다.40 유대인에게는 '생각이 바로 경쟁력이다'라는 철학이 있다. 사고의 범위를 무한대로 넓혀야 성공한다는 뜻이다. 그렇기에 타인의 생각에 자신을 묶지 않는다. 유대인은 나이나 직위에 상관없이 모두가 평등하다는 뿌리 깊은 믿음을 지니고 있다, 따라서 그들은 수평적인 관계 속에서 서로 묻고 답하며 논쟁하는 것이 습관화돼 있다.

열정적인 이공계 인재들은 끊임없이 토론하며 문제를 해결해 나간다. 『탈무드』 교육의 영향으로 성인이 된 과학자들도 언제 어디서나 난상 토론을 벌인다. 전공이 다른 과학 기술자들이 한자리에 모여 열띤 토론을 벌이면 생각지 못한 창의적인 해결책이 나오기도 한다. 영어를 완벽히 구사하기 때문에 해외 전문가가 찾아와도 심도 있는 회의와 토론이 가능하다.

이스라엘 회사에서는 말단 사원이 공개적인 회의 석상에서 서슴없이 사장 의견에 반대하고 자기 생각을 내세우는 일이 비일비재하다. 한국이라면 상상하기 힘든 광경이다. 하지만 이스라엘의 상사는 열린 마음으로 부하 직원의 의견을 경청한다. 그리고 자신의 의견에 어떤 잘못된 점이 있지는 않은지 다른 직원들에게 자주 자문한다. 놀랍게도 이러한 문화는 계급을 중시하는 군대에도 뿌리내려져 있다. 아무리 군대라 할지라도 토론할 때만큼은 병사와 장교가 계급장을 떼고 수평적인 관계로 의견을 나눈다.

나프탈리 베네트Naftali Bennett 전 이스라엘 총리는 유대인 특유의 토론 문화의 배경에 관해 이렇게 말한다. "이스라엘 사람들은 언제나 논쟁한다. 이스라엘의 학교나 스타트업을 방문하면 마치 싸우는 것처럼 보이지만, 사실은 계속 토론하는 것이다. 유대인이 중시하는 『탈무드』도 시대별로 율법에 대한 토론을 빽빽하게 적은 책이다. 논쟁과 토론을 통해 최선의 결과를 얻는다. 토론을 하면 서로 주고받는 어휘와 표현이 상대방의 전두엽을 강하게 때린다. 충격을 받은 뇌는 남과 다르게 생각하려고 애쓴다. 혼자 고민하면 1+1=2에 불과하지만, 토론을 거치면 1+1=10이란 결과도 가능하다. 자기 생각을 거침없이 밝히고 반박을 겁내지 않는 문화가 이스라엘 기업가정신이 됐다."[41]

그러면서 그는 자신의 총리 시절 경험을 소개했다. "총리로서 새로운 논쟁거리가 있을 때마다 저는 항상 사람들을 사무실로 불러서 이렇게 말하곤 했습니다. '마음껏 이야기해 봐.' 양쪽에서 가장 똑똑한 사람들의 의견을 듣고 싶었죠. 그다음엔 '그렇다면, 이번엔 당신이 이 논쟁의 반대편에 있다고 가정한다면 뭐라고 말할 건가요?'라고 물었습니다. 토론의 마찰을 통해서만 최상의 결과를 얻을 수 있기 때문입니다. 저는 이스라엘 역사상 가장 다양한 정부를 구성했습니다. 처음으로 연립정부에 아랍인을 포함시켰습니다. 또 처음으로 좌파와 우파, 유대인과 아랍인, 종교인과 세속인이 함께했습니다. 엄청나게 성공적이었죠. 모두가 말합니다. 다른 정부가 4년 동안 해내지 못한 일을 1년 만에 해냈다고요. 존중과 토론 덕분에 많은 것을 얻을 수 있었습니다."[42]

이스라엘의 기업가정신은 수평적인 문화와 밀접한 연관성을 지녔다. 상하 관계가 엄격할 수밖에 없는 군대에서조차도 계급을 떠나 자유로운 의견을 개진하고, 이해되지 않는 명령에 질문과 이견을 내는 것이 의무일 정도다. 무기 개발도 군부대와 연구 부서, 정부와 민간 회사가 벽 없이 수평적인 협조를 하는 방식이 주류다. 수평적인 협조와 의견 교환을 당연시하는 유대인의 소수 구성원 간 활발한 의사소통으로 발 빠르게 최적의 해결책을 찾아가는 습관이 창업으로 이어지는 것은 당연한 귀결이다. 분사 창업이 자유로워 창업의 부화가 저항 없이 이루어지는 것도 수평적인 조직 문화 없이는 어려운 관행이다.

버텍스의 데이비드 헬러는 이스라엘의 혁신 문화에 대해 다음과 같이 말한다. "이스라엘 사회는 학교, 대학, 군, 기업 등에서 개인이 새로운 아이디어를 창출하고 이를 실현하는 것을 장려합니다. 이스라엘 사람들은 형식에 얽매이지 않은 채 상급자나 동료에게 말하고 행동하는 경향이 있습니다. 때로는 직장의 대표를 비판하기도 하죠. 이스라엘 사람들은 직설적이며 공개적으로 말하는 편입니다. 진정한 의견을 감추는 토론보다 솔직한 토론이 더 나은 결과를 가져온다고 생각하기 때문입니다. 때에 따라서는 너무 직접적이기도 하지만요. 이스라엘 사람들은 규정이 잘못됐다고 생각할 때, 규정을 우회하는 경향이 있어요. 규정은 협상이 가능하며 더 나은 결과를 가져올 수 있다고 믿기 때문입니다."

실패에 대한 관용

이스라엘 기업가정신의 핵심 요소 중의 하나는 '실패에 대한 관용 tolerance for failure'이다. 하이테크 사업은 본질적으로 높은 실패 가능성이 있는 고위험 영역에 속한다. 실패의 위험이 있음에도 불구하고 가능성을 보고 도전하는 것이 기업가정신이다. 성공하면 높은 성과를 실현하는 하이 리스크high risk, 하이 리턴high return에 대한 기대 심리가 작용한다. 성공한 기업은 여러 차례의 실패를 경험하면서 재도전을 거듭한 결과 만들어진다. 따라서 한 사회가 실패에 대해 얼마나 관용하는지가 도전과 창조를 이루어 낼 수 있는 핵심 조건이다.

이스라엘이 '사업 실패에 대한 관용'이 높은 사회가 된 배경에는 하이테크 스타트업의 자금 조달 방식이 투자 중심이라는 이유가 있다. 1980년대까지 이스라엘은 민간 금융 시장이 발전하지 않아서 사업 자금을 은행에서 조달하기가 매우 어려웠다. 기술 창업에 관한 정책 자금이 있었지만, 받을 수 있는 확률이 매우 낮았다. 그러나 1990년대 요즈마 펀드의 출범과 함께 해외 VC가 대거 유입되면서 투자 중심의 자금 조달 방식이 보편화됐다. VC는 투자와 함께 경영 및 마케팅 지식과 글로벌 네트워크를 제공해 스타트업의 성공 확률을 높였다. 투자와 회수, 그리고 재투자의 선순환 사이클이 작동하면서 사업 실패의 위험이 급속히 낮아졌다. 이스라엘 하이테크 창업가들은 개인 자금을 창업 기업에 투자하지 않는다. 실패 가능성이 높은 스타트업에 자기 자본을 투자하면 실패했을 때 생계가 위협받기 때문이다.

요즈마 그룹의 이갈 에를리히Yigal Erlich 회장은 "한국은 실패를 두려워하고, 실패한 사람을 질책하며, 창업가다운 발상을 억제하는 계층구조식 사회"라고 평가한다.[43] 그는 실패에 관용적인 문화를 만드는 데 요즈마 펀드의 역할이 컸다고 말한다. "이스라엘 정부가 40퍼센트 참여하면서 실패에 대한 관용적인 문화를 만들었습니다. 정부가 마중물 역할을 하면서 투자하고 실패해도 괜찮다고 하니, 여러 벤처와 창업자에게 도전 정신이 생겨난 겁니다. 나머지 60퍼센트는 민간 주도였기 때문에 기술 투자를 해서 수익이 나고 성공하면 민간이 가져갈 몫이 컸습니다."[44]

스타트업 자금 조달 방식의 혁신이 '스타트업 실패에 대한 관용'을 높인 중요 요인이지만, 보다 근본적으로는 이스라엘의 사회·문화적인 요인이 저변에 깔려 있다. 이스라엘 학교에서는 실수를 부끄러워하지 않도록 교육한다. 실수에서 배우는 것을 중요시하고, 이를 교정하는 과정을 학습의 일환으로 본다. 사업에 실패해도 회복 가능하다고 보는 것도 이 때문이다. 실패에서 배운 다음 새로운 사업에 성공하면 투자를 받을 수 있다는 사고가 이스라엘 스타트업 창업자들에게 내재되어 있다.

이스라엘의 기업가정신은 "실패를 받아들이고, 실패로부터 배우고, 리스크를 수용한다"는 생각에 깊게 뿌리를 두고 있다. 이스라엘 문화는 실패의 위험을 기꺼이 떠안는 태도를 존중한다. 용기를 내어 시도하다 실패한 사람들을 부정적으로 판단하지 않는다.[45] 이스라엘 사람들은 진정한 창조와 혁신을 이루고 싶으면 실패의 위험을 감수할 줄 알아야 하며, 창조와 혁신은 실패의 경험이 쌓이면서 생겨난 결과물이라고 믿는다. 실패해도 재도전이 가능한 사회가 바로 이스라엘이다.

이갈 회장은 이스라엘 기업가정신에 대해 다음과 같이 말한다. "일반적인 사람들과 기업가는 다른 면이 있는데, 기업가에게는 이기고자 하는 강력한 의지가 있습니다. 일단 시작하면 꼭 성공하고 싶어 하죠. 지기 싫

어하는 사람들입니다. 그러나 이런 사람들도 가끔 질 때가 있습니다. 어떨 때는 어찌할 도리 없이 그냥 실패하기도 합니다. 자기 자신에 대한 신념이 확고하지만, 신념이 있다고 항상 옳은 것은 아니니까요. 하지만 이것이 이스라엘 기업가를 알아볼 수 있게 만드는 특징입니다. 이스라엘에는 두 번째, 세 번째 시도하는 기업가가 많습니다. 우리 펀드에 투자를 요청했다 탈락했는데 다시 찾아오는 겁니다. 다시 시작하는 사람들은 경험이 훨씬 더 많이 쌓여 있습니다. 무엇이 더 좋은지, 더 나은지 생각하고 오는 거죠."[46]

USB 메모리를 발명해서 이스라엘의 벤처 영웅이 된 도브 모란Dov Moran은 실패에 대해 "실패했는가? 그렇다고 여러분이 얼간이라는 의미가 아니다. 멍청이라는 의미가 아니다. 할 수 없다는 의미가 아니다. 계속 자신을 믿어라. 일어나서 툭툭 털고 다시 시작하라. 아마 몇 년이 지나면 내가 그랬듯이 당시의 실패가 진정으로 실패가 아니었음을 발견할 것이다. 다음번에 성공하는 데 도움이 될 만한 교훈을 얻었다"라고 말한다.[47]

베네트 전 총리는 자신의 실패 경험을 이렇게 말한다. "제품을 만드는 데 2년의 시간과 1,000만 달러의 벤처 캐피털 자본이 들어갔고 미국 은행에 제품을 팔기 위해 뉴욕 맨해튼으로 이사를 갔지만, 이 멋진 제품에는 문제가 하나 있었습니다. 아무도 제품을 구매하지 않았습니다. 그 누구도요. 클라이언트 하나둘 정도에게 겨우 물건을 넘길 수 있었지만, 깨달았습니다. 우리의 제품이 크게 실패했다는 것을 말입니다. 그래서 저는 투자자들에게 다시 기회를 달라고 말했습니다. '방향을 바꾸고, 제품을 바꿔서 성공할 수 있다'고 했습니다. 두 번째 제품은 간신히 성공했습니다. 그리고 다시 한번 더 기회를 달라고 VC를 설득했습니다. 그렇게 탄생한 세 번째 제품은 엄청난 성공을 거뒀습니다. 미국의 거의 모든 은행이

저희 제품을 구매했습니다. 그리고 오늘날 전 세계 대부분의 은행이 저희 제품을 사용하고 있습니다. 한국에서 사용되는지는 모르겠지만, 온라인 은행 거래를 할 때 본인임을 확인하는 메시지를 보내잖아요? 그게 바로 저희가 20년 전 떠올린 아이디어입니다."[48]

정계로 진출한 베네트는 정당을 만드는 데 실패했지만 굴하지 않고 도전해 국방부 장관, 교육부 장관 등을 역임하고 총리까지 했다. 그는 확신을 가지고 말한다. "이스라엘 기업가정신은 실패를 포용하는 데 있습니다. 우리는 실패하더라도 자책하지 않습니다. 우리는 아이들에게 실패하더라도 일어나서 옷소매를 걷고 다음 단계로 나아가라고 얘기합니다."

도전 정신과 책임감

이스라엘은 세계 어느 나라보다도 도전 정신이 강한 나라다. 사실 이스라엘이라는 나라가 만들어진 것 자체가 무모한 도전 정신의 결과다. 2000년 동안 역사 속에서 사라진 국가를 건설하겠다는 꿈은 현실적 불가능을 뛰어넘는 도전 정신이었다. 그들은 꿈을 향해 멈추지 않았다. 테오도르 헤르츨Theodor Herzl, 다비드 벤구리온, 시몬 페레스를 비롯한 수많은 사람의 열망이 모여서 나라가 탄생했다. 시몬 페레스는 이스라엘 국민의 도전 정신을 유대인 정착민이 겪은 역사적 경험과 연관 지어 말한다. "초기의 유대인 개척자들은 아무것도 없이 맨몸으로 이스라엘 땅에 도착했다. 당시 이스라엘 땅 대부분은 돌이 너무 많아서 농작물을 기를 수 없었다. 게다가 전체 면적의 절반을 차지하는 남쪽의 네게브 지역은 아예 사막이었다. 그나마 조금 비옥했던 북쪽 땅은 말라리아가 기승을 부렸다."[49]

요즈마 코리아의 이원재 대표는 페레츠 라비Peretz Lavie 테크니온 총장과의 대화에서 이런 질문을 했다. 당시 하이파 근해에서 천연가스가 발견됐는데, 매장량이 엄청나서 이스라엘에 큰 부를 가져올 수 있을 것이라는 의견이 있었다고 한다. 그래서 "천연가스의 발견이 이스라엘에 큰 축복이 되지 않겠는가?" 하고 물었더니, 라비 총장은 "자원이 풍부해지면 오히려 도전 정신이 약화될 수 있다. 꼭 축복이라고 말할 수 없다"라고 말했다.

페레츠는 상상력이 도전 정신을 만든다고 했다. 그가 1960년대에 항공 산업에 도전했을 때 많은 사람이 비웃었다. "자전거도 만들지 못하는데, 미치지 않고서야 어떻게 비행기를 만들 수 있다고 생각하는가?" 이와 같은 수많은 비판 속에서 이스라엘의 항공기 산업이 출범했고, 그 결과 이스라엘항공우주산업Israel Aerospace Industries(IAI)이 만들어졌다.[50] 그는 "인구 200만 명도 안 되는 나라가 세계 초강대국과 어깨를 나란히 한다는 발상은 틀림없이 대담한 용기가 필요했다. 큰 꿈을 좇고 그 대가를 치르거나, 다른 사람들에게 미움받지 않고 무난히 어울리기 위해 야망을 줄이든가 포기하든가, 둘 중 하나다."라고 말했다.[51]

베네트 전 총리는 이스라엘 최정예 특수부대에서 군복무를 마치고 제대한 뒤 처음 회사를 차렸다가 실패한 경험이 있다. 하지만 그는 계속 도전했고, 1999년 미국으로 건너가 정보 보안 회사 사이오타Cyota를 창업한 다음 2005년 1억 4,500만 달러에 매각했다. 2009년부터 2013년까지 클라우드 컴퓨팅 서비스 스타트업인 솔루토Soluto의 CEO도 맡았다. 베네트는 "이스라엘은 스타트업으로 만들어진 나라다. 젊은이들은 군대에서 자기 능력을 발휘한 뒤 사회로 나가서 다양한 스타트업을 창업한다. 이스라엘이 스타트업 천국이 된 비결은 똑똑한 사람이 많아서가 아니다. 때로 미친 짓으로 보여도 일단 시도하는 무모함, 그 도전 정신 덕분이다." 그는 자신의 도전 정신에 관해 이렇게 말했다. "저는 22살 때 군대 지휘관이었습니다. 80명의 병사를 이끌어 적진을 넘고, 포병과 공군 등과 조율해 임무를 완수하고, 끝내 이들을 안전하게 집으로 데려와야 했습니다. 이처럼 많은 이스라엘 사람이 어린 나이부터 막중한 책임을 맡게 됩니다. 그렇게 23~24살이 되면, 그들은 자신이 슈퍼맨이라고 생각하게 됩니다."

도전 정신은 기업가정신의 핵심이지만 무모한 도전으로 끝나지 않으려면 책임감이 있어야 한다. 책임감은 냉철한 현실 인식을 바탕으로 자신이 맡은 바를 이루어 내고자 하는 의지를 말한다. 책임감과 주인의식을 강조하는 '로시가돌roshgadol'이다. 로시가돌은 원래 '큰 머리'라는 뜻이다. 하지만 이스라엘 군대에서는 "책임감을 가지고 적극적으로 맡은 일 이상을 해내는 것"이라는 의미로 쓰인다.[52]

아워크라우드OurCrowd의 대표 데니스 반Denes Ban은 도전 정신이 독립적 사고와 밀접하게 연관되어 있다고 말한다. "0에서 1로 가려면 원하는 대로 할 수 있는 환경이 갖추어져야 합니다. 그리고 어릴 때부터 독립적인 사고방식을 배워야 합니다. 놀이터에 가면 이상한 행동을 하는 아이들을 볼 수 있습니다. 여기저기 어디로든 움직이려고 하죠. 그럴 때 '이것 하지 마라' '저것 하지 마라'고 하면 무엇도 할 수 없게 됩니다. 규칙적이면서 매우 유연성이 있는 균형이 필요합니다. 아이들이 유연성을 가질 수 있게 가르쳐야 합니다."[53]

그는 기업가정신의 핵심은 위험을 감수하는 도전 정신에 있다고 강조했다. "기업가정신에는 매우 다른 마음가짐이 필요하며, 가장 중요한 점은 '리스크를 감수해야 한다는 것'입니다. 이런 사람들은 소수지만 큰 역할을 합니다. 실제로 이스라엘에서도 그 비율은 아주 적지만, 적은 비율이 큰 차이를 만듭니다. 1만~2만 명이 경제를 성장시킵니다. 한국에도 이런 사람이 많지는 않을 겁니다. 저는 유치원에서부터 이런 마인드셋을 가르쳐야 한다고 생각합니다. 리스크를 감수하는 것에 관한 가르침 말이죠."

2023년 5월 나프탈리 베네트가 한국을 방문했을 때, 필자는 이런 질문을 한 적이 있다. "한국에서 기업가정신을 가로막는 것 중 하나는 부모의 간섭이다. 부모들은 의사, 변호사 등 안전하고 수입이 많은 직업을 택하라고 요구한다. 스타트업을 하는 것은 위험하다고 만류하는 경향이 있다. 이스라엘은 어떠한가?" 이에 대해 그는 "이스라엘의 젊은이들은 매우 독립적으로 사고한다. 과거에는 부모가 자녀의 진로를 간섭하거나 영향을 미치는 시대가 있었지만, 이제는 바뀌었다. 요즘은 부모 때문에 스타트업에 도전하지 못하는 경우는 없다"고 답했다.

버텍스 벤처 캐피털의 데이비드 헬러는 요즘의 이스라엘 부모들은 오히려 스타트업에 도전하는 것을 지지하는 성향이 높다고 말한다. 물론 수많은 성공 사례 덕분에 창업에 관한 인식 전환이 이루어졌기 때문이기도 하다. 스타트업 창업자는 부모가 바라는 자식의 커리어에서 우선순위를 차지한다. 그는 "자식을 스타트업 개발자로 만드는 게 요즘 이스라엘 부모의 소원"이라고 이야기한다. 이스라엘의 스타트업 생태계에 새로운 변화가 나타나고 있음을 알 수 있는 대목이다.[54]

문제를 해결하고자 하는 도전 정신은 창의성과 융통성을 필요로 한다. 요즈마 이노베이션 센터의 야니브 골드버그는 자신의 군대 경험을 바탕으로 창의적 도전 정신에 대해 말한다. "제가 즉흥성을 가장 지배적으로 느낀 시기는 군 복무 때입니다. 군에서는 항상 즉흥적으로 대처해야 하죠. 항상 자원이 부족하고 항상 문제가 있으며, 당신의 지휘관은 불가능한 것을 요구합니다. 전장에서나 컴퓨터 뒤에서는 매번 실제적인 문제가 발생하기 때문에 창의적이고 즉흥적으로 문제를 해결하고 계속해서 대책을 마련해야 합니다. 이런 분위기에서 훈련을 받다 보니, 군대에서 나온 후에 회사를 설립하고 매우 어려운 문제를 해결하면 보상을 아주 잘 받고 싶은 것은 당연합니다. 이것이 오늘날 이스라엘 젊은이들의 꿈입니다."[55]

역경지수와 회복탄력성

기업가정신의 핵심 요소는 사업 과정에서 직면한 어려움을 극복하는 능력과 태도다. 이를 지능지수(IQ)나 감성지수(EQ)처럼 역경지수adversity quotient(AQ)라고 한다. AQ는 자신이 어려움에 처했을 때 극복하는 역량뿐만 아니라, 역경에 빠진 동료나 부하들을 함께 이끌고 가는 역량까지 포함한다. 역경을 만났을 때 주저하거나 포기하지 않고 팀을 추슬러 다시 전진할 수 있는 리더의 역량이 기업의 성공을 가져온다.

이스라엘과 한국의 공통점을 꼽는다면, 전 세계에서 역경지수가 가장 높은 민족에 속한다는 것이다. 이는 고난의 역사를 겪으면서 형성된 민족성이라고 볼 수 있다. 이스라엘과 한국은 역경을 기회로 전환하는 데 성공한 나라다. 두 나라 모두 적대적인 국가에 둘러싸인 지정학적 환경을 가지고 있다. 이스라엘은 아랍 국가들과의 분쟁이 끊이지 않고 있으며, 한국도 북한이라는 강력한 적대 국가와 대치 상태에 있다.

도브 모란은 직원을 선발할 때 IQ나 EQ 외에 AQ를 중시한다고 한다. AQ의 핵심은 위기를 견디는 능력으로, 이것이 기업가정신에서 가장 중요하다고 말한다. "후보자나 파트너의 AQ를 어떻게 테스트할까? 그들이 이전에 몸담았던 회사가 위기에 직면했을 때 어떤 일이 일어났는지 물어보라. 위기에 관해 이야기할 때 자신이 몸담았던 회사를 삼인칭으로 말하는 사람이 많다. 이런 식으로 말하는 사람은 적임자가 아니다."56

회복탄력성resilience은 다양한 역경과 시련과 실패에 관한 인식을 도약의 발판으로 삼아 더 높이 뛰어오를 수 있는 마음의 근력을 의미한다. 지속적인 발전을 이루거나 커다란 성취를 만들어 낸 개인이나 조직은 대부분 실패와 역경을 딛고 일어섰다는 공통점이 있다. 이것은 자신이 처한 상황을 긍정적으로 받아들이는 습관을 구축했다는 뜻이다. 이스라엘은 건국 이래 네 차례의 전쟁을 겪는 등 수많은 국가적 어려움 속에서도 빠른 회복을 통해 지속적인 발전을 이루어 왔다. 이런 점에서 이스라엘은 회복탄력성이 매우 높은 국민적 DNA를 가지고 있다고 볼 수 있다. 이스라엘 기업가들은 실패해도 정신적 회복 시간이 빠르다. 실패가 인생의 끝이라고 생각하지 않고 성공의 길로 가기 위한 또 하나의 과정이라고 생각하는 건강한 자아를 지녔다. 기업가정신은 성공을 위해서만 필요한 것이 아니다. 어쩌면 쓰디쓴 실패를 맛보았을 때 건강한 기업가정신이 더 필요한지도 모른다.57

유대 민족은 수많은 고난의 역사를 겪으며 독특한 민족성을 형성했다. 유대인의 역경지수는 자신들이 하나님으로부터 선택받은 민족이라는 선민사상과도 연관되어 있다. 어떤 위급한 상황에서도 여호와 하나님께서 자신들을 구원해 줄 거라고 굳게 믿기 때문에, 두려움을 잊고 최악의 순간에도 살아남을 수 있다고 생각한다. 이스라엘 민족은 이집트 노예 생활에서 탈출해 40년간 광야의 시련을 겪고 가나안으로 돌아오는 과정을 거치며 형성됐다. 가나안 정복 과정에서 크고 작은 전쟁을 치르며 민족의 정체성이 확립됐다. 현실에 고난이 와도 때가 되면 끝이 나고 회복될 것이라는 믿음이 유대 공동체를 결속시켰다.

시몬 페레스는 이스라엘의 자원 부족은 고난을 주었지만 결과적으로는 축복이었다고 말한다. "천연자원이 없었기에 우리는 우리 자신의 창조성에 의지하고 희망을 걸 수밖에 없었다. 개척자들이 직면한 선택지는 냉혹했다. 성공하거나 굶어 죽는 것뿐이었다. 성공 가능성이 지극히 낮은 상황에서도 앞으로 나아가겠다고 결정한 것은, 우리의 선택이 아니었다. 불가피한 상황에서 어쩔 수 없이 내린 결정인 경우가 많았다. 이스라엘은 항상 위태로웠다. 그러나 불가피한 위태로움은 역설적이게도 우리를 앞으로 나아가게 하는 참된 힘이 됐다."

그는 역경을 극복할 수 있는 비결이 낙천주의에 있다고 말한다. "내가 가진 낙천주의는 단지 내 성품이나 정체성 때문이 아니라 역사에 기인한 것이기도 하다. 낙천주의는 비관적인 세계관에 대한 강력한 해독제다. 낙천주의가 얼마나 자주 인류를 놀라게 했는지 아는가? 낙천주의 덕분에 얼마나 많은 꿈이 이루어졌고, 꿈을 훨씬 넘어선 현실에 닿았는지 아는가?"[58]

개방성과 글로벌 마인드

이스라엘 혁신 생태계와 기업가정신의 특징은 개방성과 글로벌화에 있다. 오늘날처럼 기술 패러다임과 시장의 변화가 빠른 시대에는 개방형 혁신open innovation이 더욱 중요하다. 기술 분야가 복잡하고 다양해지고 융·복합화가 가속화됨에 따라 국제적인 분업화와 협업이 필수적인 생존 방식이 되고 있다. R&D 범위와 규모는 확대되지만, 제품 수명 주기는 짧아지면서 독자적인 개발의 비용이 증가하고 위험성이 높아진다. 따라서 글로벌 혁신 네트워크에 참여해 선도 기업의 기술 자원을 활용할 수 있는 역량이 더욱 중요해지고 있다.

이스라엘 스타트업의 글로벌화는 다국적 기업 R&D 센터와 해외 VC가 선도적인 역할을 해 왔다. 스타트업의 해외 진출 시 이들이 가진 글로벌 네트워크를 적극적으로 활용했다. 이에 대해 이갈 에를리히는 다음과 같이 말한다. "해외 투자자는 돈뿐만 아니라 경험과 네트워크로도 도움을 줍니다. 미국 시장에 쉽게 진입할 수 있게 합니다. 한국도 스타트업의 글로벌화를 위해서는 외국 투자자를 끌어들여야 합니다. 하지만 이들을 한국에 데려오는 것이 쉬운 일은 아닙니다. 그들을 얼마나 간절히 원하는지 생각해 본 후에 어떤 종류의 인센티브를 만들 준비가 되었는지 계산해 보아야 합니다."[59]

이스라엘 혁신 생태계가 글로벌화된 데는 몇 가지 배경이 있다. 첫째, 이스라엘은 전 세계에 흩어져 살던 유대인이 이민을 와서 만든 이민 국가다. 이스라엘 유대계 인구의 30퍼센트가 이민 1세대이며 나머지 이민 2·3세대도 부모의 모국에 친척이 남아 있어서 교류가 있거나 영어, 러시아어, 스페인어 등 부모의 언어에 능통한 경우가 많다. 뉴욕과 실리콘 밸리 등 세계에서 활발하게 활동하는 유대인 네트워크가 이스라엘 스타트업이 투자자나 협력 대상을 찾는 데 도움이 된다.

둘째, 이스라엘 국내 시장이 좁다는 제약 조건이 글로벌화를 촉진했다. 이스라엘 인구는 2022년 기준으로 900만 명 정도밖에 되지 않는데, 그중에서 히브리어를 쓰는 유대 인구는 700만 명가량이다. 그래서 대부분의 이스라엘 기업은 처음부터 미국이나 유럽 등의 글로벌 시장을 겨냥해 차별화된 기술과 비즈니스 모델을 내놓는다. 이스라엘은 미국이나 중국과 달리 국내 시장이 크지 않기 때문에 기업가들은 창업을 생각한 순간부터 국제 시장을 타깃으로 제품 개발을 해야만 했다. 그렇기에 이스라엘의 기업은 미국 시장과 밀접한 관련을 갖고 사업을 시작한다.

셋째, 이스라엘 하이테크 스타트업의 글로벌화는 제품 기반의 기술 기업이라는 특성에 바탕을 두고 있다. 제품 기반의 기술 기업은 글로벌화하지 않으면 생존하기가 힘들다. 자국 시장이 아닌 미국 시장에서 경쟁해야 한다. 따라서 창업 시점부터 글로벌화를 목표로 한다. 자국 시장이 아닌 미국 시장이나 유럽 시장에서 경쟁해야 하기 때문에 스타트업에게 본글로벌born global은 불가피한 생존 수단일 수밖에 없었다. 영어를 모국어처럼 사용하므로 소통에 문제없이 글로벌 시장을 지향한다. 이스라엘의 글로벌 마인드와 영어 역량은 다국적 기업이 이스라엘에 R&D 센터를 세우는 주된 이유이기도 하다. 이를 통해 다국적 기업들은 이스라엘 하이테크 산업의 글로벌화에 결정적 역할을 해 왔다.

이스라엘의 글로벌 마인드는 후츠파와도 연관성이 있다. 요즈마 그룹 이갈 에를리히 회장은 후츠파와 기업가정신의 연관성에 관해 이렇게 말한다. "이스라엘에서 후츠파란 내가 무슨 일을 하고 싶은지 스스로 안다는 뜻입니다. 다른 사람의 의견은 필요 없죠. 자신이 하고 싶으면 하는 겁니다. 너무 위험하다거나 하지 말라고 말리는 사람들 말에 귀 기울이지 않고요. 다른 일을 하라고 만류하는 사람들도 있지만 자신을 믿고, 때로는 반대를 무릅쓰고 시류와 맞서기도 합니다. 그것이 성공의 이유 중 한 가지입니다. 세계로 나가야 성공한다고 생각하는 기업가가 많습니다. 이스라엘은 작은 나라이므로 세계로 진출하는 것을 처음부터 염두에 두어야 합니다."[60]

이스라엘 스타트업은 성장하면 미국 나스닥 시장 상장을 시도한다. 나스닥에 상장했다는 것은 기업이 혁신적인 기술을 갖추었으며 글로벌 시장에서 성공할 수 있는 역량이 있다는 의미다. 전 세계적으로 분포한 유대인 네트워크도 이스라엘 기업의 글로벌 진출에 긍정적 영향을 끼쳤다고 할 수 있다. 미국 내 산업계와 학계의 유대인 비중은 꽤 크다고 할 수 있는데, 막강한 자본력을 지닌 유대인 자본가들의 네트워크는 이스라엘 기업의 글로벌화에 큰 도움이 됐다.

혁신 네트워크

이스라엘이 스타트업 강국이 되는 데 가장 크게 작용한 요소는 정부, 학계, 산업계 등 많은 관계자로 구성된 혁신 네트워크다. 핵심 관계자 간의 네트워크와 커뮤니티가 이스라엘 스타트업 생태계의 경쟁 우위를 만들어 왔다. 현장에서 만난 이스라엘 창업가들은 회사 규모와 무관하게 자신감이 넘치는 모습이었다. 콩으로 대체 연어를 만드는 플랜티쉬

Plantish의 CEO 오펙 론Ofek Ron는 "이스라엘에선 한 사람만 건너면 창업한 지인이 나온다"며 "초기 자금은 어떻게 모아야 할지, 각 단계에서 사람은 얼마나 뽑아야 하는지 등 정보를 얻기가 매우 쉽다"고 했다. 야니브 골드버그 요즈마 이노베이션 센터장은 "투자 유치가 막막한 창업가가 경쟁사에 전화해 투자자를 소개받는 경우도 많다"며 "서로 돕고 함께 잘되자는 문화가 오늘의 '창업 국가'를 받쳐 주고 있는 것"이라고 했다.

'스타 창업가'가 많은 것도 강점이다. 현재까지 100개가 넘는 이스라엘 기업이 뉴욕과 나스닥 등 미국 증시에 상장했다. 유니콘 기업도 2023년 말 기준 93개에 달한다. 스타트업을 육성하고 발전시키는 주요 기술 액셀러레이터(AC), 약 90개의 액티브 벤처 캐피털, M&A 등 기술 헌팅 연구개발 거점을 설치한 약 500개의 다국적 기업도 생태계 내에서 중요한 역할을 하고 있다.

기업가정신의 확산을 위해 가장 중요한 것은 역할 모델role model이다. 젊은 세대는 성공한 선배 기업인들을 보며 꿈을 키워 나간다. 이스라엘에는 성공한 기업인이 많다. 그중에서도 한차례 사업을 성공시키고 투자 회수한 뒤 다시 창업하는 연쇄 창업가가 많아지면서, 투자자 입장에서 자금을 회수하는 방안인 엑시트exit 규모도 커졌고 스타트업 생태계도 성숙해졌다. 사업에 성공한 선배 기업인이 후배의 창업을 돕는 것은 오늘날 이스라엘 사회의 문화로 정착했다.

이스라엘의 혁신 네트워크는 군 복무 경험과 밀접하게 연관되어 있다. 이스라엘 사람은 18세가 되면 남자는 최소 2년 8개월, 여자는 최소 2년 군 복무를 한다. 그들 중 일부는 이스라엘 국방을 위해 기술 개발 부대로 채용된다. 기술 개발 부대에서 군 복무를 마친 뒤에는 민간인으로서 군에서 얻은 지식을 개인의 목적을 위해 사용할 수 있도록 허용한다. 이러한 지식이 많은 하이테크 회사의 상업적 혁신 기술 개발의 기초가 됐다. 군사기밀일지라도 국가 안보에 위해가 되지 않는 한 정부는 지식의 사용을 금하지 않는다.

유대인은 전 세계에서 가장 결속력이 강한 민족이다. 결속력이 너무 강해 배타적으로 인식되어 왔다. 유대인은 공동체 속의 한 사람이 될 때 비로소 유대인이 된다. 유대인들의 서로 돕기 및 혈족 의식은 전통 유지와 동질성의 확인에서 비롯됐다. 2000년에 이르는 오랜 디아스포라 시대에서 자신의 주체를 잃지 않고 견딜 수 있었던 것도 어려운 처지의 동포를 돕는 혈족 의식이 있었기 때문이다. 오늘날 전 세계 유대인은 하나의 네트워크로 연결돼 있으며, 이스라엘은 그 네트워크의 중심축이다. 해외에 흩어져 사는 유대인들은 이스라엘에 직접 투자하거나 그들의 네트워크를 이용해 이스라엘 기업에 투자하도록 적극 권유한다. 실리콘 밸리에서 성공한 유대인 기업가들은 정보 제공, 인맥 연결, 마케팅 지원, 투자 등을 통해 성공을 지원해 왔다.

3장

이스라엘의
과학과 산업

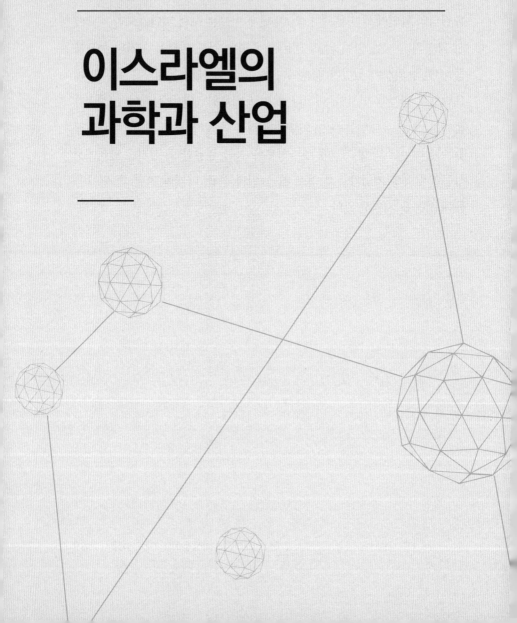

과학

과학 강국의 기초

이스라엘은 건국 이래 국가 발전을 위해 과학과 기술을 중시하는 정책을 지속해 왔다. 이스라엘의 과학기술 정책 목표는 강한 기초과학에 바탕을 둔 실용적인 산업 연구라고 할 수 있다. 이스라엘 초대 총리를 지낸 벤구리온은 1948년 12월 다음과 같은 말을 했다. "우리는 기적적인 약진의 시대에 살고 있다. 이스라엘은 삶의 모든 분야에 과학을 강요지지는 않지만, 역사적 사명을 지지하길 게을리하지 않을 것이다. 첨단 과학과 기술 분야의 성과를 바탕으로 농업, 산업, 제조, 운송, 항공, 주택 사업을 발전시키고 이론과학이든 응용과학이든 상관없이 모든 과학자가 더 큰 성과를 거두도록 장려해야 한다."[61]

이러한 국정 철학의 기초 위에 이스라엘은 과학 분야에서 우수한 과학자들을 중심으로 최고의 연구 거점 확립을 촉진하는 한편, 과학 분야 전반에 걸쳐 일정 수준을 유지하고자 노력해 왔다. 정치·경제적으로 복잡한 외부 환경 변화에 유연하게 대처할 수 있는 과학기술 역량을 확보하기 위해 연구개발 단계 및 정부 부문별 역할이 세밀하게 정립돼 있으며, 정부가 주도권을 갖고 자원의 동원과 배분을 전략적으로 수행해 왔다.[62] 기술 분야에서는 제한된 영역에 집중해 높은 성과를 내고 있다. 이스라엘은 한국의 5분의 1 남짓한 작은 영토에서 국민 1인당 과학자 수 세계 1위, OECD 국가 과학기술 혁신 평가 지수 상위권에 꾸준히 랭크되며 글로벌 혁신 기술 강국의 자리를 차지하고 있다.

이스라엘에는 다수의 노벨상 수상자와 세계 최고 수준의 기술 사업화 실적을 가진 대학 및 연구소가 있다. 또한 9,000개가 넘는 하이테크 기업이 있으며, 500개 이상의 글로벌 거대 기업 R&D 센터가 몰려 있다. 최초의 점적 관개 기술, 최초의 개인용 PC, 최초의 USB 메모리, 디지털 프린터의 원천 기술, 최초의 캡슐 내시경 카메라 등 이스라엘이 만들어 낸 혁신 기술에는 세계 최초라는 명칭이 붙은 것이 많다.

이스라엘은 특히 생명공학과 의료, 우주공학, 농업, 사이버 보안 등의 산업에서 세계적인 기술을 보유하고 있으며 최근에는 AI, 모빌리티, 기후 테크 분야에서 두각을 나타내고 있다. 이스라엘의 생명공학과 의료 기술은 세계적인 신약 개발에 기여했는데, 그중에서도 유전학과 암 연구에서 세계 선두에 있다. 이처럼 이스라엘이 과학기술 분야에서 짧은 기간에 비약적인 발전을 하게 된 데는 다양한 요인이 있는데, 우선 역사적인 요인과 국가 정책에서 그 해답을 찾아보고자 한다.

음수사원飮水思源이라는 말은 "물을 마실 때 그 물이 어디서 왔는지 근원을 생각하라"는 뜻이다. 오늘날의 혁신 국가 이스라엘은 지식과 기술을 중시하는 수천 년의 역사적, 문화적 배경 속에서 만들어졌다. 이스라엘의 과학 연구 역사는 20세기 초 유대 민족이 팔레스타인으로 귀환하면서 시작됐다. 정치적 시온주의의 창시자로 이스라엘 땅에 현대적 유대 국가를 설립하자는 뜻을 적극적으로 추진한 테오도르 헤르츨은 이스라엘 땅을 단지 유대 민족의 물리적 고향으로만 여긴 것이 아니라 주요한 정신적, 문화적, 과학적 중심지로 보았다.[63]

이스라엘의 과학기술 기반 시설은 1948년 건국 이전부터 자리 잡고 있었다. 불모지였던 땅에서 가장 먼저 시작된 것은 농업 연구였다. 1921년 텔아비브에 설립된 농업 시험장은 후에 농업연구기구(ARO)가 됐다. ARO는 이스라엘의 농업 연구 및 개발을 담당하는 핵심 기관이다. 의학 및 공중 보건 연구는 제1차 세계대전에 앞서 히브리 보건소가 설립되며 시작됐다. 1920년대 중반 예루살렘 히브리대학에 미생물 연구소와 생화학과, 세균학과, 위생학과가 설립되면서 이 분야 연구에 큰 힘이 실렸다. 이러한 연구를 기반으로 오늘날 이스라엘의 가장 우수한 의학 연구 기관인 하다사 메디컬 센터가 탄생할 수 있었다.[64]

산업 연구는 1930년대에 사해 연구소에서 처음으로 앞장섰으며, 기초 과학과 기술 분야의 진보는 히브리대학(1925년 설립)과 이스라엘 기술 연구소 테크니온(1924년 설립)을 비롯해 와이즈만 연구소(1934년 설립)에서 시작됐다. 이와 같이 이스라엘의 과학기술 기반 시설은 건국 이전부터 이미 자리 잡고 있었다.

이스라엘의 연구개발은 주로 7개의 종합대학, 수십 개의 정부 및 공공 연구 기관, 수백 개의 민간 및 군사 기업체에서 이루어진다. 정부와 공공 단체들은 연구개발의 주요 자금원으로, 이스라엘 내 연구개발 활동 중 절반이 훨씬 넘는 곳에 재정 지원을 한다. 이스라엘의 전체 연구 활동 중 80퍼센트 이상이 대학 내에서 이루어진다. 이스라엘과학재단(ISF)은 경쟁력 있는 기초연구의 주된 재원이다. 여러 대학은 과학 연구 활동과 더불어 이스라엘 기술 발전에 중요하고도 혁신적인 역할을 지속적으로 수행하고 있으며, 그중 와이즈만 연구소는 전 세계 최초로 자체 연구의 상업적 이용을 위해 세운 곳 중 하나다. 지금은 이스라엘의 모든 대학이 이와 유사한 조직을 보유하고 있다.[65]

디아스포라 유대인의 귀환

19세기 후반 유럽의 반유대주의에 대응해 출현한 시온주의[66] 운동이 활발해짐에 따라 동유럽과 러시아의 많은 유대인이 지금의 이스라엘(당시 팔레스타인 영토)로 이주를 시작했다. 1882년부터 1903년까지 1차 대규모 알리야[67], 1904년부터 1914년까지 2차 대규모 알리야, 1919년부터 1923년까지 3차 대규모 알리야, 그리고 1948년 공식적인 이스라엘 건국 선포 전까지 두 차례의 대규모 이민이 추가적으로 진행됐다. 이스라엘 정부는 1950년 귀환법Law of Return을 제정해 포용적이고 적극적인 이민 정책을 펼쳤다. 유대인이 이스라엘에 입국하면 입국과 동시에 시민권이 부여되며 1968년 신설한 '이민흡수부Ministry of Immigrant Absorption(MIA)'를 통해 주거부터 교육, 취업까지 원스톱 서비스를 제공했다. 세계 각국에서 온 이민자들에게 직업훈련과 히브리어 교육을 지원하고, 이들을 채용하는 기업에 임금 보조를 해 제대로 정착할 수 있도록 했다.

이스라엘 국토는 절반 이상이 건조하거나 반건조한 지역이며, 나머지는 가파른 언덕과 숲으로 이루어졌다. 이민자들은 이러한 땅을 농사지을 수 있는 땅으로 바꿔야 하는 현실에 맞닥뜨렸다. 당시 이스라엘은 현대적인 농업 기술과 기반 시설이 부족했고, 한정된 수자원과 건조 기후로 인해 재배 가능한 작물에도 한계가 있었다. 초기 이주민들은 이러한 어려움을 이겨 내기 위해 농촌 공동체 조직인 키부츠를 만들고 농업 학교와 농업 연구소 등을 세워 농업 관개 시설과 온실 기술, 새로운 작물 품종을 개발했다. 이들의 노력은 미래 농업 기술과 과학기술 발전의 토대가 됐는데, 물의 낭비를 줄이기 위해 작물의 뿌리 가까이에 물을 주는 새로운 관개 기술을 개발하거나 더 적은 양의 물로 유통기한을 늘릴 수 있는 작물을 개발하는 등 많은 성과를 거두었다.

이스라엘의 국가 경쟁력 강화를 위한 인적 자원 확보 정책은 전 세계 유대인의 40퍼센트를 이스라엘로 불러 모으는 결과를 얻었다. 특히 소련의 붕괴와 함께 1990년대 초 구소련(러시아)에서 몰려온 대규모 이민자들은 이스라엘의 첨단 과학기술 발전에 중요한 밑바탕이 됐다. 1989년 당시 450만 명이었던 이스라엘 인구수의 약 20퍼센트에 달하는 95만 명이 1990년부터 1999년까지 이민으로 유입됐는데, 대부분이 러시아의 과학자 및 기술자 등으로 60퍼센트 정도가 대졸 학력을 가진 고급 인력이었다. 이들로 인해 이스라엘의 과학자와 기술자 수가 두 배 정도 늘어났다.

이스라엘 정부는 한꺼번에 몰려 들어온 고급 인력을 정착시키기 위해 초기에는 군사 관련 연구 기관과 방산 업체에 근무하도록 지원했고, 언어 교육과 사회 통합 프로그램을 통해 이민자들의 적응과 내부 통합을 이끌었다. 그러나 워낙 많은 숫자의 이민자가 러시아어밖에 할 줄 모르는 채로 유입돼 제공할 만한 일자리가 부족했다. 또한 오슬로 협정68으로 국방비 예산이 감축되자 군사 기관에서 일하던 러시아 유대인들이 실직자가 되기도 했다. 정부는 이들이 기술력을 바탕으로 창업을 하거나 첨단 기술을 개발할 수 있도록 기술 인큐베이터 프로그램을 통해 자금을 지원했다. 이로 인해 첨단 산업 분야에 종사하게 된 러시아계 유대인이 증가해 이스라엘의 첨단 기술 산업이 빠르게 발전할 수 있었다. 오늘날 이스라엘 하이테크 분야 종사자 절반이 러시아계 유대인으로, 이들은 이스라엘 첨단 산업 발전의 원동력이 됐다.

과학적 발견의 상업화

이스라엘의 과학기술 발전의 배경에는 과학, 기술, 공학, 수학Science, Technology, Engineering, Mathematics(STEM) 분야의 역량을 기르기 위한 노력이 있었다. 이스라엘이 건국을 선포하기 훨씬 전부터 대학과 연구소를 먼저 설립한 것은 국가 기반을 다지기 위해서는 교육이 기본이라는 생각을 했기 때문이다. 이스라엘의 STEM 분야 교육은 초·중·고교 그리고 군대에서도 이루어지고, 대학과 산업 현장까지 이어지면서 국민의 생애 전반에 끊임없이 제공된다.

이스라엘은 특히 기초과학 분야 연구를 중요시해 왔다. 기초과학 역량이 강해야 장기적으로 과학기술의 수준을 높일 수 있다고 생각해 대학에서의 응용 연구를 전체의 15퍼센트 이내로 제한했다. 이스라엘의 대학들은 연구 중심 대학으로, 기초연구 부분을 담당한다. 강력한 기초과학 토대 위에서 다양한 학문 분야 간 연구와 응용 연구가 이루어지고, 융합을 통한 이스라엘만의 독특한 경쟁력을 만들어 왔다. 이러한 노력으로 이스라엘의 대학과 연구소는 세계적인 혁신 기술을 이끄는 교육기관으로 발전할 수 있었다.

이스라엘에서 가장 오래된 대학인 테크니온 공대는 1924년 하이파 항구 인근에서 작은 공업 기술 대학으로 시작했지만, 노벨상 수상자를 네 명이나 배출하면서[69] 이스라엘 혁신 기술의 발생지로 자리 잡았다. 미국 나스닥에 상장된 이스라엘 기업의 80퍼센트가 테크니온 공대에서 개발한 기술을 기반으로 한다. 1925년 예루살렘에 설립된 히브리대학교는 이스라엘 총리와 노벨상 수상자를 배출하고 수천 개의 특허가 등록된 연구 중심 대학으로 발전했다. 테크니온 공대와 히브리대학교는 기초과학 연구를 중요하게 여긴 아인슈타인과 프로이드 같은 유대인 학자들이 중심이 돼 대학 설립과 운영의 기틀을 마련했다. 와이즈만 연구소는 1,000여 명이 넘는 과학자와 교수가 근무하는 화학 및 바이오 분야 세계 최고의 연구소로 다발성 경화증 치료제 코팍손Copaxone, 표적 항암 치료제 얼비툭스Erbitux 등 세계적인 블록버스터 신약을 개발했다.

이스라엘대학 및 연구소의 높은 성과에는 기술지주회사를 통한 기술 상용화가 중요한 역할을 했다. 와이즈만 연구소의 예다YEDA(1959년 설립), 히브리대학의 이쑴Yissum(1964년 설립) 등의 기술지주회사를 설립해 대학에서 연구한 기술이 사장되지 않고 꽃피울 수 있도록 산업과 연구를 연결하는 역할을 했다. 이스라엘은 기초과학 연구뿐만 아니라 기술의 상용화에도 높은 관심을 두고 연구의 실용적인 면을 중시했다. 이스라엘의 대학기술지주회사들은 매년 수천억 원의 기술 이전 수익을 올리는데, 이 수익은 다시 연구개발에 투자돼 새로운 기술 창출을 위한 선순환 구조를 이룩했다.

이스라엘의 대학기술지주회사들은 '40 대 20 대 40 원칙'으로 기술이 상용화되면 대학과 개발자가 각각 40퍼센트를 갖고, 20퍼센트는 연구개발 자금으로 사용해 연구 성과가 후속 연구를 촉진할 수 있도록 했다. 또한 대학의 연구 성과물을 세계적인 기업으로 성장할 가능성이 높은 스타트업에 이전함으로써 이스라엘의 혁신 기술 생태계 발전에도 크게 기여해 왔다.

정부 지원

이스라엘의 과학기술 발전에는 정부의 정책 지원이 핵심적인 역할을 했다. 이스라엘 정부는 1984년 연구개발 촉진법을 제정하고 지식 집약적 산업을 발전시키고자 했다. 이때 설치된 수석 과학관실은 R&D 관련 정책을 총괄하며 이스라엘의 기술 발전과 창업 생태계 기반을 마련했다. 수석 과학관실은 첨단 기술 발전과 R&D를 위한 인프라 구성, 자금 지원, 정책 추진 등 민간이 시도하기 어려운 부문에서 정부 주도로 다양한 프로그램을 운영했다. 수석 과학관실에서 R&D와 창업을 지원하는 정책은 국내 지원 프로그램과 국제 지원 프로그램으로 분류된다. 국내 지원 프로그램은 예비 단계부터 장기 프로그램, 특별 프로그램 등 기술 개발과 상업화에 이르는 전 주기에 걸쳐 이루어진다. 국제 지원 프로그램은 다국적 기업 프로젝트나 유럽 기업 네트워크, 미국이나 싱가포르 등 국가와의 협력 프로그램으로 구성됐다.

이스라엘 수석 과학관실의 정책 지원은 1990년대 기술 인큐베이터 프로그램과 요즈마 펀드를 통해 본격화됐으며, 이스라엘의 혁신 기술이 창업으로 연결되는 데 기여했다. 기술 인큐베이터 프로그램은 기술 인큐베이터와 창업가, 정부가 3인 1조를 이루어 지원하는 프로그램이다. 정부와 기술 인큐베이터가 가능성 높은 창업가에게 투자하고, 창업가는 기술 인큐베이터에 지분을 주고 정부에는 성공 시 상환 로열티를 지급한다. 기술 인큐베이터는 투자금 회수를 위해 창업가가 성공할 수 있도록 멘토링이나 마케팅, 사업화 네트워크 등을 지원한다. 1991년부터 정부가 운영했던 기술 인큐베이터 프로그램은 2002년부터 민영화를 통해 민간 주도적으로 창업 생태계를 성장시킬 수 있도록 했다.

수석 과학관실은 2016년에 혁신청으로 확대·발전해서 이스라엘 산업 기술 지원 정책의 구심점 역할을 해 오고 있다. 현재 81개 프로그램을 운영하고 있으며, 그중에는 이제 막 연구개발을 시작한 새싹 기업에 최대 350만 세겔(약 13억 원)을 지원하는 인큐베이팅 프로그램과 이미 혁신 제품 개발 역량을 갖춘 스타트업에 최대 500만 세겔(약 18억 원)을 지원하는 인센티브 프로그램 등이 포함돼 있다. 기업의 기술 검증 비용 일부를 지원해 주거나, 외국과의 R&D 협업 및 해외 인재 영업을 돕는 프로그램도 있다.

산업[70]

사이버 보안 산업

이스라엘은 세계적인 사이버 보안 강국으로, 연간 35억 달러 이상을 수출하고 있다. 사이버 보안 분야는 해외 투자 자본 유치를 견인하는 이스라엘 최대 산업이다. 1990년대 후반부터 데이터를 보호하고, 해킹 활동을 강화하며, 복잡한 멀티 클라우드 인프라를 구축하는 문제를 해결하는 혁신적인 솔루션으로 사이버 보안의 최전선에 서 왔다. 전 세계 사이버 보안 유니콘 기업의 3분의 1이 이스라엘 스타트업이며, 글로벌 시장 비중은 5퍼센트로 미국에 이어 2위를 차지하고 있다. 이스라엘의 사이버 보안 분야 기업은 현재 460개가 넘는데, 2011년 162개에서 약 3배 성장했다.

이스라엘이 사이버 보안 산업 분야에서 발전을 이룰 수 있었던 데는 지리적 위치, 정치, 외교, 국방, 기술 등 다양한 요소가 작용했다. 특히 국경 지역에서 일어나는 다양한 충돌과 테러로 인해 이스라엘은 치밀한 보안 관리 시스템을 설계하게 됐고, 그 결과 사이버 보안 산업이 국가 기반 산업으로 육성될 수 있었다. 정부 주도로 민간 기업, 대학, 연구 기관, 군사 기관 등이 협력해 선진적인 사이버 보안 생태계를 구축한 것이 특징이다.

각 영역별로 사이버 보안 산업 구축의 기여도와 역할을 살펴보면, 먼저 이스라엘 군대에는 사이버 보안 작전을 전문적으로 수행하는 8200부대가 있다. 8200부대는 이스라엘 방위군Israel Defense Forces(IDF) 내 조직으로, 군사정보와 신호를 수집하고 분석하는 역할을 한다. 사이버 보안 분야의 엘리트 군사 조직을 육성하기 위해 사이버 훈련 학교에서 세계 최고 수준의 교육을 실시한다. 물리학이나 수학, 컴퓨터 공학부터 프로그래밍, 빅데이터 활용 등의 수업을 듣고 각종 사이버 보안과 관련된 고급 기술을 습득한다. 특히 수업 중에 그룹 스터디나 팀 활동을 하는 등 군대보다는 마치 대학의 창업 동아리나 부트캠프 같은 문화가 내재되어 있다. 이와 동시에 군인으로서 국가 안보에 대한 공통의 동기와 목표가 이들을 강력한 네트워크로 묶어 준다.

이처럼 강한 우정과 네트워크는 군 복무 이후 스타트업 동지로 인연을 이어 가게 한다. 대학이나 직장에서 초기 창업팀을 꾸리는 다른 나라와 달리, 이스라엘은 군대 동기들과 창업팀을 이루는 경우가 많다. 게다가 훈련받은 기술 인재들이 의무 복무 기간을 채운 후 민간에서 이를 활용한 커리어를 유지할 수 있도록 지원하기 때문에, 기술 스타트업 창업자로 새롭게 시작하는 군인 출신 사업가가 많다. 8200부대 출신이 설립한 회사로는 웨이즈Waze, 윅스Wix, ICQ, 체크포인트, 팔로 알토 네트웍스Palo Alto Networks, 미라빌리스Mirabilis, 나이스NICE, 아웃브레인Outbrain, 오디오코즈AudioCodes, 길랏Gilat 등이 있다.

군대 외에 이스라엘 정부 또한 사이버 보안 산업이 발전할 수 있도록 촉매제 역할을 했다. 2011년 이스라엘 국가사이버국Israel National Cyber Directorate(INCD)을 설립해 국가 차원의 사이버 보안 전략을 수립했고, 2015년 민간 분야 사이버 보안 강화를 위한 국가사이버보안국National Cyber Security Authority(NCSA)을 설립했다. 특히 NCSA는 민간의 사이버 공격을 막고 사이버 보안 인력을 양성하며, 이스라엘 민간 산업을 뒷받침한다. 또한 벤구리온대학, 히브리대학 등에 여섯 개의 사이버 연구 센터를 설립해 사이버 보안 연구와 교육을 지원해 왔다. 그 밖에도 이스라엘 정부는 베르셰바에 어드밴스드 테크놀로지 파크Advanced Technologies Park를 설립해 오라클Oracle, 델Dell EMC, IBM, 도이치 텔레콤Deutsche Telekom 같은 다국적 기업을 유치하는 등 인프라 구축과 지원을 아끼지 않고 있다.

이스라엘의 교육기관과 대학도 사이버 보안 산업 발전의 한 축을 담당한다. 이스라엘에서 사이버 보안 분야의 교육은 중학교부터 시작하며, 고등학교 입학시험에 사이버 보안 과목이 선택 사항으로 들어 있다. 대학에서는 사이버 보안 분야를 전공할 수 있으며 박사 학위까지 취득할 수 있다. 이스라엘에서는 공공 교육기관뿐만 아니라 민간 교육기관에서도 과학기술 인재 양성을 위해 각종 사이버 보안 교육 센터를 운영해 엔지니어와 프로그래머를 양성한다. 이러한 교육 시스템의 근간에는 사이버 보안 분야에서 다양한 접근을 허용하는 학문 간 협력이 존재한다. 여러 가지 관점에서 사이버 보안 강화를 위해 R&D, 정책, 이론과 실무, 전술적인 사고가 포함될 수 있도록 다양한 분야의 전문가가 함께 활동하는 것이 이스라엘 사이버 보안 산업의 특징이다.

방위 산업

이스라엘은 건국 이후 아랍 국가들의 정규군, 민병대, PLO, 하마스, 이슬람 지하드 등의 무장 단체, 그리고 테러리스트들과의 무력 대결을 통해 국가의 존재를 확보해야 했다. 이스라엘이 안고 있는 이러한 지정학적 리스크에 대응하기 위해 초기 이스라엘 방위 산업은 IDF의 수요를 충족하는 역할을 했다. 하지만 이후 이스라엘 국방부가 촉진자 역할을 하는 가운데, 많은 내·외부 환경 변화에 적절한 대응을 하면서 변신에 성공했다. 이러한 방위 산업체들의 적응성과 더불어 정부 기관, 학계, 투자자, 그리고 방산 제조 업체 간의 잘 구축된 연결로 무기 품질 혁신이 강화되면서 수출 시장을 개척하게 됐다.

이스라엘 방위 산업은 '선택과 집중' 전략을 고수해 완제품보다는 첨단 레이더와 전자 기술 기반 핵심 체계와 부품에 강점이 있다. 특히 1973년 제4차 중동전쟁을 겪은 이후 기습에 대한 경각심을 바탕으로 적의 공격을 사전에 파악하고 미리 대응할 수 있는 항공정찰, 레이더, 미사일, 정보통신 등을 중심으로 발전하기 시작했다. 이처럼 직접적인 공격용 무기뿐만 아니라 군사작전에서 필수적인 정보통신기술이 발전한 데는 이스라엘 엘리트 부대(8200부대, 탈피오트 프로그램 등)의 결정적인 기여가 있었다. 이렇게 축적된 첨단 기술은 정보통신, 바이오 등 4차 산업 분야로 확산돼 4차 산업혁명 시대에 이스라엘의 위상을 높이고 있다.

이스라엘 방위 산업의 역할은 원래 외국 정부의 제한을 풀고 IDF에 무기 시스템과 군사 장비를 공급하는 것에 국한됐다. 그러나 나중에 이스라엘에 대한 군사 지원을 확대하려는 미국의 의지에 따라 그 역할이 바뀌었다. 방산 수출은 주로 내수 변동의 균형을 맞추고 IDF의 R&D 및 생산 비용을 낮추기 위해 부수적인 사업으로 시작됐으나, 시간이 지나면서 수출이 급속히 증가했다. 이스라엘이 세계 주요 방산 수출국이 되면서 정부는 방위 산업을 국가 전략 산업으로 육성하게 됐다. 최근에는 무인 항공기, 방공 미사일, 센서 분야에서 세계적인 기술력을 바탕으로 전략적 수출 시장 선점과 다변화 정책을 추진해 왔다.

현재 이스라엘은 수출 비중이 70퍼센트에 이르는 글로벌 선도 방위 산업 국가다. SIPRI(스톡홀름 국제평화연구소) 자료에 의하면 2018~2022년 사이의 이스라엘 방위 산업 수출 실적은 점유율 2.3퍼센트 수준으로, 세계 10위에 이른다. 2020년 기준 이스라엘 방위 산업은 제조업 생산액의 10.5퍼센트, 이스라엘 국가 전체 근로자의 14.3퍼센트를 차지했다. 이스라엘의 방위 산업은 약 600~700개 기업으로 구성돼 있으며, 약 7만 2,000명 정도를 고용하고 있다.

이스라엘 방위 산업 공급 사슬 최상위에는 주요 무기 플랫폼과 군사 시스템 시스템을 개발 및 제조하는 IAI, 라파엘, 엘빗 등의 대규모 기업이 속해 있다. IAI는 이스라엘의 핵심 항공우주 및 항공 제조 업체로 민간 항공기, 드론, 전투기, 항공 전자 및 우주 기반 시스템을 설계·개발·생산 및 유지·관리한다. 이러한 기술 수준 1등급의 방산 업체들이 이스라엘 방산 매출의 95퍼센트 이상을 담당하고 있으며, 약 45퍼센트의 직원을 고용하고 있다.

방위 산업 생산 공급 사슬의 두 번째 계층에는 군용 하위 시스템과 기타 특수 방산 제품을 개발 및 생산하는 100여 개 회사가 자리 잡고 있다. 여기에서 대포와 박격포, 무기 시스템, 무기 플랫폼에 설치된 전자 시스템, 전자 광학 시스템 등이 생산된다. 이들 회사는 약 1만 3,500명의 근로자를 고용(방위 산업 인력의 약 20퍼센트에 해당)하고 있다. 세 번째 계층의 공급망에는 상위 계층 회사에게 하위 시스템, 부품 또는 서비스를 공급하는 400여 개의 회사들이 있다. 이 회사들은 약 2만 3,000명의 직원을 고용하고 있으며 주로 전자 카드, 금속 주조, 소프트웨어 서비스 및 전기 케이블과 같은 품목을 제조·판매하고 있다. 첫 번째 계층의 회사와 뚜렷한 대조를 이루는 두 번째와 세 번째 계층의 회사는 주로 내수 시장에 제품을 판매한다. 마지막으로 무기 생산 공급망 전체에 걸쳐 기업에 수입 및 테스트 서비스를 제공하는 수십 개의 회사가 있다. 이들 회사의 고용 인원은 군수산업 분야에서 약 15퍼센트 정도를 차지한다.

바이오·헬스 산업

이스라엘의 바이오·헬스 산업은 바이오테크놀로지Biotechnology, 의약품Pharmaceutical Therapeutics, 의료 기기Medical Device, 그리고 디지털 헬스Digital Health로 구성된다. 2022년 기준으로, 이스라엘에는 약 1,800여 개의 바이오 분야 기업이 있다. 이스라엘의 의약품 및 의료 기기의 제품 수출액은 2021년 기준 52억 달러로, 의약품 산업은 2000년대 수출 성장을 견인했다. 90퍼센트가 해외로 수출되고 있으며, 이스라엘 제조업 총 생산의 12퍼센트를 의약품 산업이 차지하고 있다(2021년 기준). 이스라엘의 의약품 및 의료 기기의 주요 수출 국가는 미국, 중국, 영국이다.
　이스라엘은 내수 시장의 한계를 극복하기 위해 의약품 산업의 글로벌 시장 진출을 추진했다. 정부는 규제 완화 정책을 통해 이스라엘 기업의 글로벌 진출과 글로벌 기업의 이스라엘 기업 인수 합병이 활발하게 이루어질 수 있도록 했다. 2012년 이스라엘 정부는 유럽연합과 의약품 규격 상호 인정 협정을 체결했다. 이는 국제 의약품 표준을 이스라엘 국내에 도입하는 것으로, 이를 통해 의약품 수출입 심사 절차와 소요 기간이 대폭 단축돼 이스라엘 제약 업체가 해외로 활발하게 진출했다. 특히 이스라엘에서 인정한 국가의 의약품 승인을 근거로 수입 허가를 인정해 해외 의약품 업체의 이스라엘 유입이 증가했으며, 임상 실험 데이터나 각종 기술 교류가 이루어졌다.

현재 이스라엘은 인공지능, 사물인터넷(IoT), 로봇공학 등 하이테크 기술을 융합한 바이오 산업 발전을 적극 추진 중이다. 이스라엘은 암, 면역 체계, 퇴행성 질환 분야에서 세계적인 연구 성과를 지닌 국가다. 이를 바탕으로 헬스테크 분야의 기업이 많이 탄생하고 있다. 세계적으로 고령화가 가속화돼 2050년에는 60세 이상 인구가 전 세계의 20퍼센트 이상을 차지할 것으로 전망된다. 평균 수명 증가와 더불어 퇴행성 질환 같은 노인성 질환에 관한 관심이 높아지면서 일상생활에서 활용할 만한 하이테크 기술이 접목된 서비스나 디지털 헬스케어 수요가 갈수록 높아지고 있다. 디지털 헬스 산업의 높은 시장성을 전망한 이스라엘 정부는 R&D 지원과 투자를 아끼지 않고 있으며, 700만 명이 넘는 방대한 국가 의료 데이터베이스와 하이테크 기술은 이스라엘이 디지털 헬스 산업 분야 경쟁 우위를 차지할 수 있게 했다. 현재 이스라엘의 헬스테크 기업은 R&D 단계 기업이 52퍼센트, 초기 수익 단계가 34퍼센트다. 정부의 적극적인 R&D 지원과 투자가 이어진다면 세계적인 헬스테크 산업 국가로 성장할 수 있을 것이다.

이스라엘의 디지털 헬스 기업들은 활동 범위에 따라 7개의 하위 분야로 구분이 가능하다. 의사결정을 지원하는 서비스, 진단 서비스, 디지털 치료제digital therapeutics, 임상 워크플로우 서비스, 원격 모니터링, 환자 참여 서비스, 보조 기술 분야다. 의사결정 지원decision support 분야는 개별 데이터를 분석해 적절한 진단법이나 치료 솔루션을 지원하는 것인데, 디지털 헬스 부문에서 큰 성장을 견인하고 있다. 특히 데이터 정보 보안을 위해 사이버 보안, 블록체인 기술과 결합한 서비스를 활발하게 개발 중이다. 디지털 치료제는 이용자가 자신의 질환을 관리할 수 있는 디지털 도구다. 보조 기기 분야assistive devices는 신체적 질환이나 장애가 있는 환자를 지원하는 기술로, 특히 컴퓨터 비전이나 머신러닝 기술과 결합해 빠르게 성장하는 분야다.

기초과학에 대한 연구는 바이오 산업에서 가장 중요한 부분이다. 기초과학 연구를 통해 새로운 신약 물질이나 여러 가지 메커니즘이 응용과학 분야로 발전될 수 있는데, 이러한 기초과학 연구는 정부의 지원이 뒷받침돼야 한다. 이스라엘에는 하이테크 산업 육성을 위한 각종 R&D 지원 정책, 산학연 협력 시스템이 잘 갖춰져 있다. 이스라엘 바이오 헬스 산업의 또 다른 특징은 글로벌 바이오 및 제약 회사와의 연결성이다. 세계적인 의료 기기 기업인 메드트로닉Medtronic은 이스라엘에 R&D 센터를 설립해 운영 중이고, 디지털 헬스케어 솔루션 기업인 체인지 헬스케어 Change Healthcare 또한 이스라엘에 R&D 센터를 설립해 심장 모니터링 시스템을 개발했다. GE의 자회사인 GE 헬스케어GE Healthcare의 이스라엘 R&D 센터에서는 초음파, 핵의학 분야 기술을 개발 중이다.

이스라엘의 바이오 기업 투자 현황을 살펴보면 R&D 단계에 있는 헬스테크 분야 기업의 비중이 가장 큰데, 초기 단계에서는 이스라엘 국내 펀드가 투자를 통해 마중물 역할을 하고 있다. 에이문 펀드aMoon Fund는 이스라엘에서 가장 큰 규모로 바이오 분야에 투자하는 펀드이며, 이스라엘 벤처 캐피털 펀드 아워크라우드 등이 디지털 헬스 분야 기업 투자를 선도하고 있다. 또한 해외 자본도 이스라엘 디지털 헬스 기업에 적극적으로 투자하고 있다. 글로벌 투자사 구글 벤처스Google Ventures는 유아 수면 모니터링 장치를 개발한 내닛Nanit과 의료용 코딩 기술 업체 NYM에 각각 2억 500만 달러를 투자했으며, 글로벌 투자사 인사이트 파트너스Insight Partners는 AI 기반 뇌졸중 케어 기업 비즈에이아이VIZ.ai와 원격 건강 관리 플랫폼 타이토케어TytoCare에 투자했다.

애그테크 산업

애그테크AgTech란 농업Agriculture과 첨단 기술Technology의 합성어다. 농업 생산 활동에 필요한 자원 투입의 효율화, 생산성 증대, 고부가가치 창출을 위해 투입되는 첨단 기술을 의미한다. 오늘날 세계는 식량 공급을 위협하는 수많은 정치적, 사회적, 환경적 문제에 직면해 있는 가운데 글로벌 애그테크 시장은 인구 증가, 식량 수요 증가, 기후 변화, 물 부족 문제 등으로 인해 빠르게 성장하고 있다.

데이터 분석 전문 업체인 스테티스타Statista에 따르면 글로벌 애그테크 산업 시장 규모는 2020년 91억 달러에서 2025년 226억 달러 규모로, 5년간 연평균 20퍼센트 성장할 것으로 전망된다. 공급 비용 상승, 노동력 부족, 소비자의 선호도 변화 등 주요 농업 과제를 해결할 수 있는 창의적 솔루션 측면에서 경쟁력을 갖춘 이스라엘 애그테크 산업은 향후 글로 벌 애그테크 시장 성장의 최대 수혜자가 될 가능성이 크다.

이스라엘은 세계에서 가장 인구밀도가 높은 국가 중 하나지만 경작 가능한 토지는 전체 국토의 17.2퍼센트(2021년 기준)에 불과하며, 나머 지 지역은 사막이나 가파른 언덕과 숲으로 이루어져 있다. 이처럼 제한된 경작지, 상대적인 물 부족, 열악한 기후 등의 어려운 여건에도 불구하고 이스라엘은 자국 식량 수요의 95퍼센트를 스스로 생산하고 매년 21억 달러 이상의 고품질 농산물을 전 세계에 수출한다. 이것은 최첨단 기술 을 기반으로 농업 환경에 경쟁력 있게 대처할 수 있는 개발에 앞섰기 때 문이다.

이스라엘 농업 경쟁력의 중심에는 약 480개의 애그테크 스타트업이 있다. 이들은 세계적인 농업 전문 지식을 바탕으로 식품 재배 방법 개선 을 위한 혁신적인 기술을 개발하고 있다. 애그테크 생태계의 경쟁력을 기 반으로 이스라엘 애그테크 시장은 2017~2022년 동안 연 10.3퍼센트의 성장을 지속했다. 이에 따라 최근 5년간 애그테크 분야 펀딩도 크게 성장 해 2018년 1억 달러 수준에서 2022년 9억 달러 수준으로 9배로 증가했 다. 하지만 2023년에 들어서는 글로벌 VC 펀딩 실적의 급격한 축소 현 상으로 이스라엘 애그테크 회사의 펀딩도 1억 4,000만 달러 수준에 머 물렀다. 부문별로는 전체 애크테크 기업의 36퍼센트에 달하는 수처리 및 관개water and irrigation 부문 기업에 관한 펀딩이 전체 펀딩의 54퍼센트 수준으로 가장 많았다.

이스라엘의 애그테크 기업은 창의적인 아이디어와 솔루션으로 농업 혁 신을 주도하고 있는데, 크게 네 가지 방향으로 정리된다.

첫째, 인더스트리 4.0Industry 4.0으로 농업 관행을 변화시킨다. 농업 산업에 ICT와 원격 감지, IoT, 머신러닝, 빅데이터 기술의 통합 없이는 농업 혁신을 이루어 낼 수 없다. 이 기술들은 모두 애그테크에서 중요한 응용 분야를 이루고 있으며, 수확량 최적화 및 수확 방법에 혁명을 일으키고 있다.

둘째, 정밀 농업을 통해 지속 가능한 농업 발전을 가져온다. 농업은 기후 변화(농업은 전 세계 온실가스 배출의 13~21퍼센트를 차지함), 화학 오염, 물 낭비, 서식지 파괴 등 다양한 환경 문제를 야기한다. 정밀 농업은 ICT를 활용해 농작물, 밭, 동물 등의 자원을 모니터링하는 접근 방식으로 자원 사용과 작물 수확량을 최대화하는 동시에 관련 비용을 최소화하는 것을 목표로 한다.

셋째, 유전 및 합성 생물학을 통해 작물 품질의 향상을 가져올 수 있다. 이 분야의 스타트업에서는 유통기한이 길고 해충 내성이 강하며 수확량이 높은 새로운 작물 품종을 개발하고 있다. 특히 기후 변화로 인해 식량과 섬유 작물에 대한 생물적 및 비생물적 문제 발생이 가속화됨에 따라, 수확량과 생산 효율성을 유지하고 향상하기 위해 보다 진보된 형질 개발 접근 방식을 탐색하고 있다.

넷째, 효율성 향상을 통해 음식물 쓰레기를 획기적으로 줄이는 기술들이 나오고 있다. 전 세계적으로 생산되는 식품의 약 3분의 1이 낭비되는데, 이는 주로 공급망의 비효율성으로 인해 부패가 발생하기 때문이다. 이스라엘 애그테크 회사는 식품 생산자와 기타 이해관계자가 공급망의 여러 단계에서 신선도를 관리해 유통기한을 연장하는 데 도움이 되는 솔루션을 제공한다.

기후테크 산업

이스라엘 기후테크 산업은 1950년대와 1960년대에 빈약한 담수 자원, 사막 기후, 그리고 천연 에너지 자원이 거의 없는 환경에서 탄생했다. 이스라엘은 절수형 점적 관개, 정밀 농업, 온실 및 태양열 온수기를 포함한 혁신을 통해 이러한 도전에 대응했다. 800개 이상의 스타트업에 의해 저탄소 배출, 운송, 지속 가능한 소재, 에너지 전환 솔루션, 탄소 포집에 이르기까지 수많은 기후테크 혁신 솔루션이 만들어지고 있다. 오늘날 이스라엘 기후테크 생태계는 세계적인 기후테크 산업 성장과 연결돼 지속적인 성장을 보여 왔다.

이스라엘의 기후테크 분야는 농업, 에너지, 교통, 재료과학, 생명공학, 수자원 관리 등 기후 변화와 관련된 다양한 분야에서 높은 수준의 기술 성숙도와 전문성을 보유하고 있다. 이스라엘에는 비브Veev, 윌리오트Wiliot, 오거리Augury, 옵티버스Optibus, 비아Via 같은 기후테크 유니콘이 다수 있다. 기후에 초점을 맞춘 스타트업 기업의 수는 2022년 대비 13퍼센트 증가했으며, 2022년에 설립된 스타트업 여섯 곳 중 한 곳은 기후테크 기업이었다. 또한 기후테크 혁신을 지원하는 스타트업, 투자자, 인큐베이터, 액셀러레이터 및 정부 기관으로 구성된 강력한 생태계를 보유하고 있다.

이스라엘의 스타트업 네이션 센트럴Startup Nation Central에서는 기후테크 산업을 6개 하부 영역으로 구분한다. ① 친환경 운송 및 로지스틱스logistics 분야(모빌리티), ② 음식 및 토지 이용 분야, ③ 청정 산업 기술, ④ 에너지 전환, ⑤ 카본테크, ⑥ 지속 가능 물 솔루션이다. 이스라엘 기후테크 기업 비영리 단체인 플레인테크PLANETech에 의하면 이스라엘 기후 테크 스타트업 수는 지속적으로 증가해 2022년 말에는 784개에 이르렀고, 2023년 2분기에만 약 40개의 새로운 회사가 추가됐다.

이스라엘의 기후테크 투자는 기후 변화 관련 기업의 글로벌 자금조달 규모를 앞지르는 등 급격한 증가세를 보이고 있다. 2018~2023년 상반기 동안 이스라엘 기후테크 스타트업에 투자된 금액은 총 82억 달러였으며, 2022년에만 23억 달러가 펀딩됐다. 투자자 국적별 비중을 보면 거의 50퍼센트가 외국 법인이며, 그중에서도 미국 국적이 주류다. 투자의 50퍼센트 이상을 VC 투자자가 차지했고, 그다음으로 다국적 기업의 VC가 16퍼센트를 차지했다. 2022년 이스라엘의 기후테크 부문은 글로벌 경제 침체로 어려움을 겪은 이스라엘의 다른 기술 분야와 비교해 상당한 회복력을 보였다.

이스라엘의 스타트업은 발전부터 저장, 탄소 저감, 선구적인 수소 발전에 이르기까지 다양한 에너지 분야에서 두각을 나타내고 있다. 저탄소 경제를 위한 획기적인 솔루션을 제공하는 기후테크 부문은 2022년에 전년도보다 두 배 더 많은 펀딩을 하면서 발전했다. 수소 혁신에 대한 전 세계적인 관심에 따라, 이스라엘 기술 생태계도 최근 4년 동안 투자가 8배 증가하는 등 이 분야에서 상당한 활동 증가를 경험하고 있다. 이 부문에는 현재 생성, 저장, 운송에서 연료 전지 등에 이르기까지 수소의 가치 사슬을 따라 혁신하고 있는 22개 이상의 스타트업 및 성장 기업이 있다. 2022년만 최소 4개의 새로운 스타트업이 생겼다.

최근 몇 년 동안 글로벌 업계 선두 주자인 에넬ENEL, EDF 리뉴어블스EDF Renewables, E.ON, 슈나이더 일렉트릭Schneider Electric 및 지멘스 에너지Siemens Energy가 이스라엘 에너지 기술 분야와의 협력을 위해 이스라엘에 진출했다. 글로벌 기업의 이스라엘 현지 진출은 지식 교환을 촉진하고 솔루션의 테스트 및 검증 기회를 창출하며, 이스라엘을 최첨단 에너지 혁신의 초석으로 자리매김하게 한다. 최근에는 이탈가스Italgas와 제니스Zenith를 비롯한 여러 다국적 기업이 기술 과제 형식을 통해 이스라엘 현지 생태계에 대한 참여를 늘리고 있다. 이스라엘 기반의 글로벌 에너지 대기업인 솔라엣지SolarEdge, 오마트 테크놀로지스Ormat Technologies, 도랄 에너지Doral Energy도 이스라엘 스타트업에 대한 투자를 늘려 가고 있다.

척박한 자원 환경 아래 생존을 통해 얻은 회복력을 기반으로 탄생한 이스라엘의 기후테크 산업은 혁신적인 기술뿐만 아니라 기후 혁신 생태계를 개발한 경험을 전파함으로써 국제 기후 목표를 지원할 수 있는 잠재력을 가지고 있다. 현재 이스라엘의 기후테크 산업은 가장 혁신적이고 역동적인 분야 중 하나이며, 기후 변화와 관련된 글로벌 과제를 해결하는 데 열정이 있는 다양하고 재능 있는 기업가 및 혁신가 풀을 보유하고 있다.

AI 산업

이스라엘은 미국과 중국에 이어 세계 AI 산업 점유율 3위에 랭크되어 있다. 토터스 인텔리전스Tortoise Intelligence에서 발표한 2022년 글로벌 AI 지수에서 이스라엘은 종합 5위로 미국, 중국, 영국, 캐나다에 이어 상위권을 차지했다. 이스라엘은 미국, 중국 등과 비교했을 때 인프라 지수는 다소 낮았지만 우수 인재 보유와 개방적인 사업 환경, 스타트업의 사업화 수준이 글로벌 최상위권으로 나타났다. 스타트업에 우호적인 이스라엘 특유의 생태계와 글로벌 투자금의 유입이 AI 산업 분야 스타트업이 성장할 수 있는 토대가 됐던 것이다. 특히 대학, 군, 정부 간 협력 네트워크는 이스라엘이 글로벌 시장에서 선두에 위치할 수 있도록 지원해 왔다.

2013년부터 2022년까지 이스라엘은 세계에서 네 번째로 AI 스타트업 수와 투자 금액이 많은 국가다. 이스라엘 AI 스타트업의 51퍼센트가 머신러닝 기술을 활용하고 있으며, 그중 21퍼센트가 딥러닝, 13퍼센트가 컴퓨터 비전, 11퍼센트가 자연어 처리 기술을 활용하고 있다. 이러한 기술을 토대로 핀테크, 농업, 헬스케어, 사이버 보안, 자율주행 등 다양한 분야에 응용 및 활용하고 있다. 지난 10년간 이스라엘의 AI 스타트업 개수는 402개로, 총 110억 달러의 민간 투자를 받았다. 스탠퍼드대학에서 매해 발간하는 『AI 인덱스AI Index』에 따르면 2022년에 이스라엘은 32억 4,000만 달러의 투자금을 유치했는데, 이는 전 세계 4위 수준이다. 2022년에 새롭게 투자받은 신규 기업 수 또한 73개로 세계 4위였다.

이스라엘 혁신청은 2019년 『이노베이션 리포트Innovation Report』를 통해 AI 산업의 중요성을 강조하며, 국가 차원의 AI 산업 지원의 필요성을 발표했다. 또한 AI 연구 기업에 보조금 지급 사업도 활발하게 진행 중이다. 이스라엘 정부는 2022년 3월에 AI 산업 발전을 위한 국가 전략을 발표하기도 했다. 이 계획에는 정부와 산업 간 합작 투자 활성화, 개방형 정보 자산 생성, AI 분야 연구원 수 증가, 기술 인프라 구축 등의 내용이 포함됐으며 지원 예산은 한화로 약 7,774억 원이다.

이스라엘에는 테크니온, 바일란, 벤구리온, 히브리대학 등 컴퓨터 과학, 공학, AI 분야에서 뛰어난 대학들이 있어서 우수 인재 공급의 원천이 된다. 특히 이러한 대학과 산업계가 긴밀하게 연계돼 언제든지 대학의 전문가들이 산업계로 이동하거나 산업계에서 대학으로 이동해 연구, 기술개발, 창업이 이루어진다. 히브리대학의 교수 암논 사슈야Amnon Shashua는 AI 기반 자율주행 자동차 스타트업 모빌아이의 창업자이며, AI 활용웨어러블 시각 보조기 회사인 오르캠 테크놀로지스OrCam Technologies도 창업했다. 이스라엘에서 AI 연구나 개발 등에 종사하는 엔지니어나 연구자만 4,000명이 넘는다고 한다. 이들 중 상당수가 스타트업에서 활동 중이며, 인텔이나 IBM 같은 글로벌 기업에서 근무 중인 인력도 30퍼센트정도를 차지한다.

이스라엘 군은 국가 안보 차원에서 AI 기술을 적극 활용하고 있다. 무기 시스템이나 전쟁 시뮬레이션, 군사정보 분석 분야에 AI 기술을 접목한다. 이스라엘 AI 산업 발달에는 군 복무 중 연마한 데이터 분석 기술을가진 인재들의 역할이 중요하게 작용했다. 군대에서 습득한 기술을 민간에 활용해 기업을 설립한 사례가 많다.

이스라엘에는 구글, IBM, MS, 엔비디아Nvidia, 인텔 등 다수의 글로벌기업 R&D 센터가 있다. 이러한 R&D 센터를 통해 기술 협력을 하고 우수 인재를 고용하며, 이스라엘 스타트업과의 협업 효과를 증대해 왔다.또한 글로벌 테크 기업이 이스라엘 AI 분야의 유망 스타트업을 인수하거나 투자했는데, 이로 인해 글로벌 벤처 투자금이 이스라엘로 모여 역동적인 생태계를 조성했다. 우리나라의 삼성전자, 현대자동차 등도 이스라엘에 오픈 이노베이션 센터를 건립해 AI 산업 분야 투자와 협력을 진행하고 있다.

이스라엘의 AI 스타트업 중 다수가 글로벌 기업에 인수됐다. 딥러닝 가속기 개발 기업으로 AI 학습 프로세서를 선보인 하바나 랩스Habana Labs

는 2019년 인텔이 20억 달러에 인수했으며, AI 기반 자율주행차 스타트업 모빌아이 또한 2017년 인텔이 153억 달러에 인수했다. 모빌아이는 2013년 53억 달러 가치로 뉴욕 증권거래소에 상장된 바 있다. 맥도날드Mcdonalds와 월마트Walmart도 이스라엘의 AI 스타트업을 인수했다. 맥도날드는 개인화 데이터 기술을 보유한 다이나믹 일드Dynamic Yield를, 월마트는 AI 기반 소비 데이터 분석 스타트업 아스펙티바Aspectiva를 각각 인수했다. 우리나라 기업 또한 이스라엘 AI 스타트업을 인수했는데, 삼성전자는 스마트폰 카메라 성능 고도화를 위해 듀얼렌즈 카메라 기술을 보유한 코어포토닉스Corephotonics를 인수했다.

모빌리티 산업

이스라엘은 새로운 자동차 기술과 모빌리티 기술의 혁신 허브다. 이스라엘의 스타트업은 자율주행, 커넥티드 카, 사이버 보안, 전동화 등을 위한 최첨단 솔루션을 개발하고 있다. 모빌리티 분야는 이스라엘 전체 하이테크 산업의 8퍼센트를 차지하며, 향후 10년 동안 글로벌 자동차 기술 부문을 성장시킬 수 있는 역량을 보유했다. 2023년 9월 현재 모빌리티 분야에 724개의 기업이 있다. 스타트업 네이션 센트럴에 등록된 모빌리티 기업(총 462개)을 기준으로 볼 때 모빌리티 산업의 주요 구성은 모빌리티 서비스(44.2%), 자율주행 및 커넥티드 카(28.6%), 전동화(15.8%) 순이다.

투자 규모 측면에서 이스라엘은 2010년 이래 300억 달러 이상을 펀딩함으로써 세계 4위 모빌리티 스타트업 허브의 위상을 가지고 있다. 특히 자율주행 및 커넥티드 카 분야의 스타트업이 가장 많은 펀딩을 받았다. 2018년 이래 모빌리티 부문에서 13건의 IPO와 47건의 M&A가 체결됐다. 모빌리티를 포함한 모든 첨단 기술 분야에 관한 펀딩은 2021년에 정점을 찍은 후 2022년과 2023년에는 글로벌 추세에 따라 감소했다. 2023년 상반기의 글로벌 펀딩 규모는 전년 대비 50퍼센트 감소했고, 이스라엘 스타트업의 펀딩 규모는 전년 대비 73퍼센트 감소했다.

2020~2023년 동안 글로벌 경기 침체와 우크라이나 전쟁 등으로 인해 모빌리티에 대한 투자가 전반적으로 감소했지만, 일부 기술 분야는 예외적으로 증가했다. 전기차 투자는 2015~2019년 동안 연간 평균 82억 달러에서 최대 350퍼센트 증가해, 2020~2023년 2분기에는 평균 288억 달러가 됐다. 배터리 투자는 연간 23억 달러에서 211억 달러로, 약 900퍼센트 증가했다. 자율주행 부문은 전체적으로 연간 32억 달러에서 101억 달러로 300퍼센트 증가했는데, ADAS(Advanced Driver Assistance System)[71] 부품 투자 감소를 고려하면 양호한 실적이다.

모빌리티 서비스Mobility-as-a-Service(MaaS)와 자율주행 관련 스타트업이 상대적으로 높은 성장세를 보이고 있다. 모빌리티 서비스 분야의 선두 주자인 무빗Moovit은 2020년 5월 인텔에 10억 달러에 매각됐고, 글로벌 내비게이션 앱 회사인 웨이즈는 2013년 구글에 약 13억 달러에 인수됐다. 자율주행 분야에서는 특히 ADAS 및 승객 안전 솔루션 분야의 약진이 두드러졌다. ADAS 카메라 시스템 분야의 선두 주자인 모빌아이는 2017년 인텔에 153억 달러에 매각돼 이스라엘 최대 규모의 엑시트 사례가 됐다. 한편 차량-사물vehicle to everything 통신 칩셋을 개발하는 차량용 반도체 팹리스 오토톡스Autotalks는 2023년 퀄컴Qualcom에 3억

5,000만 달러에 인수됐다.

다국적 기업은 모빌리티를 포함해 이스라엘 경제의 모든 부문에서 중요한 역할을 하고 있다. 기존의 자동차 제조 업체와 공급 업체도 이스라엘의 혁신을 주목하기 시작했다. 현재 글로벌 상위 10개 OEM 중 9개가 R&D 센터나 투자 자회사 형태로 이스라엘에 진출해 있거나 스타트업과 개념 증명Proof of Concept을 위한 파트너십을 모색하고 있다. 제너럴 모터스General Motors가 2008년 이스라엘에 현지 R&D 자회사를 설립한 것은 이러한 추세의 시작이었다. 그 이후로 20개가 넘는 자동차 생산 업체 및 공급 업체가 이스라엘에 혁신 및 R&D 센터를 열었다. 여기에는 보쉬Bosch, 콘티넨탈Continental, 다임러Daimler, 현대, 르노-닛산-미쓰비시, 토요타Toyota, 볼보Volvo 등도 포함되어 있다.

정부 지원은 이스라엘 스타트업의 생태계 혁신에 기여하는 또 다른 요소다. 다른 기술 허브들과 마찬가지로 이스라엘은 스타트업의 성장을 장려하는 데 유리한 조건을 제시하며, 여러 정부 기관들이 지원 역할을 한다. 총리실 산하의 스마트 모빌리티 이니셔티브Smart Mobility Initiative는 인프라 테스트 및 시범 개발, 학계와의 모빌리티 연구 협력, 이스라엘 운송 섹터 개선 프로젝트, 모빌리티 관련 펀딩 등과 관련돼 있다. 이스라엘과 국제기관들 간의 R&D 협력을 촉진시키는 이스라엘 혁신청은 프리시드Pre-seed 펀딩 및 인큐베이터 업무부터, 어느 정도 자리 잡은 스타트업 기업들과 산업 R&D에 이르기까지 매년 수백 개의 프로젝트를 지원한다.

또한 공공 및 민간 단체와 모빌리티 스타트업 커뮤니티의 비영리 합작회사인 에코모션EcoMotion은 스타트업, 투자자, OEM 및 공급 업체, 학계 간의 교류를 촉진해 지식 공유, 네트워킹 및 협업의 플랫폼을 만들고 있다. 이들 단체는 이스라엘 스타트업 커뮤니티와 꾸준한 교류를 통해 스타트업에게 가장 시급한 주제를 다루기 위한 지원 프로그램(OEM 및 공급 업체를 위한 데모데이Demoday 개최, 글로벌 모빌리티 이벤트 개최 등)을 지속적으로 확대하고 있다.

핀테크 산업

이스라엘은 오랜 금융업 네트워크와 IT 기술력을 바탕으로 핀테크 산업에서 역동적인 활동을 보이고 있다. 2024년 기준으로 이스라엘에서 활동 중인 핀테크 기업은 720개다.[72] 이스라엘 핀테크 스타트업의 투자 동향을 살펴보면, 2020년 13억 달러에서 2021년 36억 달러로 투자금이 세 배 증가했다. 투자 딜 건수와 M&A 등 투자 회수(엑시트) 지표에서도 상승세를 보이고 있다. 핀테크 분야 스타트업 또한 2021년 82개, 2022년 61개가 설립됐다. 매해 60개 이상의 핀테크 스타트업이 생기고 있다. 이러한 이스라엘의 핀테크 산업 성장에는 이스라엘의 사이버 보안 분야 기술력과 오랫동안 구축해온 글로벌 금융 네트워크가 작용한다.

이스라엘은 우수한 블록체인 기술을 활용해 안전하고 간편한 디지털 금융 거래 서비스를 만들어 낸다. 특히 핀테크에서 가장 중요한 부분이 금융 사기 예방, 바로 사이버 보안이다. 디지털 금융 거래의 가장 중요한 요소는 안전성과 신뢰성이다. 비대면 디지털 금융 거래량이 증가할수록 금융 사기 예방에 관한 기술 수요는 확대될 것이다. 이스라엘은 글로벌 사이버 보안 시장 점유율 2위로, 글로벌 금융기관과 핀테크 투자자에게 매력적인 국가다.

이스라엘 핀테크 스타트업의 투자 유치 현황을 살펴보면, 결제 및 자금 거래와 금융 사기, 리스크 관리 분야가 가장 많은 투자금을 유치했다. 이스라엘 정부에서도 사이버 보안 기술과 핀테크 기술 개발을 위해 베르셰바에 핀테크 사이버 혁신 연구소를 설립했다. 씨티은행Citibank, 페이팔, 비자 등 많은 글로벌 금융기관이 이스라엘에 R&D 센터를 만들어 기술 개발과 투자 협력을 하는 것도 이스라엘의 우수한 사이버 보안 기술력 때문이다.

이스라엘의 핀테크 기업은 첨단 기술을 활용한 혁신적인 서비스를 선보이며 세계 무대에서 활동하고 있다. 핀테크 기업은 주된 기술과 서비스 분야에 따라 몇 가지로 분류되는데, 가장 많은 기업이 분포된 서비스 분야는 거래 및 투자Trading & Investing 분야와 결제 및 송금Payment & Money Transfer 분야다. 거래 및 투자는 주식, 채권, 암호화폐 등 다양한 유형의 자산을 매매하고 투자하는 것인데 AI, 머신러닝 같은 기술을 활용해 고객에게 맞춤형 투자 조언과 포트폴리오 관리 서비스를 제공한다. 대표 기업으로는 소셜 트레이딩 플랫폼인 이토로eToro가 2023년 2억 5,000만 달러의 투자금을 유치하며 주목받고 있다.

결제 및 송금 분야는 전자 결제 솔루션 부분으로 모바일 결제나 국제 송금 서비스 등을 제공한다. 페이오니아Payoneer라는 기업이 전 세계적으로 서비스를 제공하는 대표적인 글로벌 결제 및 송금 기업이다. 그다음으로 많은 기업이 분포된 분야는 기업 솔루션, 금융 사기 방지 및 위험관리, 보험테크, 대출 및 투자, 개인 재무관리 부문이다. 기업 솔루션은 결제 처리나 청구, 회계 등 기업용 금융 솔루션 서비스를 제공한다.

금융 사기 방지 및 위험관리는 핀테크에서 빠질 수 없는 분야다. 대부분 온라인으로 처리되는 자동화된 금융 서비스에서는 안전성이 가장 중요할 수 있는데, 이스라엘에는 우수한 보안 기술을 활용해 각종 금융 솔루션의 운영 위험을 최소화하는 서비스를 제공하는 기업이 많다. 온라인 사기 방지 솔루션을 제공하는 바이오캐치BioCatch, 전자 상거래 사기 방지 솔루션을 제공하는 포터Forter가 대표 기업이다. 보험테크는 빅데이터 분석과 IoT 기술 등을 활용해 기존 보험 모델을 혁신하는 서비스로, 개인 맞춤형 보험 상품 제공과 보험 가입 절차 간소화 등의 서비스를 제공한다. 대표 기업으로 나스닥 상장사인 레모네이드Lemonade가 있다. 이 외에도 P2P, 크라우드 펀딩 등의 대출 서비스와 개인 맞춤형 자산관리 서비스 등에서 많은 이스라엘 기업이 활동하고 있다.

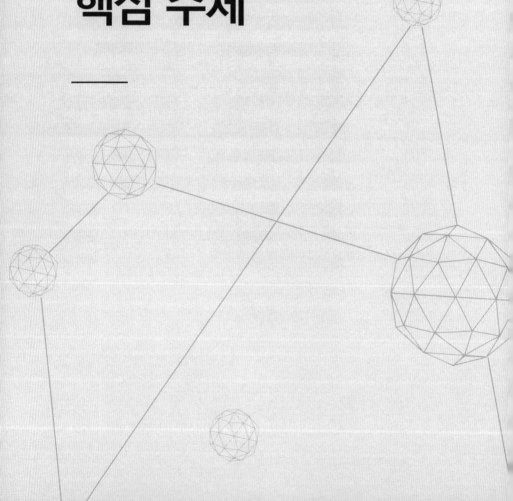

4장

스타트업 생태계의
핵심 주체

벤처 캐피털

이스라엘에서는 1990년대에 1세대 벤처 캐피털이 등장했다. 이들은 요즈마 펀드와 함께 설립돼 이스라엘 스타트업 열풍을 이끌었다. 1993년 설립해 250개가 넘는 회사에 투자한 피탕고 벤처 캐피털Pitango Venture Capital, 1997년 설립해 10억 달러가 넘는 자산을 관리해 온 버텍스 벤처 이스라엘Vertex Ventures Israel, 1993년 설립해 이스라엘뿐 아니라 미국과 유럽에서도 활동하고 있는 예루살렘 벤처 파트너스Jerusalem Venture Partners, 2000년에 설립해 30억 달러 이상의 운용 자산을 보유한 비올라 벤처스Viola Ventures 등이 1세대에 속한다. 2세대 벤처 캐피털은 지난 2005년 이후 이스라엘 벤처 캐피털 시장에 진입했다. 이들은 새로운 기술과 비즈니스 모델에 맞는 기업 발굴 방식 및 혁신적인 투자로 2000년대 이스라엘 벤처 생태계를 이끌었다. 해외 VC로는 미국의 대표적인 투자사인 안데르센 호로비즈Andreessen Horowitz, 세쿼이아 캐피털Sequoia Capital, 영국의 인덱스 벤처스Index Ventures, 에잇 로드 벤처스Eight Roads Ventures, 프랑스의 세벤추어 파트너스Seventure Partners 등이 이스라엘에 진출해 있다.

피탕고 벤처 캐피털

피탕고 벤처 캐피털은 헤르츨리아에 기반을 두고 있으며, 1993년 요즈마 펀드를 통해 설립됐다. 초기에는 폴라리스 벤처 캐피털Polaris Venture Capital이라는 이름이었으나, 미국의 폴라리스 벤처 파트너Polaris Venture Partner와 이름이 비슷해 지금의 피탕고Pitango로 변경했다. 피탕고는 주로 초기 단계의 기업에 투자하는데 SaaS, 헬스케어 부문의 기업을 발굴해 성장시켜 왔다. 1993년부터 지금까지 250개 이상의 기업에 20억 달러가 넘는 투자를 집행했다.

- 창업자: 아하론 도브랫Aharon Dovrat, 케미 페레스Chemi Peres, 하비브 하잔 Habib Hazzan, 라미 칼리쉬Rami Kalish

버텍스 벤처 이스라엘

1997년 텔아비브에서 설립된 버텍스는 160개 이상의 기업에 14억 달러를 투자하며 성장시켰다. 포트폴리오로는 솔라엣지, 웨이즈, 사이버아크, 아르거스Argus, 다이나믹 일드, 스폿Spot, 버빗Verbit 등이 있다. 지금까지 44개 기업이 엑시트에 성공했다. 버텍스는 버텍스 홀딩스Vertex Holdings의 글로벌 펀드 네트워크로서 이스라엘 외에도 중국, 동남아시아와 인도, 미국 등에 펀드를 두고 투자 활동을 하고 있다. 전자 상거래, 사이버 보안 분야의 시드Seed 단계부터 시리즈 B 단계의 기업을 발굴해 투자한다.

- 창업자: 아비아드 아리엘Aviad Ariel, 데이비드 헬러, 에마누엘 티모르Emanuel Timor, 랜 가텐버그Ran Gartenberg, 야나이 오론Yanai Oron, 요람 오론Yoram Oron

예루살렘 벤처 파트너스

1993년 예루살렘에서 설립된 예루살렘 벤처 파트너스는 이스라엘뿐만 아니라 미국과 유럽 등에서도 투자 활동을 하는 글로벌 벤처 캐피털이다. 반도체, 사이버 보안, 디지털 미디어, 핀테크 분야의 기업을 발굴하고 투자한다. 10개의 펀드와 약 17억 달러의 자산을 운용하고 있다. 피투자 기업의 멘토링과 기술 개발, 글로벌 네트워크 연결에 강점이 있는 투자사다. 사이버아크, 알테어 세미콘덕터Altair Semiconductor, 코젠트 커뮤니케이션스Cogent Communications 등에 투자했다.

- 창업자: 에렐 마르갈리트Erel Margalit

비올라 벤처스

비올라 벤처스는 2000년 헤르츨리아에 설립된 벤처 캐피털로 지금까지 200개 이상의 기업을 발굴하고 투자를 진행했다. 13억 달러 이상의 금액을 운용하며 이스라엘의 대표적인 기술 중심 투자사로 알려져 있다. 사모펀드 투자 그룹 비올라 그룹Viola Group의 자회사다. 자동차 IoT, 미디어, 반도체 등의 분야에 투자하고 있으며 45개 투자 엑시트를 실현했다. 태핑고Tapingo, 버빗, 라이트릭스Lightricks 등에 투자했다.

- 창업자: 아비 지비Avi Zeevi, 쉴로모 도브라트Shlomo Dovrat

알타IR

알타아이알AltaIR은 2010년 해르츨리아에서 설립돼 이스라엘뿐만 아니라 미국과 유럽의 스타트업에도 활발하게 투자하고 있다. 핀테크, 디지털 헬스 분야에서 투자 활동을 한다. 지금까지 300개 이상의 기업을 발굴하고 투자했는데, 투자 포트폴리오에는 튜링Turing(IT 채용 서비스) 등 유니콘으로 선정된 기업도 있다. 피치북 데이터PitchBook Data는 2019년과 2022년에 알타아이알을 이스라엘에서 가장 활동적인 벤처 캐피털로 선정하기도 했다.

- 창업자: 이고르 랴벤키Igor Ryabenkiy

아워크라우드

아워크라우드는 예루살렘에서 2013년 설립된 크라우드 펀딩 플랫폼이다. 기관이나 개인 투자자가 투자에 참여할 수 있다. 예루살렘에 본사가 있으며 미국, 영국, 호주, 스페인 등지에도 진출했다. 2022년 기준으로 20만 명의 회원이 있으며, 피치북 데이터는 10년 연속 이스라엘에서 가장 활동적인 VC로 선정하기도 했다. 설립자인 조나선 메드베드Jonathan Medved는 엔젤 투자자로, 민주화된 방식의 투자 플랫폼 아이디어를 가지고 창업했다. 헬스케어, 에너지, 바이오, 전자 상거래 등 다양한 분야에 투자하고 있으며 약 250건이 넘는 투자를 진행해 40건의 엑시트를 기록했다. 허니북HoneyBook, 잉섹트Ynsect, 레모네이드, 비욘드 미트Beyond Meat 등이 포트폴리오 기업이다. 또한 아워크라우드 글로벌 인베스터 서밋OurCrowd Global Investor Summit이라는 이름으로 매해 다국적 기업, 기관, 개인 투자자, VC 등이 모이는 컨퍼런스를 운영한다.

- 창업자: 조나선 메드베드

아이엔절스

2013년 텔아비브에서 설립된 아이엔절스iAngels는 크라우드 펀딩 플랫폼 기업이자 모어 아시아Mor Assia, 셸리 하드Shelly Hod라는 두 여성 기업가가 운영하는 투자사다. 아이엔절스는 플랫폼을 통해 투자자들이 쉽게 기업의 정보를 찾고 투자할 수 있도록 지원하며, 엄격한 실사 절차를 통해 투자자들의 투자금을 보호한다. 2만 명의 회원이 등록돼 있으며, 포트폴리오 기업만 100개가 넘는다. 바이오, 핀테크, 임팩트 분야 투자를 진행하며 이토로, 이뮤나이Immunai, 헤드노트Headnote, 클리어제네틱스ClearGenetics 등이 포트폴리오 기업이다.

- 창업자: 모어 아시아, 셸리 하드

연쇄 창업가

기업가정신의 확산을 위해 가장 중요한 것은 역할 모델이다. 젊은 세대는 성공한 선배 기업인들을 보며 꿈을 키워 나간다. 이스라엘에는 한 번 창업에 성공해 투자 회수를 한 뒤, 다시 창업을 하는 연쇄 창업가들이 스타트업 생태계에서 중요한 역할을 하고 있다. 여러 번의 재창업을 통해 사업 노하우를 쌓은 창업자가 많아지면서 엑시트 규모도 커졌고, 생태계도 성숙해졌다.

이스라엘의 많은 창업가는 기본적으로 2~3개 이상의 기업에 공동 창업자나 투자자, 이사회 멤버로 참여하며 경험과 지식을 나눈다. 그리고 많은 이스라엘 기업이 성장해서 글로벌로 진출할 수 있도록 아낌없이 도움을 준다. 연쇄 창업가가 많다 보니 기술의 무형적 가치를 산정하고 기업을 사고파는 절차에도 능통하다. 기술과 시장을 모두 경험하고 금융 기법을 접목할 수 있어야만 다룰 수 있는 복합적인 기술 금융 관련 주제를 능통하게 다루는 사람들이 많다는 것이 이스라엘 창업 생태계가 활성화된 이유이기도 하다.[73]

로니 에이나브

로니 에이나브Roni Einav는 이스라엘 기업의 미국 진출 스토리의 살아 있는 전설 같은 인물이다. 1999년에 이스라엘 역사상 가장 높은 가격으로 미국에 기업을 매각했으며, 이후 수많은 이스라엘 기업이 세계로 진출할 수 있게 한 기업가이자 투자자다. 그는 자신의 경험을 바탕으로 『노르다우 투 나스닥Nordau to NASDAQ』(한국판은 『나스닥으로 가라』)이라는 책을 펴내기도 했다. 책 제목에 등장하는 노르다우는 텔아비브의 지명이다. 당시 에이나브는 노르다우에서 살며 월스트리트와 나스닥 진출을 목표로 두었다고 한다. 그는 자신의 사례를 밑바탕 삼아 글로벌에 진출하라고 말하며, 실제로 많은 기업이 나스닥에 상장할 수 있도록 도왔다.

에이나브는 폴란드 이민자 집안에서 태어나 학업보다 돈을 벌어 오길 원하는 가정환경 속에서도 끝까지 고등학교를 졸업하고 테크니온에 진학했다. 젊은 시절부터 고용된 일꾼보다는 스스로 자립해 성공하기를 원했던 그는 1972년 첫 번째 회사인 에이나브 시스템즈Einav Systems를 설립했다. 텔아비브의 허름한 아파트에서 시작한 회사는 그의 아내가 로고를 직접 디자인하고, 아버지의 인쇄기로 전단지를 만드는 등 작고 소박했다.

에이나브는 "불확실함과 위험을 감수하고 세상을 개선해 나가는 것, 그것이 이스라엘인들의 삶의 방식"이라고 말한다. 에이나브 시스템즈는 대규모 조직을 위한 기업용 소프트웨어 상품을 개발하는 기업으로 은행이나 군대, 항공사, 대기업 등이 주 고객이었다. 그러나 당시 이스라엘에는 대규모 조직이 많지 않았다. 고객이 부족했기 때문에 에이나브는 글로벌 시장 진출을 염두에 두었다. 의미 있는 비즈니스를 하기 위해서는 이스라엘을 벗어나야 한다고 생각한 것이다.

1984년 에이나브는 미국 진출을 위해 캘리포니아의 한 유통 기업을 자회사 개념으로 해서 미국 영업을 개시한다. 이후 뉴 디멘션 소프트웨어New Dimension Software로 사명을 바꾼 뒤, 미국과 유럽 시장에 성공적으로 진출했다. 1992년에는 나스닥 상장에 성공했고, 나스닥 상장 첫해의 회사 매출은 전년도의 두 배에 달했다. AT&T, 보잉Boeing, 토요타, 삼성 같은 글로벌 기업이 고객이 됐다. 나스닥 진출이 곧 세계 시장 진출이 된 것이다.

당시 미국 진출과 나스닥 상장은 이스라엘 기업으로서는 쉽지 않은 도전이자 도박에 가까웠다. 그렇기에 에이나브의 도전은 이스라엘 기업들이 글로벌을 목표로 할 수 있게 한 사례이자 터닝 포인트가 됐다. 이후 1999년 미국 기업 BMC에 6억 7,500만 달러라는, 당시 이스라엘에서 가장 높은 금액으로 매각되며 이스라엘 벤처 기업의 성공 사례로 손꼽히게 된다.

에이나브는 70세가 넘은 고령에도 불구하고 에이나브 하이텍 에셋Einav Hi-Tec Assets이라는 벤처 투자 회사를 이끌고 있다. 에이나브 하이텍 에셋은 나스닥 상장 전문 기업으로, 첨단 기술을 가진 스타트업을 발굴하고 글로벌 진출까지 지원한다. 지금까지 30개 이상의 스타트업을 지원하고 투자했다. 이 외에도 에이나브는 강의와 연설을 통해 많은 창업자에게 영감을 주고 있다.

요시 바르디

1942년생으로 80세가 넘은 요시 바르디Yosi Vardi는 지금까지도 활발하게 활동하는 이스라엘 창업의 아버지다. 그는 이스라엘의 공공 및 민간 분야를 넘나들며 이스라엘 경제 발전과 벤처 기업 생태계 조성에 커다란 역할을 한 기업인이다. 지금까지 그가 공동 창업했거나 경영에 참여한 기업만 무려 85개 이상이다. 하이파대학University of Haifa에서 경제학을 전공한 요시 바르디는 1969년 26세의 나이로 소프트웨어 개발 기업 TEKEM을 창업했다. TEKEM은 이스라엘 최초의 소프트웨어 기업 중 하나였다. 이후 기업을 매각한 그는 27세에 최연소 이스라엘 정부 개발국장으로 임명됐다. 본격적인 공무원으로서의 경력을 시작하게 된 그는 북미 투자청 국장으로 미국에 파견됐으며, 미국에서도 이스라엘 분쟁 UN 고문 등으로 활발한 활동을 이어 갔다. 이스라엘에 돌아와서는 이스라엘 최초의 에너지부 사무총장을 역임하며 이스라엘-이집트 평화 회담에서 협상을 주도했고, 이스라엘 국영 석유 회사Israel National Oil Company의 회장으로도 활동하며 이스라엘 수에즈만의 유전을 발견하고 개발하는 데 공을 세웠다.

이처럼 공공 분야에서 이스라엘의 경제 발전에 기여한 요시 바르디는 1996년부터는 벤처 기업가이자 투자자로 활동했다. 그의 이력에서 빼놓을 수 없는 것이 세계 최초의 인스턴트 메시징 앱인 ICQ 투자다. ICQ는 그의 아들인 아리크Arik가 만든 프로젝트다. 어느 날 아리크는 친구들과 함께 요시 바르디를 찾아와 투자를 요청했다. 그렇게 요시 바르디는 아들이 만든 회사의 첫 투자자이자 공동 창립자가 됐다. ICQ는 1990년대 세계에서 가장 인기 있는 메시징 도구이자, 1억 2,000만 명의 사용자를 보유한 회사로 성장했다. 1998년 AOL이 4억 700만 달러의 가격으로 ICQ를 인수했다.

이후에 그는 블루 테크 벤처스Blue Tech Ventures의 CEO로 수많은 이스라엘 기업을 발굴하고 투자하는 활동에 매진했다. 그가 투자했거나 경영 활동에 참여했던 회사는 IPO에 성공한 앤서스닷컴Answers.com과 스코푸스Scopus, 마이크로소프트에 매각한 지테코Gteko, 시스코Cisco에 매각한 티벨라Tivella, 야후Yahoo에 매각한 폭시튠즈FoxyTunes 등 수없이 많다. 또한 그가 발굴해 투자한 80개가 넘는 회사 중 20개 이상의 기업이 엑시트를 했다. 그는 평생을 이스라엘 경제 발전에 헌신한 인물로, 이스라엘을 창업 국가로 만드는 데 많은 기여를 했다.

도브 모란

도브 모란은 이스라엘의 성공적인 사업가이자 발명가로, 세계 최초로 USB 메모리를 발명한 인물로 알려져 있다. 그의 이야기는 이스라엘 스타트업 생태계 및 기술 혁신과 관련된 중요한 사례 중 하나다. 1955년생인 도브 모란은 10대 때부터 컴퓨터 프로그래밍에 흥미와 열정을 느꼈다. 그는 테크니온 공대에 진학해 자신이 좋아하는 컴퓨터를 활용한 창업을 꿈꾸었고, 이후 해군에 복무하면서 창업에 대한 의지를 더욱 확고하게 다졌다. 그의 꿈은 100만 달러 매출을 내는 회사를 창업하는 것이었다.

도브 모란은 테크니온 공대를 졸업하고 1989년 M-시스템즈M-Systems를 설립해 전무후무한 발명품을 만들어 낸다. 그는 어느 날 해외 출장길에서 노트북 배터리가 방전돼 준비해 온 프레젠테이션을 할 수 없게 됐다. 이 일을 계기로 다른 노트북에서도 자료를 볼 수 있으면 좋겠다는 생각을 한 것이 USB 메모리 발명의 시초였다. 평소 플래시 메모리 기술에 관심이 있었기에 외장 하드 디스크 개념을 여기에 접목해 USB 메모리가 탄생하게 됐다. 이때가 1999년이었다. 2001년에 M-시스템즈의 총 매출은 4,500만 달러까지 치솟았다. 이후 회사의 가치는 10억 달러 이상으로 높아졌으며, 마침내 2006년 샌디스크SanDisk에 16억 달러에 매각했다. 도브 모란은 16억 달러란 금액에 회사를 매각하게 될 줄은 꿈에도 생각하지 못했다고 한다.

도브 모란은 M-시스템즈를 매각하고 6개월 후 모두Modu라는 회사를 창업했다. 모두에서 그는 조립식 휴대전화를 개발했다. 낮에는 화면의 크기가 커져 컴퓨터처럼 이용 가능하고 저녁에는 크기가 작아져 전화 기능만 남기는 모듈형 휴대전화였다. 모듈형 휴대전화는 당시 획기적인 아이디어였고, 사용자들에게 새로운 경험을 제공하는 제품임에 틀림없었다. 메인 화면과 키보드를 분리할 수 있는 형태의 휴대전화는 많은 투자자를 사로잡을 만했다. 그러나 2008년 금융 위기가 닥치면서 회사는 자금 조달의 어려움을 겪게 된다. 적당한 투자처를 찾지 못한 도브 모란은 손실을 남기고 2010년 모두의 문을 닫았다. 당시 모두의 모듈형 휴대폰은 구글에 특허권을 판매했고, 이후 구글 스마트폰의 기반이 됐다고 한다.

도브 모란은 모두를 운영하면서도 제약 개발 기업 바이오마스Biomas의 회장직과 반도체 개발 기업 타워 세미콘덕터Tower Semiconductor의 회장직을 역임하며 활발하게 경영 활동을 했다. 그리고 2011년에는 스마트 TV 기업 코미고Comigo를 설립한다. 대화가 가능한 소셜 네트워킹 기능을 갖춘 멀티 TV 시스템을 개발했는데, 구글 안드로이드를 사용해 태블릿과 스마트폰에도 연결할 수 있고 컴퓨터에 저장된 영화나 사진도 볼 수 있다. 페이스북 같은 소셜 네트워크를 TV를 통해 이용할 수 있는 흥미로운 발명품이었다. 이러한 혁신적인 기술은 그의 창의성과 기술력을 보여주는 사례 중 하나다.

이처럼 끊임없이 연쇄 창업을 해 오면서 도브 모란이 등록한 특허권은 40개가 넘는다. USB 플래시 드라이브, 플래시 디스크, 모듈형 전화기, 무게 40.1그램의 세계에서 가장 가벼운 휴대폰, 스마트 키보드, 스마트 TV 등 다양한 기술 분야에 걸쳐 끊임없는 발명을 거듭해 왔다. 수년간 엔젤 투자자로 활동해 오던 그는 2015년에 1억 달러의 자금을 지원받아 그로브 벤처스Grove Ventures를 설립했다. 자신의 창업 경험과 노하우를 생생하게 전수하며 AI, 딥테크, 반도체 분야의 유망한 스타트업을 발굴해 투자하고 있다.

유리 레빈

유리 레빈Uri Levine은 이스라엘의 열정적인 연쇄 창업가이며 투자자다. 이스라엘의 많은 연쇄 창업가와 마찬가지로 성공적인 스타트업을 여러 개 만들어 냈으며, 자신의 경험과 배움을 후배 기업인들에게 알려 주기 위해 유니콘 빌더로 활동하고 있다. 『해결책이 아닌, 문제와 사랑에 빠져라Fall in Love with the Problem, Not the Solution』라는 책을 펴내고 여러 강의와 투자를 통해 다수의 스타트업에 도움을 주고 있다.

1965년생인 레빈은 40년 동안 첨단 기술 분야에서 커리어를 쌓았다. 8200부대 복무 후 텔아비브대학에서 수학한 그는 1989년부터 마케터, 컨설턴트, 공동 창업자, 이사회 일원 등으로 첨단 기술 기업의 경영 일선에서 활동했다. 이후 2007년에 에후드 샤브타이Ehud Shabtai, 아미르 쉬나르Amir Shinar와 함께 교통 내비게이션 서비스 웨이즈를 공동 창업했다. 8200부대 출신인 세 사람은 2006년 샤브타이가 개발한 프로젝트을 통해 처음 사업을 시작하게 됐다. 샤브타이는 정확하면서도 편하게 사용할 수 있는 시스템을 만들고자 '프리맵 이스라엘FreeMap Israel'이라는 지도 데이터베이스 구축 프로젝트를 시작했다. 그리고 레빈과 쉬나르의 도움을 받아 사업화에 성공했다.

웨이즈는 사용자가 목적지까지 가장 빠른 경로로 도착할 수 있도록 하는 서비스로, 실시간 교통 상황을 업데이트하고 사고나 과속 단속 및 도로 위험에 대한 알림을 제공한다. 웨이즈의 독특한 특징은 사용자로부터 교통 정보를 수집해 서버에 전송한다는 점이다. 즉 많은 사람이 다운받아 이용할수록 웨이즈의 시스템은 더 정확하고 상세한 데이터를 구축하게 된다. 바로 크라우드 소싱 정보 기반 시스템인 것이다. 레빈은 2008년부터 2009년까지 CEO를 맡아 회사가 안정적으로 기술 개발과 경영 활동을 할 수 있게 도왔다. 웨이즈는 직원 수가 100명까지 늘어나면서 미국과 브라질까지 진출했다. 웨이즈는 2013년에 11억 달러에 구글에 인수돼 구글의 자회사로 네비게이션 서비스를 지속한다.

레빈은 이후 웨이즈를 떠나 여러 스타트업을 설립하고 투자하는 활동을 이어 갔다. 청각장애인을 위한 제품 개발 기업 드림존DreamZon, 대중교통 데이터 분석 기업 무빗, 디지털 서비스 기업 인포시스Infosys, 여행 예약 서비스 위트립WeTrip의 이사회 멤버이자 투자자로 활동했다. 또한 자동차 자동 견적 서비스 엔지Engie, 세금 신고 서비스 피보Fibo, 면세 쇼핑 간소화 서비스 리펀디Refundi, 최저가 여행 패키지 서비스 오버시Oversee, 시니어 서비스 폰테라Pontera 등 다수 회사의 공동 창업자이자 투자자가 됐다.

레빈이 설립과 성장에 관여한 기업만 20개가 넘는다. 그 정도로 이스라엘 스타트업 생태계에 많은 영향을 미친 인물이다. 특히 스타트업을 위한 책을 출간하고 대학과 기관 등에서 강연하며 끊임없이 예비 창업자에게 기업가정신을 전달하는 역할을 하고 있다. 그는 내면에 기업가와 교사라는 두 가지 에너지가 있다고 말한다. 스스로 무언가를 창작하는 것도 좋지만, 다른 이가 새로운 것을 창작하는 활동을 가이드하는 일도 커다란 만족감을 준다고 한다. 40년 동안 몸소 겪으며 깨달은 스타트업의 설립부터 리더십, 시장 진출, 비즈니스 전략 등 생생한 지식과 경험을 계속 알리고 가이드하기 위해 그는 오늘도 글을 쓰고 무대에서 이야기한다.

조나선 메드베드

조나선 메드베드는 『뉴욕타임스』에서 선정한 '이스라엘에 가장 큰 영향력을 미친 미국인 10인' 중 하나로 선정된 이스라엘의 연쇄 창업가이자 투자자다. 이스라엘의 민간인 홍보 대사로도 유명한 그는 전 세계를 돌아다니며 이스라엘 기업의 기술력과 역량에 관해 알리는 데 열정적이다. 그의 가방 속에는 노트북과 프로젝터가 상비돼 있으며, 그의 머릿속에는 이스라엘 기업가와 기업 사례에 관한 이야기가 상세하게 저장돼 있어 버튼을 누르면 바로 나올 정도다. 일상적인 대화에서든, 발표나 연설을 할 때든 만나는 사람마다 이스라엘의 첨단 기술 업적과 현황에 관해 이야기한다.

그가 이렇게 열성적인 이스라엘의 홍보 대사로 활동한 것은 대학 시절부터였다. 메드베드는 캘리포니아에서 태어난 유대인으로, 20대가 돼서야 처음으로 이스라엘 땅을 밟았다. 대학생 때 그는 방학을 맞이해 해외 국가를 탐방해 보기를 원했고, 가장 적은 예산으로 갈 수 있는 곳이 이스라엘이었다. 1973년 여름 이스라엘에 첫발을 내딛은 그는 조국에 관해 작지만 강한 나라라는 인식을 갖게 된다. 그리고 고난과 사랑이라는 상반된 감정을 느낀다. 그가 미국으로 돌아오고 난 그해 이스라엘에는 전쟁이 발발한다. 당시 UC 버클리UC Berkeley에 다니던 그는 캠퍼스 내에서 반유대인 시위가 행해지는 것을 보고 큰 충격을 받는다. 조국을 위해 무엇인가를 해야겠다는 강한 의지가 생긴 메드베드는 그 후 매해 여름마다 이스라엘을 찾는다. 심지어 1980년에는 이스라엘로 이주해 시오니스트 조직책으로 활동했다. 1982년 어느 날, 여느 때와 다름없이 정치 연설을 하던 그는 한 사업가를 만나 인생에 큰 변화를 가져오게 되는 이야기를 듣는다. 그것은 이스라엘에는 더 이상 정치가가 필요하지 않고, 경제를 발전시킬 사업가가 필요하다는 이야기였다.

메드베드는 당시 아버지가 운영 중이던 회사에 참여해 처음으로 경영을 경험한 다음 예루살렘 자택의 차고에서 이스라엘 시드 파트너스Israel Seed Partners를 설립한다. 1994년 당시 이스라엘은 요즈마 펀드를 통해 벤처 캐피털 생태계가 확장되던 시기였고, 이스라엘 시드 파트너스는 이스라엘 초기 벤처 캐피털 펀드 중 하나였다. 자본금 200만 달러로 시작한 회사는 2억 6,000만 달러 규모의 펀드로 성장했으며, 60개 이상의 이스라엘 기업에 투자했다. 이후 벤처 기업에도 도전한 그는 2006년에 브링고Vringo라는 휴대폰 벨소리 서비스 기업을 설립했다. 브링고는 유럽과 터키 시장에도 진출하며 성장을 지속하다 2010년 IPO에 성공했다.

성공적인 IPO 이후 메드베드는 다시 한번 투자자로 변신한다. 2012년 크라우드 펀딩 플랫폼 아워크라우드를 설립한 것이다. 엔젤 투자자로 활동하던 그는 소수 그룹에게만 스타트업 투자의 기회가 주어지는 것에 물음표를 던졌고, 대중도 유니콘 기업에 투자할 수 있는 투자 플랫폼을 고민한다. 그렇게 만들어진 아워크라우드를 통해 전 세계 195개 이상의 국가에서 활동하는 회원들이 많은 기업을 발굴하고 성장시키는 데 일조하고 있다. 지금까지 400개 이상의 스타트업을 지원한 그는 20년 동안

40개국을 넘나들면서 이스라엘의 기업을 알리고 홍보해 왔다. 이스라엘 기업의 역량과 우수성을 해외에 알리고자 하는 진심으로 자신과 연관이 없더라도 유망한 기업이라면 발 벗고 나서서 소개했다. 그래서 메드베드의 이름 뒤에는 이스라엘 홍보 대사 외에도 민간인 외무부 장관 혹은 무역부 장관 등의 많은 수식어가 따라왔다. 20대부터 지금까지 이스라엘 경제를 성장시키고 세계에 알리기 위한 그의 노력은 이스라엘이 세계적인 스타트업 국가로 변모하는 데 크게 기여했다.

엘리 우르트만

엘리 우르트만Elie Wurtman은 이스라엘의 벤처 투자자이자 사업가다. 필라델피아 출생으로 가족과 함께 8살 때 이스라엘로 이주했다. 콜롬비아대학에서 『탈무드』와 국제 관계를 공부하고, 예루살렘에 돌아와 1993년 TTR 테크놀로지스TTR Technologies라는 보안 회사를 설립했다. 이 경험을 통해 제품을 판매하고 자본을 모으는 방법을 배운 우르트만은 회사를 8,000만 달러에 판 다음 곧바로 두 번째 회사를 창업한다. 바로 인터넷으로 전화를 연결하는 최초의 회사 중 하나인 델타 스리Delta Three였다. 1996년에 설립된 델타 스리는 1999년 상장했다.

이후 우르트만은 미국 기업에 델타 스리를 매각했고, 벤처 캐피털 업계로 커리어를 확장한다. 그는 예루살렘 벤처 파트너스와 벤치마크 캐피털Benchmark Capital에서 벤처 캐피털리스트로 근무했는데, 주로 미디어 기술과 엔터프라이즈 소프트웨어 분야 기업을 발굴해서 투자했다. 이후 2014년에 그는 또다시 창업의 문을 두드린다. 온라인 중고차 거래 업체 브룸Vroom의 설립에 참여한 것이다. 브룸은 2013년 케빈 웨스트폴Kevin

Westfall과 마셜 체스로운Marshall Chesrown이 오토아메리카AutoAmerica 라는 이름으로 설립한 회사인데, 2014년 우르트만과 알론 블로흐Allon Bloch가 공동 창립자로 합류하며 테크 분야를 강화하고 사명도 브룸으로 바꾸었다. 브룸은 2020년 나스닥에 상장하며 시가총액 55억 달러를 달 성했다.

열정적인 연쇄 창업가 우르트만은 브룸의 임원으로 활동하면서 2015년 에는 그만의 벤처 캐피털 회사를 차린다. 바로 예루살렘에 기반을 둔 PICO 벤처 파트너스PICO Venture Partners다. PICO는 사람People, 아이디 어Idea, 커뮤니티Community 및 기회Opportunity를 의미한다. PICO 벤처 파 트너스는 사회적 기업에도 투자하는 것으로 유명한데, 성공을 사회 변화 의 촉매제로 인식하고 주위 사람과 나라를 더 나은 방향으로 이끄는 일 이 중요하다는 것이 그의 철학이다. 주로 초기 스타트업을 발굴해서 투자 하는 PICO는 브룸과 스폿아이오Spot.io를 비롯해 K 헬스K Health, 라빈 AIRavin AI 같은 유망한 이스라엘 스타트업에 투자했다.

우르트만이 만지는 모든 것이 금으로 변한다는 말이 있다. 그는 창업 가이자 투자자로서 큰 성공을 거두었다. 하지만 그는 부에 대한 흥미보다 새로운 것을 창조하는 데 더 큰 흥미를 느낀다고 한다. 시장을 선도하는 큰 기업을 만들 때 가장 행복하며 최종 결과보다 여정이 중요하다고 한 다. 연쇄 창업을 할 수 있었던 것은 새로운 아이디어를 비즈니스화하는 일을 멈추지 않고, 그 여정 자체를 즐겼기 때문에 가능했던 것이 아닐까 싶다.

대학과 연구소

이스라엘의 연구개발은 주로 7개의 종합 대학, 수십 개의 정부 및 공공 연구 기관, 수백 개의 민간 및 군사 기업체에서 실시되고 있다. 의료 센터와 전기 통신, 전력 생산, 수자원 관리 분야 등 여러 공공 기업체에서도 주요 연구를 수행한다. 정부와 공공 단체들은 연구개발의 주요 자금원으로, 이스라엘 내 연구개발 활동 중 절반이 훨씬 넘는 곳에 재정 지원을 한다. 이러한 민간 연구개발 목적의 자금 중 상당 부분이 산업 및 농업 부문의 경제 발전을 위해 할당되는데, 이는 여타 국가들과 비교해 볼 때 전체 총액에서 매우 큰 부분을 차지한다.

이스라엘은 대학과 연구소를 중심으로 방위 산업을 육성해 왔으며, 이를 토대로 기술 혁신과 하이테크 산업을 발전시켰다. 그리고 연구소와 대학은 보유한 기술을 민간 기업에 접목시키기 위한 기술 이전 조직을 별도로 만들었다. 와이즈만 연구소의 예다, 테크니온 공대의 T3, 히브리대학의 이쑴, 텔아비브대학의 라못RAMOT 등이다. 이들의 기술 사업화 실적은 세계 최고 수준이다. 1959년에 설립된 와이즈만 연구소의 기술 이전 조직인 예다에 따르면, 세계 약품 시장 매출액 중 약 4분의 1은 이스라엘 과학자들의 기술을 이용해 개발됐다고 한다. 1964년에 설립된 히브리대학 이쑴의 경우도 기술 이전을 통해 연 매출 20억 달러를 벌어들이고 있다. 이들의 설립 연도만 봐도 이스라엘 연구소와 대학이 일찍부터 연구 결과의 실용화를 얼마나 중시했는지를 잘 알 수 있다.

텔아비브대학

1956년에 설립된 텔아비브대학에는 과학, 인문, 예술 전 분야에 걸쳐 125개의 학과가 있다. 학생 수가 3만 명이 넘는 규모의 공립대학으로 많은 정부 고위 공무원, 기업가와 벤처 투자자 등의 인재를 배출했다. 미국 스탠퍼드대학이 연구한 바에 따르면, 텔아비브대학은 미국 외 지역 중에서 유니콘 기업 창업가를 가장 많이 배출한 대학이다. 2022년 피치북이 조사한 벤처 캐피털 자금을 유치한 기업 수 연구에 따르면, 텔아비브대학 졸업생이 설립한 스타트업 수가 세계 7위로 미국을 제외한 1위였다. 이처럼 텔아비브대학은 세계 대학들 사이에서 기업가적 대학, 혁신적인 대학으로 손꼽힌다.

텔아비브대학이 창업 대학, 혁신 기업가 대학으로 자리 잡게 된 데는 여러 가지 요인이 있다. 우선 텔아비브대학은 기업가정신을 함양할 수 있는 다양한 교과목을 통해 학생들을 예비 기업가로 양성한다. 특히 경영학이든 문학이든 어느 전공을 선택하든 상관없이 모든 학생이 이용할 수 있는 기업가정신 학점 과정을 운영하고 있다. 또한 글로벌 MBA, 온라인 MBA, 경영 및 국제학부 등에서는 시장조사, 투자자 피칭 등 학생들이 벤처 창업 경험을 쌓는 데 중점을 둔 다양한 교과목을 운영한다. 이처럼 학부에서 쌓은 벤처 창업 경험은 졸업 후 본격적인 창업을 하는 데도 도움을 주지만, 빠른 성장을 추구하게 해 대기업이 아닌 벤처 기업으로의 취직을 선택하게 만들기도 한다. 실제로 텔아비브의 스타트업에 종사하는 이들의 약 50퍼센트가 텔아비브대학교 출신이라고 한다.

텔아비브대학에는 I&E 센터(Innovation and Entrepreneurship Center)나 인큐베이터 조직인 스타타우StarTAU가 있다. I&E 센터는 학생 창업 활성화를 위한 다양한 액셀러레이팅 프로그램과 워크숍, 투자자 미팅, 컨퍼런스를 운영한다. 2009년 설립된 비즈니스 인큐베이터 스타타우는 바이오, 인터넷 등 다양한 분야의 기업을 지원한다. 해커톤, 피치, 네트워킹 행사 등을 운영하며 기업가를 양성하는 스타타우는 전 세계 2만 명의 기업가 및 전문가 커뮤니티를 통해 글로벌 네트워크를 형성할 수 있게 적극 지원하고 있다. 특히 매해 운영되는 타우 기술혁신 컨퍼런스TAU Innovation Conference는 전 세계 6,000명 이상이 참여하는 이스라엘의 최고 행사 중 하나다. 이 외에도 점프타우JumpTAU 액셀러레이팅 프로그램을 통해 학생들이 해결해야 할 문제를 발견하고 솔루션을 구축할 수 있도록 자금을 지원한다.

1973년 설립된 라못은 텔아비브대학교의 기술 이전 회사다. 텔아비브대학 교수와 연구원이 발명한 기술의 특허를 보호하고, 라이센싱 및 파트너를 통한 기술 이전과 새로운 기업 설립 등의 활동을 통해 대학의 기업가적 역할을 하는 조직이다. 1999년 이후 130개 이상 기업이 라못에서 분사됐는데, 유명한 알파타우가 대표적 예다. 라못의 자회사이기도 한 타우 벤처스TAU ventures는 텔아비브대학의 학생 및 졸업생 기업을 지원하기 위해 만들어진 벤처 캐피털 투자사다. 2018년 설립됐으며 핀테크, 4차 산업 기술 기반 프리시드 및 시드 단계의 초기 기업을 발굴해 투자한다.

히브리대학

히브리대학은 예루살렘에 위치한 오랜 역사를 가진 대학이다. 예루살렘에만 세 개의 캠퍼스가 있고, 르호봇에도 캠퍼스가 있다. 이스라엘 총리와 노벨상 수상자 등 뛰어난 인재를 다수 배출했다. 히브리대학의 기업가적 혁신을 가장 활발하게 달성하고 있는 조직은 기술 이전 회사 이쑴이다. 1964년에 설립된 이쑴은 세계에서 세 번째로 오래된 기술 이전 조직이다. 1만 1,500개의 특허와 3,490개의 발명품, 1,140개의 라이센싱 거래를 성사시키고 245개의 회사를 설립해 분사시킨 이쑴은 히브리대학 연구자들의 학문적 결과물을 혁신적인 비즈니스로 변모시키는 데 뛰어난 역량을 지녔다.

이쑴은 방울토마토의 지식재산권을 소유하고 있다. 이 외에 이쑴을 통해 세상에 나온 혁신 제품으로 모빌아이의 자율주행자 보조 시스템, 유방암 등 고형종양 치료를 위해 개발돼 최초로 FDA 승인을 받은 독실 DOXIL, 알츠하이머 치료제 엑셀론Exelon 등이 있다. 이쑴은 존슨앤존슨 Johnson & Johnson, 인텔, 구글 같은 다국적 기업과 파트너십을 맺어 기술 이전과 공동 프로젝트 등을 진행하고 있으며 모빌아이, 오르캠, 콜플랜트Collplant 등의 기업을 탄생시켰다.

히브리대학의 창업 지원 조직으로는 ASPER HUJI Innovate라는 기업가정신 센터가 있다. 창업을 계획 중인 학생과 교원을 위한 아이디어 개발 및 시장조사 프로그램, 마케팅 및 자금 조달 강좌, 해커톤과 데모데이, 창업 부트캠프 등 다양한 프로그램을 운영한다. 연구원 창업을 지원하는 프로그램도 운영하고 있는데, 학제 간 협력을 통한 혁신을 지원하는 TIP(Transdisciplinary Innovation Program)과 다양한 커뮤니티가 있다.

히브리대학의 경영전문대학원에서 운영하는 인터내셔널 스타트업 360도International StartUp 360° 프로그램도 눈여겨볼 만하다. 기존 비즈니스 방식과는 다른, 창의적이며 혁신을 지향하는 소규모 조직인 스타트업을 이해하기 위해 고안된 프로그램이다. 기업가정신 고취부터 스타트업 운영, 전략, 마케팅, 기술 등 여러 주제를 아우르며 스타트업 생태계에 관해 배우는 것을 목표로 한다. 실제 벤처 캐피털 및 스타트업에 인턴십으로 참여하기도 하는데 오르캠이나 아워크라우드, 이쑴, 프레시 펀드Fresh fund 등 벤처 캐피털과 파트너십을 맺어 실무 경험을 쌓을 수 있도록 지원한다.

테크니온 공대

테크니온 공대는 이스라엘의 항구 도시 하이파에 위치한 공립대학이다. 이스라엘에서 가장 오래된 대학으로, 이스라엘이 건국되기도 전에 기술 교육의 중요성을 인식한 이스라엘인들이 척박한 카르멜산 비탈 지역에 설립한 대학이다. 이스라엘 건국 당시 하이파 지역의 사회 기반 시설 제작을 위한 기술부터 우주, 항공 등 현재의 첨단 기술 분야까지 이스라엘 기술 산업을 대표하는 교육기관이라고 할 수 있다. 과학과 공학, 산업 경영 등 과학기술 분야 19개 학과가 있다. 종종 MIT와 비교되기도 하는 세계 최고의 과학기술 연구 대학 중 하나로, 교수진 다수가 노벨상 수상자다. USB 메모리와 미사일 방어 시스템을 발명한 인재들이 배출된 테크니온 공대는 매해 세계에서 가장 혁신적인 대학으로 선정된다. 테크니온 공대 학생과 교원의 창업이 매년 15개 이상 배출되고 있으며, 졸업생의 4분의 1은 창업에 도전한다.

테크니온 공대의 창업 DNA를 지원하는 조직이 바로 기술 이전 회사 T3이다. 테크니온 테크놀로지 트랜스퍼Technion Technology Transfer를 뜻하는 T3는 테크니온 공대에서 개발한 기술의 초기 단계부터 라이센싱 과정과 기업 설립까지 전 프로세스를 지원한다. T3에는 다양한 기술 분야 전문가와 기술 상용화를 위한 사업화 담당 전문가가 있으며, 이들은 체계적이고 선도적인 기술 사업화 시스템을 구축했다. T3에서 기술 상용화로 발생하는 수익이 연간 3,000만 달러 이상이다. 파킨슨병 예방약인 아질렉트Azilect나 뇌종양 치료제 노보큐어Novocure, 대장 내시경 카메라 필캠PillCam 등은 T3가 성공적으로 기술 이전한 사례들이다. T3는 IBM, 인텔, 필립스Philips, 존슨앤존슨 등 다국적 기업과 전략적 파트너십을 통해 대학의 기술 이전을 지원하며 각종 액셀러레이팅 프로그램, 멘토링, 세미나 등을 통해 캠퍼스 내의 창업가들을 지원하고 있다.

벤구리온대학

이스라엘 남부 베르셰바에 있는 벤구리온대학은 1969년 설립됐다. 공학, 자연과학, 인문학, 의학, 경영학 등의 학과가 있으며 약 2만 명의 학생이 다니는 국립대학이다. 벤구리온대학은 이스라엘 초대 총리이자 이스라엘 건국의 아버지라고도 불리는 다비드 벤구리온의 이름을 따서 지었다. 다비드 벤구리온은 이스라엘 건국에 혁혁한 공을 세운 인물이며, 은퇴 후 네게브 사막으로 거취를 옮겨 사막의 잠재력을 활용할 수 있는 방법을 찾기도 했다. 벤구리온대학도 이러한 정신을 계승해 사막을 배경으로 첨단 기술 연구를 활발하게 진행했다. 다양한 원예작물과 농수 시스템 등의 혁신 기술이 벤구리온대학에서 탄생하게 된 이유다.

벤구리온대학의 기술 이전 조직인 BGN 테크놀로지스BGN Technologies에서는 벤구리온대학의 실험실에서 탄생한 바이오, 의료, 사이버 보안 분야 기술을 상용화할 수 있도록 돕고 있다. BGN 테크놀로지스는 레노버 Lenovo, 이베이Ebay 등의 다국적 기업과 파트너십을 맺고 공동 프로젝트를 진행하거나 기술 이전을 지원한다. 또한 새로운 스타트업을 설립하는 데 적극 동참하고 있는데, 약 120개가 넘는 스타트업을 설립했다. BGN 테크놀로지스는 벤구리온대학의 야자무트360Yazamut360과 협력해 액셀러레이팅 프로그램을 운영하기도 한다. 야자무트360는 벤구리온대학의 기업가 지원 센터로, 대학을 넘어 베르셰바와 이스라엘 남부 전체의 기업가 지원을 위한 목적으로 2018년 설립됐다. 아카데믹 프로그램인 리더스Leaders, 학생들이 직접 유망한 아이템을 가진 학생 창업자에게 투자하는 프로그램인 캑터스 벤처 캐피털CACTUS VC, 그리고 오아시스 액셀러레이터Oazis Accelerator 등의 프로그램을 운영한다. 오아시스 액셀러레이터는 딥테크 스타트업 양성을 위한 아카데미 기반 프로그램이다.

이 외에도 벤구리온대학에는 다양한 창업 동아리가 활발하게 활동하고 있는데 교수와 학생이 함께 참여하는 기업가정신 동아리 스타터 Starter, 사회적 기업가 동아리 이노-네게브Inno-Negev 등이 있다. 벤구리온대학은 베르셰바 도시의 사이버 보안 특화 정책에 맞춰 사이버 보안 분야에서 선도적인 역할을 한다. IDF가 베르셰바로 이전하자 벤구리온대학은 자연스럽게 사이버 보안 싱크탱크로 기능하면서 베르셰바 지역 기업에게 우수한 인적 자원을 공급하는 원천이 됐다.

하이파대학교

1963년에 설립된 하이파대학교는 테크니온 공대와 함께 이스라엘 하이파 카르멜에 위치해 있다. 북부 이스라엘 지역에서 가장 큰 규모의 연구 대학으로 6개 학부와 59개 학과로 이루어졌다. 캠퍼스 내에 정보 사회 연구 센터, 국가 안보 연구 센터, 대규모의 IBM 연구 센터가 있으며 특히 공중 보건, 암 연구, 신경과학 분야에서 국제적인 명성을 가지고 있다.

하이파대학은 기술 상용화 역할을 할 수 있는 카르멜-하이파대학 경제공사Carmel-Haifa University Economic Corporation Ltd.를 설립했는데, 하이파대학에서 연구 및 개발한 기술의 보호와 상용화와 파트너십 등을 전문적으로 하는 조직이다. 2002년 설립된 카르멜은 췌장암 치료제 기업 캔크럭스CanCuRX, 당뇨병 진단 도구 개발 기업 미르투미Mir2Me 등 지금까지 8개 기업을 배출했다. 카멜 이노베이션 펀드Carmel Innovations Fund는 바이오, 농업, 해양 기술 분야 초기 단계 기업에 전문적으로 투자한다. 투자 이후 M&A를 달성할 수 있을 만큼 기업을 성장시키기 위해 멘토링과 액셀러레이팅 프로그램을 비롯해 다양한 네트워크도 지원한다.

하이파대학은 바이오 분야 외에도 소셜 임팩트 스타트업을 지원하는 특색 있는 사업도 진행 중이다. 하이파 혁신 연구소Haifa Innovation Labs는 캠퍼스 내 사회 혁신과 임팩트 기업가 양성을 위해 2019년에 설립된 조직이다. 하이파대학 재학생과 졸업생을 대상으로 소셜 임팩트 분야 아이디어를 가진 창업자를 지원한다. 사업 계획 및 신제품 개발을 위한 일련의 프로세스를 학습하는 HIL 아카데믹HIL Academic, 기업가정신 함양을 위한 각계 각층 인사와 네트워크를 형성하는 HIL 스파크스HIL Sparks 등 다양한 프로그램을 운영 중이다. 특히 HIL 펀드HIL Fund라는 액셀러레이팅 프로그램은 사업화뿐만 아니라 자금까지 지원하는 체계적인 프로그램이다.

와이즈만 연구소

와이즈만 연구소는 텔아비브 남쪽 지역인 르호봇에 위치한 연구 기관이다. 독일의 막스플랑크, 프랑스의 파스퇴르 연구소와 함께 세계 최고의 기초연구 기관으로 손꼽힌다. 자연과학과 정밀과학 분야 5개 학부로 구성된 와이즈만 연구소는 인류사에 영향을 주는 많은 연구 업적을 이룩했다.

생명과학부터 나노 기술, 에너지, 컴퓨터 공학까지 세계 최초라고 이름 붙일 수 있는 다수의 기술과 발명품에 와이즈만 연구소의 기초연구가 선도적인 역할을 했다. 다발성 경화제 코팍손, 대장암 치료제인 얼비툭스, 백혈병 치료제 글리벡Gleevec, 세계 최초의 컴퓨터 중 하나인 와이작 WEIZAC 등 와이즈만 연구소에서 직접 만들거나 원천 기술을 이전한 업적은 셀 수 없이 많다. 와이즈만 연구소는 화학, 물리학, 생물학, 수학, 컴퓨터 공학 등 5개의 탄탄한 기초 분야를 토대로 학제 간 연구를 통해 다양한 분야에서 새로운 업적을 쌓아 가고 있다. 280개의 연구실에서 191명의 과학자들이 수천 건의 연구를 진행 중이다.

와이즈만 연구소의 혁신 기술을 보호하고 사용화하기 위해 설립된 조직이 예다다. 예다는 1959년에 설립됐는데 한 해 평균 100개 이상의 특허를 사업화하며 세계 70개국이 넘는 나라에 기술을 수출한다. 2021년에 와이즈만 연구소의 기술을 바탕으로 제품화해 창출된 매출만 365억 달러였다. 로열티는 연간 7,000억 달러가 넘는다고 한다.

와이즈만 연구소와 기술 이전 조직 예다에서는 스타트업을 위한 다양한 프로그램을 운영한다. 와이즈만 연구소에서 운영하는 와이즈WISE는 창업하고자 하는 재학생 및 졸업생을 위한 강의와 세미나로 구성된 프로그램이다. 6개월 동안 진행되는 이 프로그램은 아이디어 개발, 자본 조달 등 기업 성장 프로세스를 배울 수 있도록 구성됐으며 와이즈만에서 대학원 과정을 마친 벤처 투자자와 기업가들이 직접 참여해 스타트업을 돕는다. 예다에서 운영하는 WIN(와이즈만 이노베이션 네스트Weizmann Innovation Nest)은 스타트업 허브로서 초기 창업 기업의 자금 지원과 멘토링, 네트워킹, 보육 공간 등을 지원한다. 실제 바이오, 농업 기술, 에너지 등 다양한 과학기술 분야에서 120개 이상의 기업이 분사됐다. BINA(Bridge, Innovate, Nurture, Advance) 프로그램은 기초과학을 응용 연구로 전환하기 위해 자금과 멘토링 등을 지원하는 제도로 탄탄한 기초과학의 토대 위에서 응용과학 기술을 발전시켜 비즈니스로 연결하고자 하는 와이즈만 연구소의 철학을 구현하고 있다.

인큐베이터와 액셀러레이터

이스라엘의 스타트업 생태계는 창업가들이 혁신적인 아이디어를 사업화할 수 있도록 최적화된 시스템을 제공한다. 효율적인 인큐베이터와 액셀러레이터 시스템이 구축돼 스타트업이 성공할 수 있도록 중요한 역할을 하고 있다. 인큐베이터는 주로 극초기 스타트업을 대상으로 하며 사무 공간, 인프라, 멘토링 등을 지원한다. 액셀러레이터는 어느 정도 성장한 스타트업에게 투자금, 컨설팅, 네트워크 등을 제공해 기업 가치를 높이는 데 기여하는 조직이다.

스타트업 생태계에서 극초기 기업을 발굴하고 지원하는 과정은 매우 중요하다. 이 단계에서는 위험과 불확실성이 높기 때문에 민간 액셀러레이터들도 투자를 망설이는 경향이 있다. 그렇기 때문에 정부의 지원이 절대적으로 필요하다. 이스라엘 인큐베이터는 초기 기업의 탄생부터 함께하며 독립적으로 자금을 유치할 수 있도록 성장 여정을 돕는 파트너 개념이다. 극초기 기업을 발굴해 지원하는데, 그 기간이 2~3년 동안 이어진다. 기술 인큐베이터 시스템을 통해 이러한 형태의 지원이 구축된 것이다.

1991년에 시작된 기술 인큐베이터 프로그램은 창업 기업 육성 및 러시아계 이민자의 기술력 흡수를 위해 시작됐다. 정부와 민간의 협력으로 출발해서 유망한 기업에게 초기 단계부터 필요한 인프라, 자문, 자금 등을 제공해 왔다. 수석 과학관실의 주도로 시작된 기술 인큐베이터는 정부가 대부분의 자금을 지원하고, 기술 인큐베이터는 추가로 창업자들에게 자금을 제공한다. 이를 통해 초기 단계의 기술 기업이 안정적으로 성장할 수 있는 환경을 조성한다. 또한 프로그램 규정에 따라 추가 보조금도 제공돼, 더 많은 기업이 성공할 수 있게 돕는다.

초기에 기술 인큐베이터는 이스라엘 전국에 24개가 설치됐다. 기술 인큐베이터가 미친 영향은 대단했다. 우선 구소련에서 이주한 수많은 과학자와 엔지니어를 수용하는 성과를 거두었다. 이들은 정부 연구소에서 은퇴할 때까지 일하다가 새로운 길로 나아갔다. 그뿐만 아니라 이스라엘의 학자들 사이에 새로운 문화가 조성됐다. 그들은 대학에 남아 연구개발 프로젝트를 추진하며 사업에 첫발을 내딛을 수 있었다. 기술 인큐베이터 덕분에 지금껏 연구개발 과정에만 관심을 두었던 수많은 연구원 사이에 의식의 개혁이 일어났다. 연구원들은 시장의 니즈를 고려하고, 예산을 설계하고, 사업 계획을 수립하고, 효과적으로 목표를 성취하는 법을 배웠다. 기술 인큐베이터가 설립된 후 1,600개가 넘은 기업이 탄생했고, 정부는 10억 달러를 투자했다.[74]

그 뒤로 기술 인큐베이터는 최대 26개까지 설치됐으며, 2002년 민영화됐다. 가장 최근인 2022년의 기술 인큐베이터는 바이오 컨버전스에 중점을 두고 건강, 기후테크, 푸드테크, 우주 5개 분야의 신기술을 선정했다.

이스라엘 기술 인큐베이터(2024년 1월 기준)

회사명	설명
어스앤비욘드 벤처스 Earth & Beyond Ventures	어스앤비욘드 벤처스는 2022년 설립된 신생 투자사로 반도체, 첨단 센서, 양자 컴퓨팅 등의 딥테크 분야 기업에 투자하는 회사다. 텔아비브에 본사를 두고 있으며, 1억 2,500만 달러의 펀드 자금을 마련했다.
넷제로 테크놀로지 벤처스 NetZero Technology Ventures	넷제로 테크놀로지 벤처스는 기후 변화 문제를 해결할 수 있는 딥테크 스타트업을 발굴하는 투자사다. 지속 가능한 환경을 위한 대체 연료 및 수소, 재생에너지 기술을 가진 기업에 최대 200만 달러를 투자해 파일럿 단계에 진입하도록 지원한다. 2023년 이스라엘에서 가장 활동적인 기후 기술 투자자로 선정되기도 했다.
NGT 헬스케어 NGT HealthCare	NGT 헬스케어는 바이오 및 의료 기기 분야 스타트업에 투자하는 투자사다. 이스라엘의 주요 대학 및 병원 등과 파트너십을 맺어 폭넓은 네트워크를 포트폴리오 기업에 제공한다. 지금까지 30개가 넘는 바이오, 메디컬 분야 기업에 투자했다.
인센티브 인큐베이터 Incentive Incubator	인센티브 인큐베이터는 이스라엘의 생명과학 기업 투자사 페레그린 벤처스Peregrine Ventures의 계열사 인큐베이터다. 2002년에 설립됐으며, 매해 500개가 넘는 스타트업을 만나고 있다.
더 키친 허브 The kitchen Hub	더 키친 허브는 푸드테크 분야에 특화된 컴퍼니 빌더로, 이스라엘의 식품 기업 슈트라우스Strauss 그룹이 설립했다. 지금까지 25개 기업에 투자가 진행됐다.
캔네게브 CanNegev	캔네게브는 네게브에 위치한 생명공학 및 농업 기술 분야 인큐베이터다. 특히 세계 최초로 의료용 대마초 분야에 특화됐다.
I4밸리 I4Valley	I4밸리는 2020년 4차 산업혁명 분야 기업 발굴을 위해 설립된 인큐베이터다. 머신러닝, IoT, 가상현실, 3D 프린팅 솔루션 분야에 집중적으로 투자를 진행하고 있다.
인네게브 InNegev	인네게브는 기후 기술 분야의 지속 가능한 혁신 아이디어를 가진 스타트업을 지원한다. 지자체, NGO, 학계 등과 파트너십을 맺어 네트워크를 지원하고 POC를 위한 각종 인프라를 제공한다.

이헬스 벤처스 eHealth Ventures	이헬스 벤처스는 의료 기술 분야의 글로벌 리더인 이헬스 그룹의 자회사로, 지금까지 디지털 헬스 분야 기업 24개에 투자를 진행했다.
프레시 스타트 Fresh Start (페리퍼럴 인큐베이터 Peripheral Incubator)	프레시 스타트는 글로벌 푸드테크 인큐베이터다. 바이오, 메디컬 등 교차 기술을 통해 혁신적인 식음료 세계를 설계하는 것을 목표로 하는 투자사다.
랩스/O2 Labs/O2 LP	랩스/O2는 예루살렘에 기반을 둔 인큐베이터로 컴퓨터 비전, 딥러닝, 보안 분야 기업에 투자한다. 이쑴과 파트너십을 맺고 기술 기업을 발굴하고 있다.
트렌드라인즈 메디컬 Trendlines Medical (페리퍼럴 인큐베이터)	트렌드라인즈 메디컬은 이스라엘과 싱가포르에서 활동하는 인큐베이터로 디지털 헬스, 의료 기기, 농업 기술 분야 기업을 발굴한다.
갈릴 오페크 이노베이션 Galil Ofek Innovation (페리퍼럴 인큐베이터)	2016년 설립된 갈릴 오페크 이노베이션은 바이오, 의료 기기, 디지털 헬스 분야 기업을 발굴하고 투자한다.
MEDX 엑셀러레이터 MEDX Xelerator	MEDX 엑셀러레이터는 의료 분야 전문 인큐베이터로 비뇨기과, 종양, 의료 로봇 분야 혁신 기업을 발굴하고 투자한다.
마인드업 MindUp	마인드업은 디지털 헬스케어, 바이오 융합 분야 기업에 투자하며 지금까지 9개 기업을 육성 중이다.

자료: 이스라엘 혁신청 홈페이지

이스라엘에서 활동하는 다국적 기업들도 유망한 스타트업 발굴을 위해 액셀러레이팅 프로그램을 운영한다. IBM이 운영하는 알파존 AlphaZone, 마이크로소프트 벤처 펀드가 운영하는 M12가 있다. M12는 소프트웨어, IT 스타트업을 주로 지원하며 액셀러레이팅 프로그램에 참여하는 기업에게는 시애틀과 런던 등 전 세계에 분포된 M12 사무실을 이용할 수 있는 혜택도 준다. 우리나라의 삼성도 이스라엘에서 삼성 모바일 어드밴스Samsung Mobile Advance라는 이름으로 액셀러레이터 프로그램을 운영하는데 AI, XR, 컴퓨터 비전, 디지털 헬스 분야 기업들을 발굴하고 지원한다.

이스라엘의 액셀러레이터가 차별화되는 점은 바로 액셀러레이터마다 특화 분야가 존재한다는 것이다. 보통 종합적인 분야를 지원하는 여타 해외 액셀러레이터와 달리 이스라엘의 액셀러레이터는 산업별로 전문 분야를 가지고 운영된다. 푸드테크, 농업, 바이오, 디지털 헬스 등 전문화된 액셀러레이터를 통해 스타트업은 양질의 비즈니스 컨설팅과 네트워크를 경험할 수 있다. 독특한 전문 분야를 가지고 있으며 지금까지 40개 이상의 스타트업에 투자한 액셀러레이터 몇 곳을 소개하자면, 먼저 8200부대 동문으로 구성된 8200 ESIP가 있다. 이들은 8200부대 동문의 지원을 받아 운영되지만, 8200부대 출신이 아니더라도 혁신적인 아이디어를 가진 스타트업이라면 투자받을 수 있다. 지금까지 200개 이상의 스타트업에 투자했으며 멘토링과 워크샵, 무료 작업 공간 그리고 강력한 8200부대 동문 네트워크를 지원한다.

시그마 랩스Sigma Labs는 2015년에 설립된 액셀러레이터로 핀테크 및 인슈어테크에 특화됐다. '창업자를 위한, 창업자에 의한For Founders, By Founders'이라는 철학을 바탕으로 운영되는 시그마 랩스는 텔아비브와 하이파에 사무실을 두고 1년에 세 번 액셀러레이팅 프로그램을 통해 스타트업을 발굴한다. 기수마다 6~8개의 스타트업을 선정해 약 4개월 동안 무료 사무 공간과 네트워크, 멘토링 등을 지원한다. 프로그램이 끝나면 투자를 집행하는데, 프리시드나 시드 단계 기업을 발굴해 현재까지 100개 이상의 스타트업을 성장시켰다.

지역 생태계

　스타트업 생태계 조사 기관 '스타트업 블링크Startup Blink'가 매년 발표하는 '글로벌 스타트업 생태계 리포트'에 따르면 이스라엘은 지난해 기준 '창업 인프라와 생태계가 잘 구성된 나라' 순위에서 3년 연속 3위를 차지했다. 부동의 1위는 압도적인 점수의 미국(195점)이다. 1위 미국과 2위 영국(52점) 등과 비교하면 이스라엘은 경제 규모·인구·영토와 자원 등 모든 면에서 밀리지만 유니콘 수와 상장 스타트업, 대표 기업 수 등을 종합해 45점을 얻었다.

　스타트업을 하기 좋은 도시 순위에도 이스라엘의 텔아비브(9위), 예루살렘(86위), 하이파(144위) 세 개 도시가 랭크됐다. 텔아비브는 핀테크 스타트업을 운영하기에 세계 다섯 번째로 좋은 도시였다. 텔아비브를 거점으로 삼은 핀테크 스타트업 단체 '핀테크 아비브Fintech-Aviv'는 가입 기업인이 3만 명이 넘을 정도로 탄탄한 네트워크와 조직을 갖췄다. 이스라엘 정부는 가상 화폐 관련 규정과 과세 제도를 도입하고, 금융 정보 교류를 위한 별도 기관과 규정을 만들 정도로 핀테크 산업 육성을 전폭적으로 지원한다. 스타트업 블링크는 "이스라엘은 특히 스타트업이 주로 활약하는 산업에 대해서는 규제를 느슨하게 두면서 이들을 지원한다"고 분석했다. 금융 규제가 창업과 성장에 결정적인 영향을 미치는 핀테크 분야에서 이스라엘 정부의 지원을 통해 핀테크 스타트업이 클 수 있었다는 것이다.

현재 이스라엘의 당면 과제는 텔아비브에 집중된 스타트업 생태계의 한계를 극복하고 지역 생태계를 육성하는 것이다. 이스라엘 혁신청 부사장 아비브 지비Aviv Zeevi는 "이스라엘 혁신청은 스타트업을 지원하는 역할뿐만 아니라 지방에도 스타트업 생태계를 구축하는 일을 맡고 있다. 지역 내 스타트업을 육성하는 인큐베이터의 예산을 최대 85퍼센트까지 지원하거나 연구소·생산 시설 등의 기반 시설을 세울 때 필요한 비용의 50~60퍼센트를 지원한다. 각 지역의 특성에 맞게 스타트업 생태계를 조성하는 게 특징이다. 농지가 많은 이스라엘 북부 지역엔 식품 기술 스타트업을, 사막이 많은 남부 지역엔 태양광 스타트업을, 군 부대가 주둔한 국경 도시엔 사이버 보안 스타트업을 유치한다"고 말한다.[75]

텔아비브

이스라엘 지중해 연안에 위치한 텔아비브는 혁신 기업가정신을 대표하는 도시 중 하나다. 텔아비브를 중심으로 한 이스라엘 동부 해안 지역은 이스라엘 하이테크 산업의 중심지인 '실리콘 와디'로 불리는 곳이다. 이곳에는 수많은 글로벌 다국적 기업이 집적해 미국 실리콘 밸리와 긴밀하게 연결돼 있다. 텔아비브는 2023년 기준 스타트업 지놈Startup Genome이 실시한 세계 스타트업 생태계 순위에서 5위[76]를 차지했다.

스타트업 지놈은 세계 도시 지역 스타트업의 엑시트 및 투자 금액을 토대로 가치 평가액을 산출했는데 2023년 기준 텔아비브의 기술 생태계 가치는 2,350억 달러[77]다. 글로벌 평균이 346억 달러인 것과 비교하면 매우 높은 수치다. 텔아비브는 나스닥에 상장한 이스라엘 기업 대부분이 기반을 둔 도시인데, 유니콘 기업 또한 2023년 기준 57개가 텔아비브에서 활동하고 있다. 2018년부터 2022년까지 총 450억 달러의 벤처 캐피털 자금을 유치했는데, 글로벌 평균이 66억 달러임을 감안할 때 7배가 넘는 금액의 투자가 이루어졌음을 알 수 있다.

텔아비브의 성장 지표에 기여한 산업 부문으로는 바이오, 사이버 보안, AI가 있다. 2022년에 AI 기반 핀테크 기업인 핀테크 파가야Fintech Pagaya가 85억 달러의 IPO를 하고, AI 기반 소프트웨어 기업 그래뉼레이트Granulate을 인텔이 인수하고, 데이터 관측 플랫폼 데이터밴드Databand를 IBM이 인수하는 등의 이슈가 있었다. 2022년 5월 이스라엘은 바이오 융합 발전을 위한 5개년 계획을 발표했고, 바이오 기업 에이독Aidoc의 1억 1,000만 달러 투자 유치 및 스타트업 사이토리즌CytoReason과 화이자의 약물 개발 협력 계약 등이 체결됐다.

텔아비브에는 이스라엘 스타트업의 71퍼센트가 위치[78]한 것으로 알려져 있는데, 많은 스타트업이 모이는 이유는 친스타트업 요소가 많은 도시이기 때문이다. 우선 텔아비브 자체에 이미 많은 스타트업과 지원 기관, IT 기업, R&D 센터 등이 집약돼 있어 살아 움직이는 스타트업 허브라고 할 수 있다. 3,000개가 넘는 첨단 기술 기업과 300개가 넘는 R&D 센터는 혁신 창출을 위한 모든 조건이 갖추어진 생태계라고 할 수 있다. 특히 이스라엘 혁신청의 R&D 보조 지원 사업과 글로벌 기업과의 협업 지원은 더 많은 스타트업이 긍정적인 미래를 기대하며 텔아비브로 발걸음 하는 요인이 됐다. 지중해 연안에 위치하고 있기 때문에 유럽, 아시아, 미국 시장에 쉽게 접근할 수 있는 전략적 요충지인 점도 글로벌 무대를 지향하는 이스라엘 스타트업에게는 중요한 요소다.

또한 텔아비브에는 뛰어난 인재가 많아 기업에게 최적의 도시다. 텔아비브대학교는 이스라엘에서 가장 규모가 큰 대학으로, 매해 컴퓨터 과학, 엔지니어링, 비즈니스 분야에서 전문 인재들을 배출하고 있다. 이들은 졸업 후 기업에 취업하기도 하지만, 직접 스타트업을 설립하는 경우도 많다. 미국 스탠퍼드대학에서 진행한 연구에 따르면, 미국 외 지역에서 가장 많은 수의 유니콘 기업을 배출한 대학이 바로 텔아비브대학이다. 텔아비브대학은 기업가정신 부문 세계 대학 순위 5위이기도 하다.

텔아비브는 다양한 세제 혜택을 통해 기업들이 비즈니스하기 좋은 여건을 마련하고 있다. 우선 외국 기업이 회사를 설립할 때 세율 인하와 투자 보조금 혜택을 누릴 수 있다. 또한 기술 기업에 대한 법인세 인하 혜택, R&D 센터와 대기업의 고용 보조금 지원(4년 동안 평균 급여의 25퍼센트 지원) 등은 글로벌 IT 기업이 텔아비브에 자리 잡도록 하는 중요한 요소다. 이처럼 텔아비브는 혁신적인 기업가 인재, 기술력, 글로벌화를 위한 정부 지원, 수많은 다국적 대기업과 R&D 센터 등 혁신 생태계 허브로서의 면모를 갖추고 있다.

텔아비브에는 대기업과 R&D 센터, 하이테크 기업, 스타트업 외에도 다양한 스타트업 네트워크와 기관이 있다. 스타트업 네이션 센트럴이라는, 이스라엘 혁신 생태계와 글로벌을 연결하는 역할을 하는 조직이 이곳에 본거지를 두고 있다. 스타트업 네이션 센트럴은 2013년 설립된 비영리 단체로, 이스라엘 기업이 글로벌 파트너십을 형성할 수 있도록 다국적 기업과 글로벌 투자자와 스타트업을 연결하는 플랫폼을 제공한다.

예루살렘

예루살렘은 이스라엘의 수도로 세계에서 가장 오래된 역사적인 도시 중 하나다. 텔아비브와 비교하면 첨단 하이테크 도시의 이미지보다는 전통적인 도시의 이미지가 강했다. 하지만 예루살렘 개발청과 많은 기업가 및 지원 기관과 커뮤니티의 노력으로 스타트업 도시로 진화하고 있다. 현재 예루살렘의 스타트업 생태계에는 700개가 넘는 기업과 20개의 액셀러레이터가 있다. 스타트업 지놈이 선정한 세계 30대 기술 도시 중 하나이자, 『타임』이 선정한 주목받는 기술 허브 5곳 중 하나다.

예루살렘에는 히브리대학교를 비롯하여 6개의 대학이 있는데, 이 대학들을 중심으로 다양한 스타트업이 배출되고 있다. 또한 예루살렘은 아워크라우드나 JVP(Jerusalem Venture Partners), 이스라엘 시드 파트너스 같은 벤처 캐피털의 본거지이기도 하다. 예루살렘 북서쪽에는 하르 호츠빔Har Hotzvim이란 첨단 산업 단지가 있는데 시스코, 존슨앤존슨, 오라클, 엔비디아 등의 다국적 기업이 입주해 있다. 인텔은 1985년에 이미 공장 가동을 시작했으며 테바의 제조 공장 또한 이 지역에 위치해 있다. 대기업 외에도 많은 기술 기반 중소기업이 입주해 있다.

예루살렘 스타트업에는 다양한 산업 분야가 있지만, 특히 AI와 바이오 분야가 눈에 띄는 성과를 보인다. 전 세계 1억 대 이상의 자동차에 사용되는 자율주행 자동차 시스템 기업 모빌아이, 시각장애인을 위한 웨어러블용 장치를 개발하는 오르캠 등이 있다. 바이오 분야에서 예루살렘은 샌디에이고와 함께 스타트업 밀도 측면에서 1위를 차지하는 도시다. 150개 이상의 바이오 분야 스타트업이 밀집해 있는 세계 10대 바이오 생태계 중 하나이며, 하다사 병원과 히브리대학 등에서 바이오 분야 연구를 위한 연구 센터를 제공하고 있다. 또한 예루살렘에 위치한 스타트업 지원 기구 메이드 인 JLMMade in JLM은 예루살렘을 세계 20대 혁신 도시로 변화시키고자 2012년 설립된 비영리 단체다. 잠재 투자자와 스타트업을 연결하기 위한 컨퍼런스와 네트워킹 프로그램을 운영하며 예루살렘을 스타트업 도시로 만드는 데 일조하고 있다.

베르셰바

텔아비브에서 남동쪽으로 115킬로 떨어진 곳에 위치한 베르셰바는 인구 20만 명의 도시다. 네게브 사막에 위치한 이 도시는 지난 10여 년간 첨단 기술 도시로 탈바꿈하고 있다. 사이버 보안의 중심지이자 기후변화 혁신 도시가 베르셰바를 나타내는 수식어가 되고 있다. 베르셰바는 스타트업 블링크에서 실시한 2023년 글로벌 스타트업 생태계 지수Global Startup Ecosystem Index의 글로벌 순위에서 13위를 차지하며, 스타트업 생태계에서 존재감을 나타내는 도시로 변모하고 있다.

이스라엘 정부는 베르셰바를 글로벌 사이버 보안 허브로 조성하고자 프로젝트를 실시했다. 베르셰바 지자체와 벤구리온대학, 그리고 이스라엘 군대가 공동으로 진행한 프로젝트는 사막 한가운데 가브얌 네게브 테크노파크Gav-Yam Negev Advanced Technologies Park를 설립했다. 이곳에는 IBM, 오라클, 페이팔 등 사이버 보안과 통신 분야 다국적 기업의 R&D 센터를 포함해 첨단 기술 기업들이 입주했다. 약 70개가 넘는 기업에서 2,500여 명의 직원이 근무하고 있다. 중동의 새로운 실리콘 밸리로 떠오르기도 한 가브얌 네게브 테크노파크는 현재도 공사를 진행 중이며, 완공되면 15개 건물에 약 4만 명의 인력을 수용할 수 있을 것으로 기대된다. 거대한 규모의 혁신 창업 생태계가 완성되면 베르셰바는 세계 첨단 기술 도시 중 하나의 면모를 갖출 것이다.

베르셰바의 첨단 기술 도시로의 변화에는 벤구리온대학의 역할이 매우 컸다. 벤구리온대학은 소프트웨어와 사이버 보안 분야에서 명성이 높은 대학으로, 가브얌 네게브 테크노파크 프로젝트의 주요 공신이다. 벤구리온대학을 통해 많은 숙련된 엔지니어 인재가 배출되고 있으며, 이는 지역 인재 채용을 원하는 기업들에게 긍정적인 요인이 된다. 또한 벤구리온대학에는 세계적으로 유명한 사이버 학술 연구 센터인 CSRC가 있어 베르셰바가 사이버 보안 혁신 기지로서 명성을 높일 수 있는 역할을 한다.

베르셰바를 사이버 보안의 실리콘 밸리로 만들기 위해 이스라엘 정부와 군대가 힘을 합쳤다. 가브얌 네게브 테크노파크 인근에는 IDF 부대가 자리 잡고 있다. 이스라엘의 가장 뛰어난 인재들이 모여 있는 IDF 정보 부대가 이곳에 모여 훈련하고 교육을 받는 것은 큰 의미가 있다. 이들의 기술력을 필요로 하며 협력을 원하는 많은 다국적 기업 및 IT 기업이 베르셰바로 발걸음 하게 만든다. 또한 가브얌 네게브 테크노파크에 위치한 사이버 파크Cyber Park도 베르셰바를 사이버 보안 허브로 만들기 위한 노력 중 하나다. 이스라엘의 국가 사이버 대응팀National CERT도 베르셰바에 위치해 있다.

이스라엘 정부에서 조사한 바에 따르면, 이스라엘의 전체 기술 기업 중 절반이 베르셰바나 하이파 등의 지방 도시에서 활동하고 있다고 한다. 그 이유 중 하나는 넓은 공간과 접근성이다. 제조나 실험을 위해서는 넓은 공간과 막히지 않는 도로가 필요한데, 베르세바에서는 텔아비브 같은 복잡한 도시에서보다 넓은 부지와 편리한 교통을 이용할 수 있다. 이는 기업이 효율적으로 생산과 연구를 수행할 수 있는 환경을 제공한다. 이스라엘 정부가 지방에 생산 시설을 보유한 기업에게 비용을 지원하는 점도 베르셰바 같은 지방 도시를 선택하는 요인일 것이다. 또한 베르셰바는 대도시에 비해 경쟁이 덜 치열하고, 생활비가 낮기 때문에 유능한 엔지니어를 영입하기가 비교적 쉽다.

5장

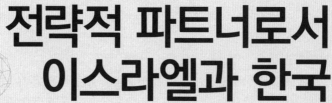

전략적 파트너로서
이스라엘과 한국

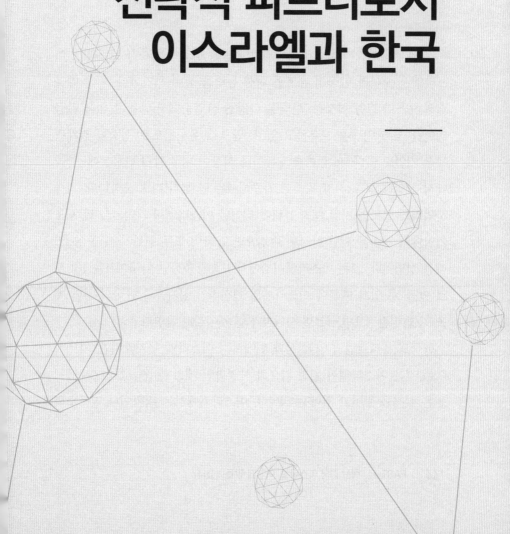

협력 시너지 창출

전 세계가 이스라엘 혁신 스타트업의 높은 성과에 찬사를 보내지만, 이스라엘은 오히려 한국의 제조업 혁신 능력을 높이 평가한다. 이갈 에를리히 요즈마 그룹 회장은 "한국은 다양한 산업군에서 믿을 수 없을 만큼 뛰어난 제조 역량을 보유하고 있고, 앞으로 유니콘으로 성장할 잠재력 높은 기업도 많다. 세계 기술 흐름이나 시장이 너무 빨리 변하는데, 한국에서 창업해 국내 시장 위주로 접근해서는 안 된다"라고 조언한다. 기술 사업화와 글로벌 시장 개척 능력이 뛰어난 이스라엘과 과학기술 및 제조 기반에서 강점을 지닌 한국이 손잡으면 양국이 모두 원원winwin할 수 있다는 설명이다. 그는 이스라엘이 0에서 1을 창출하면 한국이 1을 100으로 만들 수 있기 때문에 이스라엘의 혁신적인 신기술과 한국의 첨단 제조 기술이 손잡으면 글로벌 시너지가 클 것이라고 말한다.[79]

한국도 스타트업의 양적 성과 면에서는 이스라엘 못지않지만, 차이가 나는 것은 이스라엘이 원천 기술의 사업화인 제로 투 원Zero to One에서 높은 실적을 보이고 있다는 점이다. 이스라엘에서는 대학이나 연구소의 발명과 발견이 상업화되고 창업으로 연결되는 성과가 매우 우수하다. 이스라엘은 혁신 스타트업에서 기초과학 지식에 기반한 발명과 발견을 사업화해 성공한 사례가 많다. 그 결과 세계 시장을 선도하는 다양한 제품을 만들어 냈다. 반면 한국은 1에서 100, 1,000으로의 스케일업 혁신 능력이 강하기 때문에 이스라엘의 창의적 연구개발 능력과 한국의 제조 혁신 및 글로벌 마케팅 역량이 결합되면 글로벌 밸류체인(GVC)에서 새로운 변화를 일으킬 수 있는 잠재력이 크다.

한국은 20세기 후반 후발 산업국가로 출발해 지난 60여 년간 빠른 추격자fast follower 전략으로 높은 성과를 실현해 왔지만, 이제는 시장 선도자first mover가 되지 않으면 미래가 불확실한 상황에 직면해 있다. 한국의 R&D 투자나 역량도 세계 수준에 이르렀으나 원천 기술 기반 사업화 역량은 부족한 상황이다. 규모의 경제와 대량 생산 능력만으로는 미래의 세계 시장을 선도하기에 역부족이라는 것은 부인할 수 없는 사실이다. 중국이라는 신흥 제조 강국의 추격으로 조선, 디스플레이, 모바일 폰 등에서는 이미 선두 지위를 놓치게 됐다. 반도체도 대만과의 경쟁에서 어려움을 겪고 있으며, 전기 자동차에서는 미국과 중국에 뒤쳐진 상황이다.

한국이 과거 미국과 일본을 통한 기술 도입과 모방 학습을 기반으로 한 추격형 제조 혁신의 모델 국가라는 성과를 넘어, 선도형 혁신 국가로 도약하기 위해 이스라엘은 좋은 파트너가 될 잠재성이 높다. 이미 이스라엘은 한국 대기업의 오픈 이노베이션에서 전략적 파트너의 역할을 해 오고 있다. 현대자동차가 미래형 자동차를 만드는 데 이스라엘의 기술이 큰 역할을 하고 있으며, 삼성은 이스라엘에 R&D 센터를 만들고 기술 협력을 강화하고 있다. 방위 산업에서는 이미 한화디펜스와 이스라엘 기업 간 협력 성공 사례가 나오고 있다.

'5분 급속 충전 배터리 시스템'으로 주목받는 이스라엘 스타트업 스토어닷Storedot의 창업자 겸 CEO 도론 마이어스도르프Doron Myersdorf 박사는 "신생 기업을 크게 키워 가려면 외부와 협업해 진행하는 혁신, '오픈 이노베이션'이 필수"라며 "세계 최고의 배터리 제조사를 보유한 한국에서 꿈의 급속 충전 배터리 양산에 나설 수 있도록 논의를 진행하고 있다"고 전했다.[80]

스마트팩토리 솔루션으로 보잉, 에어버스 등 글로벌 항공사를 사로잡은 플래테인Plataine은 미국과 유럽에 이어 한국에 사무소를 열 계획이다. 앞으로 소프트웨어, 영업, 컨설팅 등 다양한 분야에서 인력을 채용해 국내 고객사 확보에 나선다는 계획이다. 아브너 벤바삿Avner Ben-Bassat 플래테인 대표는 "제조업 기반이 탄탄한 한국은 인공지능과 사물인터넷 등 첨단 정보통신기술을 적용한 지능형 생산 공장 도입 잠재력이 커 가장 주목하고 있는 시장 중 하나"라고 했다.[81]

AI 기반 초음파 영상 진단 가이던스 소프트웨어를 개발한 헬스케어 스타트업 울트라사이트Ultrasight는 한국을 통해 아시아 시장에 진출한다는 구상이다. 이미 한·이스라엘 산업연구개발재단 이사회에서 한국 산업통상자원부와 이스라엘 경제산업부가 AI 가이드 기반 초음파 자가 진단기의 공동 R&D 과제를 승인해 진행하고 있다.[82]

지난 2021년 1월 10일에 중견기업연합회와 요즈마 그룹은 공동으로 '한-이스라엘 기술 협력 센터'를 출범시켰다. 이 센터는 우수한 제조·양산 기술을 갖춘 한국 중견기업과 이스라엘 혁신 스타트업 및 벤처 기업 간의 협력 지원 거점으로 운영된다. 중견기업연합회의 한국 센터와 요즈마 그룹에 설치될 이스라엘 센터를 상시 연결해 제조 혁신, 신사업 개척 등 중견기업의 다양한 신성장 동력 발굴을 지원하고 이스라엘, 유럽, 미국 등 해외 시장 진출 전략을 모색하는 역할을 맡는다. 강호갑 전 회장은 "전통 산업에서 세계적으로 인정받은 수준 높은 중견기업의 기술력과 4차 산업혁명 시대의 핵심 가치로서 첨단 기술 변화의 최전방인 이스라엘 혁신 기업의 만남은 그 자체로 거대한 글로벌 경제 전환의 출발점이 될 것"이라고 말했다.[83]

최근 수년간 한국 기업이 이스라엘의 기술 생태계를 이해하고 하이테크 기업과의 협력 기회를 찾기 위해 이스라엘 현지를 방문하는 일이 급증하고 있다. 2022년 11월 현대카드는 상업자 표시 신용카드(PLCC) 파트너사 연합체인 '도메인 갤럭시Domain Galaxy'와 함께 이스라엘로 테크캠프를 떠났다. 도메인 갤럭시는 파트너사들의 비즈니스 성장을 추구하며 현대카드가 보유한 데이터를 효과적으로 활용하고, 서로 업이 다른 이들 간 협업을 통해 시너지를 창출하는 것을 목표로 한다. 테크캠프 기간에 참여자들은 468.9킬로를 달려 40개 혁신 기업, 9개 벤처 캐피털, 4개 정부 기관 등과 총 53번의 미팅을 진행했다. 이스라엘 영토는 우리나라의 5분의 1 수준이다. 서울에서 부산까지의 거리가 396킬로라는 점을 고려하면, 그야말로 이스라엘 구석구석을 찾아다니면서 기업과 정부 관계자들을 만난 것이다.[84]

월드클래스기업협회도 2023년 3월 31일 이스라엘을 방문해 기업 간 협력을 모색했다. 당시 협회는 "지난해 아시아 국가 중 처음으로 이스라엘과 자유무역협정(FTA)이 맺어졌고, 한-이스라엘 수교 60주년이 됐다. 이스라엘의 혁신 기술과 유망 기업과의 교류로 새 성장 동력을 찾기 위해 이스라엘을 방문했다"고 밝혔다. AI, 전기차, 반도체, 스마트팩토리, 항공우주, 바이오·헬스케어, 첨단 소재 등 여러 유망 산업 분야의 기업들과 미팅을 가졌다. 이준혁 월드클래스기업협회 회장은 "이스라엘의 혁신 기술과 유망 기업을 직접 보고 상호 협력의 과정을 통해 새로운 성장 동력을 찾아보는 계기가 될 것으로 기대한다"고 밝혔다.[85]

주요 산업별 한·이스라엘 협력 현황

사이버 보안 산업

기업용 소프트웨어 개발 및 공급 업체인 인젠트Inzent는 2022년부터 이스라엘 사이버 보안 기업인 울트라레드UltraRed의 한국 지사로서 동사의 사이버 보안 솔루션을 국내에 공급하고 있다. 울트라레드는 인도네시아와 일본 등 아시아 국가에 고객사를 확보하고 있으며, 온라인이 발달한 한국은 매우 유력한 고객 시장이다.

자동차, 가전 등 국내 제조업에 ICT 기술이 접목되면서 방대한 데이터의 보안 문제가 대두되고 있다. 국내에서 직접 자율주행 자동차와 ADAS(Advanced Driver Assistance System)도 개발하고 있기 때문에 보안 시스템이 공격을 받는다면 안전과 신뢰 문제로 산업 자체가 크게 흔들릴 수 있다.

설계와 제조 및 생산, 유통 등의 모든 과정이 자동화되고 데이터화된 스마트팜이나 스마트팩토리 등의 시설이 해커에게 노출되면 해당 기업뿐만 아니라 관련된 협력 기관과 업체, 고객 정보까지 많은 손실이 예측된다. 또한 주변 국가인 중국이나 북한의 해킹 공격과 보이스피싱 같은 범죄가 계속 증가하고 있기 때문에 울트라레드의 솔루션을 정부 기관이나 기업에서 활용하면 도움이 될 것이다.

세계 최초로 인터넷 방화벽을 출시한 글로벌 네트워크 보안 회사 체크포인트는 총판 업체를 통해 1996년부터 한국에 진출했으며, 2002년 국내 지사인 체크포인트코리아를 설립했다. 국내에서는 체크포인트가 직접 관리하는 시장과 총판을 통해 관리하는 시장으로 나누어 영업을 펼치고 있다. 또한 국내 IT 기술 회사와도 협력을 진행하고 있는데, 2023년 2월 삼성과 모바일 보안 분야 파트너십을 체결했다. 우리나라는 OECD 국가 중 초고속망 구축 세계 1위로, 특히 최근에는 모바일 인터넷 산업이 크게 성장했다. 따라서 삼성의 사례처럼 모바일 보안 분야에서 체크포인트와 우리나라 IT 기업 간의 다양한 기술 협력이 이루어질 수 있을 것으로 전망된다.

방위 산업

방위 산업에서는 한국 기업과 이스라엘 3대 방산 업체 간 전략적 파트너십이 활발하게 진행 중이다. 이스라엘의 IAI사는 무인기 개발뿐만 아니라 여객기의 화물기 개조 사업(P2F: Passenger to Freight)에서 한국 기업과 적극적인 행보를 보이고 있다. 2017년 한국카본과 합작회사를 설립해 하이브리드 수직 이착륙 무인기(UAV with VTOL) 개발 및 제조 사업을 진행하고 있으며, 2021년에는 국내 합작 파트너인 샤프테크닉스케이(항공 정비 전문 기업)와 별도의 합작 법인을 설립했다. 또한 2022년 인천공항에서 노후 여객기를 화물기로 전환하는 P2F 사업을 위해 국내 아스트사(항공기 정밀 구조물 제작 기업)와 합작 기업 설립 협약을 맺기도 했다. 또한 2024년부터 인천공항에서 보잉 777-300ER 여객기를 화물기로 개조하는 비즈니스를 개시할 예정이다.

엘빗 시스템즈도 한국 기업과의 협력을 강화하고 있다. 2013년 항공 서비스 제공사인 샤프 에비에이션Sharp Aviation과 합작 회사인 샤프 엘빗 시스템즈 에어로스페이스Sharp Elbit Systems Aerospace(SESA)를 설립하고 고급 군용기의 생산 및 MRO(Maintenance, Repair, Overhaul) 서비스를 하고 있다. 또한 2021년 한국의 대표 방산 업체인 한국항공우주산업(KAI)과 함께 ISTAR(Intelligence, Surveillance, Target Acquision & Reconnissance) 임무용 차세대 UAS(무인 항공 시스템) 분야 협력 확대를 위한 양해각서(MOU)를 체결하고 차세대 UAS 솔루션 개발을 위해 협력하기로 했다. 같은 해 한화시스템은 이스라엘 엘빗 시스템즈와 한국형 전투기의 눈으로 불리는 에이사AESA 레이더를 공동 개발하기로 협약을 체결했다.

2023년에는 호주 정부의 보병전투차량(IFV) 도입을 위한 '랜드 400 3단계Land 400 Phase 3' 사업에서 한화에어로스페이스가 파트너로 선정됐다. 이와 별도로 2023년 한화에어로스페이스가 인피니돔infiniDome(대전파 방해anti jamming 기술 보유 스타트업)의 900만 달러 규모의 펀딩 시리즈 ASeries A에 투자함으로써 국내 기업의 이스라엘 기술 혁신에 대한 높은 관심도를 반영했다. 인피니돔은 확보된 자금을 활용해서 GPS돔

2GPSdome2 시스템을 한국, 이스라엘, 미국 및 인도 국방부에 군납할 예정이다.

2013년 8월 라파엘 어드밴스드 디펜스 시스템즈Rafael Advanced Defense Systems(라파엘)는 한국의 무선 데이터링크 시스템 개발 업체인 파인 텔레콤Pine Telecom의 지분 49퍼센트를 인수했다. 두 회사는 한국 시장 내수와 수출을 위한 C4I(합동 지휘 통제 체계) 개발 및 제조에 더욱 긴밀히 협력할 예정이다. 2021년 3월 한화디펜스는 레드백 장갑차에 라파엘의 유도 무기인 스파이크 대전차 유도 미사일Anti-Tank Guided Missile과 아이언 피스트 첨단 방어 체계Active Protection System를 통합했다.

바이오·헬스 산업

한국과 이스라엘은 바이오·헬스 분야 공동 기술 개발을 통한 협력을 활발하게 진행 중이다. 국내 신약 개발 기업 바이오리더스는 와이즈만 연구소와 항암제를 공동 개발하며, 국내 항암 바이러스 전문기업 진메디슨은 이스라엘의 나노고스트NanoGhost와 함께 항암 바이러스 치료제를 개발하고 있다. 또한 국내 의료 기기 업체 힐세리온과 이스라엘 AI 기반 헬스기업 온사이트메디칼Onsight Medical이 공동으로 AI 기반 초음파 자가진단기 개발을 추진하고 있다. 국내 큐어세라퓨틱스와 이스라엘의 아드바 바이오테크Adva Biotech가 함께 국내에 세포 치료제 공장을 설립하기로 한 것처럼, 제조업이 발달한 우리나라 산업 특성을 살려 이스라엘 기술을 융합한 신사업 개발이 유망할 것으로 보인다.

혁신적인 10대 이스라엘 헬스테크 스타트업으로 선정된 알파타우는 현재 미국, 캐나다, 이탈리아, 러시아, 이스라엘, 일본 등 7개국에서 임상 실험 중인데 한국에서도 임상 실험을 진행하기 위해 논의하고 있다. 특히 우리나라는 췌장암과 간암 환자 비율이 높기 때문에 췌장암, 소화기 관련 임상을 진행하기 위해 국내 병원 및 의료 시설과 관련 내용을 협의 중이다. 알파타우의 뛰어난 기술력과 협력해 국내 의약품 및 의료 기기 업체의 성장도 기대해 볼 만하다. 국내의 당뇨병 및 혈전 치료제 제조 기업인 에스텍파마는 2022년 알파타우에 전략적 투자를 진행했고, 건강기능식품 덴프스Denps 제조 기업인 에이치피오 또한 알파타우에 지분 투자를 하며 협력 관계를 이어 나가고 있다.

울트라사이트도 국내 기업과 협력을 진행 중이다. 2023년 5월 국내 의료 기기 제조 기업 셀바스 헬스케어와 합작 법인을 설립하고 AI 의료 사업을 추진하고 있다. 셀바스와 울트라사이트는 보완적 자산이 많기 때문에 협력을 통해 새로운 기술 개발과 비즈니스 영역을 개척할 수 있을 것으로 기대된다. 한국은 심혈관 질환 사망자 수 세계 2위 국가로 울트라사이트의 서비스가 활용될 만한 분야가 많다. 셀바스 AI는 군대를 타깃으로 한 AI 원격 진료 사업을 진행 중인데, 울트라사이트와 협력해 군대를 비롯해 의료 기관이 없거나 교통이 불편한 지역에 원격 진료 서비스를 공급할 수 있을 것이다.

애그테크 산업

세계 제1의 점적 관개 시스템 회사인 네타핌Netafim은 1985년부터 한국 시장에서 영업을 시작했다. 1997년 6월에 한국 네타핌으로 법인이 설립됐으며 관수 솔루션, 첨단 온실 솔루션, 조경 솔루션, 바이오에너지 등 크게 4개의 사업 분야를 가지고 있다. 현재 수도권(서울, 경기), 동부(강원, 경남북), 서부(충남북, 전남북, 제주) 지역에서 40여 딜러 영업망을 구축하고 있다. 2022년 회계연도 실적은 매출 33억 원, 당기순익 11억 원을 달성한 것으로 보고된다.

아다마ADAMA는 2003년 합작법인 아다마 코리아ADAMA Korea(주)를 설립했다. 지분 구조는 아다마가 지배주주(51%)이며 한국 파트너가 나머지를 보유하고 있다. 합작 법인의 주요 활동은 본사 브랜드의 작물 보호제 판매 창구 역할이며 현재 살균제 18종, 살충제 13종, 제초제 9종을 취급하고 있다. 또한 환경 분야 ESG 활동을 통해 기업 이미지 제고를 위해 노력하고 있다. 플라스틱 사용 감소를 위해 고함량 제품을 개발하고, 더 작은 플라스틱 용기를 이용하는 농약을 개발하는 등의 활동을 펼치고 있다. 2022년 회계연도 기간에 매출 325억 원(전년 대비 33.5% 성장), 영업이익 51억 원(전년 대비 42.5% 성장)의 양호한 영업 실적을 달성했다. 2022년 말에 현지 법인 종업원 수는 53명이었다.

삼성은 삼성벤처투자를 통해서 농산물 공급망 관리 IoT 기술 기업인 윌리오트에 2019년 1월과 2021년 7월 두 차례에 걸쳐 투자했다. 윌리오트의 센서 태그는 식료품 등의 제품을 원산지부터 매장 및 가정까지 모니터링하도록 설계되어 있다.

기후테크 산업

글로벌 태양광 인버터 시장의 최강자인 솔라엣지는 2018년 4분기 리튬이온 폴리머 이차전지 업체인 코캄을 인수해 한국 시장에 진출했다. 인수 합병 이후에는 리튬이온 배터리 시장의 급격한 성장에 따른 안정적인 배터리 공급 체계 확보를 위해 충청북도 음성에 2GWh 규모의 배터리 생산 공장을 건립했다. 2022년 말의 한국 자회사의 자산은 347억 6,117만 원이고, 2022년 회계연도 매출액은 1,001억 2,060만 원이며 당기손실은 158억 9,710만 원을 기록했다. 한국 법인의 주요 사업 영역은 산업용 배터리 에너지 저장 시스템Battery Energy Storage System이다.

그린 수소 생산 기술 개발 스타트업인 에이치투프로H2Pro는 아직 기술 완성 단계에 있기 때문에 한국 기업과의 본격적인 비즈니스 뉴스는 아직 확인되지 않고 있다. 하지만 현대자동차는 에이치투프로의 기술 잠재력을 일찍 간파해 2018년 수소 에너지 생산 및 수소 충전소 개발을 목표로 투자(프리시드 펀딩)했고, 2019년 추가 투자(시리즈 A 펀딩 주도)한 바 있다.

에어로베이션Airovation은 2021년 4분기에 드림스톤 파트너스Dreamstone Partners, 요즈마 그룹 코리아Yozma Group Korea, 유니드 글로벌 상사Unid Global Corporation 등 한국 투자자 및 기업이 주도하는 1,600만 달러 규모의 시리즈 A 펀딩을 성사시켰다. 또한 2022년 코오롱인더스트리와 탄소중립Net Zero 솔루션 개발을 위해 협업하기로 하고 에어로베이션의 CCU를 활용해 코오롱의 신규 사업을 추진하기로 협약을 체결했다. 이스라엘 기업과 한국 기업 간의 협력은 혁신을 촉발한다는 관점에서 매우 이상적인 조합이다. 특히 한국 기업의 확장에 이스라엘 기업의 혁신이 효과를 발휘할 가능성이 높다고 전망한다. 따라서 기후테크 분야에서 원천 기술력을 가진 에어로베이션과 비즈니스 확장성을 가진 한국 기업들 간 교류 협력이 한층 활발해질 것으로 예상된다.

AI 산업

한국의 대기업들은 이스라엘에 R&D 센터와 투자 사무소를 두고 유망한 AI 스타트업에 대한 투자를 활발하게 진행하고 있다. 삼성전자의 R&D 센터와 스타트업 투자법인 삼성넥스트는 텔아비브에 위치해 있으면서 AI21랩스AI21 Labs, 이레버런트 랩스Irreverent Labs, 아포리아Aporia, 코어포토닉스 등 유망한 이스라엘 AI 스타트업에 투자 및 인수를 진행했다. 삼성전자는 2023년 거대 언어 모델을 개발하는 기업인 AI21 랩스의 시리즈 C 단계에 투자사로 참여했는데, 삼성전자 모바일이나 IoT 가전제품 등에 AI21 랩스의 언어 생성 기술이 탑재될 것으로 예상된다. 현대자동차 또한 텔아비브에 오픈 이노베이션센터를 설립해 모빌리티 분야 기술력을 가진 기업들과 기술 교류 및 투자를 진행하고 있다. 모빌아이, 옵시스Opsys, 알레그로Allegro 등의 AI 스타트업에 투자했으며 빠른 시일 내에 이들의 기술력을 이용해 우수한 제품이 탄생할 것으로 전망된다.

딥러닝 프로세서 개발 기업인 헤일로Hailo는 국내 카메라 제조 기업인 트루엔과 공동으로 AI 카메라를 개발 중인데, 2024년 1분기 출시를 목표로 하고 있다. 트루엔은 IP 카메라, 스마트 IoT 솔루션 등 지능형 영상 감시 솔루션을 개발하는 회사다. 이들은 기존보다 최대 6배 이상의 고성능을 갖춘 AI 카메라를 만들기 위해 프로세서 칩을 공동 개발하는 중이다. 이스라엘이 강점을 보이는 기술이 컴퓨터 비전과 모빌리티 분야인데 한국은 제조업, 자동차 산업, 무선 통신 분야에 강점을 가지고 있다. AI 기술을 활용해 소프트웨어 개발 뿐 아니라 하드웨어까지 함께 개발이 돼야 하기 때문에 앞으로도 이스라엘과 한국의 기술 협력은 확대될 것으로 전망된다.

모빌리티 산업

2016년 8월 현대모비스는 모빌아이와 지능형 운전자 보조 장치Advanced Driver Assistance System에 필요한 반도체 칩과 알고리즘 공급 협약을 포함한 파트너십을 체결했다. 2023년 4월 삼성전자 파운드리 사업부는 모빌아이의 자율주행용 주력 반도체인 아이큐EyeQ 제품군의 일부 물량을 생산하기로 했다. 모빌아이는 현재 아이큐 4, 5, 6 시리즈와 울트라 모델을 판매 중이다. 삼성전자는 7~28나노미터대 공정에서 생산하는 5 시리즈 이하 모델을 수주한 것으로 알려졌다.

삼성은 삼성벤처투자를 통해 고속충전 전기차 배터리 기업 스토어닷에 2013년 6월 초기 투자(A 라운드)했고, 이어서 2017년 9월 추가 투자(C 라운드)했다. 그 이후 SK 그룹과 현대차 그룹에서도 스토어닷과 여러 프로젝트 협업을 추진하고 있다. 요즈마 그룹 한국법인인 요즈마 코리아에서도 지난 2021년 9월 투자한 바 있다. SK 그룹 배터리 사업도 간접적으로 연결돼 있다. SK 그룹에서 지분 투자를 하고 있는 미국의 그룹14

테크놀로지Group14 Technologies(리튬-실리콘 배터리 소재 선두 주자)와 지난 2021년 11월 전략적 파트너십을 맺었다. 배터리 소재 분야와 충전 기술 분야에서 각각 선두 주자인 그룹14와 스토어닷은 서로 상호 보완적이기 때문에 이들의 결합으로 전기차 대중화 시대가 앞당겨질 수 있다는 기대가 크다.[86]

핀테크 산업

핀테크 분야에서도 한국과 이스라엘 기업 간 협력이 활성화되고 있다. 페이오니아는 2018년 페이오니아 코리아Payoneer Korea를 설립하고, 본격적으로 서비스를 제공하고 있다. 한국은 글로벌 셀러 매출 세 번째에 해당하는 시장으로 페이오니아가 관심을 기울이는 국가다.[87] 아마존에서 활동하는 국내 셀러가 늘어나면서, 이들을 중심으로 많은 한국 셀러가 페이오니아를 이용 중이다. 페이오니아는 국내의 다양한 기업과 협력하기 위한 창구를 열어 놓고 있는데, 2023년에는 국내 마케팅 기업인 세토웍스와 국내 기업의 글로벌 진출을 위한 MOU를 체결했다. 국내 스타트업이나 중소기업은 내부 자원 부족으로 나라별 정산이나 외환 업무 관리가 쉽지 않아 해외 진출에 제약이 있는 경우가 있다. 국내에도 SaaS나 콘텐츠 크리에이터 업종 같이 해외 진출이 용이한 소규모 기업이 증가하는 만큼 페이오니아와 협력을 통해 비즈니스 확장을 기대할 수 있을 것이다.

이스라엘 블록체인 기업인 헥사 그룹Hexa Group은 국내 암호화폐 거래소인 코인빗에 전략적 투자를 하며 기술 지원을 약속했고, 이스라엘 블록체인 기업 시린 랩스Sirin Labs는 국내 암호화폐 결제 서비스 기업 코인덕과 기술 협력을 위한 전략적 제휴를 맺었다. 블록체인 기술은 활용 분야가 다양한데, 젊은 세대에게 주목받고 있는 트렌디한 미술품 및 부동산 조각 투자 등의 플랫폼에서 활용되기도 하며 전자 상거래와 게임 업계에서도 활용된다. 국내 게임 업체 네오위즈는 블록체인 사업 법인을 따로 만들어 블록체인 게임 플랫폼을 개발 중이다. 게임이나 콘텐츠에 강점을 가진 국내 기업이 글로벌 콘텐츠 플랫폼으로 성장하기 위해서는 이스라엘의 우수한 블록체인 기업들과의 교류가 더 확대돼야 할 것으로 보인다.

한국 기업의 이스라엘 투자

2023년 10월 한국수출입은행의 해외직접투자 통계를 보면, 지난 10년간(2014~2023년) 한국의 이스라엘 투자 규모가 2억 5,700만 달러에 달한다. 10년간 이스라엘에 우리 기업이 세운 신규 법인 수는 31개다. 2004~2013년 동안 한국의 이스라엘 투자는 1,000만 달러 수준(신규 법인 9개)에 그쳤다. 그러나 이스라엘 기초 원천 기술과 우리나라 제조 산업 기술을 기반으로 진행한 국제 공동 연구개발 성과가 사업화와 직접투자 유치로까지 확장되면서 최근 10년간 급속도로 투자가 증가했다. 이스라엘 투자 초기에는 업종도 제조업, 정보통신업에 국한됐는데 최근에는 금융·보험, 과학기술, 건설, 예술·스포츠 등 다양한 영역으로 확장됐다.[88]

한국의 대기업들은 이스라엘에 진출해 다양한 사업을 운영하고 있다. 이스라엘에 있는 국내 기업의 해외 법인은 총 8곳이며 삼성전자가 5곳으로 가장 많고 그 밖에 SK, LG, OCI가 1곳씩 운영 중이다.[89] 이스라엘에서 사업 활동을 하는 대표적인 대기업은 삼성전자, 현대자동차, LG전자라고 할 수 있다.

국내 대기업이 이스라엘에 세운 현지 법인 현황

기업명	외국 법인명	사업 분야	지배 회사
삼성	Samsung Electronics Israel Ltd	마케팅	Samsung Electronics Benelux B.V
	Samsung Semiconductor Israel R&D Center, Ltd	R&D	Samsung Electronics Benelux B.V
	Corephotonics Ltd.	카메라	Samsung Electronics Benelux B.V
	Red Bend Ltd.	오디오 제품 생산	Harman Becker Automotive Systems Manufacturing Kft
	SAMSUNG BIOEPIS IL LTD	기타 서비스	삼성바이오에피스(주)
SK	SK hynix NAND Product Solutions Lsrael Ltd.	반도체 판매업	SK hynix NAND Product Solutions Corp.
LG	CYBELLUM TECHNOLOGIES LTD	보안 S/W 제품 개발 및 판매	LG전자(주)
OCI	ProteKt Therapeutics	의약품 연구 및 개발 사업	부광약품(주)

자료: 한국CXO연구소, 2023년 공정거래위원회 공시 기준

한국의 이스라엘 투자 현황

연도	투자 금액	신규 법인 수
2013	200만 달러	1개
2014	1,400만 달러	4개
2015	600만 달러	3개
2016	300만 달러	1개
2017	100만 달러	0개
2018	3,200만 달러	4개
2019	2,900만 달러	7개
2020	700만 달러	4개
2021	1억 4,600만 달러	7개
2022	400만 달러	0개
2023	1,600만 달러	1개

자료: 한국수출입은행

삼성

삼성전자가 100퍼센트 지분을 가진 삼성 일렉트로릭스 베네룩스 Samsung Electronics Benelux B.V.를 통해 이스라엘에 운영 중인 현지 법인은 3곳으로 판매 법인(삼성 일렉트로릭스 이스라엘Samsung Electronics Israel, SEIL) 과 R&D 센터(삼성 세미콘덕터 이스라엘 R&D 센터Samsung Semiconductor Israel R&D Center, SIRC), 그리고 삼성전자가 투자한 이스라엘 기업인 코어 포토닉스다. 삼성바이오에피스를 통해서는 삼성바이오에피스 이스라엘 SAMSUNG BIOEPIS IL이라는 바이오 관련 해외 법인을 운영 중이다. 이스라 엘은 삼성의 글로벌 R&D와 투자 전략을 위한 주요 거점 중 한 곳으로,

삼성 이스라엘 R&D 센터 외에 삼성리서치 이스라엘(SRIL)까지 두 곳의 연구 시설을 보유하고 있다.[90]

삼성은 기술 혁신을 위해 ① 삼성종합기술원 및 계열사 연구진을 통한 자체 R&D, ② 세계 대학 및 연구 기관과의 협업을 통해 자체 연구만으로는 부족한 부분을 채우는 '오픈 이노베이션', ③ 잠재력을 지닌 스타트업(신생 벤처 기업)을 인수해 혁신 기술을 흡수해 나가는 벤처 투자 등을 활용하고 있다.[91] 삼성전자는 전사 조직인 전략혁신센터(SSIC)가 운영하는 벤처 투자 전문 펀드 '삼성카탈리스트펀드'와 삼성벤처투자를 통해 유망 스타트업 발굴과 초기 투자 이후 인수까지 전략적으로 실행하고 있다.

이스라엘에서는 삼성전자 자회사인 삼성넥스트(해외 스타트업 투자법인)의 주도로 삼성벤처투자와 함께 협력해 투자를 진행해 왔다.[92] 삼성전자가 이들을 통해 지금까지 투자한 이스라엘 스타트업은 수십여 곳에 이르며 특히 AI와 자동차 전장(전자 장비) 등 4차 산업혁명 관련 이스라엘 벤처에 주목하고 적극적인 투자를 해 오고 있는 추세다. 현재 전쟁 중인 이스라엘의 상황에도 불구하고 지난해 11월 사이버 보안 기업 래소 시큐리티Lasso Security, 반도체 기업 인곤야마Ingonyama 같은 스타트업에 투자자로 참여하면서 이스라엘 벤처 기업을 통한 기술력 확보를 위해 노력하고 있다.[93]

■ 투자 사례

① 코어포토닉스: 2019년 1월

코어포토닉스는 2012년 데이비드 멘들로빅David Mendlovic 텔아비브대 교수가 창업한 벤처 기업으로 광학 줌, 저조도 촬영, 광각 사진 기술 등 모바일 기기용 멀티 카메라 기술을 보유한 업체다. 삼성전자가 인수하기 이전부터 삼성전자와 투자·제휴 관계를 맺어 왔으며, 2017년 9월 출시된 갤럭시 노트8 이후 삼성전자 스마트폰 듀얼 카메라에 이 회사의 기술이 접목됐다. 삼성벤처투자는 2017년 2월 대만의 폭스콘Foxconn, 미디어텍 MediaTek과 함께 1,500만 달러를 코어포토닉스에 투자하면서 전략적 제휴를 맺었다. 이후 삼성 스마트폰 제작과 관련해 협업해 오다가 2019년 삼성전자가 약 1억 5,000만 달러에 지분 전량을 인수하면서 삼성의 자회사가 됐다.[94]

② 뉴리얼리티NeuReality: 2022년 6월

뉴리얼리티는 AI 추론 애플리케이션을 쉽고 저렴하게 배포·확장 및 서비스하려는 기업이나 사용자를 위해 네트워킹 및 가상화 기능과 함께 AI 추론 가속기가 내장된 '서버 온 칩'과 클라우드 및 로컬 워크로드를 위한 AI 서비스 인프라를 개발하는 AI 시스템 전문 반도체 스타트업 기업이다.[95] 2021년 2월 실리콘 밸리 투자 회사 등으로부터 800만 달러 규모의 투자를 받았고, IBM과 차세대 고성능 인공지능 플랫폼 개발 관련 협약을 맺기도 했다. 삼성벤처투자는 약 500만 달러를 투자한 것으로 알려졌다.

③ 카르 메디컬KAHR Medical: 2022년 6월

카르 메디컬은 융합 단백질 분야의 바이오 제약사로 암 세포와 T-세포를 결합시켜 종양을 선택적으로 타깃하는 다기능 면역강화 단백질Multi-functional Immuno-Recruitment Proteins(MIRP) 기술을 보유하고 있다. 삼성바이오로직스는 카르 메디컬의 면역 항암제 위탁개발생산(CDMO) 계약을 체결했다. 이 계약으로 삼성바이오로직스는 면역 항암제의 세포주 개발부터 임상용 원료 의약품(DS) 생산 및 완제품 생산 서비스, 임상 시험 계획Investigational New Drug(IND) 승인 지원까지 신약 개발에 필요한 전 과정을 아우르는 원스톱 서비스를 제공할 수 있는 시스템을 구축했다.[96]

④ 래소 시큐리티: 2023년 11월

연쇄 창업가인 엘라드 슐만Elad Schulman, 오피르 드로르Ophir Dror, 유발 아바디Yuval Abad가 2023년 7월 설립한 사이버 보안 플랫폼 스타트업이다. 래소 시큐리티 플랫폼은 대규모 언어 모델(LLM)에서 생성되는 모든 데이터 포인트와 명령, 프롬프트를 철저히 보호해 기업이 데이터와 사용자 개인 정보를 모두 위험에 빠뜨리지 않고 제너레이티브 AI 기술을 내장할 수 있도록 지원한다. 삼성넥스트는 래소 시큐리티의 600만 달러 시드 펀딩 라운드에 주요 투자자 중 하나로 참여했다.[97]

⑤ 인곤야마: 2023년 11월

영지식 증명Zero Knowledge Proof(ZKP)은 블록체인의 익명성 보장에 사용되는 등 개인 정보 보호를 위한 차세대 고급 암호화 프로토콜이다. 2022년에 설립된 인곤야마는 영지식 증명에 필요한 막대한 연산을 빠르게 하기 위한 하드웨어 가속기와 이를 위한 소프트웨어 플랫폼을 포함하는 프로그래머블 영지식 프로세서(ZPU)를 개발하는 반도체 팹리스 기업이다. 삼성넥스트는 AI21의 주요 투자자이기도 한 월든 카탈리스트 Walden Catalyst가 주도한 2,000만 달러 규모 시드 펀딩 라운드에 주요 투자자 중 하나로 이름을 올렸다.[98]

⑥ 자이테Xyte, 2024년 1월

이스라엘의 클라우드 스타트업인 자이테는 2008년에 설립됐으며 디바이스 및 하드웨어 제조 업체를 위한 자이테 디바이스 클라우드(XDC) 플랫폼을 제공하고 있다. 이 플랫폼은 다양한 산업 분야의 OEM(주문자 상표 부착 생산) 기업이 커넥티드 디바이스를 한곳에서 클라우드화, 서비스, 지원 및 생활화함으로써 하드웨어, 소프트웨어, 서비스를 결합한 통합 비즈니스 솔루션으로 전환할 수 있도록 지원한다. 현재 자이테는 스마트 빌딩부터 로봇틱스, 의료, 자동차까지 다양한 분야 기업들과 협력해 각 사의 커넥티드 디바이스를 지원하고 있다.[99] 삼성넥스트는 인텔 캐피털이 주도하고 기존 투자자인 S 캐피털, 마인드셋 벤처스Mindset Venture가 참여한 시리즈 A 펀딩(2,000만 달러)에 참여해 투자했다. 자이테는 이번 투자 유치를 계기로 향후 미국 뉴욕과 실리콘 밸리에 영업팀을 구축한다는 계획이다.[100]

이 외에도 삼성넥스트는 이스라엘의 로봇 스타트업인 인튜이션 로보틱스Intuition Robotics에 2016년과 2023년 두 차례 투자를 집행했으며 2022년에는 이스라엘 양자 컴퓨팅 스타트업 클래시큐Classiq, AI 소스코드 플랫폼 탭나인Tabnine, 머신러닝(ML) 기반 모니터링 플랫폼 회사 아포리아 등에 투자했다.

현대자동차

현대자동차의 이스라엘 스타트업 투자의 상당수는 현대자동차가 텔아비브에 개소한 오픈 이노베이션센터 크래들 텔아비브CRADLE Tel Aviv를 통해 이뤄지고 있다. 크래들 텔아비브는 설립 이후 17개의 이스라엘 회사에 투자하고 25건 이상의 기술 검증 과제를 진행하는 등 매년 현지 스타트업과 신규 협업을 추진하고 있다.

현대자동차는 2023년 5월 이스라엘 정부가 모빌리티 분야의 혁신 생태계 조성을 위해 설립한 에코모션이 주관하는 최대 스타트업 연례 행사인 '에코모션 위크 2023'에 참가해 기조연설을 하기도 했다. 김흥수 현대차그룹 GSO 담당 부사장은 '현대의 이스라엘 혁신Hyundai's Innovation in Israel'이라는 제목으로 현대자동차그룹의 전기차(EV), 로보틱스, 미래 항공 모빌리티(AAM), 목적 기반 모빌리티(PBV) 등의 미래 모빌리티 전략을 소개했다.[101] 그는 "현대차그룹은 10년간 이스라엘 기업들과 혁신적인 프로젝트들을 추진해 실질적인 성과를 이루어 왔다"고 말하며 "이제는 오픈 이노베이션을 더욱 진전시켜 미래 신기술을 공동 개발하는 보다 긴밀한 파트너십을 구축해 나가겠다"고 밝혔다.

이 행사에서 현대자동차는 이스라엘 혁신청과 업무 협약을 체결하고 스타트업 발굴과 육성을 지원하기로 했다. 협약에 따라 현대자동차와 이스라엘 혁신청은 스타트업 공모 프로그램을 만들어 모빌리티 분야의 우수 스타트업을 선발하고 스타트업의 초기 기술 검증Proof of Concept(PoC)을 함께 지원할 예정이다.

현대자동차는 이스라엘 자동차 시장에서 점유율 1위(15.8%)를 기록하고 있으며, 기아(12.4%)가 2위로 그 뒤를 따르고 있다. 현대자동차는 정의선 회장이 2017년 첨단운전자보조시스템(ADAS)을 세계 최초로 개발한 이스라엘 스타트업 모빌아이를 방문한 이후 이스라엘 투자를 대폭 늘려왔다. 2017년엔 '자율주행의 눈'으로 불리는 라이다 센서 기술을 보유한 옵시스, 2018년엔 차량용 반도체 개발회사 오토톡스와 딥러닝 기반의 인공지능 기술을 연구하는 알레그로와 드론 개발 업체 퍼셉토Percepto, 2019년엔 차량 탑승객의 외상을 분석하는 기술을 가진 엠디고MDgo, 2019년 이후엔 수소 연료를 개발하는 에이치투프로와 AI를 통한 자동차 결함 검사 시스템을 개발하는 유브이아이UVeye와 스마트 글래스를 제조하는 가우지Gauzy 등에 투자했다.

■ 투자 사례

① 오토톡스: 2018년 6월

오토톡스는 2008년 이스라엘에서 설립됐으며 V2X(Vehicle to Everything) 통신 반도체 설계 분야에서 세계적인 기술력을 인정받고 있는 기업이다. 통합 유·무선 네트워크 제어 기술과 첨단 보안 솔루션이 적용된 차량용 통신 칩셋을 개발하고 있으며, 국가별로 상이한 V2X 통신 표준에도 동시에 대응이 가능한 기술을 보유하고 있다.[102] 현대자동차는 직접 투자(55억 원)를 통해 오토톡스와 전략적 제휴를 맺었다. 오토톡스와 함께 커넥티드 카의 두뇌 역할을 수행하는 통신 칩셋 개발을 위해 상호 협력함으로써 현대자동차의 미래 커넥티드 카 개발 프로젝트에 힘을 실었다. 이후 현대자동차는 오토톡스와 현대모비스, 현대오트론 등과 차량용 통신 반도체 개발을 추진해 왔으며 C-V2X 모듈 및 제어기 등을 개발하는 데 성공했다. 2021년 10월 오토톡스로부터 C-V2X 칩셋을 공급받아 '제네시스 GV90'에 적용했다.[103]

② 가우지: 2020년 4월[104]

가우지는 유리와 필름 등의 소재에 첨단 기술을 적용해 차내로 들어오는 빛의 양을 제어하는 '스마트 글래스' 생산 업체로, 특히 스마트 글래스를 이용한 광학 블라인드 기술로 주목받았다. 스마트 글래스는 자동차 선루프와 차량용 유리를 비롯해 건축과 가전 등 다양한 영역에서 사용된다. 현대자동차는 다른 두 글로벌 기업과 함께 2,500만 달러 규모의 투자를 진행했으며, 이 중 현대자동차의 투자 규모는 한화로 30억~40억 원가량인 것으로 알려져 있다.

③ 유브이아이: 2021년 1월

유브이아이는 AI를 활용해 자동차의 결함을 잡아내는 기술을 가지고 있는 이스라엘 스타트업이다. 유브이아이의 드라이브 스루 시스템은 인공지능, 머신러닝, 센서 융합 기술을 활용해 자동차의 결함을 탐지하고 이상 징후나 이물질 등을 식별할 수 있다. 스크래치, 타이어·배기 시스템 손상 등의 기계적 문제도 확인할 수 있다. 현대자동차는 2021년 유브이아이가 진행 중인 '드라이브 스루 시스템' 프로젝트에 전략적 투자자로 참여했다. 현대자동차뿐만 아니라 혼다Honda, 토요타, 볼보 등도 유브이아이와 제휴한 것으로 알려져 있다.

LG전자

LG전자는 2021년 9월 이스라엘 자동차 사이버 보안 스타트업 기업인 사이벨럼Cybellum을 인수해 사이벨럼 테크놀로지스Cybellum Technologies를 운영 중이다. 2016년 설립된 사이벨럼은 이스라엘 텔아비브에 본사를 두고 있으며 직원 수는 50여 명이다. 다양한 소프트웨어 프로그램을 분석할 수 있는 '멀티 플랫폼 분석 도구'를 개발해 뛰어난 기술력을 인정받고 있으며, 자동차 사이버 보안 관련 취약점을 점검할 수 있는 독보적인 솔루션 역량을 갖추었다.

최근 기술 발전과 더불어 보안을 위협하는 유형도 점차 다양해지면서, 자동차 산업에서 보안의 중요성은 더욱 커지고 있다. 특히 네트워크 연결이 필수인 커넥티드 카 시대로의 전환이 가속화되는 상황에 맞춰 자동차 사이버 보안의 국제 기준은 강화되고 시장도 급성장하고 있는 중이다. LG전자는 이러한 추세에 따라 자동차 사이버 보안 분야에서 사업 경쟁력을 조기에 갖추고 보안 체계를 더욱 강화하기 위해 사이벨럼 인수를 결정한 것으로 알려졌다.[105]

2021년 인수 이후 미국에서 열린 CES 2024에서 LG전자는 자회사 사이벨럼과 함께 개발한 사이버 보안 관리 체계Cyber Security Management System(CSMS) '콕핏 플랫폼'을 고객사 대상으로 공개했다. CSMS 콕핏 플랫폼은 LG전자의 사이버 보안 역량과 사이벨럼의 클라우드 기반 사이버 보안 분석 솔루션 기술이 집약된 강력한 보안 관리 솔루션이다. 차량에 적용되는 소프트웨어와 하드웨어를 아울러 차량의 전체 생애 주기 동안 사이버 보안에 대비·대응할 수 있도록 돕는 관제 센터 역할을 수행한다.[106]

OCI 그룹(부광약품)

OCI 그룹에서는 계열사 중 하나인 부광약품이 최근 의약품 연구 및 개발 사업 업체인 프로텍트 쎄라퓨틱스ProteKt Therapeutics를 이스라엘 현지에서 인수해 해외 법인으로 운영 중이다. 부광약품은 지난 2019년 이스라엘에 기반을 둔 프로텍트 쎄라퓨틱스에 최초 투자했으며, 프로텍트 쎄라퓨틱스는 2023년 1월부터 부광약품의 자회사가 됐다. 프로텍트사는 신경 퇴행 및 신경 염증성 질환 치료제인 PKR(Protein Kinase R) 억제제를 개발하고 있다.[107]

이 외에도 2019년 부광약품과 OCI의 합작 투자사인 비앤오 바이오 BNO BIO는 암 조기 진단 기술을 보유한 이스라엘 바이오 벤처 기업인 뉴클레익스Nucleix에 100만 달러(약 11억 5,500만 원) 투자 계약을 맺었다. 2008년 설립된 뉴클레익스는 이스라엘 르호봇에 위치한 기업으로, 액상 생체 시료를 이용해 암을 조기에 진단하는 플랫폼 기술을 가지고 있다. 이 플랫폼 기술은 뉴클레익스의 바이오인포매틱스 기술을 기반으로 자체 개발한 머신러닝 알고리즘을 통해 초기 암을 좀 더 정확하게 진단할 수 있으며, 액체 생검 기술 중에서도 높은 민감도와 특이도를 갖고 있다.[108]

SK하이닉스

SK하이닉스가 미국에 세운 SK하이닉스 낸드 프로덕트 솔루션SK hynix NAND Product Solutions Corp.이 이스라엘에 반도체 판매 법인을 운영 중이다. 이 외에 2022년에 삼성벤처투자에서도 투자 유치를 받았던 이스라엘 반도체 스타트업 뉴리얼리티에 투자했다. 이 투자로 뉴리얼리티는 3,500만 달러를 모금했으며 SK하이닉스, 한국투자파트너스, 스톤브릿지는 신규 투자자로 참여했다. 또한 같은 해 삼성전자 반도체 연구원 출신 인물이 설립한 이스라엘 스토리지 프로세서 스타트업 플라이옵스Pliops에 1억 달러 규모의 투자도 진행했다.

플라이옵스는 삼성 이스라엘 연구소(SIRC)에서 고급 메모리 솔루션 연구개발팀을 이끌던 우리 베이틀러Uri Beitler가 지난 2017년에 설립한 회사로, 데이터 센터 등 기업들이 데이터 처리와 SSD 스토리지 관리 방식을 혁신할 수 있는 프로세서 XDP(Extreme Data Processor)를 생산한다. SK하이닉스는 플라이옵스 투자로 차세대 스토리지 시스템 경쟁력을 끌어올릴 수 있을 것으로 전망하고 있으며, 이후 단순한 투자를 넘어 향후 전략적 파트너십을 통한 양사 기술력 결합 등에 대한 기대를 가지고 있다고 전했다.[109]

이스라엘 기업과 비즈니스에 성공하려면

이스라엘 YIC 요즈마 이노베이션 센터 대표인 야니브 골드버그는 자신의 경험을 통해 협력 성공 방안을 이렇게 제시한다.

"이스라엘 기업 가운데 이미 역량이 검증된 기업과 협력하는 것이 중요합니다. 한국은 어려운 시장이기 때문에 이미 성공한, 능력이 검증된 기업이 와야 합니다. 그래서 한국 시장을 개척하려는 이스라엘 기업을 찾아내는 것입니다. 이것은 도전적 과제이며, 대기업이나 중견기업들에게 이스라엘 기술에 투자하는 것이 유리하다는 것을 설득해야 합니다. 한국 기업은 자국 내 기술과 스타트업에만 집중하며 해외 기업과 협력하려 하지 않는 경향도 있습니다. 한국 기업들은 자체 R&D로 해결할 수 있다고 믿기 때문에 외부로 도움을 청하는 것을 꺼려합니다. 또 다른 어려움은 한국 기업들은 일반적으로 이스라엘에 대해 많이 알지 못하기 때문에 생깁니다. 한국 기업은 규모가 작은 이스라엘 기업보다 미국 기업이나 실리콘 밸리 기업을 선호합니다. 우리는 그들에게 작은 이스라엘 기업과 협력함으로써 얻을 수 있는 가치가 있다는 것을 알게 해야 합니다. 이스라엘 기업은 다른 나라 기업보다 신속하게 일합니다. 한국의 기업가들이 이스라엘에 방문하도록 하는 것이 중요합니다. 그들이 이스라엘에 방문하면 성공 가능성이 높아집니다. 직접 보고 판단하면 모든 것이 훨씬 더 원활하게 진행됩니다." [110]

이스라엘 기업과의 비즈니스를 경험했던 사람들의 의견을 모아서 정리하면 다음과 같은 특징이 있다. 다만 이것은 각자의 주관적인 경험에 기반한 것이라는 사실을 감안해서 참고하길 바란다.

실용적이며 직선적인 스타일

이스라엘 사람들은 형식에 구애받지 않으며 실용적인 스타일이다. 비즈니스 미팅에서도 정장을 입지 않고 간편한 복장으로 나타나는 경향이 있다. 실제 이스라엘 기업인들과 미팅했을 때의 경험이다. 첫날 미팅에서 한국 사람들은 양복을 입었고, 이스라엘 사람들은 캐주얼한 복장으로 나타났다. 다음 날 미팅 때는 한국 사람들은 이스라엘 스타일에 맞춰 캐주얼한 복장으로 갔는데, 오히려 이스라엘 사람들이 모두 양복을 입고 나타났던 적이 있다.

소통은 직선적인 스타일이다. 한국은 격식을 차리고 돌려 말하는 경향이 있다면, 이스라엘 사람들은 눈치를 보지 않고 솔직하게 말하는 편이다. 따라서 비즈니스 미팅이 간결하고 시간도 짧게 걸린다. 의사결정과 일 처리가 빠른 편이고 유연하다. 규정에 얽매이지 않고 창의적인 대안을 제시해 문제를 풀어 간다. 이런 점은 한국 사람들과 잘 맞는다.

유대인들은 굉장히 스마트하기 때문에 상대적으로 준비가 덜 됐다면 끌려갈 수 있다. 말을 굉장히 잘하기 때문에 그들이 말하는 것을 무조건

믿으면 안 된다. 상대적으로 부풀려 말하는 것도 능하다. 예를 들면, 앞으로 일어날 것들을 일어난 것처럼 말하기도 한다. 따라서 그들이 말하는 것에 관한 팩트 체크가 필요하다. 우리나라에서는 물어보면 실례가 될 것 같은 내용도 이스라엘 사람들은 잘 물어보는 편이다. 그렇다고 모든 질문에 일일이 다 응할 필요는 없다.

문화적 차이에 대한 이해

한국 사람들에게 외국인에 관한 인식은 서양인 또는 미국인으로 한정되는 경우가 많다. 그 밖의 다양성까지는 잘 생각하지 못한다. 따라서 이스라엘인은 일반적인 서양인과 다르다는 인식이 충분하지 않다. 전반적으로 그들의 독특한 문화나 종교에 대한 이해가 부족한데, 그로 인한 이질감이 이스라엘 사람들과 비즈니스를 할 때 어려운 점이라고 생각하는 듯하다. 이스라엘과 비즈니스를 하기 위해서는 이스라엘인에 대한 이해가 필요하다. 그래서 이스라엘 문화를 이해하기 위한 스터디가 필요하다고 생각한다. 자신들의 독특한 문화에 대한 존중을 중요시하는 민족이기 때문에 그냥 외국인과 비즈니스 한다고 생각할 것이 아니라, 이스라엘 민족과 유대인에 관해 이해한 다음 비즈니스 할 것을 권한다.

이스라엘과 비즈니스를 할 때 이스라엘 사람 특유의 기질을 이해하면 조금 복잡할 뿐 다른 나라와의 비즈니스와 큰 차이가 없다는 것을 느끼게 된다. 이스라엘의 관계 네트워크가 비즈니스에 끼치는 영향은 동양과 서양의 중간 정도라고 생각한다. 아시아권 문화와 유사한 면도 있고, 미국보다 조금 인간미가 있다고 여겨진다. 이스라엘 사람들은 상대적으로 미국 사람들보다 한국에 대해 잘 알고 있다. 미국은 우리보다 약간 우위에 있다는 행동을 취하지만, 이스라엘은 한국을 무시하지 않는다. 이스라엘 사람들에게 한국의 이미지는 좋은 편이기 때문에 여유 있게 상대할 필요가 있다.

이스라엘 사람들은 기본적으로 대화를 많이 한다. 태어날 때부터 하부르타 교육을 받고 자라서 그런지 질문이 많다. "왜 그래야 하지?"라고 질문하며 주변의 모든 것에 의문을 갖고 확인하는 습성이 있다. 즉, 질문에 대한 질문을 한다. 그래서 피로감을 느낄 수도 있다. 예를 들어, 대화의 주제로 논쟁이 시작되면 빨리 결론이 나지 않는다. 또한 이스라엘 사람들은 회의할 때 가장 직급이 높은 사람이 이끌어 나가기보다 그 일을 가장 잘 아는 사람이 회의를 리드하는 경향이 있다. 이스라엘 사람들에게 배울 만한 점은 이처럼 대화와 토론에 능숙하다는 것이다. 직급에 상관없이 질문하고 토론하는 문화가 자리 잡혀 있어서 주제의 스펙트럼이 다양하다. 이러한 특징을 이해하고 존중하면서 배우는 자세로 임하면 일이 잘 풀리는 경우가 많다.

협상과 계약

이스라엘 사람들은 협상력이 뛰어난 편이다. 협상에 임할 때 자신이 가진 것과 상대방이 갖고 있는 것이 무엇인지 판단해 다양한 시나리오를 예상하고 진행한다. 하지만 한국인과 비즈니스를 할 때는 아시아 스타일에 맞추기도 한다. 비즈니스 미팅은 점심보다는 저녁으로 잡아서 식사나 와인 등으로 긴장을 푼 분위기 속에서 대화를 나누면 이야기가 잘 풀리기도 한다. 이스라엘 사람들은 협상할 때 속마음을 드러내기도 하고, 상대방의 요구에 대한 이해도도 높은 편이다. 분쟁이 생겨도 소송까지 가기

보다는 이해하려고 노력하는 편이다. 비즈니스 협상이나 계약을 할 때 외국인에 대한 두려움이 있고, 영어 소통 부분에서는 자신감이 부족하다면 이러한 특성을 염두에 두고 협성에 나서는 것이 도움이 될 수 있다. 물론 사업 분야마다 계약 방식에 약간씩 차이가 있고, 이스라엘 사람들도 다양하기 때문에 무조건 일반화해서는 안 된다.

이스라엘 사람들은 계약서를 작성할 때 상당히 까다롭다. 그래서 작은 실수로 낭패를 볼 수도 있다는 인식이 있다. 실제로 하이테크 기술과 관련된 비즈니스를 할 때는 계약서 작성이 매우 중요하다. 비밀 유지 조항 등은 특히 주의를 요한다. 투자받기 위해 기술을 오픈해 버린다거나, 비밀 유지가 잘 안 되는 점에 유의해야 한다. 이는 계약에서 아주 중요한 부분을 차지하며, 이스라엘 사람들은 그 부분에 능하다. 이스라엘 하이테크 기업과 계약할 때 그런 부분을 잘 이해하고 추진해야 한다. 우리나라의 계약서 문화가 이스라엘보다 덜 성숙한 것이 문제지, 이스라엘 사람들이 특별히 까칠한 것은 아니라고 생각한다.

이스라엘은 하이테크 국가로 성장해 온 나라이기 때문에 기술 특허 보호에 관한 인식이 매우 중요하게 자리 잡혀 있다. 기술 이전 회사나 연구소에 기술 보호 장치가 잘되어 있다는 뜻이다. 이스라엘에서는 시작부터 글로벌 마인드로 사업을 하기 때문에 국제 특허권 및 기술 특허 경험이 많다. 상대적으로 관련 변호사, 변리사 등의 전문가가 많고 업무에도 능숙하다. 이렇게 성장했기 때문에 기본적으로 비밀 유지와 같은 계약 문화가 잘 자리 잡혀 있다. 이스라엘 사람들은 리걸 마인드legal mind가 뛰어나고 영어에 강한 변호사도 많다. 미국 최고 로펌의 변호사 중에도 유대인이 많기 때문에 계약서 작성 시 세심한 주의를 기울여야 한다.

PART 2

이스라엘 하이테크 산업의 이해

1장

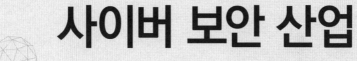

사이버 보안 산업

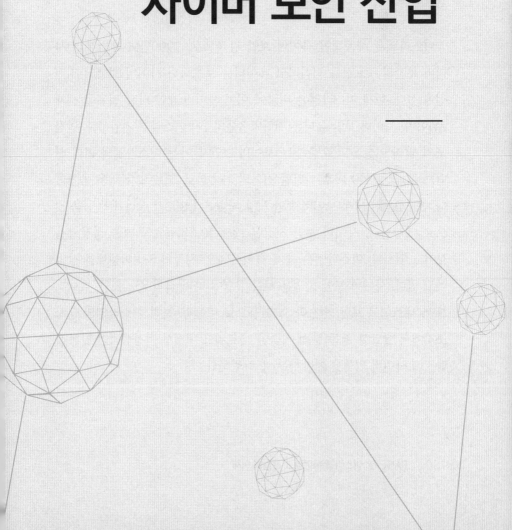

개요

 이스라엘은 세계적인 사이버 보안 강국으로, 1990년대 후반부터 사이버 보안의 중요성을 인식하고 데이터를 보호하며 사이버 보안의 최전선에 섰다. 현재 이스라엘은 미국에 이어 사이버 보안 시장 점유율 세계 2위이며, 사이버 보안 유니콘 기업의 3분의 1이 이스라엘 기업이다. 연간 35억 달러 이상을[111] 수출하는 사이버 보안 분야는 이스라엘의 최대 산업으로, 코로나19 이후 디지털 전환의 가속화로 그 수요가 더욱 증가했다. 2024년 전 세계 사이버 보안 시장 매출은 1,800억 달러가[112] 넘을 것으로 예상된다. 사이버 보안 시장은 매해 10.6퍼센트씩 매출 성장률을 보이고 있으며, 이스라엘은 세계 사이버 보안 시장의 5~8퍼센트를 장악하고 있다. 사이버 보안 산업은 보안 유형에 따라 클라우드 보안, 데이터 보안, 네트워크 보안, 인프라 보호 등으로 나뉜다. 특히 이스라엘의 군사 조직에서 발달한 행동 분석 기술은 네트워크 내에서 비정상적인 활동을 탐지해 사이버 위협을 예방하는 데 탁월하다.

사이버 보안 산업 현황

기업 현황

이스라엘에는 사이버 보안 분야 기업 449개가 활발하게 활동 중이다.[113] 2011년에는 160여 개에 불과했던 사이버 보안 기업은 10여년 만에 세 배 가까이 증가했다. 이들은 클라우드 보안, 보안 인텔리전스 등 전문화된 분야별 기술을 개발해 제공한다. 보안 기술의 연계로 각 기업들은 중복해서 보안 서비스를 제공하기도 한다. 앱, 웹 사이트 보안, 데이터 보안, 네트워크 및 인프라 보안이 가장 많은 기업이 참여하고 있는 사이버 보안 분야다. 이스라엘의 사이버 보안 기업이 세계 각 기업에 수출한 금액은 2021년 기준 약 110억 달러로 추산된다.[114] 사이버 보안 기업 중 매출이 발생하고 수익을 올리는 기업은 40퍼센트 정도로, 대부분 R&D 단계에 있는 스타트업이다.[115]

이스라엘의 사이버 보안 분야 기업 수 변화 추이

2011년	2012년	2013년	2014년	2015년	2016년	2017년	2018년	2020년
162개	192개	226개	276개	312개	372개	410개	450개	424개

자료: IATI

이스라엘 사이버 보안 분야별 기업 현황

- 초기 단계 ■ 초기 성장 단계 ■ 후기 성장 단계 ■ 성숙 단계 ■ 대중화 단계

자료: 스타트업 네이션 센트럴

이스라엘 사이버 보안 기업 소개

회사명(설립 연도)	사업 내용
체크포인트(1993년)	IT 보안 소프트웨어, 하드웨어 개발 및 공급
스닉(2015년)	개발자 친화적인 보안 플랫폼으로, 코드 취약점을 식별하고 수정하는 서비스를 제공
사이버아크(1999년)	기업용 데이터 액세스 관리 및 보안 서비스 제공
일루시브 네트웍스 (2014년)	공격 인텔리전스 시스템을 통해 보안 서비스 제공
위즈(2020년)	클라우드에서 호스팅 되는 컴퓨팅 인프라 분석을 통한 데이터 유출 방지 시스템

XM 사이버(2016년)	자동화된 공격 시뮬레이션 솔루션을 통해 기업의 네트워크 보안 강화
울트라레드(2021년)	해커의 공격 기술을 활용한 네트워크 보안 서비스

자료: 각 기업 홈페이지

체크포인트

1993년에 설립된 체크포인트는 네트워크 보안, 엔드포인트 보안, 클라우드 보안, 모바일 보안, 데이터 보안 등을 포함한 IT 보안 소프트웨어 및 하드웨어 제품을 제공하는 기업이다. 창립자는 길 슈웨드, 마리우스 나흐트, 쉴로모 크레이머이며 2021년 기준 직원 수는 약 6,000명이다. 이스라엘 텔아비브와 미국 캘리포니아에 본사가 있고, 세계 70곳 이상에 지사가 있다. 클라우드와 네트워크 보안, 액세스 및 모바일 보안 분야에서 선두적인 위치에 있으며 교육, 금융, 의료 등 다양한 산업 분야에 서비스를 제공한다. 나스닥 시장에 상장됐으며, 시가총액은 155억 달러.

스닉

스닉Snyk은 2015년 이스라엘 방위군 출신의 가이 포드자니Guy Podjarny, 아사프 헤페츠Assaf Hefetz, 대니 그랜더Danny Grander가 설립했다. 미국 보스턴에 본사가 있으며 이스라엘 텔아비브, 캐나다 오타와, 영국 런던에 사무실이 있다. 2022년 기준 약 1,400명의 직원이 있으며 앱, 클라우드 보안 서비스를 제공한다. 특히 소프트웨어 개발자가 코드에서 취약점을 찾을 수 있도록 도와주는데, 개발자 보안 플랫폼을 통해 개발자의 워크플로우와 연동해 보안 서비스를 지원한다. 아수리온Asurion, 구글, 인튜이트Intuit, 몽고DBMongoDB, 뉴 렉처New Recture, 레볼루트 Revolut, 세일즈포스Salesforce 등의 기업을 포함해 전 세계 1,200여 명의 고객이 서비스를 사용하고 있다. 지금까지 13번의 투자 라운드를 거쳐 총 12억 달러의 자금을 조달했다.

사이버아크

사이버아크는 1999년에 설립된 회사다. 에후드 우디 모카디Ehud Udi Mokady와 알론 니심 코헨Alon N. Cohen이 디지털 금고 기술을 바탕으로 팀을 구성해 설립했으며, 기업 간 비밀번호 저장 및 전송을 위한 보안 모듈 서비스를 제공한다. 사이버아크는 자신들만의 보안 프로토콜을 통해 데이터를 보관하고 액세스를 관리한다. 2015년 앱 제어 소프트웨어 기술을 가진 뷰피니티Viewfinity를 인수했고, 2017년과 2018년에는 클라우드 보안 회사 컨저Conjur와 볼티브Vaultive를 각각 인수했다. 사이버아크의 기술은 금융, 에너지, 의료 등 다양한 분야에 활용된다. 『포춘Fortune』 선정 500대 기업의 50퍼센트 이상이 사이버아크의 파트너이며, 그 수는 6,770여 개에 달한다. 본사는 미국에 있으며 이스라엘, 영국, 싱가포르 등지에도 사무실이 있다. 2014년 나스닥에 상장됐으며, 시가총액은 68억 달러다.

일루시브 네트웍스

일루시브 네트웍스Illusive Networks는 2014년 오페르 이스랄린Ofer

Israeline에 의해 설립됐다. 8200부대 출신들이 만든 사이버 보안 인큐베이터 팀에잇Team8에서 분사한 회사다. 일루시브 네트웍스의 주요 기술은 사이버 공격자를 탐지해 무력화시키는 공격 인텔리전스 시스템으로, 가짜 IP 정보 등을 통해 공격자를 속이는 동안 침입을 분석해 공격 대상을 격리한다. 2022년에는 아이덴티티 리스크 관리Iridentity Risk Management까지 서비스를 확장했다. 2015년 6월 팀에잇으로부터 시리즈 A 단계 500만 달러를 유치했고, 2015년 10월 뉴 엔터프라이즈 어소시에이트New Enterprise Associates에게 시리즈 B 단계 2,200만 달러를 유치했다. 이후 총 6라운드에 걸쳐 5,400만 달러의 펀딩을 유치했으며, 2022년 12월 미국의 사이버 보안 회사인 프루프포인트Proofpoint에 인수됐다.

위즈

위즈WIZ는 클라우드 보안 기업으로 아사프 라포르Asaf Rapport, 이논 코스티카Yinon Costica, 로이 레즈니크Roy Reznik, 아미 루트왁Ami Luttwak이 2020년 설립했다. 아사프, 아미, 로이는 8200부대 출신으로 2012년에 사이버 보안 회사 아달롬Adallom을 창업해 마이크로소프트에 매각한 경험이 있다. 아달롬에서 함께 근무했던 이논까지 합류해 위즈를 창업했다. 이 회사는 짧은 기간에 굉장히 빠른 속도로 성장했는데, 포춘지 선정 100대 기업의 35퍼센트가 위즈의 고객이다. 위즈는 AWS, 애저Azure, 구글 클라우드Google Cloud 등의 클라우드에서 호스팅 되는 컴퓨팅 인프라를 분석해 위험 요소를 식별하고 정보 계층화를 통해 데이터 유출을 막는다. 2023년 2월 기준 시리즈 D 단계까지 자금 조달을 완료한 위즈의 기업 가치는 100억 달러로 평가된다. 현재 미국 캘리포니아와 이스라엘에 본사를 두고 있다.

XM 사이버

XM 사이버XM Cyber는 2016년 노엄 에레즈Noam Erez, 타미르 파르도 Tamir Pardo, 보에즈 고로디스키Boaz Gorodissky에 의해 설립됐다. 타미르 파르도는 이스라엘 정보기관인 모사드Mossad의 국장 출신으로, 군 복무와 정보부에서의 경험을 살려 회사를 창업했다. 노엄 에레즈와 보에즈 고로디스키도 오랜 정보 보안 분야 경력을 가지고 있다. 이들은 사이버 보안의 중요성을 인식하고 해커의 위협에 대응하기 위해 XM 사이버를 설립했다. XM 사이버는 자동화된 공격 시뮬레이션 솔루션을 제공해 온 프레미스 및 클라우드 네트워크 보안을 관리한다. 해커의 공격 경로를 미리 예측하고 방어하는 혁신적인 접근 방식의 보안 서비스를 제공하며, 네트워크 전반에 걸쳐 취약점을 살피고 관리하는 서비스를 통해 기업의 보안 체계를 강화한다. 2017년 1,000만 달러의 시드 투자를 받았으며, 이후 총 4,900만 달러를 유치한 후 슈바르츠 그룹Schwarz Group에 7억 달러에 인수됐다. XM 사이버의 연간 매출은 1,630만 달러로 추정되며, 슈바르츠 그룹에 인수된 후 매출과 직원 수가 크게 증가했다. 현재 약 130명의 직원이 있으며, 이스라엘에 본사를 두고 여러 국가에 지사를 운영 중이다.

울트라레드

울트라레드는 사이버 보안 전문가이자 이스라엘 8200부대 출신 장교인 이란 슈타우버Eran Shtauber가 설립한 보안 기업이다. 이란 슈타우버는 2009년 켈라 그룹KELA group을 창업해 사이버 범죄 분석 서비스를 시작했다. 울트라레드는 켈라 그룹의 자회사로, 다크넷에 노출된 정보를 바탕으로 기업 보안 시스템 해킹 방법과 대응 솔루션을 제공한다. 또한 울트라레드는 해커의 기술을 활용해 고객의 네트워크를 점검한다. 다크넷을 모니터링해 고객의 정보가 유출되지 않도록 예방하며, 해커의 기술과 도구를 데이터베이스에 축적해 공격 시뮬레이션에 활용한다. 울트라레드의 서비스는 EASM, ABAS, CTI 등 다양한 기능을 포함한다. 울트라레드는 이스라엘, 미국, 일본, 싱가포르, 한국에 지사를 두고 있다. 특히 아시아, 남미, 중동, 북아프리카 지역을 중점 시장으로 삼고자 계획 중이다.

투자 유치 및 엑시트 현황

이스라엘 사이버 보안 산업의 성장에는 벤처 캐피털 자본이 큰 역할을 하고 있다. 특히 글로벌 벤처 캐피털은 세계 시장으로 성장할 가능성이 있는 이스라엘 사이버 보안 스타트업에 투자하길 원하며, 초기 투자에 앞장서 기업 육성을 돕는다. 이스라엘의 사이버 보안 스타트업은 2021년에 88억 4,000만 달러, 2022년에 32억 2,000만 달러의 투자금을 유치했다.[116] 2023년에는 하이테크 분야 투자가 전반적으로 감소했는데, 사이버 보안 분야는 19억 달러의 투자금을 유치했다.[117] 총 투자 금액은 감소했지만, 평균 투자 라운드 금액은 2,700만 달러로 기업당 투자 금액은 증가했다.

2023년 가장 많은 투자금을 유치한 사이버 보안 분야는 클라우드 보안과 데이터 보안 분야다(189쪽 표 참조). 클라우드 보안 분야의 경우 기업 수는 29개로, 전체 보안 서비스 분야에서 적은 수를 차지함에도 불구하고 가장 많은 투자금을 유치했다. 가장 주목할 만한 투자 유치 기업은 위즈인데, 시리즈 D 단계에서 3억 달러를 조달했다. 위즈는 현재 500명 이상의 직원을 고용하고 있으며 지금까지 조달한 금액만 9억 달러가 넘는다. 네트워크 보안 기업 카토 네트웍스Cato Networks는 시리즈 G 단계에서 2억 3,800만 달러를 확보했다.

사이버 보안 스타트업의 M&A 지표가 흥미롭다. 2021년 35건, 2022년에는 16건, 2023년에는 21건의 M&A가 이루어졌다(189쪽 그래프 참조). 2022년에는 사이버 보안 스타트업 창업부터 인수까지 평균 7.1년이 걸렸는데, 2023년에는 평균이 5.2년으로 떨어졌다. 이는 기업들이 젊고 혁신적인 사이버 보안 스타트업을 적극적으로 발굴하고 있다는 점을 시사한다. 특히 M&A를 주도하는 기업이 순수 사이버 보안 기업이 아닌 경우가 2022년 5건에서 2023년 10건으로 증가했다는 점도 주목할 만하다. 사이버 보안 기술력을 통해 제품의 기능을 강화하고자 하는 목적인데, 각 산업별로 이러한 움직임이 확대될 것으로 전망된다.

2023년에 주목할 만한 M&A로는 미국 기업용 소프트웨어 기업 휴렛 패커드 엔터프라이즈Hewlett Packard Enterprise(HPE)가 엑시스 시큐리티Axis Security를 5억 달러에, 미국 보안 기업 루브릭Rubrik이 데이터 시큐리티 회사 라미나Laminar를 2억 5,000만 달러에 인수한 것이다. 시스코는 2억 달러에 라이트스핀Lightspin을, IBM은 6,000만 달러에 폴라 시큐리티Polar Security를 인수했다. 2023년의 M&A 총 금액은 2022년의 세 배에 달했다.[118]

2023년 이스라엘 사이버 보안 분야별 펀딩 현황

분야	Q2 2023	H1 2023
클라우드 보안	2억 달러	5억 2,400만 달러
데이터 보안	1억 6,100만 달러	4억 1,550만 달러
엔드포인트 보안	1억 달러	1억 달러
개인 펀딩	7,500만 달러	8,500만 달러
보안 운영	7,390만 달러	1억 5,390만 달러
어플리케이션 및 웹사이트 보안	1,650만 달러	1,650만 달러
네트워크 및 인프라 보안	–	5,920만 달러
아이덴티티 보안	–	8,000만 달러
산업 보안	–	1,600만 달러
보안 인텔리전스	–	5,000만 달러

자료: 스타트업 네이션 센트럴

2021~2023년 이스라엘 사이버 보안 M&A 현황

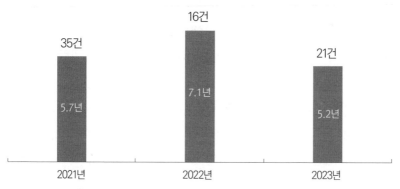

자료: YL VENTURES

사이버 보안 산업 배경과 특징

정치적, 지리적 특수성

이스라엘 사이버 보안 산업 분야의 발전 배경에는 지리적 위치와 정치, 외교, 국방, 기술 등의 복합적인 요인이 있다. 이스라엘 국경 지역에서 일어나는 빈번한 충돌과 테러는 체계적이고 전문화된 국가 안보 시스템을 갖추게 했다. 그 결과 사이버 보안 산업은 이스라엘 국가 기반 산업으로 육성될 수 있었다.

1990년대에는 전 세계적으로 IT 기술이 발전하면서 개인용 PC의 상용화가 빠르게 이루어졌다. 그러나 보안과 해킹에는 취약했다. 이스라엘은 중동 지역에서 IT 인프라가 가장 발전한 첨단 국가였기 때문에 정보 보안 문제는 중요한 화두가 됐다. 이스라엘 정부는 이스라엘 안보 기관Israel Security Agency의 주도 아래 사이버 안보 전략을 수립했다. 2002년 특별 결의안을 통해 세계 최초로 국가 사이버 안보 정책을 수립한 것이다. 이때 채택된 결의안은 2010년대까지 이스라엘 사이버 안보 전략의 중심이 됐다.

이후 2010년부터 스마트폰 등 각종 IT 기기가 널리 보급되고 사이버 공간이 국가의 주요 인프라에 확장되면서 사이버 공격의 위험이 확대됐다. 특히 군사 규모가 작은 이스라엘은 사이버 공격을 군대의 주요 역량으로 인식했다. 인근의 이란과 시리아 등도 사이버 보안을 강화하기 위해 인프라를 확충하기 시작했고 이스라엘 또한 국가적으로 방위 산업, 특히 사이버 보안 분야에 집중적인 투자를 해 기술 개발과 산업 발전을 이루었다.

사이버 보안 국가 설립을 위한 정부의 지원

이스라엘 정부는 2010년부터 사이버 보안 산업을 발전시키기 위한 다양한 정책과 지원 체계를 마련했다. 세계적으로 사이버 인프라가 확대됨에 따라 군사적, 정치적인 요소 외에 경제적인 효과까지 전망해 시작된 노력이었다. 이스라엘은 집중적인 투자를 통해 세계 사이버 보안 시장에서 상위 5위 안에 드는 것이 목표였다.

이 목표를 달성하기 위해 이스라엘은 기존의 사이버 안보 전략을 재검토하고, 국가 사이버 이니셔티브The National Cyber Initiative를 발표했다. 이 것은 총리인 베냐민 네타냐후Benjamin Netanyahu의 주도로 텔아비브대학의 이츠하크 벤Yitzhak Ben 교수와 학계, 산업계가 함께 마련한 국가 사이버 안보 대비책이다. 국가 사이버 이니셔티브에는 정부가 민간 기업의 사이버 보안 산업 진출을 지원하고, 사이버 보안 기술 개발을 위한 학계와의 협력을 증대해야 한다는 내용이 담겼다. 이에 따라 2011년, 이스라엘 정부는 이스라엘 국가 사이버국을 설립해 군사 기술 영역의 사이버 안보를 담당하게 했고, 2015년에는 민간 분야의 사이버 보안을 강화하기 위해 국가 사이버 보안국을 설립했다. 2017년에는 이 두 기관을 통합해 국가 사이버 안보부를 설립, 군사와 민간을 아우르는 사이버 안보 임무를 수행하도록 했다.

2012년 이스라엘 과학기술부는 뇌 과학, 해양학, 대체 연료, 그리고 사이버 보안을 육성 분야로 지정했다. 과학기술부는 국가 사이버국과 함께 이스라엘대학의 사이버 보안 분야 연구와 사이버 연구 센터 설립을 지원했다. 이에 벤구리온대학교, 히브리대학교 등에 6개의 사이버 연구 센터가 설립돼 사이버 보안 연구와 교육을 지원해 왔다.

이스라엘 남부 사막 지역인 네게브에 위치한 베르셰바Beershevba는 2014년 이전만 하더라도 허허벌판이었다. 이스라엘 정부는 이 베르셰바에 사이버스파크Cyberspark를 설립해 글로벌 사이버 보안 허브로 만들고자 했다. 베냐민 네타냐후는 2014년 이스라엘 사이버 혁신 아레나에서 "베르셰바는 이스라엘의 사이버 수도뿐만 아니라 세계 사이버 보안 분야에서 가장 중요한 곳 중 하나가 될 것"이라고 선언했다. 현재 사이버스파크에 자리 잡은 다국적 기업은 EMC2, IBM 등이 있으며 오라클, 마이크로소프트, 애플 등이 R&D 센터를 만들어 연구를 수행하고 있다. 2015년 '글로벌 기술 신흥 시장Global Technology Emerging Markets' 연구에서는 베르셰바를 첨단 기술 및 혁신 분야 7대 도시 중 하나로 선정했다.

이스라엘 군대

IDF 내에는 사이버 보안 작전을 전문적으로 수행하는 부대가 있는데, 바로 8200부대다. 이들은 군사정보와 신호를 수집하고 분석하는 역할을 하며, 뛰어난 정보 수집과 암호해독 능력으로 미국의 국가안보국(NSA)과 자주 비교되기도 한다. 이스라엘은 우수한 엘리트 부대원을 양성하기 위해 다양한 프로젝트를 운영한다. 우수한 인력을 선발해 대학에서 수학과 물리학 등을 공부할 수 있도록 하는 것이다. 이스라엘 국민은 성별과 관계없이 18세가 되면 군에 입대해야 하는데, 이후 군대에서 전공 분야를 살려 근무한다.

그중 탈피오트 프로그램은 매해 고등학교 졸업 예정자 50명을 선발해 히브리대학에서 3년간 수학과 물리학, 컴퓨터 공학 등을 공부하도록 한다. 이후 각 부대에 입대해 6년간 의무 복무를 하는데, 2년은 부대 업무를 하고 나머지 4년은 연구개발 부서에서 원하는 프로젝트를 할 수 있도록 지원한다. 이들이 제대할 때가 되면 해당 분야의 전문가로서 학계와 산업계에서 활동할 수 있는 역량을 갖추게 되는 것이다.

아투다Atuda 프로젝트도 탈피오트와 비슷한 제도인데, 선발된 학생들은 군 복무를 미루고 대학에서 학업을 마친 후 장교로 입대하게 된다. 이스라엘인들은 18세에 대부분 징집되는데, 보다 다양하고 전문화된 지식과 기술을 가진 인력을 수용하기 위해 이러한 제도를 운영한다. 특히 이스라엘 군대는 훈련 및 교육이 그룹별 활동으로 이루어지는데, 마치 대학의 창업 동아리나 부트캠프 같은 문화라고 한다. 국가 안보라는 공통의 목표를 가지고 수년간 함께 단체 활동을 한 이스라엘의 부대원들은 제대 후 비즈니스 동지로 또다시 인연을 이어 나가는 사례가 많다. 이스라엘의 8200부대 출신이 설립한 회사로는 웨이즈, 윅스, ICQ, 체크포인트 등이 있다.

체크포인트

■ 개요

체크포인트는 세계 최초로 방화벽 보안 솔루션을 개발한 글로벌 사이버 보안 기업이다. 1993년 설립 후, 1995년 BRM 그룹BRM Group으로부터 25만 달러의 투자금을 유치했다. 이후 HP, 썬 마이크로시스템즈Sun Microsystems 등과 계약을 체결했고, 1996년 방화벽 시장 점유율 40퍼센트를 차지하며 나스닥에 상장했다. 이후 다른 기업들이 개발에 뛰어들고 2000년대 초반 방화벽 시장이 활성화되면서 방화벽 솔루션은 계속적인 기술 고도화를 이루어 왔다. 체크포인트 또한 노키아Nokia 네트워크 보안 사업부와 각종 IT 보안 회사를 인수하며 기술 개발과 서비스 확대에 집중했다.

체크포인트의 2023년 매출은 24억 3,000만 달러이며, 영업이익은 10억 7,000만 달러로 예측된다.[119] 주로 리셀러와 서비스 프로바이더, MSSP 총판을 통해 제품을 판매한다.[120] 2022년 기준으로 영업과 마케팅 조직에 하청 업체를 포함해 2,800여 명의 직원이 있으며, 이들은 각 관할 구역에서 판매 및 마케팅 활동을 한다. 체크포인트의 총 직원 수는 전 세계적으로 약 6,000명이다.

■ 창업 과정

체크포인트는 길 슈웨드Gil Shewed, 쉴로모 크레이머Shlomo Kramer, 마리우스 나흐트Marius Nacht가 창업했다. 길 슈웨드는 예루살렘에서 태어나 13세부터 프로그래밍을 했으며, 히브리대학교에서 컴퓨터 과학을 공부했다. 8200부대에서 군대 생활을 했고, 제대 후 스타트업 옵트로테크Optrotech에 입사해 소프트웨어 개발자로 근무했다. 이후 쉴로모 크레이머, 마리우스 나흐트와 함께 체크포인트를 창업했고, 현재 CEO로 일하고 있다.

마리우스 나흐트는 히브리대학에서 물리학과 수학을 전공했으며 텔아비브대학에서 전기공학 석사 과정을 밟았다. 기업인이자 투자자로 건강 기술 플랫폼 에이문 펀드를 설립해 운영하고 있으며, 자기 이름을 딴 재단을 설립해 사회운동도 활발하게 하고 있다. 그는 체크포인트에서 R&D, 영업, 마케팅 등 다양한 역할을 수행하다가 2020년에 퇴사했다.

쉴로모 크레이머는 '이스라엘 사이버 보안의 대부'라고도 불리는 기업인이자 투자자다. 고등학생 때 첫 창업을 했고, 체크포인트 외에도 사이버 보안 분야의 여러 스타트업을 창업했다. 히브리대학과 텔아비브대학에서 수학과 컴퓨터 과학을 전공했다. 쉴로모 크레이머는 1998년 체크포인트를 떠나 연쇄 창업가이자 투자자로 활동 중이다.

길 슈웨드는 쉴로모 크레이머와 8200부대 동기이며, 마리우스 나흐트와는 옵트로테크에서 함께 일한 경험이 있다. 이들은 길 슈웨드를 주축으로 모여 체크포인트를 설립했다. 길 슈웨드는 군 복무 시절 네트워크 방화벽에 대한 창업 아이디어를 얻었다. 인터넷이 온 세계를 연결할 것이고, 이로 인해 인터넷 보안 수요가 급증할 것이라고 예측한 길 슈웨드는 쉴로모 크레이머와 마리우스 나흐트에게 창업의 비전과 생각을 공유했다. 세 사람은 그렇게 인터넷 보안 비즈니스를 창업하기로 결심한다.

1980년대만 하더라도 PC와 PC 사이의 바이러스를 막는 백신 솔루션만 존재했는데, 1990년대 들어 PC가 인터넷으로 연결되면서 인터넷을 통한 악성 바이러스 공격이 생겨났다. 이에 길 슈웨드, 쉴로모 크레이머, 마리우스 나흐트는 네트워크 방화벽 솔루션을 개발하기로 한다. 그들은 1993년 샌디에고에서 열린 UNIX 개발자 컨퍼런스를 통해 창업 아이디어에 확신을 얻는다. 세 사람은 4개월 동안 아파트에서 합숙하며 제품을 개발해 최초의 방화벽 제품인 파이어월-1FireWall-1을 만들었다. 이후 세계 최초의 VPN 제품 중 하나인 VPN-1를 개발하며 방화벽 시장의 다크호스로 급부상했다.

■ 제품과 기술력

방화벽은 네트워크 보안의 기본 솔루션으로, 네트워크를 통해 들어오고 나가는 모든 사용자를 관리하고 제어하는 시스템이다. 네트워크 내에 장벽을 구성해 설정된 정책에 따라 데이터를 허용하거나 검열, 제어, 차단함으로써 네트워크를 보호한다. 체크포인트는 이러한 네트워크 방화벽을 처음 개발하고 상용화한 기업이다. 1990년대 중반부터 방화벽 시장의 글로벌 선두 기업이었다. 이후 다양한 방화벽 솔루션이 등장하고, 최근에는 차세대 방화벽 단계까지 발전했음에도 불구하고 체크포인트는 여전히 차세대 방화벽 분야 선두를 차지하고 있다.

체크포인트는 다양한 네트워크 솔루션을 개발해 기술 영역과 비즈니스의 저변을 넓혀 가고 있다. 통합 보안 아키텍처를 바탕으로 방화벽과 함께 APT 대응을 통해 웹 보안과 엔드포인트 보안 관리까지 영역을 확장했다. APT는 지능형 지속 공격Advanced Persistent Threat을 뜻하는데, 컴퓨터 네트워크에 침입해 탐지되지 않은 상태를 장기간 유지하면서 네트워크 조직의 계층 구조를 점진적으로 이동·침투하고 가장 민감한 내부 서버나 데이터베이스에 접근한 뒤 기밀 정보를 탈취하거나 파괴한다.

일반적인 보안 회사들은 방화벽, 웹 등으로 전문 분야가 나뉘기 때문에 APT 공격에 취약할 수 있다. 하지만 체크포인트는 방화벽 솔루션을 넘어 통합적인 보안 솔루션을 구축하기 위해 기술 개발을 진행했다. 그 결과 APT 분야에 특화된 솔루션을 개발했고, 현재 전 세계의 은행 및 공공 기관 등에 APT 솔루션을 제공하고 있다. 또한 최근의 5세대, 6세대 사이버 공격처럼 소셜 네트워크를 통해 대규모로 단행되는 해킹을 막기 위해 클라우드, 네트워크, 엔드포인트, 모바일, IoT 보안 솔루션을 제공한다.

체크포인트의 대표적인 제품은 다음과 같다.

① 퀀텀Quantum: 딥러닝, Ai 기반 네트워크 보안 서비스다. 방화벽 보안 게이트웨이로 각 보안 게이트웨이에서 차세대 방화벽, IPS(침입 방지 시스템), VPN(가상 사설망), WAF(웹 응용프로그램 방화벽), SSL(보안 소켓 계층), DLP(데이터 유출 방지)까지 체크포인트의 모든 네트워크 보안 포트폴리오를 제공한다. 또한 60개 이상의 보안 서비스를 제공하며 타사 제품보다 2배 좋은 성능과 에너지 소비 효율을 자랑한다. 특히 5세대 사이버 공격을 방지하기 위한 솔루션으로 중소기업부터 대기업까지 다양한 환경에서 광범위하게 사용할 수 있다.

② 클라우드가드CloudGuard: 클라우드 네이티브 보안 제공 서비스다.

클라우드 속도와 규모에 따라 보안 서비스를 자동화해 관리·제공한다. 모든 클라우드와 기업 네트워크 환경에 맞게 자동화되며 코드 및 자산 인프라를 모니터링하고 분류해 노출된 자료를 보호하고 잘못된 구성을 식별한다. AWS, 애저, 구글 클라우드, 시스코 ACI, VMware NSX 등의 환경에서 클라우드를 보호하고 적합한 기능을 제공할 수 있다.

③ 하모니Harmony: 사용자 장치 액세스 보안 솔루션이다. 사용자의 PC 및 모바일을 비롯해 다양한 액세스 환경에서의 보안 솔루션을 제공한다. 특히 코로나19 이후 재택근무가 확대됨에 따라 사용자가 접속하는 워크페이스에 대한 보안 수요가 증가했다. 엔드포인트, 이메일, 커넥트 등 모든 공격 벡터로부터 원격 사용자, 액세스, 애플리케이션 및 데이터를 보호하는 기능을 제공한다.

■ 경쟁력

글로벌 네트워크 보안 시장의 크기는 2021년 기준 약 190억 달러다. 네트워크 보안 시장은 기술 영역의 세분화로 다양한 보안 회사가 시장을 나누어 점유하고 있다. 체크포인트는 1990년대에는 40퍼센트까지 시장 점유율을 자랑했으며, 현재는 경쟁 심화로 10퍼센트대의 시장 점유율을 유지하고 있다. 다양한 기업의 등장과 치열한 경쟁에서도 체크포인트가 10퍼센트대의 시장 점유율을 꾸준하게 유지할 수 있었던 것은 끊임없는 기술 개발과 제품군 확장 때문이다. 체크포인트의 수익 구조를 살펴보면 2022년 기준으로 제품과 라이선스 판매가 24퍼센트, 서비스 구독이 36퍼센트, 소프트웨어 업데이트 및 유지·관리가 40퍼센트로 구성돼 있다. 특히 보안 서비스 구독 매출이 매해 증가하고 있다. 클라우드가드, 하모니 등의 새롭게 선보이는 보안 솔루션 제품의 매출이 매해 10퍼센트 이상 증가하는 추세다. 네트워크 보안 시장은 매년 5~7퍼센트씩 성장하고 있는데, 체크포인트는 보안 영역 확장 및 솔루션 판매 방식 다변화 등의 전략으로 시장 점유율을 점차 확대할 수 있을 것으로 전망된다.

울트라레드

■ 개요

울트라레드는 사이버 공격을 보호하는 솔루션을 제공하는 기업이다. 해커의 관점에서 실제 해커가 활용하는 기술을 통해 네트워크를 점검하고 관리한다. 외부 공격 표면 관리(EASM), 사이버 위협 인텔리전스(CTI), 자동 침입 및 공격 시뮬레이션(ABAS)을 포함하는 자동 공격자 에뮬레이션을 제공한다. 울트라레드는 다크넷 점검을 통해 보안 서비스를 제공하는 켈라 그룹의 자회사다. 울트라레드 또한 다크넷에 노출된 기업 정보를 토대로 해커가 어떻게 기업 보안 시스템을 공격하고 해킹 작업을 하는지 분석하고 대응 솔루션을 제공한다. 2020년 설립된 울트라레드는 이란 슈타우버가 CEO를 맡고 있으며, 울트라레드의 팀원 모두 8200부대에서 다양한 사이버 전쟁을 경험한 인재들로 실전에 대한 풍부한 데이터베이스를 보유하고 있다.

■ 창업 과정

울트라레드의 창업자인 이란 슈타우버는 8200부대 장교 출신이자 사이버 보안 전문가다. 그는 2009년 부대 출신 엔지니어들과 사이버 범죄 모니터링 및 분석 기업인 켈라 그룹을 창업하고, 2016년에는 사이버 공격 경고 소프트웨어 개발 기업 캐터펄트 테크놀로지스Catapult Technologies를 창업한 연쇄 창업가다. 슈타우버는 군에서 근무하며 중동 등 이스라엘 주변 국가의 사이버 공격 데이터를 수집하고, 각종 사이버 공격을 대비한 프로젝트를 이끌었다. 조직적으로 활동하는 해커의 공격 형태를 실제 경험한 슈타우버는 앞으로 기술 발전과 함께 사이버 공간과 보안의 중요성이 커질 것이라고 생각했다.

2000년대는 스마트폰과 온라인 시장이 막 형성되던 때였고, 사이버 공간과 보안에 관한 인식이 발전하지 않았을 시기였다. 그러나 슈타우버의 군 경험이 사이버 보안 시장의 성장성을 예측할 수 있도록 한 것이다. 또한 슈타우버는 이스라엘 군대가 보유하고 있는 우수한 사이버 보안 기술이 민간 산업 분야에도 활용된다면 이스라엘 경제에 도움이 될 것이라고 예측했다. 하나의 기업이 해커에게 공격당하면, 단순히 그 기업만의 문제에서 그치지 않는다. 관련 협력사와 산업에 대한 정보가 모조리 유출되는 것과 다름없으므로 국가적으로도 위험한 일이라고 슈타우버는 생각했다.

■ 제품과 기술력

울트라레드의 솔루션은 해커의 공격을 기다리는 수동적인 보안 솔루션이 아닌, 능동적으로 해커의 공격을 예측하고 시뮬레이션하는 것이 특징이다. 우선 해커들의 주요 활동 영역인 다크넷에 돌아다니는 데이터를

24시간 365일, 매일 감시하며 고객사와 관련된 정보를 수집한다. 고객사의 누출 정보를 사전에 감시하는 고난도 사이버 인텔리전스인 것이다. 또한 다크넷에서 거래되는 고객사의 정보뿐 아니라 해커의 공격 기술, 공격 도구 등을 울트라레드의 데이터베이스에 축적해 공격 시뮬레이션에 활용한다.

울트라레드의 솔루션은 외부 공격 표면관리(EASM), 자동화 침투 및 공격 시뮬레이션(ABAS), 사이버 위협 인텔리전스(CTI)로 나뉜다. EASM은 고객사의 보안 시스템에서 해커가 공격할 가능성이 있는 외부 노출 부위를 확인하고 관리하는 것이다. 울트라레드의 강점은 '공격할 가능성이 있는' 점검 부분을 다른 보안 업체와 달리 폭넓게 지정하고 관리한다는 점이다. 해커의 공격 사례를 분석해 고객사 네트워크 외에도, 고객사와 연관된 협력사 및 해외 거점 네트워크 등 관련된 공격 루트를 모두 점검한다. 고객사의 서브도메인, IP 주소, 해당 정보에서 파생되는 관련 시스템 등을 모두 점검하고 매핑해 하나의 큰 네트워크로 시각화해 관리한다.

ABAS는 EASM을 통해 보안 시스템의 세부적인 사항, 작동 원리, 주변 시스템까지 확인한 후, 실제 해커가 수행할 만한 방법으로 보안 시스템에 침투하는 것이다. 공격 시뮬레이션이 진행되는 동안 실제 고객사의 디지털 자산은 보호하고, 해커 침입 시 어떠한 상황이 발생하는지 점검한다. 실제 해커와 동일한 TTP(전술Tactics, 기술Technics, 절차Procedures)를 사용해 침입 및 공격 예상 지점을 정확하게 탐지한다. 다크넷을 통해 수집된 전 세계 모든 해커의 공격 방법을 시뮬레이션한다고 해도 과언이 아니다. 공격 시뮬레이션을 마친 후에는 시스템의 취약점을 점수화 해 공격 대응 우선순위를 결정한다.

고객사는 CTI 솔루션을 통해 고객사는 지난 10여 년간 울트라레드가 구축한 방대한 정보와 보안 인텔리전스 데이터베이스에 접근할 수 있다. 이는 각 보안 인텔리전스에 대한 맥락화를 통해 수준 높은 정보를 제공함으로써 다크웹나 딥웹 등 지하 사이버 범죄 공간을 지속적으로 탐구할 수 있게 한다. 울트라레드의 솔루션은 취약점을 스캐닝하고 자동 공격 시뮬레이션, 취약점 발견 및 후속 조치라는 프로세스를 계속 반복함으로써 고객사의 디지털 자산을 보호한다. 이는 글로벌 IT 리서치 기업 가트너Gartner가 제안한 사이버 보안 CTEM 5단계, 범위 지정Scoping - 발견Discovery - 우선순위 지정Prioritization - 유효성 검사Validation - 실행 Mobilization을 모두 충족시키는 유일한 사이버 보안 솔루션이라고 할 수 있다.

■ 경쟁력

해커의 위협과 사이버 보안에 대한 이슈는 앞으로 점차 확대될 전망이다. 많은 기업이 인적 자원이나 공급망, 원자재 등의 이슈로 해외에 진출하면서 다국적 기업이 보편화되고 있다. 리모트 워크가 활발해짐에 따라 기업 네트워크, 서버 보안의 중요성은 더욱 강조된다. 정부 기관의 디지털 트랜스화도 확대돼 각 부처의 중요 정보, 국가적 기밀 등도 해커의 타깃이 될 수 있다.

울트라레드는 사이버 전쟁을 직접 경험한 창업자와 경영진으로 이루어진 기업이다. 모회사 켈라 그룹과 최신 보안 기술을 접목한 플랫폼 등 비즈니스 파워와 기술력과 동시에 지녔기 때문에 앞으로 사이버 보안 시장 확대와 함께 성장성이 무궁무진하다고 할 수 있다. 특히 울트라레드의 솔루션은 해커의 공격 사전·사후를 모두 관리하는 시스템이라는 점이 높게 평가된다.

EDR(엔드포인트 탐지 및 대응Endpoint Detection and Reponse)이나 NDR(네트워크 탐지 및 대응Network Detection and Response) 등 대부분 보안 시스템은 공격자가 보안의 취약점을 발견한 후에 실행된다. 실제 해커의 침입이 발생하면 시도부터 내부 시스템 통과까지 대략 84분이 걸린다고 한다. 그러나 기업에서 이러한 침입 피해를 깨닫기까지는 무려 평균 28일이 걸린다. 공격을 감지한 후 보안 기능을 작동하는 시스템은 무용지물이라는 것이다. 이미 중요한 정보와 데이터의 손실이 발생한 후에는 활용성이 떨어진다. 그러한 점에서 사전에 끊임없이 해커의 공격 수법을 활용해 시뮬레이션을 수행하는 울트라레드의 솔루션은 주목할 만하다. 울트라레드는 이러한 기술력을 인정받아 전 세계 금융사 및 정부 기관 등 해커의 공격 위험이 높은 조직에서 이용 중이다. 울트라레드의 주요 고객사로는 노키아와 같은 글로벌 기업, 전자 상거래 기업, 통신 회사 등이 있다.

울트라레드는 이스라엘의 텔아비브를 중심으로 미국, 일본, 싱가포르에 지사가 있으며 특히 아시아 시장 개척 활동을 활발히 진행 중이다. 아시아, 남미, 중동, 북아프리카 지역의 사이버 공격 건수는 매해 증가하고 있지만 아직 미국이나 유럽연합과 비슷한 기준의 사이버 보안 법체계가 마련되지 않은 국가가 많다. 대표적으로 일본은 이제 막 정부 기관과 기업에서 디지털 트랜스포메이션을 도입하고 있는 상황이다. 그런데 법적으로 일본 자국 기업은 울트라레드의 솔루션 같은 자동 감시 시스템 개발을 금지하고 있다. 자동 감시 솔루션을 사용하기 위해서는 해외 기업의 서비스를 이용해야 하는 것이다. 울트라레드는 이처럼 아시아나 아프리카 국가 중 디지털화는 급속히 진행 중이지만 법률 및 시스템 미비로 시장 개척이 가능한 나라를 중심으로 전략적인 행보를 취하고 있다.

XM 사이버

■ 개요

XM 사이버는 온프레미스 및 다중 클라우드 네트워크 환경에서 공격자의 관점을 사용해 중요한 자산에 영향을 미치는 공격 경로를 찾아 문제점을 해결하는 네트워크 보안 기업이다. XM 사이버의 보안 플랫폼은 모든 자산을 스캔하며, 네트워크에 배치한 가상 센서를 통해 모든 경로에서 위협을 탐지하고 취약점을 식별한다. 공격 경로 관리를 통해 취약점이 식별된 후에는, 위험 수준을 평가하고 이를 해결하기 위한 업무의 우선순위를 지정하도록 지원한다. 그리고 연속 스캔을 통해 각 공격 경로가 제거됐는지 검증하는 방식으로 작동된다. 2017년 1,000만 달러의 시드 투자를 유치한 후, 총 4,900만 달러의 자금 조달에 성공한 XM 사이버는 2021년 11월 22일 독일 기업 슈바르츠 그룹에 7억 달러에 인수됐다.[121] 슈바르츠 그룹은 독일의 소매 및 클라우드 컴퓨팅 회사로 전자 상거래 보안 강화를 위해 XM 사이버를 인수했다. XM 사이버의 연간 매출은 1,630만 달러[122]로 추정되는데, 슈바르츠 그룹 인수 이후 매출이 두 배 증가했으며 직원 수는 50퍼센트 늘었다.[123]

■ 창업 과정

2016년 4월, 세 명의 공동 창업자 타미르 파르도, 노엄 에레즈, 보에즈 고로디스키에 의해 설립됐다. XM 사이버의 창업자인 파르도는 이스라엘 방위군에서 복무하며 통신 장교를 역임했고, 군 복무를 마친 후 1980년 대부터 이스라엘 정보처 모사드에서 근무했다. 2011년부터 2016년까지 는 모사드의 국장으로 활동했으며, 2016년 모사드 은퇴 후 XM 사이버 를 공동 창업했다. 에레즈는 텔아비브대학에서 경제학을 전공하고 이스 라엘 정보부, 정보 보호국 등 안보 분야에서 25년 동안 근무한 고위 간부 출신이다. 고로디스키 또한 30년의 정보 보안 산업 경력을 가지고 있다. 그는 텔아비브대학에서 수학과 컴퓨터를 전공하고, 기업의 기술 책임자 로 활동했다.

세 사람은 보안 분야에서의 오랜 경험을 통해 사이버 보안의 중요성과 사이버 공격의 위협에 대해 누구보다 잘 알았다. 파르도는 모사드 경험 을 통해 사이버 위협의 심각성을 느꼈고, 사회에 도움이 되는 활동을 하 기 위해 XM 사이버를 창업하게 됐다고 한다. 또 다른 공동 창업자인 에 레즈는 해커보다 한 단계 앞서 나가는 획기적인 제품을 만드는 것이 창업 이유였다고 한다. 이들은 1,000만 달러의 종잣돈을 모아 이스라엘 정보 기관 소속으로 활동한 경력이 있는 전문 인력 30명과 함께 창업했다.

■ 제품과 기술력

XM 사이버는 온프레미스와 클라우드 보안 모두에 강점이 있는 기업 이다. 온프레미스는 물리적 공간에 서버와 네트워크 등을 운영하는 방식 으로, 보통 민감한 정보를 다루는 기업에서 자체적으로 서버를 관리하는 방식이다. 클라우드는 인터넷을 통해 서버, 스토리지, 네트워크를 이용하 는 방식이다. 온프레미스와 클라우드는 인프라 작동 방식이 다르기 때문 에 보안 솔루션 방법도 상이한데, XM 사이버는 두 가지 모두 자동화 공격 솔루션을 통해 효과적으로 관리한다.

또한 XM 사이버는 해커의 공격을 미리 탐색하고 예방하는 솔루션을 제공한다. 일반적인 네트워크 보안 솔루션의 경우 고객사 서버나 네트워크의 보안 취약점을 발견하고 해결하는 방식으로 서비스를 진행한다. XM 사이버는 서버나 네트워크를 분석해 해커가 공격할 만한 경로를 찾아낸다. 하나의 네트워크가 공격을 받으면 연계된 다른 네트워크까지 모두 공격받을 수 있기 때문에 무조건 두꺼운 방화벽을 세우기보다는 해커의 네트워크 전파 방법을 모델링해 차단하는 것이다.

XM 사이버의 공격 경로 관리 플랫폼을 통해 기업은 악용 가능한 취약점 및 자격 증명, 잘못된 네트워크 설정, 사용자 활동 등 새로운 노출을 연중무휴 24시간 지속적으로 찾아내고 우선순위를 지정해 상황에 맞는 해결 옵션을 제공한다. 이러한 공격 시뮬레이션 솔루션은 보통 1년에 1~2회 운용하므로, 지속적인 관리가 힘든 단점이 있다. XM 사이버는 머신러닝을 사용해 지속적으로 네트워크 특이성을 학습하고 업데이트하며 공격을 방어한다.

XM 사이버의 보안 솔루션 방식은 RBVM(위험기반 취약성 관리)이라고 하는, 공격 중심 위험 운선순위 지정 분야의 글로벌 리더다. 조직 내 IT 네트워크를 AI 기반으로 상시 분석하고, 다중 침투 테스트 및 공격 경로 분석을 기본으로 한다. 이를 통해 기업의 중요한 데이터 자산에 영향을 미치는 공격 경로에 대한 우선순위를 정하고, 네트워크 내 핵심 지점 choke point에서 이를 차단하는 방법을 사용한다.

XM 사이버는 2020년 가트너의 '2020 쿨 벤더2020 Cool Vendor'로 선정됐으며, 세계 경제 포럼의 "Technology Pioneer" 및 SINET16 우승자로 선정되며 기술력을 인정받았다. 포레스터 컨설팅Forrester Consulting

이 실시한 TEI(Total Economic Impac) 연구 결과에서 XM 사이버의 보안 서비스는 394퍼센트의 ROI를 실현했다. 교정, 벌금, 인건비 및 침투 테스트 비용을 절감할 뿐만 아니라 기업의 IT 운영팀과 사이버 보안팀 간 협력을 증대하는 효과가 있다고 한다. 2022년에는 글로벌 침해 및 공격 시뮬레이션을 위한 프로스트 레이더Frost Radar에서 성장 리더 부문에 선정되기도 했다.

■ 경쟁력

XM 사이버는 이스라엘과 미국, 유럽, 호주, 아시아, 라틴 아메리카의 금융 기관, 통신, 제조 기반 시설, 중견기업 등을 고객사로 두고 있다. 코로나19로 인한 재택근무 증가와 네트워크 환경의 변화로 세계 곳곳에서 네트워크 인프라 변화에 대응하고자 XM 사이버의 솔루션을 찾는 기업이 증가했다. XM 사이버는 비즈니스 영역 확장을 위해 다양한 기업과 기술 협력을 활발히 진행 중이다. Amazon Web Services(AWS) 같은 클라우드 기업과 파트너십을 체결해 XM 사이버의 솔루션을 통해 정보가 안전하게 보안될 수 있도록 지원한다.

또한 보안 기업 인수를 통해 기술 고도화를 진행했는데, 2022년 6월 사이버 옵저버Cyber Observer를 인수했다. 2012년에 설립된 사이버 옵저버는 보안 제품이 최적의 기능을 유지하고 있는지 검사하는 솔루션을 보유한 회사다. 2023년 3월에는 콘풀에네라Confluenera를 인수했다. 콘풀에네라는 2018년에 설립된 회사로, 다단계 형식의 사이버 공격을 식별하고 차단하는 솔루션을 제공한다. XM 사이버는 콘풀에네라 인수를 통해 기존에 제공하던 Continuous Exposure Management 플랫폼의 기능이 확장돼 클라우드 환경에서 중요 자산에 대한 위험 요인의 우선순위를 지정해 평가하는 모델링 기능을 갖추게 됐다.

기술 영역의 확장과 함께 리셀러를 통해 시장 범위를 넓히고, 총판 파트너십으로 리셀러 네트워크를 확대 운영하고 있다. MSSP 프로그램(관리형 보안 서비스 공급 업체)을 통해 XM 사이버 플랫폼의 기능을 활용해 서비스를 할 수 있도록 함으로써 수익 다각화를 실현했다.

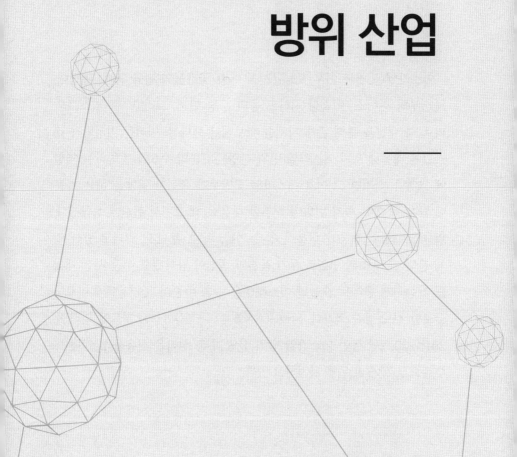

2장

방위 산업

개요

이스라엘은 건국 이후 오늘날까지 아랍 국가들의 정규 군대, 민병대, PLO부터 하마스, 이슬람 지하드 등의 무장 단체, 그리고 테러리스트와의 무력 대결을 통해 존재 자체를 확보해야 했다.[124] 이러한 지정학적 리스크에 대응해 초기 이스라엘 방위 산업은 IDF의 수요를 충족하는 역할에 그쳤다. 하지만 그 이후 이스라엘 국방부가 촉진자 역할을 하는 가운데 많은 내·외부 환경 변화에 적절한 대응을 해 오면서 변신에 성공했다. 방산 업체들의 적응과 더불어 정부 기관, 학계, 투자자, 그리고 방산 업체 간의 잘 구축된 연결로 무기 품질과 혁신이 강화됐고 수출 시장 개척도 가능하게 됐다.[125] 오늘날 이스라엘은 수출 비중이 70퍼센트에 이르는 글로벌 선도 방산 국가다. SIPRI(스톡홀름 국제평화연구소) 자료에 의하면, 2018~2022년 동안 이스라엘 방위 산업 수출 실적은 점유율 2.3퍼센트 수준으로 세계 10위를 차지하고 있다.

10대 주요 무기 수출국 시장 점유율

순위	국가	2018~2022년 비중	2013~2017년 실적 대비
1	미국	40%	14%
2	러시아	16%	-31%
3	프랑스	11%	44%
4	중국	5.2%	-23%
5	독일	4.2%	-35%
6	이탈리아	3.8%	45%
7	영국	3.2%	-35%
8	스페인	2.6%	-4.4%
9	한국	2.4%	74%
10	이스라엘	2.3%	-15%

자료: 스톡홀롬국제평화연구소 연감 2023

이스라엘 방위 산업은 '선택과 집중' 전략을 고수해 완제품보다는 첨단 레이더와 전자 기술 기반 핵심 체계와 부품에 강점이 있다. 특히 1973년 제4차 중동전쟁을 겪은 이후, 기습에 대한 경각심을 바탕으로 적의 공격을 사전에 파악하고 미리 대응할 수 있는 항공정찰, 레이더, 미사일, 정보통신 등을 중심으로 발전하기 시작했다. 군사작전에서 필수적인 정보통신기술의 발전에는 이스라엘 특유의 엘리트 부대(8200부대, 탈피오트 프로그램 등)의 결정적인 기여가 있었다. 이러한 배경으로 축적된 방산 산업의 첨단 기술은 정보통신, 바이오 등의 분야로 확산돼 이스라엘의 위상을 높이는 데 기여하고 있다.[126] 방위 산업은 결과적으로 수출 기여도와 다른 산업의 발전에도 많은 영향을 주면서 이스라엘 경제에서 큰 비중을 차지하고 있다.[127]

방위 산업 현황

방위 산업 발전 과정

이스라엘은 국가 수립 이후부터 생존에 필요한 무기 확보가 국방 정책의 최우선 과제였고, 이를 위해 프랑스와 긴밀한 군사협력 관계를 유지해 왔다. 하지만 1967년 제3차 중동전쟁 직전 아랍국에 대한 선제공격을 하지 말라는 프랑스의 요청을 이스라엘이 거부하자 프랑스는 무기 금수 조치를 한다. 이에 따라 1973년 제4차 중동전쟁을 계기로 이스라엘은 자주국방력 강화를 정책의 최우선에 두고 방위 산업의 개발이 추진력을 얻게 됐다.[128]

1980년대까지 이스라엘은 미라지 5Mirage 5 전투기의 개선된 버전을 생산하고 영국 센추리언Centurion 탱크를 업그레이드했을 뿐만 아니라, 세계 최고의 탱크 중 하나라고 평가받는 메르카바Merkava를 자체 생산했고 첨단 전투기인 라비를 설계하기 시작했다. 자국 내에서의 전투기 생산은 엄청난 투자 비용 소요와 미국의 반대에 부딪혀 비록 실패로 끝났지만, 라비를 개발한 경험은 1988년 이스라엘의 첫 인공위성인 오페크Ofeq 1호가 발사되는 데 큰 도움이 됐다. 이러한 방산 국산화 노력에 힘입어 1980년대 중반까지 IDF 방산 수요의 25~30퍼센트를 이스라엘 자국 내에서 충족하게 됐다.[129]

그러나 1970년대 이후 이스라엘이 미국의 대외 군사 지원을 가장 많이 받는 국가가 되면서 이스라엘 방위 산업은 IDF의 자립도를 높이는 것에서 전력 승수force multiplier를 높이는 전략으로 초점을 전환했다. 또한 야심차게 준비한 라비 프로젝트가 미국의 압박으로 폐기될 수밖에 없었던 것이 그동안의 자주국방력 우선 정책으로부터의 변화를 촉발했다. 그 결과 기술적·재무적 능력을 벗어나는 미국 무기들과의 직접적인 경쟁보다는 보완을 하는 방향으로 전환해 이스라엘 국내 고객에서 해외 고객으로 타깃 변경, 플랫폼 디벨러퍼에서 시스템 디벨러퍼로 생산 제품 변경, 소형 무기 생산을 첨단 무기로 대체, 방산 수출 국가의 다변화 등을 시도했다.[130]

하지만 냉전 이후(1980년대 후반~1990년대 초반) 주로 국가의 지원에 의존하던 이스라엘 방위 산업은 세계 방산 시장의 급속한 축소와 자국 국방 예산의 감축으로 상당한 위기에 봉착한다. 국방 예산 감소(종전 GDP 13퍼센트 이상에서 8퍼센트 이하 수준으로)로 무기 구매가 절반으로 줄고, 방위 산업 종사자는 35퍼센트나 감소했다. 이에 따라 정부 주도의 구조 조정이 불가피해졌고 내부 효율성 강화와 더불어 방산 수출을 적극 추진하는 동시에 틈새시장을 장악하는 데 주력했다.[131]

이스라엘이 오늘날 방산 강소국이 된 것은 주변 아랍국들과 수차례 전쟁을 겪으며 축적된 실전 경험 기반 지식으로 자국 환경에 적합한 경쟁력 있는 무기 체계를 개발했기 때문이다. 이스라엘은 탄약, 부품, 엔진 등의 상용품 획득을 위한 해외 구매 대신 해외 기업과의 전략적 제휴 및 협력을 통해 우선적으로 필요한 레이더, 유도무기 등의 핵심 연구개발을 중점으로 하는 선택과 집중 전략을 추진했다. 또한 국가 규모와 지정학적 위치를 고려해 선진국 방산 업체들이 소홀히 하는 무인 항공기 UAVs(Unmanned Aerial Vehicles)나 우주 항공 분야에 집중적으로 투자하는 틈새시장 전략을 통해 여러 사업 분야로 진출했다.[132]

미국의 군사원조 [133]

프랑스와의 군사 협력 중단 이후 이스라엘과 미국의 긴밀한 군사 협력이 본격화된다. 미국은 이스라엘이 질적 우위를 유지할 수 있도록 총 1,300억 달러 이상을 지원했다. 이스라엘은 미국의 FMF 프로그램(해외 군사 자금 조달)에 따라 미국의 안보 지원을 받는 주요 수혜국이며, 이는 2019~2028 MOU를 통해 공식화됐다. MOU에 따라 미국은 현재 매년 33억 달러 규모의 원조를 제공한다. 또한 아이언돔 미사일 방어 협력 프로그램에 매년 5억 달러를 제공하고 있다. 이러한 대규모 군사 지원으로 이스라엘 국방 정책은 자주국방 최우선 정책에서 자주국방 기본 정책 아래 선택과 집중 전략을 추구하게 됐다. 한편 2019~2028 MOU에 의하면 OSP(Off-Shore Procurement: FMF에서 해외 무기, 즉 이스라엘 무기에 지출 가능한 금액) 비중은 2019년 25퍼센트 수준에서 단계적으로 축소돼 2028년에는 폐지될 예정이다.

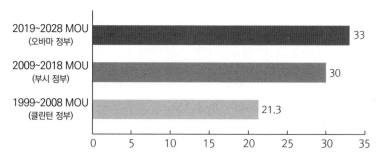

미국의 이스라엘 무기 원조

(단위: 10억 달러)

자료: 2023 US Foreign Aid to Israel

방산 수출

이스라엘 방위 산업의 역할은 원래 외국 정부의 제한을 풀고 IDF에 무기 시스템과 군사 장비를 공급하는 것에 국한됐다. 그러나 이스라엘에 대한 군사 지원을 확대하려는 미국의 의지에 따라 그 역할이 바뀌었다. 방산 수출은 주로 내수 변동의 균형을 맞추고 IDF의 R&D 및 생산 비용을 낮추기 위해 부수적인 사업으로 시작됐으나, 시간이 지나면서 수출이 급속히 증가했고 이스라엘은 세계 주요 방산 수출국이 됐다.[134]

최근 들어 이스라엘은 방산 수출 효율화를 국가 전략의 하나로 추진해 왔다. 이러한 정책 기조는 전 세계적인 테러리즘 확산과 반군 활동 강화 등으로 글로벌 방산 시장이 성장함에 따라 빛을 발하기 시작했다. 그

동안 선택과 집중을 통한 핵심 기술 개발의 성과가 이스라엘 방산 업체의 글로벌 경쟁력 우위로 이어지게 된 것이다. 최근에는 무인 항공기, 방공 미사일, 센서 분야에서 세계적인 기술력을 바탕으로 전략적 수출 시장 선점 및 다변화 정책을 통해 방산 총생산액의 약 80퍼센트가 수출되는 등 세계 10위의 수출 국가를 유지하고 있다.[135]

방산 수출 관련 마케팅 지원 방식은 업체가 주도하고 정부가 간접 지원하는 형태다. 방산 수출 전담 조직은 국방부에 소속된 방산수출국Foreign Defense Assistance & Defense Export(SIBAT)으로 방산 수출 진흥을 위해 지역별 마케팅 부서, 방위군 잉여 물자 판매 부서로 조직돼 있다. 지역별 마케팅 부서는 전 세계를 세 개의 지역으로 분류해 유럽·북미 마케팅과, 아시아태평양·아프리카 마케팅과, 남미 마케팅과로 나누어 지역별 맞춤형 마케팅 지원 활동을 수행하고 있다.[136]

방산 혁신 제도

이스라엘의 R&D 지출(2022년 GDP의 4.8%)은 세계 최고 수준이다. 이스라엘은 이웃 국가들보다 결정적인 질적 우위를 유지하기 위한 선결 요건으로써 독립적인 국방 R&D 역량을 유지하고 있다. 국방 예산의 약 9퍼센트가 국방 R&D 활동에 쓰이며, R&D 프로세스는 국방부 산하 R&D 부서(DDR&D)에서 관리한다. IDF에서 작전상 필요를 승인하면 바로 시작된다. 국방부 및 방위군의 모든 R&D 프로세스는 연구 기관과 방산 업체에서 수행하는데, 연관된 인프라 구축과 촉진 및 미래 기술 콘셉

트 방향 설정 등은 DDR&D가 조정한다.[137]

이스라엘 방위군은 업무의 모든 측면에서 새로운 기술을 추구하기 때문에 이중 용도Dual-Use 기술을 만드는 스타트업 기업을 지원하는 일이 중요하다. 이에 따라 DDR&D에서는 2019년 이노펜스Innofense 프로그램을 도입하고 참여하는 스타트업 기업의 자금 지원을 돕는 혁신 센터를 발전시켰다. 지금까지 43개 기업이 선발됐는데, 그중 5개 기업만이 순수 방위 산업과 관련돼 있다. DDR&D가 군사 응용뿐만 아니라 민간 응용까지 가능한 기술을 지원해 스타트업이 죽음의 계곡death valley을 건널 수 있도록 지원하고 있다.[138]

방위 산업 구성

개요 [139]

2010년대 후반 이스라엘의 방위 산업은 약 600~700개 기업으로 구성돼 있었다. 이들 기업은 약 7만 2,000명 정도를 고용했으며, 이는 이스라엘 제조업 및 광업 부문 전체 근로자의 약 17퍼센트 수준에 해당했다. 다음 표는 이스라엘 방위 산업의 공급 사슬을 보여 준다. 이스라엘 방위 산업의 공급 사슬 최상위(기술 수준 1등급)에는 주요 무기 플랫폼이나 군사 시스템을 개발 및 제조하는 이스라엘항공우주산업(IAI), 라파엘, 엘빗 등의 대규모 기업들이 속해 있다. 이러한 기술 수준 1등급 방산 업체들이 이스라엘 방산 매출의 95퍼센트 이상을 담당하고 있으며, 약 45퍼센트의 직원을 고용하고 있다.

이스라엘 방산 기업 분류

기술 수준 회사 수 (비율)	특징	제품 형태
방산 제품 개발자 및 제조 업체		
1 등급 32개사 (5%)	• 광범위한 분야 및 엔지니어링 기술을 바탕으로 완전한 무기 플랫폼을 개발하고 제조할 수 있는 기술적 역량을 갖춘 회사 • 엔지니어 위주의 500명 이상 고용, 인당 매출액이 높고, 첨단 R&D 역량을 갖춘 기업	• 전함 • 탱크 • 기갑 차량 • 비행기 • 미사일 시스템
2 등급 97개사 (16%)	• 무기 플랫폼에 통합되도록 설계된 시스템·서비스를 개발·생산할 수 있는 회사 • 소수의 엔지니어링 분야를 통합하는 시스템·제품을 개발하고, 직원 수가 500명 미만인 회사	• 대포와 박격포 • 선박, 비행기, 탱크 등 플랫폼에 설치된 무기와 전자 시스템 • 전기광학 시스템
3 등급 391개사 (65%)	• 기술 수준 1~2등급의 기업을 위해 설계된 하위 시스템·서비스를 개발하거나 제조할 수 있는 기업 • 제조 프로세스에는 소수의 엔지니어링 분야만 포함됨	• 섬유 제품 • 전기 케이블링 • 금속 주조 • 금속과 고무 제품의 처리 • 소프트웨어 서비스
방위 서비스 업체		
83개사 (14%)	• 이스라엘에 제조 또는 개발 시설이 없는 회사 • 1~3등급 기술 수준의 방산 회사에 서비스를 제공하고 엔지니어를 많이 고용하지 않음	• 원자재용 수입 서비스 • 해외 기업 현지 사무소 기능 • 테스트 서비스

방산 생산 공급 사슬의 두 번째 계층에는 군용 하위 시스템이나 기타 특수 방산 제품을 개발 및 생산하는 약 100개의 회사가 자리 잡고 있다. 여기에서 대포와 박격포, 무기 시스템, 무기 플랫폼에 설치된 전자 시스템, 전자 광학 시스템 등이 생산된다. 이들 회사는 약 1만 3,500명의 근로자를 고용(방위 산업 인력의 약 20%에 해당)하고 있다.

세 번째 계층의 공급망은 상위 계층 회사들에게 하위 시스템, 부품 또는 서비스를 공급하는 약 400개 회사로 구성됐다. 주로 전자 카드, 금속 주조, 소프트웨어 서비스 및 전기 케이블과 같은 품목을 제조·판매하고 있다. 이들 회사에는 약 2만 3,000명의 직원이 고용돼 있다.

첫 번째 계층의 회사와 뚜렷한 대조를 이루는 두 번째 및 세 번째 계층의 회사는 주로 내수 시장에 제품을 판매한다. 마지막으로, 무기 생산 공급망 전체에 걸쳐 기업에 수입 및 테스트 서비스를 제공하는 수십 개의 회사가 있다. 이들 회사의 고용 인원은 군수산업 직원의 약 15퍼센트 정도다. 2020년 기준 이스라엘 방위 산업은 제조업 생산액의 10.5퍼센트, 이스라엘 전체 근로자의 14.3퍼센트를 차지했다.

이스라엘 3대 방산 업체

이스라엘의 방위 산업은 3대 방산 업체인 IAI, 라파엘, 엘빗이 주도한다. 이들은 모두 이스라엘 국방부의 개별 부서에서 출발했으나 그동안 괄목할 만한 성장을 거듭한 결과, 2023 세계 Top 100 방산 업체 순위에서 상위에 위치하게 됐다(엘빗 21위, IAI 29위, 라파엘 34위).[140]

이스라엘 3대 방산 기업

회사명 (고용 인원)	사업 분야	주요 생산품
IAI (1만 5,000명)	엔지니어링, 항공 및 하이테크 전자 기술로 민간 항공기, 드론, 전투기, 미사일, 항공 전자 공학 및 우주 기반 시스템 설계·개발·생산 및 유지 관리	• 비즈니스 제트기 • 무인 항공기(UAV) • 레이더, 미션 항공기 및 AEW 항공기 • EW, ELINT/ESM, COMINT/COMJAM, SIGINT • ATBM(대전술 탄도 미사일)
라파엘 (8,000명)	대공 방어, 미사일, 표적화, 전자전, 유도 무기, 수중 시스템을 포함, 항공, 지상, 해상 및 우주 응용 분야를 위한 광범위한 첨단 방어 시스템을 설계·개발·제조 및 공급	• 데이비드 슬링 • 아이언돔 • 스파이더 • 드론 • C-UAS • C4I 대공미사일 방어 체계 • 스카이 스포터
엘빗 (1만 7,787명)	방위, 국토 안보 및 상업 응용 분야를 위한 항공, 지상 및 해군 시스템과 제품의 광범위한 포트폴리오를 개발하고 공급	• 군용 항공기, 헬리콥터 시스템 • 상업용 항공 시스템, 항공 구조물 • 무인 항공기 시스템(UAS) • 전기광학, 야간 투시, 대응 시스템 • 해군 시스템 • 육상 차량 시스템 • 군수품

자료: KOTRA 2023년 이스라엘 방위 산업 정보

IAI와 라파엘은 국영 기업이며, 2018년 국영 방위 업체였던 IMI 시스템즈IMI Systems와 이스라엘 방산 대기업 엘빗 시스템즈가 합병되며 민영화됐다. 이 기업들은 우주 및 공중 정찰 시스템, 레이더 시스템, UAV, 항공 전자 공학 및 전자 광학 시스템, 군수품, 탱크 및 장갑차를 포함한 다양한 제품 및 서비스 등의 포트폴리오를 제공한다.

방위 산업 실적 동향

SIPRI(Stockholm International Peace Research Institute)의 세계 군사 지출 동향에 따르면 2022년 이스라엘의 국방비 지출은 총 234억 달러로 GDP의 4.5퍼센트, 세계 국방비 지출의 1퍼센트에 달한다. 이스라엘은 2022년 국방비 지출 국가 순위에서 15위를 기록했다.[141]

2022년 이스라엘의 국방비 지출은 2009년 이후 처음으로 감소해 2021년보다 4.2퍼센트 줄었지만, 2013년보다는 26퍼센트 증가했다. 이스라엘의 국방비 지출은 액수로 따지면 한국보다 작으나, GDP 대비 국방비 지출의 비율은 한국의 두 배 이상이다. 2021년 이스라엘 정부 지출 대비 국방비 지출 비중은 12.1퍼센트로(전년 11.6%) 지난 2015년(14.5%) 이후 계속 감소세를 유지하다가 다시 증가세로 돌아선 것이다.

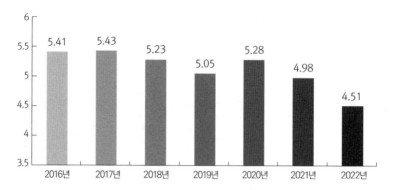

이스라엘 방위 산업 GDP 대비 지출

(단위: %)

자료: 스테티스타

이스라엘 방산 기업은 대부분 개발 초기부터 해외 수출을 목표로 한다. 그 결과 방산 기업 매출의 약 75~80퍼센트가 해외 수출에서 발생한다. 2018~2022년 동안 이스라엘의 세계 무기 수출 비중은 2.3퍼센트로 전 세계 10위를 기록했는데, 주요 수출 대상국은 인도(37%), 아제르바이잔(9.1%), 필리핀(8.5%) 순이다.[142]

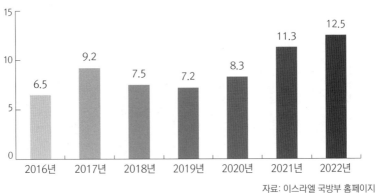

이스라엘 방위 산업 수출 실적

(단위: 십억 달러)

- 2016년: 6.5
- 2017년: 9.2
- 2018년: 7.5
- 2019년: 7.2
- 2020년: 8.3
- 2021년: 11.3
- 2022년: 12.5

자료: 이스라엘 국방부 홈페이지

2022년 수출 실적은 사상 최고인 125억 달러를 달성했다. 이는 최근 3년 실적 대비 50퍼센트 이상 성장한 수치다. 주요 상품별로는 드론이 수출 실적의 22퍼센트 수준으로 전체 성장을 선도했고, 이어서 미사일·로켓·대공 방위 시스템이 전체 수출의 19퍼센트를 차지했다. 지역별로는 아브라함 협약 체결국(UAE 등)의 비중이 크게 증가해 24퍼센트(2021년 7% 수준), 아시아 태평양 지역이 30퍼센트, 유럽 지역이 29퍼센트, 북미 지역이 11퍼센트를 차지했다.[143]

방위 산업 전망

우크라이나 전쟁의 여파로 유럽을 중심으로 방산 수요가 급증하고 있는 점을 비롯해 이스라엘과 아랍 국가들 간의 관계 정상화 움직임을 고려할 때 이스라엘 방산 수출 실적은 계속 호황을 맞이할 것으로 보인다. 따라서 이미 2021년부터 탄력받고 있는 수출 실적은 2023년에 다시 한번 기록이 갱신될 가능성이 높다고 할 수 있다.

2022년 2월에 발발한 러-우 전쟁이 장기화됨에 따라 글로벌 방산 시장이 요동치는 상황이다. 우크라이나와 인접한 동·북유럽부터 북미, 아시아·태평양, 중동에 이르기까지 전 세계적으로 앞다투어 국방 예산을 증액하고 있다. 특히 나토 회원국의 경우 2023년 국방 예산이 2014년 대비 크게 증가했음에 불구하고, 상당수 회원국이 아직 GDP 2퍼센트 가이드라인에 못 미치고 있는 실정이다.[144]

이러한 상황과 연관해서 항공 전문지 에이비에이션 위크Aviation Week (2022)에 따르면 향후 10년(2023~2032년) 간 국방 예산은 크게 증가해 기존 전망치 대비 2조 달러(2,600조 원), 무기 획득 예산은 6,000억 달러

(780조 원) 이상이 될 전망이다. 여기에 러시아와 중국의 글로벌 무기 시장 점유율 하락에 따른 인도, 이집트, 베트남 등 틈새시장의 잠재력도 상대적으로 커질 전망이다. 따라서 향후 글로벌 방위 산업 골드러시 시대의 선점을 위한 주요 무기 수출국들의 선의의 경쟁이 확대될 것으로 보인다.

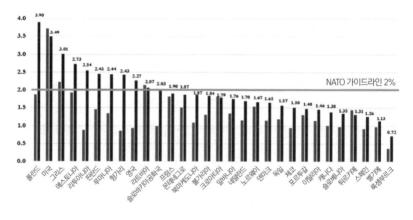

NATO 동맹국들의 GDP 대비 국방 예산 비중 추이
(2014 vs. 2023)

(단위: %)

자료: NATO

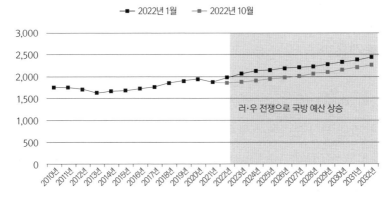

글로벌 국방 예산 전망(2010~2032년)

(단위: 십억 달러)

■— 2022년 1월   ■— 2022년 10월

러·우 전쟁으로 국방 예산 상승

자료: 에이비에이션 워크

　최근 유럽에서의 이스라엘 미사일 시스템 판매가 급증하고 있다는 이코노미스트Economist의 기사(2023년 6월 22일)는 이러한 전망을 뒷받침한다. 2023년 6월 14일 독일 의회는 17개국으로 구성된 유럽 스카이 쉴드 이니셔티브European Sky Shield Initiative(ESSI)에 의해 미사일 방어 시스템인 애로우-3Arrow-3을 구매하는 것에 관해 총 거래 규모 40억 유로 중 1차분 5억 6,000만 유로(6억 1,500만 달러)의 분할 지불을 승인했다. 이스라엘 IAI와 미국의 보잉이 개발한 장거리 로켓 애로우-3은 지구 대기권 위의 미사일을 요격하도록 설계됐는데, 이미 이스라엘 국경 지역에서 실전 경험을 가진 무기 체계다. 독일과 나토 동맹국들은 러시아의 무력 도발 가능성을 우려하고 있기 때문에 실전에서 검증을 거친 이스라엘 방위 시스템에 대한 수요는 더욱 늘어날 것으로 보인다. 실제 핀란드와 체코는 이미 이스라엘의 미사일 방어 시스템의 소형화를 주문했으며 다른 유럽

국가들도 유사한 계획을 가지고 있다.[145]

엘빗 시스템즈

■ 개요 [146]

엘빗 시스템즈는 1966년 이스라엘 북부에 위치한 하이파에서 설립됐으며, 방위 산업 분야에서 세계적인 위상을 가지고 있다(2022년 매출 기준: 세계 31위, 이스라엘 1위). 엘빗 시스템즈는 항공 우주, 육상 및 해군의 지휘·통제 시스템, 정보 감시 및 정찰(C4ISR), 무인 항공기 시스템, 첨단 전기광학, 전기광학 우주 시스템, 전자전(EW) 제품군, 신호 정보 시스템, 데이터 링크 및 통신 시스템 등 광범위한 영역에서 최첨단 기술 기업이다. 나스닥과 텔아비브 증시에 상장돼 있으며, 2022년 기준 종업원 수는 1만 8,407명이고 그중 약 50퍼센트가 엔지니어다. 2022년 영업 실적은 매출 55억 달러(2021년 53억 달러), 영업이익 3.67억 달러(2021년 4억 2,000만 달러)를 달성했다.

■ 주요 사업부 구성 및 실적

주요 사업부 구성 [147]

엘빗 시스템즈의 사업은 크게 5개 사업부로 나누어진다.

① 항공우주: 공중 플랫폼, 무인 항공 솔루션, 정밀 유도탄(PGM) 센서, 항공 구조물, 훈련 및 시뮬레이터 시스템, 상업용 항공 시스템을 위한 제

품 및 시스템 제공

② C4I 및 사이버: C4ISR 시스템, 데이터 링크, 무선 통신 시스템 및 장비, 사이버 인텔리전스 솔루션, 자율 솔루션 및 국토 안보 솔루션 등을 제공

③ ISTAR 및 EW: 전기 광학 및 레이저 시스템 분야의 광범위한 제품을 제공하며 EW 시스템 및 SIGINT 시스템도 제공

④ 육상: 장갑차 및 기타 군용 차량, 포병 및 박격포 시스템, PGM을 포함한 육상, 공중 및 해상 응용 분야용 군수품, 장갑차 및 기타 플랫폼의 생존 가능성 및 보호 시스템 등을 제공

⑤ 엘빗 시스템즈 오브 아메리카Elbit Systems of America: 주로 미군, 외국군 판매(FMS/FMF), 국토안보부(HLS), 의료 기기 및 상업용 항공 고객에게 제품 및 시스템 솔루션 제공

각 사업부별 주요 제품

사업부	주요 제품군
항공우주 사업부	• 군용 항공기 및 헬리콥터 시스템 • 무인 항공기 시스템 • 교육 솔루션 및 지원 • 상업용 항공 시스템 및 항공 구조물
C4I 및 사이버 사업부	• 통신 • 네트워크 전투 시스템(C4I) • 사이버 인텔리전스 • 로봇 공학 및 자율 시스템
ISTAR 및 전자전 사업부	• 광학 및 레이저 시스템 • 전자전, 신호정보 및 레이더 시스템 • 해군 전투 관리 및 소나 시스템
육상Land 사업부	• 간접 화재 시스템 • 포탑 및 무기 시스템 • 탄약 및 군수품 시스템 • 능동 보호 시스템

자료: 엘빗 시스템즈 홈페이지

주요 사업부 실적 현황[148]

사업부별 실적을 보면 항공우주 시스템 부분이 가장 크고(2022년 전체 매출의 36.5%), 최근에는 C4I 사업부 매출이 크게 증가하는 추세다 (2022년 전체 매출의 29.2%). 2023년 6월 말 현재 수주 잔고는 161억 달러 (2022년 6월 대비 20억 달러 증가)다. 현재 잔고의 약 49퍼센트는 2023년과 2024년의 남은 기간 동안 수행될 예정이며, 나머지는 2025년 이후로 예정돼 있다.

주요 사업부 연도별 실적

(단위: 백만 달러)

	2020년	2021년	2022년
매출 총액	4,662.6	5,278.5	5,511.5
항공우주 시스템	1,650.4	2,005.8	2,012.5
육상 시스템	1,258.9	1,254.7	1,216.6
C4ISR 시스템	1,145.7	1,371.5	1,610.9
전기광학 시스템	475.9	452.9	523.7
기타*	131.7	193.5	148.0

* 주로 비국방 엔지니어링 및 생산 서비스

지역별로 살펴보면, 과거에는 이스라엘 국내 매출과 북미 매출이 과반수 이상이었으나 최근에는 유럽 및 아시아 매출이 크게 늘어 국내 매출보다 더 큰 비중을 차지하고 있다. 2023년 상반기에는 유럽이 그룹 매출의 29퍼센트를 차지하는 가장 큰 시장이 됐고, 그다음으로 북미는 24퍼센트, 아시아는 23퍼센트, 이스라엘은 매출의 18퍼센트를 기여했다.

지역별 실적 연도별 추이

(단위: %)

	2020년	2021년	2022년	2023년 6월
이스라엘	24	21	19	18
북미	32	30	27	24
유럽	18	17	23	29
아시아	21	27	26	23
라틴 아메리카	3	2	2	2
기타	3	2	3	4

■ 엘빗 시스템즈의 경쟁력

엘빗 시스템즈의 경쟁 전략[149]

엘빗 시스템즈의 경쟁 전략은 두 가지 축으로 이루어진다. 우선은 매우 광범위한 사업 및 제품 포트폴리오를 갖추는 것이고, 다른 하나는 전 세계에 많은 자회사를 보유한 글로벌 기업을 구축하는 것이다. 이 두 가지 전략축의 유효성은 매년 괄목할 만한 성장을 하는 수주 잔고와 매출 성장으로 입증되고 있다.

M&A를 통한 사업 확장 전략

2000년에 엘옵과의 합병을 통해 이스라엘 최대 방산 기업이 된 이후 마이클 페더먼Michael Federmann과 조셉 에커만Joseph Ackerman(전임 CEO)은 공격적인 M&A를 통한 성장을 주도했다. 에커만의 CEO 재임 기간(1996~2013년) 동안 총 30건의 M&A가 성사됐으며,[150] 이러한 M&A를 통한 확장 전략은 현 CEO인 베자렐 마질리스Bezhalel Machlis 체재가 들어서고서도 계속되고 있다.

다음은 최근 이루어진 엘빗 시스템즈의 M&A 활동들이다.[151·152]

■ 2022년 페란티 P&CFerranti P&C를 전자 부품의 글로벌 제조 서비스 제공 업체인 TT 일렉트로닉스TT Electronics에 900만 파운드에 매각했다. 자회사 페란티 P&C는 맨체스터 지역에 위치한 항공우주 및 방위 시장용 전력 전자 장치 및 전력 시스템을 생산하는 업체다.

■ 2021년 BAE 시스템즈BAE Systems로부터 로카 인터내셔널Rokar International을 약 3,100만 달러에 인수했다. 예루살렘에 본사를 둔 로카는 첨단 방위 애플리케이션을 위한 고급 GPS 수신기 및 유도 시스템의 개발, 제조, 통합 및 지원을 전문으로 하는 방위 사업체다.

■ 2021년 해군 분야에서 역량을 강화하기 위한 노력의 일환으로 스파톤Sparton을 3억 8,000만 달러에 인수했다. 스파톤은 미국 플로리다주에 본사를 두고 있으며 미 해군과 연합군의 수중전 임무를 지원하는 시스템을 개발하고 공급한다.

■ 2019년 L3해리스 테크놀로지스L3Harris Technologies의 나이트 비전 Night Vision 사업부를 3억 5,000만 달러에 인수했다. 나이트 비전 시스템 시장의 선두 주자인 L3해리스의 야간 투시경 사업 인수로 엘빗 시스템즈는 국내외적으로 거대한 시장을 얻게 됐다.

■ 2018년 IMI 시스템즈를 약 4억 9,500만 달러에 인수했다. 80년이 넘

는 업력의 IMI 시스템즈는 다양한 정밀 군수품, 전투 이동성, 생존 가능
성 및 보호 시스템, 장갑 솔루션, HLS 및 위기관리 분야에서 높은 평가
를 받는 방위 시스템 제조 업체다.

■ 2018년 유니버셜 아비오닉스 시스템즈 코퍼레이션Universal Avionics
Systems Corporation을 1억 2,000만 달러에 인수했다. 투싼Tucson에 본사
를 두고 있는 유니버셜 아비오닉스는 광범위한 고정식 및 회전식 항공기
유형을 위한 개조 및 전방 장착 시장을 위한 상용 항공 전자 시스템의 개
발 및 제조 업체다.

■ 주요 자회사 현황[153]

우크라이나 전쟁 이후 유럽, 아시아를 중심으로 상당한 방산 수요가
발생하고 있다. 그중 유럽의 경우 대다수 국가가 GDP 대비 국방비 지출
권장 수준인 2퍼센트를 충족하지 못하고 있다. 또한 아브라함 협약 체결
로 인한 UAE 등 중동 국가들로부터의 잠재 방산 수요도 발생하고 있다.
이렇듯 새로운 방산 시장 환경에 적절한 대처를 하기 위해서는 제품군의
다양성 못지않게 로컬 자회사를 보유하는 것이 매우 중요하다.[154]

이와 관련해 엘빗 시스템즈에서는 유럽 주요 국가들(영국, 프랑스, 독일,
이탈리아, 네덜란드, 스웨덴, 벨기에, 스위스, 오스트리아, 헝가리, 루마니아)에 현
지법인을 운영하고 있으며, UAE에도 현지법인을 두고 있다.[155] 주요 자회
사들은 다음과 같다.

① 엘빗 시스템즈 오브 아메리카(ESA): 델라웨어주 유한책임 회사인
ESA는 미군, 국토안보부, 의료 장비 및 상업용 항공 고객을 대상으로 제

품 및 시스템 솔루션을 제공한다.

■콜린스 에어로스페이스Collins Aerospace(RTX 계열사: 항공기용 헬멧 장착 디스플레이 시스템 제조)와 50 대 50 합작 투자

■2021년 스파톤 코퍼레이션Sparton Corporation 인수(미 해군 및 연합군을 위한 수중전 지원 시스템 공급 업체)

② 엘빗 시스템즈 C4I 앤 사이버Elbit Systems C4I and Cyber Ltd.: C4ISR 시스템, 데이터 링크, 무선 통신 시스템, 사이버 인텔리전스 솔루션, 자율 솔루션 및 국토 안보 솔루션 등의 분야에서 글로벌 선도 기업이다. 이스라엘 네타니아Netanya에 본사가 있다.

③ 엘빗 시스템즈 EW 앤 SIGINT-엘리스라Elbit Systems EW and SIGINT-Elisra Ltd.: 전 세계 시장에 광범위한 전자전(EW) 시스템, 신호 정보 (SIGINT) 시스템 및 C4ISR 기술 솔루션을 제공한다. 이스라엘 홀론Holon 에 본사가 있다.

④ 엘빗 시스템즈 일렉트로 옵틱스 엘롭Elbit Systems Electro-Optics Elop Ltd.: 국방, 우주 및 국토 안보 애플리케이션을 위한 광범위한 전기 광학 및 레이저 시스템과 제품을 설계, 엔지니어링, 제조 및 지원한다. 이스라엘 르호봇에 본사가 있다.

⑤ 엘빗 시스템즈 랜드Elbit Systems Land Ltd.: 장갑차 및 기타 군용 차량, 포병 및 박격포 시스템을 위한 지상 기반 시스템과 제품의 설계 및 제조 를 하는 기업이다. 이스라엘 라맛 하산Ramat HaSharon에 본사가 있다.

⑥ IMI 시스템즈: 육상, 공중, 해상 응용 분야와 유도 로켓 시스템뿐 아 니라 장갑차 및 기타 플랫폼 생존 가능성, 국방 및 국토안보 애플리케이 션을 위한 보호 시스템 등의 설계 및 제조에 특화돼 있다. 이스라엘 라맛 하산에 본사가 있다.

라파엘 어드밴스드 디펜스 시스템즈

■ 개요 [156]

이스라엘 3대 방산 기업 중 하나인 라파엘 어드밴스드 디펜스 시스템즈는 1948년에 이스라엘 국방부 내 국가 연구개발 방위 연구소로 설립됐다. 라파엘은 100퍼센트 국영 기업으로 출발했으나, 2002년에 효과적인 기능 수행을 위해 공기업으로 전환됐다. 주요 사업 분야는 대공 방어, 미사일, 표적화, 전자전, 유도 무기, 수중 시스템을 포함하는 광범위한 첨단 방어 시스템을 설계·개발·제조 및 공급하는 것으로 알려져 있다. 이스라엘 방위 산업이 오늘날 글로벌 방위 산업의 선두 주자로 자리매김하는데 크게 기여한 것으로 평가된다.

2022년 회계연도에 매출 34억 5,000만 달러(2021년 30억 7,000만 달러), 순이익 1억 5,000만 달러(2021년 1억 3,300만 달러) 수준을 달성했다. 2022년 수주 금액이 48억 달러를 기록해 총 수주 잔고는 101억 달러(약 3년간의 매출 수준)에 이른다.[157] 2022년에는 회사의 성장과 함께 약 1,300명의 신규 직원이 합류해 현재 약 8,000명의 직원을 보유하고 있다. 한편 지속적인 회사 성장 기반 확충을 위해 R&D 투자 규모를 매출의 약 8.9퍼센트 수준(종전 8% 수준)으로 향상했다. 2022년에 영국의 PVC 및 피어슨 엔지니어링Pearson Engineering을 인수하는 등 해외 유망 첨단 기술 방산 기업과 M&A에도 적극적이다.

■ 주요 사업부 [158]

라파엘의 사업부는 크게 5개로 나누어진다.

① 항공우주Air & Space 사업: 글로벌 항공기 제조 업체와 협력해 선도적인 공군에 포괄적인 최고 성능의 시스템을 제공하며, 우주에서는 전기 추진electric propulsion 시스템을 통해 위성의 기동성을 향상시킨다. 주요 제품으로는 미사일 시스템, 자율 항공 시스템, 우주 추진 시스템, 공격 헬기용 첨단 시스템 등이 있다.

② 지상전 시스템Land Warfare Systems 사업: 지상군과 전투 차량을 보호하고 지속적으로 요구되는 사항을 예측해 생존 가능성과 기동성을 극대화하는 데 매우 효과적이다. 주요 제품으로는 AFV용 트로피TROPHY 능동 보호 시스템, 스파이크SPIKE 정밀유도 전술 미사일, 삼손SAMSON 원격 제어 무기 스테이션 제품군, 차세대 장갑차를 위한 전장 제품군 등이 있다.

③ 항공 미사일 방어Air & Missile Defense 사업: 완전하고 통합된 대공 및 미사일 방어 솔루션을 제공한다. 관련 제품으로는 아이언돔 제품군, 데이비드 슬링David's SLING, 스파이더SPYDER 미사일 시스템 등이 있다.

④ 해군Naval 방어 시스템: 온보드 및 오프보드 EW, 수중 방어 시스템, 통합 전투 제품군 및 해군 방공 시스템 등 광범위한 고급 시스템을 제공한다. 주요 제품으로 수상함용 해군 지역 미사일 방어 솔루션, 잠수함 및 수상함용 어뢰 방어 솔루션, 수중 방어 시스템 등이 있다.

⑤ 정보 사이버 보안Intelligence Cyber & Security 사업: 정보 분야, 사이버 방어, 주요 인프라 시설 및 빅데이터의 보호 솔루션에서 글로벌 경쟁력을 가지고 있다.

■ 주요 고객 [159]

라파엘은 IAI 및 엘빗 시스템즈와 비교하면 상대적으로 수출 비중이 낮은 편이나(라파엘 50%, IAI와 엘빗 시스템즈는 70%),[160] 수출 국가는 매우 다변화돼 있다. 최근 괄목할 만한 성과를 내고 있는 인도에서는 칼야니-라파엘Kalyani-Rafael(KRAS), 아스트라-라파엘Astra-Rafael(ARC) 등의 합작 법인을 통해 스페이스-200Space-2000 유도 키트, 스파이크 대전차 미사일 및 미사일 발사기 등을 제조·판매하고 있다. 이 외에 필리핀, 미얀마, 콜롬비아, 싱가포르 등의 국가에서도 판매가 증가하는 추세다. 또한 아랍 국가들과의 관계 정상화에 따라 UAE를 비롯해 아랍 국가들로의 수출 비중이 크게 증가하고 있다.

■ 라파엘의 경쟁력

글로벌 방산 시장에서의 라파엘의 위상은 R&D 지출과 적극적인 M&A 전략 실행을 통해 얻을 수 있었다고 볼 수 있다.

① 2022년 기술 성과 [161]
그간의 적극적인 R&D 투자 결과(2022년 매출액 대비 8.9%) 2022년에 다음과 같은 기술적 성과를 얻었다.
- 아이언돔 시스템의 보완 기능 강화: 공중 위협을 요격하도록 설계된 강력한 레이저 시스템인 아이언 빔IRON BEAM 고에너지 레이저 무기 시스템의 테스트에 성공
- 록히드 마틴Lockheed Martin과 아이언 빔 시스템 개발을 위한 전략적

팀 구성 계약을 체결. 또한 미 육군과 협력해 아이언돔 배터리 실사격 테스트 완료

■ 세계 최고 성능의 대전차 미사일인 신형 스파이크 NLOSSPIKE NLOS 6세대 미사일을 공개했으며, 아이언돔을 해군에 적용한 C-DOME 시험 성공적으로 수행

■ 표적을 자율적으로 분류할 수 있는 첨단 전기광학 호밍 탄두를 통합한 이스라엘 최초의 미사일인 첨단 공대지 미사일인 아이스 브레이커ICE breaker 출시

② 적극적인 M&A 전략

라파엘은 핵심 사업의 경쟁력 강화를 위해 M&A 전략을 적극적으로 구사하고 있으며, 회사 설립 후 지금까지 인수한 기업 수는 총 33개에 달한다. 라파엘의 주요 M&A 사례는 다음과 같다.

■ 1993년 엘론 일렉트릭 인더스트리Elron Electronic Industries와 합작 투자로 라파엘의 기술 이전 회사 기능을 하는 라파엘 디벨롭먼트 코퍼레이션Rafael Development Corporation 설립[162]

■ 2019년 이스라엘 최고의 무인 항공 시스템 개발자인 에어로노틱스 디펜스 시스템즈Aeronautics Defense Systems를 2억 4,000만 달러에 인수[163]

■ 2019년 이스라엘 항공우주 엔지니어링 회사인 칸핏Kanfit Ltd의 지분 50퍼센트 인수[164]

■ 2020년 라파엘과 미국의 레이시언Raytheon은 미국에서 아이언돔의 스카이 헌터Sky Hunter 요격체를 생산하기 위해 R2S라는 합작 회사 설립[165]

■ 2020년 첨단 탐지 및 추적 기술 개발에 정통한 이스라엘 회사 애니비전Anyvision과 50 대 50 합작 회사 사이트엑스SightX를 설립. 2020년 12월 사이트엑스는 건물 내부에서 무장한 사람을 탐지하기 위해 AI 인식 기술을 사용할 미니 UAV 개발을 발표[166]

■ 2022년 미국 시장에서의 확장 전략의 일환으로 PVP 어드밴스드 EO 시스템즈PVP Advanced EO Systems, Inc.를 인수[167]

■ 2022년 영국 방산 전문 기업 피어슨 엔지니어링 지분 100퍼센트 인수. 이 인수에는 피어슨의 금속 가공 자회사인 리스판시브 엔지니어링Responsive Engineering도 포함[168]

TAT 테크놀로지스

■ 개요 [169·170]

TAT 테크놀로지스TAT Technologies(TAT)는 상업용, 군용 항공우주 및 지상 방위 산업에 열 관리 솔루션과 전력 및 작동 서비스를 제공하는 기업이다. 열 관리 솔루션, 에너지 및 동력 시스템, 그리고 MRO(유지 보수, 수리 및 개조 서비스) 등 세 가지 주요 비즈니스 영역을 운영한다. 사모펀드인 FIMI 오퍼튜니티 펀드FIMI Opportunity Funds가 51퍼센트 지분을 소유하고 있으며, 현재 나스닥과 텔아비브 증시에 상장돼 있다. 전 세계적으로 5개 자회사에 500명 이상의 직원을 고용하고 있다.

TAT는 M&A를 통해 사업 영역을 확장했는데, 현재 운영 중인 사업은 크게 네 가지 분야로 구분될 수 있다. 열전달 솔루션 및 항공 부속품의 OEM(Original Equipment Manufacturing), 열전달 부품 및 열전달 솔루션 OEM을 위한 유지 보수 서비스(MRO), 항공 부품에 대한 MRO 서비스, 제트 엔진 부품의 정밀 검사 및 코팅 사업이 그것이다.

회사 연혁

연도	주요 내용
1969년	이스라엘 브네이-브락Bnei-Brak에 TAT 테크놀로지스 설립
1973년	이스라엘 게데라로 사업장 이전
1989년	세스나 항공기Cessna Aircraft의 사전 냉각기 제조를 시작으로 상업 시장에 진출
1993년	림코 인수
2005년	피드몬트 인수
2013년	FIMI 오퍼튜니티 펀드에서 인수
2015년	터보크롬 인수
2018년	독립적으로 운영되는 4개 회사에서 단일 글로벌 회사로 전환

자료: TAT 테크놀로지스 홈페이지

먼저 열전달 솔루션 및 항공 액세서리 OEM 분야는 이스라엘 게데라 Gedera 시설을 통해 수행된다. 주로 ① 항공기의 기계 및 전자 시스템에 쓰이는 예냉기, 열 교환기, 연료 유압, 열 교환기와 같은 열전달 솔루션의 설계·개발 및 제조, ② 항공기 기내 및 지상 애플리케이션에 설치된 환경 제어 및 전력 전자 냉각 시스템, ③ 펌프, 밸브, 터빈 동력 장치와 같은 다양한 항공기 기계 액세서리 및 시스템 등이 포함된다.

열전달 부품을 위한 MRO 서비스 및 열전달 솔루션 OEM 분야는 자회사인 림코Limco를 통해 실행된다. 림코는 FAA 인증 수리소를 운영해 항공사, 항공 화물 운송 업체, 유지 보수 서비스 센터, 그리고 군대에 열전달 MRO 서비스를 제공한다. 항공 부품에 대한 MRO 서비스 분야는 자회사인 피드몬트Piedmont를 통해 주로 APU, 랜딩 기어 및 기타 항공기 부품의 MRO 서비스를 한다. 제트 엔진 부품의 정밀 검사 및 코팅 분야는 자회사인 터보크롬Turbochrome에서 터빈 베인 및 블레이드, 팬 블레이드, 애프터버너 플랩 등의 정밀 검사 및 코팅 서비스를 하고 있다.

■ 주요 사업부 [171]

① TAT 림코TAT Limco(롱아일랜드 메탈 컴퍼니Long Island Metal Company)[172]

TAT 림코는 주로 항공우주 산업에 중점을 두고 열 관리 솔루션 분야의 세계적 리더로 인정받고 있다. 림코는 항공기, 전자, 산업, 정부 및 상업 시장을 위한 정밀 부품 제조 업체로 1946년 뉴욕에서 설립됐다. 한편 1974년 오클라호마주 털사Tulsa에서 설립된 에어페어 인터내셔널Airepair International은 열 교환기, 예냉기, 응축기, 재열기, 오일 냉각기 등에 특화돼 있었다. 열 관리 업계 선두 주자인 양사는 1995년에 합병해 오클라호마주 털사에 림코 에어페어Limco Airepair를 설립했고, 2019년에 사명을 TAT 림코로 변경했다.

2010년부터 TAT 림코는 린 제조 원칙을 따르기 위해 제조 방법과 시설을 대폭 업데이트했고, 이를 통해 TAT 림코는 품질과 일관성을 확립했다. 림코의 FAA 인증 수리 공장에서는 항공사, OEM, 항공 화물 운송 업체, 유지 보수 서비스 센터 및 군대를 위한 항공기 부품 MRO 서비스를 제공한다. 림코의 열전달 솔루션 고객으로는 보잉, 미국 국방부보급본부Defense Supply Center, 파커 하니핀Parker Hannifin, 레이시언, BAE 시스템즈, 벨 헬리콥터Bell Helicopter, 트라이엄프 에어로스트럭처Triumph Aerostructures, 노스럽 그러먼Northrop Grumman, 걸프스팀 에어로스페이스Gulfstream Aerospace 등이 있다. 모기업 TAT 테크놀로지스에서는 무엇보다도 상업적 잠재력이 큰 열전달 제품에 대한 OEM 및 MRO 기능을 추가로 개발해 림코 사업을 확장할 계획이다.

② TAT 피드몬트 [173]

TAT 피드몬트는 보조 동력 장치(APU), 랜딩 기어, 그리고 가공Machining, 도금 및 그라인딩Plating & Grinding 서비스에 특화돼 있다. 대다수 시설은 노스캐롤라이나주에 위치해 있으며, 전 세계에 지역 영업 담당자가 있다. TAT 피드몬트 FAA 및 EASA Part 145 수리소로 랜딩 기어 정밀 검사 분야에서 거의 60년의 경험을 갖고 있으며, 하니웰Honeywell 보조 동력 장치(APU) 및 관련 부품 정밀 검사 분야에서는 35년 이상의 경험을 갖고 있다. 일반적으로 제조 업체 사양, 정부 규정 및 군사 유지 관리 계획에 따라 항공기 부품은 정기적으로 또는 필요에 따라 MRO 서비스를 받아야 한다. 고객으로는 미국 국내 및 국제 항공사, 항공 화물 운송 업체, 유지 보수 서비스 제공 업체 등이 있다. 고객과의 MRO 계약은 보통 1년에서 10년 이상 기간의 장기 계약이다.

TAT 피드몬트 특히 글로벌 OEM인 하니웰로부터 다양한 APU 모델에 대한 MRO 서비스를 제공할 수 있는 공인 수리 센터로 허가받았고, 이외 주요 랜딩 기어 제조 업체들과도 긴밀한 협력 관계를 유지하고 있다. 2022년에 6개의 131-9A/B APU와 5개의 331-200/250 APU를 추가해 임대 풀을 늘렸다. MRO 서비스 외에 APU 및 랜딩 기어 제품의 교환, 임대 및 개별 부품 공급 분야에서도 전 세계적으로 활발하게 활동하고 있다. 향후 APU 및 랜딩 기어 애플리케이션 확장은 물론 상업적 잠재력이 큰 기타 항공기 시스템에 대한 MRO 기능을 개발하고 MPG(가공, 도금,

연삭) 서비스까지 제공함으로써 MRO 운영 영역을 확장할 계획이다.

③ TAT 이스라엘TAT Israel [174]

TAT 이스라엘은 열 교환기, 냉각 시스템, 냉각판, 증기 사이클 공조 시스템(육상 및 항공 응용 분야용) FLOW 액세서리 등의 설계·개발 및 제조를 전문으로 하는 다양한 기술 기반 엔지니어링 회사다. 현재 약 210명의 직원을 고용하고 있다. 주요 OEM 활동은 열 교환기 및 냉각판의 포괄적인 라인을 설계하고 제조하는 일이다. 열전달 솔루션의 주요 고객은 림벨Liebherr, 보잉, IAI, 텍스트론 에이비에이션Textron Aviation(세스나), 필라투스Pilatus, 엠브라에르Embraer, 이튼Eaton, 파커Parker, 벨 헬리콥터, 그리고 미 공군, 미 육군, 미 해군 및 전 세계의 다른 공군 등이다.

이러한 공급 계약은 보통 10년 이상 기간의 장기 계약이다. OEM 활동의 일환으로 전체 냉각 시스템의 설계·개발 및 제조에도 참여하고 있다. 이 제품 라인에는 주로 전자 시스템용 냉각 시스템(공군 플랫폼에 사용)과 지상 냉각 시스템(군사 시설, 텐트, 차량에 등 사용)이 포함된다. 고객으로는 록히드 마틴, 보잉, 콘티넨탈, 이스라엘 공군(IAF), IAI, 엘빗 시스템즈, 라파엘, 그리고 미 공군, 미 해군 및 전 세계의 공군 등이 있다.

TAT 이스라엘은 또한 군용 고객에게 항공 액세서리와 특정 열전달 솔루션에 대한 MRO 서비스를 제공한다. 현재 F-16 전투기의 비상 동력 장치, 히드라진hydrazine 탱크, 제트 연료 시동기, 냉각 터빈 및 밸브 등을 점검하고 있다. MRO 서비스 고객에는 IAF, IAI, 여러 NATO 회원국은 물론이고 미 공군, 미 육군, 미 해군 등이 있다.

■ 실적 현황 및 전망

① 부문별 실적(2023년 9월 기준)[175]

매출 구성비를 살펴보면, 사업 부문별로는 MRO 서비스 수익(70%)과 상업용 항공기 부문(77%) 매출이 다수를 차지하며 지역별로는 미국 시장 (64%)의 비중이 가장 높다.

■ OEM과 MRO 비중: 각각 30퍼센트 및 70퍼센트

■ 상업용과 군수 비중: 각각 77퍼센트 및 23퍼센트

■ 지역별 매출 비중: 미국 64퍼센트, 유럽 13퍼센트, 이스라엘 11퍼센트, 아시아 7퍼센트, 기타 5%퍼센트

제품별 비중은 열 교환기 OEM 및 MRO 39퍼센트, APU MRO 27.2퍼센트, 랜딩기어 MRO 7.6퍼센트, 항공 액세서리 OEM 6.6퍼센트 순이다.

② 2022년 및 2023년 3분기 실적[176·177]

2022년에는 코로나19 팬데믹의 영향이 완화됐으며, 제품 및 서비스에 관한 수요가 개선됐다. 2022년 총 수익은 8,450만 달러로, 전년(7,790만 달러) 대비 8.4퍼센트 증가했다. 이는 열전달 솔루션 및 항공 액세서리 부문에서의 OEM 매출이 전년 대비 15퍼센트 감소했음에도 불구하고 여타 부분의 수익이 증가했기 때문이다. 이러한 실적 개선 추세는 2023년 들어서 더욱 뚜렷해졌다. 분기별 매출 규모 측면에서 2022년 1분기 2,000만 달러 수준에서 매분기 점진적 상승을 보여 2022년 4분기에는 2,280만 달러 수준을 달성했다. 2023년 들어서는 분기별 성장 속도가 가팔라져 2023년 3분기 매출 실적은 3,000만 달러 수준에 이르렀다.

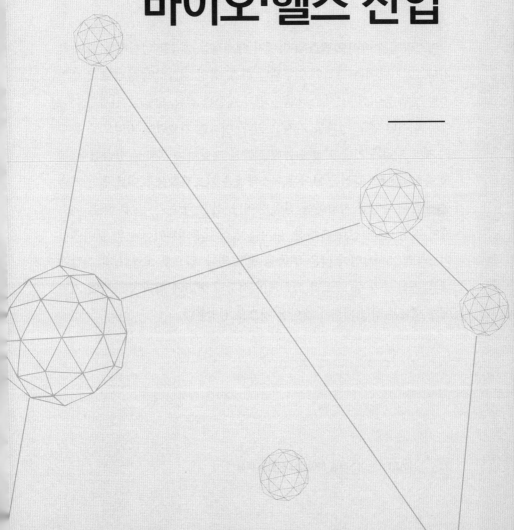

3장

바이오·헬스 산업

개요

　이스라엘은 바이오·헬스 분야에서 세계적인 성과를 나타내는 혁신 국가다. 그 기반에는 강력한 연구개발 환경, 창업 친화적인 생태계, 정부의 지원 정책 등이 있다. 이스라엘은 암과 심혈관 질환, 당뇨병, 신경계 분야에서 뛰어난 연구 성과를 가지고 있다. 이러한 기술력을 바탕으로 유수의 제약 기업과 기술 이전을 통해 신약을 개발하는 성과를 창출했다. 특히 융합 분야에 강점을 보이는 이스라엘은 기초과학을 토대로 첨단 기술을 융합해 다양한 사업화를 진행 중이다. 첨단 의료 기기, 웨어러블 헬스케어 기술, 원격 진료 솔루션, 디지털 헬스 애플리케이션 등의 분야에서 이스라엘 스타트업이 많은 주목을 받고 있다. 앞으로 고령화 및 건강에 대한 관심 증가 등 글로벌 헬스케어 시장의 변화에 따라 이스라엘 기업에게 새로운 성장 기회가 찾아올 것으로 전망된다.

바이오·헬스 산업 현황

바이오·헬스 산업 지표

이스라엘 하이테크 산업의 27퍼센트를 바이오·헬스 분야가 차지하고 있다.[178] 이스라엘의 바이오·헬스 산업은 생명공학 기술, 의약품, 디지털 헬스, 의료기기 등의 세부 분야로 분류된다. 생명공학 분야는 생명과학, 생물학, 유전학, 암 연구 등을 포괄하는데 대학과 연구소에서 발견된 성과를 기반으로 글로벌 제약 기업이 기술을 이전받아 신약을 개발한 사례가 많다. 항암제인 얼비툭스, 독소루비신Doxorubicin, 다발성 경화증 치료제인 코팍손, 레비프Rebif, 치매 치료제인 엑셀론 등은 전 세계적인 블록버스터 약물로 기록됐다.

이스라엘 의약품 산업은 제네릭 의약품과 유효 의약품 성분을 중심으로 활발한 활동을 보인다. 대표적인 기업으로는 테바Teva Pharmaceutical Industries가 있다. 이스라엘 의약품은 주로 미국, 중국, 영국 등으로 수출된다. 최근에는 코로나19 치료제 개발에 참여하는 등 미국, 중국, 캐나다에 이어 세계 4위의 제조 및 개발 파이프라인을 보유하고 있다. 디지털 헬스 분야는 최근 많은 각광을 받는 분야로 AI 기술과 접목해 의사결정 지원, 진단 서비스, 디지털 치료제, 임상 워크플로우 서비스, 원격 모니터링, 환자 참여 서비스, 보조 기술 분야 서비스 등을 제공한다. 특히 개인의 건강 데이터 정보 보안 강화를 위해 사이버 보안과 블록체인 기술을 결합한 서비스도 출시되고 있다.

바이오·헬스 기업 현황

이스라엘의 바이오·헬스 분야 기업 수는 2022년 기준 1,800여 개가 넘는 것으로 집계됐다. 2010년에는 약 135개였는데 무려 10배 이상 늘어났다.[179] 그중 의료 기기와 디지털 헬스 분야에서 활동하는 기업이 가장 많은데, 평균 수명의 증가와 퇴행성 질환과 같은 노인성 질환에 대한 관심이 높아지면서 기술과 서비스 수요가 증가한 것이다. 디지털 헬스 기업은 전체 바이오·헬스 산업 기업의 30퍼센트를 차지하며 매해 그 비율이 증가하고 있다.[180] 생명공학 기업은 2015년과 비교하면 2022년에 34퍼센트 정도 증가했는데, 디지털 헬스 기업은 2015년 대비 95퍼센트가 증가했다(249쪽 그래프 참조).

2022년 기준 이스라엘 바이오 산업 기업 수

산업 분류	기업 수
생명공학 기술	459개
의약품	151개
디지털 헬스	539개
의료 기기	658개

자료: IATI

바이오테크, 디지털 헬스 분야 기업 수 증가 현황

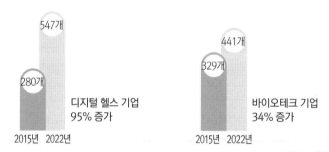

547개
280개
디지털 헬스 기업
95% 증가
2015년　2022년

441개
329개
바이오테크 기업
34% 증가
2015년　2022년

자료: 스타트업 네이션 센트럴

2022년 기준 이스라엘 바이오·헬스 산업 기업 사업 단계 현황

사업 단계	기업 비율
R&D	52%
초기 수익	33%
시드	10%
수익 성장	5%

자료: IATI

이스라엘의 바이오·헬스 산업 기업은 2020년 기준 대부분 R&D 단계와 초기 수익 단계에 있다. 특히 40퍼센트가 5년 미만 스타트업으로 바이오·헬스 산업이 기술 개발에 수년간의 기간이 걸린다는 것을 감안하면 앞으로 괄목할 만한 기술을 가진 기업이 다수 탄생할 것으로 기대된다. 이스라엘에서는 2012~2020년까지 매해 평균 160여 개 정도의 바이오·헬스 스타트업이 탄생했다. 2021년 이후에는 80여 개로 다소 감소했지만, 이 수치는 세계적으로 바이오 생명공학 분야 기업의 감소 추세와 일치한다.[181]

이스라엘 바이오·헬스 기업 소개

회사명(설립 연도)	사업 내용
K 헬스(2016년)	AI 기반 디지털 진료 플랫폼
헬로 하트(2013년)	혈압 모니터링 시스템을 통해 심장 질환 및 고혈압을 진단하고 관리하는 프로그램 제공
아이독(2016년)	의료 영상 데이터 분석을 통해 뇌졸중, 폐색전증 등을 식별하고 진단하는 AI 솔루션
알파타우(2015년)	알파 방사선 입자를 이용해 암을 치료하는 알파 다트 기술 개발
울트라사이트(2018년)	심장 초음파 검사를 간소화하는 머신러닝 기반의 서비스 제공
바이오라인(2003년)	심장마비 및 C형 간염 치료제 약물 개발 바이오 제약 회사
미트르어시스트(2009년)	승모판 역류를 치료하기 위한 침습적 접근법을 통한 임플란트 솔루션 개발
오라메드(2006년)	주사를 통해서만 투여되는 약물을 경구로 전달할 수 있는 경구용 인슐린 캡슐 개발
우로젠(2004년)	방광암 및 비뇨기과 질환을 치료하는 약물, RT겔 기술 기반 국소 치료제 개발

자료: 각 기업 홈페이지

K 헬스

K 헬스는 AI 기반 디지털 진료 플랫폼이다. EMR 데이터를 바탕으로 자가 점검이나 임상의와의 대화 기능을 통해 1차적인 진료 서비스를 제공한다. K 헬스는 2016년 알론 블락Allon Bloch, 란 샤울Ran Shaul, 아담 싱골다Adam Singolda가 설립했다. 알론 블락는 미국 의료 시스템을 본받은 서비스를 제공하고자 K 헬스를 창업을 생각하게 됐다. K 헬스 서비스는 특히 감염 질병 진단에서 정확도가 높으며 긴급 진료나 소아과 서비스, 만성 질환 치료를 지원한다. K 헬스는 2018년 미국 시장에 진출해 48개 주 310만 명의 이용자를 보유하고 있다. K 헬스는 이스라엘의 건강 의료 관리 기관 중 하나인 마카비Maccabi, 대규모 의료 데이터 서비스 메이오 클리닉Mayo Clinic과 라이센스 계약을 통해 방대한 의료 데이터를 제공받는다. 이 데이터로 이용자의 상황을 고려한 처방을 제안하고 적합한 병원 혹은 의사를 연결해 준다. K 헬스는 지금까지 총 9번의 투자 라운드를 거쳐 3억 3,000만 달러 이상을 조달했다.

헬로 하트

헬로 하트Hello Heart는 2013년 CEO인 마얀 코헨Maayan Cohen과 최고 제품 책임자인 지브 멜처Ziv Meltzer가 설립했다. 헬로 하트는 심장질환과 고혈압 진단 및 관리 프로그램을 제공한다. 이용자가 스스로 혈압, 맥박, 체중과 일상 활동 데이터를 측정하고 관리할 수 있다. 해당 데이터를 실시간으로 모니터링해 높은 수치가 나타나면 즉시 경고 알림을 보낸다. 헬로 하트의 혈압 모니터 시스템은 FDA의 승인을 받았다.

아이독

아이독Aidoc은 의료 영상 데이터 분석을 통해 뇌졸중이나 폐색전증, 경추 골절, 복부 가스 등을 진단하고 식별하는 솔루션을 제공한다. 엘라드 윌라크Elad Walach(CEO), 마이클 브라긴스키Michael Braginsky(CTO), 가이 라이너Guy Reiner(VP R&D)가 설립했다. 이 세 명의 창업자는 IDF 방위군 출신으로, 군에서의 경험과 지식을 토대로 새로운 기술 개발을 하고자 창업을 하게 됐다고 한다. 병원에서 실행하는 CT 검사의 경우 심각한 질병이 확인되기까지 시간이 소요된다. 수백만 개의 스캔 이미지에는 질병의 증상이 기록돼 있지만, 방사선 전문의가 이를 판독하기 전까지는 알 수가 없는 것이다. 아이독의 기술은 CT 결과가 나오자마자 바로 검토를 실시하고, 이상이 있을 시 경고 표시를 보낸다. 이로 인해 실제 인력이 투입되는 작업 시간을 60퍼센트까지 줄일 수 있다고 한다. 아이독의 두뇌 CTA에서 혈관폐색을 감지하는 시스템은 FDA 승인을 취득했다.

알파타우

알파타우 메디컬AlphaTau Medical은 알파 방사선을 통해 암 치료를 지원하는 기술 알파 다트Alpha DaRT를 개발한 기업이다. 알파 다트는 암 주변의 건강한 조직은 그대로 두고 종양에만 알파 입자를 방출해 파괴하는 기술이다. 알파 다트는 이스라엘 텔아비브대학의 이츠하크 켈손Itzhak Kelson, 요나 케이사리Yona Keisari 교수의 연구에서 시작됐다. 알파타우 메디컬은 이러한 연구 결과를 바탕으로 설립된 기업으로, 효과성과 안정성을 입증받았다. 전 세계 55개 이상의 암 센터에서 임상시험 중이며, 2022년 3월 나스닥 시장에 스팩SPAC 상장했다.

울트라사이트

울트라사이트는 심장 초음파 검사 절차를 간소화하는 서비스를 제공한다. 심장 초음파 촬영 시 의료진에게 집중 검사 포인트를 알려 주고, 사람의 눈으로 확인이 어려운 한계를 극복할 수 있게 해 준다. 머신러닝을 활용해 심장 초음파 이미지를 자동으로 측정하고 분석해 심장 병변을 발견하거나 질환으로 의심되는 부분을 확인할 수 있도록 지원하는 것이다. 울트라사이트는 심장 진단 솔루션으로 유럽 CE 마크를 받았으며, 심장 MRI 보조 솔루션으로 미국 FDA 승인까지 받았다. 2018년 아치 루도밀스키Achi Ludomirsky, 이태이 케주러Itay Kezurer가 공동 설립했는데, 아치 루도밀스키는 소아심장 및 소아과 교수이며 이태이 케주러는 와이즈만 연구소 출신으로 컴퓨터 비전 및 딥러닝 분야 전문가다.

바이오라인

바이오라인RxBioLineRx는 바이오 제약 회사로 테바, HBL(Hadasit Bio-Holdings), 예루살렘 개발청, 예후다 지사펠Yehuda Zisapel 등의 투자를 받아 2003년 설립됐으며 2011년 나스닥에 상장됐다. 2009년에 심장 마비 환자를 치료하기 위한 심장 근육 안정제 BL-1040을 개발했고, 2012년에 C형 간염 치료제 BL-8020을 개발했다. 종양학, 면역학, 신경학 분야의 약물을 개발하고 있으며 항정신병제, 항염증제 등이 현재 후기 임상 단계에 있다. 창립자는 모리스 라스터Morris Laster이며 2009년까지 바이오라인Rx의 CEO로 재직했다. 모리스 라스터는 다운스테이트 메디컬 센터Downstate Medical Center에서 의학 박사 학위를 취득했으며, 파라마운트 캐피털Paramount Capital, 아워크라우드의 벤처 파트너, 그리고 생물의학 컨설팅 회사, 제약회사 파트너 등 30년 가까운 바이오 제약 업계의 커리어를 가지고 있다.

미트르어시스트

미트르어시스트MitrAssist는 승모판 역류 환자를 위한 생명공학 기술을 연구하는 회사다. 승모판 역류는 심장마비나 유전적 요인으로 좌심방과 좌심실을 분리하는 승모판이 닫히지 않아 혈액이 새는 것이다. 미트르어시스트는 침습적 접근법으로 임플란트를 삽입해 자연 승모판과 함께 작동하도록 하는 솔루션을 개발했다. 2009년 길 나오르Gil Naor에 의해 설립됐다. 길 나오르는 연쇄 창업가로, 바이오 분야 20년 경력을 가지고 있다. 미트르어시스트는 2023년 9월 시리즈 C단계 투자를 유치해 총 1억 8,100만 달러의 펀딩을 모았다.

오라메드

오라메드는 하다사 대학병원의 미리암 키드론Miriam Kidron과 그의 아들 나다브 키드론Nadav Kidron이 2006년 설립한 회사다. 오라메드의 독점적인 기술은 바로 주사를 통해서만 투여되는 약물을 경구 전달할 수 있도록 한 것이다. 주력 제품인 경구용 인슐린 캡슐은 바늘에 두려움이 있는 전 세계 수백만 명 당뇨환자의 삶을 개선했다. 인슐린 외에도 독점 기술을 통해 주사를 통해서만 사용 가능한 다양한 단백질 기반 치료법을 경구 투여하는 데 잠재적으로 사용될 수 있다. 2021년에는 자회사 오라백스 메디컬Oravax Medical을 설립해 코로나19 경구용 백신을 출시하기도 했다. 현재 미국 FDA와 유럽 EMA에서 제2형 당뇨병 치료를 위해 임상을 진행 중이다.

우로젠

우로젠은 2004년 설립된 기업으로 방광암을 치료하는 약물이 조직에 더 잘 침투될 수 있는 특수 젤 사용 기술을 개발했다. 암 적응증 및 비뇨기과 질환 치료 의약품을 주로 개발하는데, RT젤RTGel이라는 제품이 대표적이다. RT젤은 약의 효과가 조금씩 오래 지속되는 서방성 하이드로젤로, 온도에 따라 형태가 달라지는 특성을 지녔다. 낮은 온도에서는 액체 상태로, 체온에서는 젤 형태로 변환된다. 이러한 특성은 국소 치료를 효과적으로 할 수 있도록 돕는다. 우로젠의 설립자는 아셀 홀저Asher Holzer로, 30년이 넘는 의료 기기 업계 경력을 보유했다. 히브리대학에서 응용물리학 박사 학위를 취득했으며, 2001년에 의료 제품을 개발하는 22개 이상의 회사를 인큐베이팅하는 기업인 ADAR 테크놀로지ADAR Technologies를 설립했다.

투자 유치 및 엑시트 현황

이스라엘의 바이오·헬스 산업은 지난 10년 동안 벤처 캐피털의 투자에 성장해 왔다. 바이오·헬스 산업은 오랜 연구와 임상시험이 필수적이기 때문에 자금 조달이 매우 중요하다. 이스라엘 정부의 지원과 이스라엘 바이오 기업의 우수성을 인식한 해외 투자자들의 투자가 성장 토대를 마련해 주었다고 할 수 있다. 현재 이스라엘에는 바이오·헬스 분야에서 약 20개의 VC 펀드가 활동하고 있으며, 각각의 자본 규모는 1,000만 달러에서 1억 달러 사이이다. 2015년에는 바이오·헬스 기업의 집중 육성을 위한 이스라엘 생명공학 펀드Israel Biotech Fund(IBF)가 만들어졌다. IBF에서는 모든 개발 단계의 이스라엘 생명공학 기업에 독점적 투자를 해 초기 단계의 생명공학 기업의 생존을 돕고 있다. 화이자Pfizer, 아스트라제네카AstraZeneca 등의 해외 주요 기업들 또한 이스라엘의 바이오·헬스 스타트업을 지원하며 인큐베이팅과 투자를 아끼지 않고 있다.

최근의 바이오·헬스 분야 투자 지수를 살펴보면, 2021년에 비해 다소 감소세가 보인다. 2022년 상반기에 24억 달러, 158건의 투자를 유치한 데 비해 2023년 상반기에는 14억 달러, 83건 투자로 40퍼센트 이상 감소했다. 이는 인플레이션 증가와 시장 불확실성, 글로벌 및 지역적 요인으로 인한 것으로 분석되는데 전반적인 하이테크 기업의 투자 감소 현황과 비슷하다. 전체 투자 건수와 금액은 감소했지만, 디지털 헬스 기업의 경우 투자 지표가 해마다 상승하고 있어 계속적인 성장이 기대된다.

바이오·헬스 분야 기업 중 나스닥에 상장된 기업은 약 50여 개 정도다. 최근 7년간 100개 이상의 바이오 분야 기업이 인수됐으며, 2021년에는 한 해에만 21개 회사가 인수됐다. 이스라엘의 유니콘 기업 중 바이오·헬스 분야 기업으로는 K 헬스, 오르캠, 인사이텍Insightec이 있다.

이스라엘 바이오·헬스 산업 투자 지표

구분	2018년	2019년	2020년	2021년	2022년
투자 건수	249건	265건	291건	291건	212건
투자 금액	15억 3,700만 달러	16억 4,500만 달러	27억 1,000만 달러	31억 9,500만 달러	27억 6,500만 달러

자료: 스타트업 네이션 센트럴

바이오·헬스 산업 배경과 특징

기초과학 연구 성과

이스라엘은 뛰어난 기초과학 연구 성과와 의료 및 생명공학 분야 첨단 인프라를 보유한 국가로 손꼽힌다. 기초과학 연구를 통해 새로운 신약 개발이나 여러 가지 메커니즘을 활용한 응용과학 분야로 발전할 수 있기 때문에 바이오·헬스 산업에서 기초과학 연구는 매우 중요하다. 이스라엘의 과학 분야 간행물의 절반 이상이 생명공학과 의료 및 임상 연구에 관한 것이며, 2015년부터 2020년까지 이스라엘에서 출원된 특허 대부분이 생명과학 분야일 정도로 바이오·헬스 분야에서 우수한 기술력을 보유하고 있다(260쪽 그래프 참조).

특히 이스라엘은 생명과학 분야에 뛰어난 인적 자원을 갖추고 있는데 벤구리온대학, 하이파대학, 텔아비브대학, 테크니온 공대, 바일란대학, 히브리대학과 와이즈만 연구소, 볼카니 센터 농업 연구소 등에서 생명과학을 전공한 학생들이 매해 1,700명 이상 졸업해 학계와 산업계로 진출하고 있다. 이스라엘 생명과학 기술의 산실로 유명한 와이즈만 연구소는 생물학과 생화학 전공이 전체 60퍼센트를 차지하며, 2009년 노벨 화학상 수상자인 아다 요나트를 배출했다. 각 대학의 교수 창업도 활발하게 이루어지고 있다.

2016년 설립된 이스라엘 의료 기기 기업 알파타우 메디컬은 텔아비브 대학 의과대학과 천체물리학과가 공동으로 개발한 알파 다트 기술로 설립됐다. 알파 다트는 알파 방사선을 활용한 암 치료법이다. 알파타우 메디컬의 CEO 우지 소퍼Uzi Sofer는 "이스라엘은 대학 소속 연구자가 일주일 중 일부는 기업에서 근무할 수 있게 지원함으로써 자연스럽게 산학 협력을 수행하도록 한다"고 말했다.[182] 이스라엘 스타트업의 90퍼센트가 대학과 연계돼 있다는 사실은, 학계의 기술을 산업 현장에 적용할 수 있도록 지원하는 이스라엘의 생태계가 중요한 산업 원동력이 된다는 것을 보여 준다.

우수한 기초과학 연구물을 산업에서 활용할 수 있도록 중요한 역할을 하는 것이 이스라엘의 기술 사업화 조직인 TTO(Technology Transfer Office)다. 이들은 기술 이전을 통해 연구 기관의 수익을 창출하고, 연구자의 지식재산권을 보호하는 역할을 한다. 와이즈만 연구소의 예다 등 각 대학과 연구소의 TTO를 통해 이스라엘의 기초과학은 사업화를 이룰 수 있었다. 생명과학 분야는 이스라엘에서 가장 많은 특허 출원과 기술 이전이 이루어진 분야로, 기초과학 연구와 기술 사업화라는 교과서적인 공식이 이스라엘 바이오·헬스 산업 발달의 요인 중 하나라고 할 수 있다.

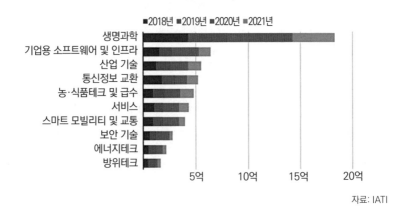

2018~2021년 이스라엘의 분야별 특허 출원 현황

■2018년 ■2019년 ■2020년 ■2021년

자료: IATI

정부의 혁신 정책

이스라엘은 바이오·헬스 산업 육성을 위해 정부에서 각종 연구개발을 위한 자금 및 기술 지원을 아끼지 않는다. 특히 이스라엘 경제부 산하의 수석 과학관실에서 생명공학을 포함한 모든 산업 기술 연구와 개발을 지원하고 있다. 1990년 이스라엘 정부는 생명공학 연구의 중요성을 인식하고 수석 과학관실 주도로 '생명공학 위원회'를 설립해 생명공학 분야 연구뿐만 아니라 기업가 활동까지 촉진했다.

또한 생명공학 분야의 기술 개발 기간이 길고 비용이 많이 드는 점을 고려해 생명과학 펀드Life Sciences Fund를 만들어 2011년부터 운영했다. 바이오 기술이나 나노 기술 프로젝트를 지원하는 노파르Nofar라는 프로그램을 운영했으며, 과학문화체육부와 혁신청 주도로 생명공학 분야 연구 인프라 강화와 자금 지원 사업을 시행했다. 디지털 헬스 스타트업의 경우 시제품을 현장에서 테스트할 수 있도록 정부가 의료 기관 및 연구소와 협약을 맺어 테스트베드를 지원한다.

특히 의약품 산업에 있어 이스라엘 정부의 정책이 수출 증대에 큰 영향을 미쳤다. 바로 이스라엘 의약품 표준을 국제 의약품 표준에 맞춘 것이다. 인구수가 적은 이스라엘은 의약품 내수 시장도 작은 편이기 때문에 기업의 글로벌 진출은 필수다. 원활한 글로벌 진출을 위해 이스라엘 정부는 국제 의약품 표준을 국내에 도입했다. 이로 인해 의약품 수출입 심사 절차와 소요 기간이 대폭 단축됐다. 또한 이스라엘 정부는 2012년에 유럽연합과 의약품 규격 상호 인정 협정을 체결해 이스라엘 제약 기업의 글로벌 진출을 용이하게 했다. 그뿐만 아니라 이스라엘에서 승인한 국가의 의약품 승인을 근거로 이스라엘 내 해외 기업의 수입 허가를 인정했다. 이후 해외 의약품 기업의 이스라엘 유입이 증가했고, 이를 통해 국내외 기업 간 임상 실험 데이터나 각종 기술 교류가 이루어져 의약품 산업의 발전에 큰 도움을 주었다.

의료보험 체계

이스라엘은 체계화된 국민의료보험 시스템을 갖춘 나라 중 하나다. 모든 이스라엘 거주자는 의료보험 가입이 필수이며, 모든 의료보험 데이터는 이스라엘의 국민보험연구소(Bituach Leumi)를 통해 관리된다. 이스라엘 국민들은 클래릿Clalit, 레우밋Leumit, 마카비, 뮤헤데트Meuhedet라는 건강보험사 중 하나를 선택해 보험 가입을 해야 한다. 이 보험사들은 한국의 건강보험공단과 유사한 역할을 한다. 보험에 가입한 국민의 건강 데이터를 전산화한 것이 전자 진료 기록 EMR(Electronic Medical Record)인데, 이스라엘 인구 90퍼센트 이상의 데이터가 EMR로 관리된다. EMR은 국민 개개인의 나이, 건강 상태, 각종 질환, 진료 기록, 유전자 데이터를 포함하고 있다. 2018년 이스라엘 정부는 디지털 헬스 기업이 EMR에 접근할 수 있도록 허용했는데, 이로 인해 데이터를 활용한 헬스테크 분야 기술 개발이 활발하게 이루어지고 있으며 데이터를 활용하고자 하는 글로벌 기업의 투자와 협력도 이어졌다.

글로벌 R&D 생태계 구축

이스라엘에는 많은 다국적 글로벌 헬스 기업이 진출해 공동 기술 개발과 투자를 진행하고 있다. 세계 매출 1위 의료 기기 기업인 메드트로닉은 이스라엘에 R&D 센터를 설립해 운영 중이고, 디지털 헬스케어 솔루션 기업인 체인지 헬스케어 또한 이스라엘에 R&D 센터를 설립해 심장 모니터링 시스템을 개발했다. GE의 자회사인 GE 헬스케어의 이스라엘 R&D 센터에서는 초음파, 핵의학 분야 기술을 개발 중이다.

경쟁력

　이스라엘의 바이오·헬스 산업은 이스라엘의 뛰어난 과학기술과 글로벌 트렌드인 융합 산업이 더해져 성장성이 높은 분야다. 이스라엘은 뛰어난 연구 인프라와 의료 시스템이 갖추어져 있는 국가다. 앞으로 바이오 분야는 의료 외에도 농업, 식품, 에너지, 기후 등 다양한 산업과 융합해 발전할 것이다. 이스라엘은 우수한 과학자와 엔지니어 인력을 가지고 있으며, 산업계와 학계를 넘어 스타트업을 유니콘까지 성장시킨 경험이 있다. 이스라엘의 혁신 생태계는 서로 다른 기술 간 시너지 효과를 일으킬 수 있는 역량이 충분하다.

　디지털 헬스 분야에서도 이스라엘의 경쟁력이 돋보인다. 세계적으로 고령화가 가속화돼 2050년에는 60세 이상 인구가 전 세계 20퍼센트 이상을 차지할 것으로 전망된다. 건강에 대한 전 세계인의 관심 증가로 헬스케어는 단순히 치료가 아닌 예방과 사후 영역으로까지 확대됐다. 맥킨지 글로벌 연구소에서는 2030년 세계 헬스 산업 시장 규모를 14조 5,000억 달러로 전망했다. 특히 인공지능, IoT, 로봇공학 등의 기술과 결합한 디지털 헬스는 세계에서 가장 유망한 산업 분야로 여겨진다. 이러한 디지털 헬스 산업의 높은 시장성을 전망한 이스라엘 정부는 R&D 지원과 투자를 아끼지 않고 있다. 방대한 국가 의료 데이터베이스와 하이테크 기술 역량은 이스라엘이 디지털 헬스 산업 분야에서 경쟁 우위를 가질 수 있도록 한다.

이스라엘 바이오 융합 기술의 강점

학술 연구의 우수성	첨단 의료 시스템	안정적인 의료 기기 산업	AI 및 ICT 강국
세계 유수의 연구소 (와이즈만 연구소 등)	세계 2위의 중앙 집중적 EMR 시스템	600개가 넘는 기업	세계 3위의 AI 생태계
높은 수준의 다학문 연구	20년 이상의 EMR 기록	40%가 매출 발생	최정상급 인재들
강력한 산업적 감각 (GDP당 바이오테크 특허 세계 2위)	최상위 임상 연구 의료센터	연간 20억 달러 수출	400개의 다국적 기업 R&D 센터
이스라엘 생산 IP 전 세계로 판매			

자료: IATI

알파타우

■ 개요

알파타우는 알파 다트라는 방사선을 통한 암 치료 기술을 보유한 기업이다. 알파 다트는 알파 방사선을 통해 암 주변의 건강한 조직은 그대로 두고 암 종양만 파괴하는 기술로 텔아비브대학의 이츠하크 켈손 교수와 요나 케이사리 교수가 개발했다. 알파 다트는 전 세계에서 임상 실험을 거치며 그 효과를 입증하고 있다. 2020년에는 28명의 피부암·두경부암 환자를 대상으로 첫 번째 임상 실험을 진행했는데, 실험 대상자 60퍼센트는 방사선 저항성을 가지고 있었고 40퍼센트는 암 재발 환자였다. 결과는 무려 100퍼센트의 반응률과 78퍼센트의 완치율이라는 놀라운 효과를 나타냈다. 알파 다트는 이스라엘에서는 피부암 치료제로 승인 및 판매 허가를 받았으며, 미국에서는 FDA 조건부 승인을 획득했고 일본과 유럽에서는 추가 승인을 심사 중이다.[183] 알파타우는 2016년 설립해 2021년 특수 목적 인수 회사인 헬스케어 캐피털Healthcare Capital Corp과 합병했고 이듬해인 2022년 나스닥에 상장했다. 현재 알파타우의 시가총액은 2억 5,000만 달러다.

■ 창업 과정

알파타우는 현재 CEO인 우지 소퍼와 이츠하크 켈손, 요나 케이사리 교수가 알파 다트 기술의 상용화를 위해 설립했다. 우지 소퍼는 제조, 무역, 안보 등 다양한 분야에서 전문 경영인으로 활동했다. 특히 심부 뇌 자기자극 치료 기기를 개발하는 기업 브레인즈웨이Brainesway의 공동 설립자이자 CEO로 13년 동안 근무했다. 브레인즈웨이에서 연구개발, 임상 실험, 세계 각국에서의 승인 심사까지 총괄 진행했던 경험을 토대로 알파타우 CEO로 참여하게 됐다.

이츠하크 켈손 교수는 와이즈만 연구소, 예일대학교, 위스콘신대학 등에서 연구 활동을 했다. 이후 텔아비브대학에서 물리학부 교수로 근무하며, 2003년 요나 케이사리 교수와 함께 '확산 알파 방출제 방사선 요법 Diffusing alpha emitters radiation therapy'을 공동 발명했다. 현재는 알파타우의 연구 책임자다.

요나 케이사리 교수는 텔아비브대학 생물학 교수이자 이스라엘 암연구학회 창립자로, 80편이 넘는 논문을 발표한 암 분야의 권위자다. 그는 알파 방사선으로 암 종양을 파괴하고 전이를 막기 위한 방법에 관한 연구를 오랫동안 진행해 왔다. 이츠하크 켈손 교수와 함께 알파 방사선을 활용한 치료법인 알파 다트를 개발했고, 알파타우 설립까지 이어진 것이다.

■ 제품과 기술력

알파 다트는 금속 튜브를 사용해 방사성 원자를 암 조직에 직접 삽입하는 기술이다. 금속 튜브 표면에 라듐-224라는 알파 방사선을 방출하는 원자를 부착하는데, 이 라듐-224가 신체에서 붕괴하면서 방사선 원자가 종양 내부에 확산돼 암 종양을 파괴한다. 기존의 방사선을 이용한 암 치료는 알파 방사선이 아닌, 베타 방사선이나 감마 방사선을 활용했다. 알파 방사선은 투과율이 낮지만, 베타 방사선이나 감마 방사선은 투과율이 높고 파장 범위가 크기 때문이다. 그러나 파장 범위가 커서 종종 암세포뿐 아니라 주변의 정상적인 다른 세포까지 파괴하는 단점이 있었다.

알파 방사선은 양성자와 중성자가 각각 2개로 구성된 방사선의 일종으로 베타, 감마선에 비해 투과율이 낮고 유효 범위가 작다. 알파선의 경우 파장은 짧지만 암 DNA 조직에 치명타를 가할 수 있는데, 암세포 DNA의 이중나선을 잘라 내 더 이상 복구되지 않도록 해서 암세포를 파괴한다. 또한 유효 범위가 작기 때문에 정상 조직의 손상을 최소화한다.

이러한 알파 방사선의 특성을 활용하기 위해 알파 다트 기술은 알파 입자를 방출하는 원자의 확산을 이용했다. 라듐-224 원자가 표면에 부착된 금속 튜브는 암세포가 위치한 인체 부위에 5밀리의 간격으로 삽입된다. 이때 라듐-224가 방사성 붕괴를 시작하면서 금소 표면에서 떨어져 나와 암 종양 내부로 확산되고, 네 번의 알파 입자 방출을 통해 방사선이 암 부위에 골고루 영향을 미치게 된다.

알파 다트의 기술력은 국제 방사선 종양학·생물학·물리학 등 각종 학술 저널에 소개됐으며, 미국 FDA를 통해서도 그 효과를 입증받았다. 2021년 6월에 피부암의 일종인 편평 세포 암종 치료를 위한 혁신 의료 기기로 지정됐으며, 같은 해 10월 8일에는 재발성 다형성 교모세포종(GBM) 치료를 위한 혁신 의료 기기로 지정됐다. 재발성 다형성 교모세포종은 악성 뇌종양을 일으키는 공격적인 세포로 치료가 불가능한 경우도 있다.

알파타우는 전 세계에서 임상실험을 진행하고 있다. 임상실험 초기에는 기술력을 시각적으로 입증하기 위해 피부암이나 두경부암 같은 신체 외부에 종양이 발생하는 암에 대한 시험부터 시작했는데 이후 피부암, 구강암, 전립선암, 유방암, 췌장암, 폐암, 뇌종양까지 그 영역을 계속 넓혀 가는 중이다. 지금까지 전임상 결과 18가지의 암에서 치료 효과를 보였다고 한다. 특히 알파 다트에 완벽한 내성이 있는 종양 유형은 발견되지 않아 거의 모든 고형 종양에서 잠재적 유용성을 가지고 있다고 할 수 있다.

■ 경쟁력

알파 다트는 세계 최초로 알파 입자를 활용한 고형암 치료법이다. 고형

암 치료에는 물리적으로 수술을 통해 절개하거나, 방사선 치료 혹은 항암제 투약을 통해 암 종양의 크기를 줄이는 방식을 쓴다. 그러나 알파 다트는 기존의 고형암 제거 치료법이 통하지 않는 환자에게 새로운 치료 대안을 제시한다. 기존 베타·감마 방사선에 내성이 있거나 재발 가능성이 높은 암 종양을 가진 환자, 물리적 수술이 어려운 환자에게 유용한 치료법이다.[184] 그동안 암 치료 시 난제로 여겼던 알파 방사선 입자 활용에 대한 문제를 극복했다는 점에서 알파 다트의 기술력은 전 세계의 주목을 받는다.

알파 다트 기술은 치료와 비용 면에서도 합리적이다. 알파 다트를 통해 신체에 삽입된 알파 원자는 2~3주간 알파선을 발생하고, 암세포는 최대 3개월 내에 완전히 파괴된다고 한다. 이후 알파선 방출이 비활성화된 금속 튜브는 간단한 시술을 통해 제거한다. 금속 튜브의 삽입부터 제거까지 일련의 치료가 큰 비용 부담 없이 간단하게 진행되며, 특히 환자와 의료진 모두 방사선 노출을 최소화한다는 장점이 있다. 알파 다트의 경쟁력 중 추가적인 것은 바로 단순 암 종양을 파괴하는 치료뿐 아니라 면역 치료에도 활용될 수 있다는 점이다. 실제 임상 실험에서 알파 방사선을 직접적으로 삽입한 부위가 아닌 다른 부위의 암도 호전되는 효과가 있었다. 따라서 알파 다트를 면역 요법과 결합해 치료에 활용한다면 더 효과적인 치료법이 될 수 있을 것이다.

글로벌 방사선 치료 시장 규모는 갈수록 커지고 있다. 미국 암 환자의 50퍼센트가 방사선 치료를 받고 있으며, 매해 환자 수는 평균 2퍼센트씩 증가하고 있다.[185] 글로벌 마켓인사이트Global Market Insights에 따르면, 2021년에는 세계 방사선 치료 시장 규모가 65억 달러였고, 연평균 6퍼센트의 성장률이 기대돼 2030년에는 112억 달러에 이를 것으로 전망한다.

방사선을 활용한 의약품은 단순 암 진단과 암 치료 시장 두 가지로 분류되는데, 치료용 방사선 의약품 시장은 현재 초기 단계로 경쟁률이 높지 않다. 다년간의 임상 실험 결과를 통해 성공적으로 상용화된다면 수익성과 성장 가능성이 매우 크다. 알파타우는 이러한 시장 전망을 내다 보고 임상 범위를 넓혀 가고 있다. 현재 다양한 암종과 국가, 고령부터 젊은 층의 환자까지 전임상 연구를 진행하고 있다. 최근에는 미국 자회사 알파타우 메디컬AlphaTau Medical을 통해 매사추세츠주에 이어 뉴햄프셔주에 제조 시설을 위한 임대차 계약을 체결하며 상용화 준비를 진행 중이다. ISRAEL21c 선정 혁신적인 10대 이스라엘 헬스테크 스타트업으로 선정된 알파타우는 현재 미국, 캐나다, 이탈리아, 러시아, 이스라엘, 일본 등 7개국에서 임상 실험 중인데 국내에서도 임상 실험을 진행하기 위해 논의 중이다.

울트라사이트

■ 개요

울트라사이트는 2018년 설립된 AI 기반 심장 초음파 측정 기기 개발 기업이다. 와이즈만 연구소 야론 립맨Yaron Lipman 등의 교수진에 의해 개발된 울트라사이트의 기술은 심장 질환 환자의 상태를 신속하게 진단해 골든타임 내에 치료를 받을 수 있도록 한다. 대부분 병원 응급실에는 심장 질환 전문의가 부족하거나 상주하지 않는 경우가 많아 환자가 오랫동안 의사를 기다려야 한다. 울트라사이트는 환자의 기다림을 줄이고, 의료진이 최적화된 임상 결정을 할 수 있도록 도와준다. 울트라사이트는

2019년과 2021년에 1,300만 달러 규모의 투자를 유치했으며, 미국 FDA 승인과 유럽 승인을 받아 본격적인 제품 판매를 준비 중이다.[186]

■ 창업 과정

울트라사이트는 야론 립맨 교수와 그의 제자인 이태이 케주러, 소아 심장학 전문의인 아치 루도밀스키 교수가 2018년 창업했다. 이들은 야론 립맨 교수의 AI 연구를 기반으로 인간의 뇌에서 네트워크가 작동하는 신경망 접근법의 원리를 사용한 빅데이터 처리 알고리즘 '온 사이트 On Sight'를 개발했다. 온 사이트는 2018년 미국 심초음파학회American Society Of Echocardiography(ASE)에서 1위를 하며 기술력과 가능성이 입증됐다. 초기에는 온 사이트 메디컬On Sight medical이란 이름으로 회사를 운영했으나, 이후 심장 초음파 영역에 집중한다는 의미로 울트라사이트로 이름을 변경했다.

야론 립맨 교수는 딥러닝 전문가로 와이즈만 연구소의 컴퓨터 과학 및 응용 수학과 교수다. 야론 립맨 교수의 제자인 이태이 케주러는 현재 울트라사이트의 CTO이며, 컴퓨터 비전과 딥러닝 분야 전문가로 와이즈만 연구소와 벤구리온대학에서 컴퓨터와 전기공학 석사를 했다. 아치 루도밀스키 교수는 현재 울트라사이트에서 메디컬 부문을 담당하고 있으며, 소아 심장 및 소아과 교수다. 소아 심장 영상학 분야 전문가로 선천적인 심장 질환을 가진 태아나 어린이를 위한 영상 치료 개발로 유명한 연구자이기도 하다.

현재 울트라사이트의 CEO는 다비디 보트만Davidi Vortman이 맡고 있다. 그는 20년 이상의 비즈니스 경험을 지닌 경영 전문가다. 다비디 보트만는 태양광 기술회사 루모스 글로벌Lumos Global의 창립자이며 캄버스 테크놀로지스Comverse Technologies 및 나이스 시스템즈NICE Systems의 임원을 역임했다. 히브리대학교에서 컴퓨터공학을 전공했으며, 이스라엘 방위군에서 3년간 복무했다.

■ 제품과 기술력

심장 질환을 진단하는 검사 중 하나인 초음파 검사는 심장이 박동하는 동안의 움직이는 이미지를 생성하기 때문에 심장실에서 분출되는 피의 비율을 측정해 가장 정확한 척도로 심장 질환을 확인할 수 있다. 부작용이 없으며 비교적 저렴하기 때문에 광범위하게 이용되는 심장 진단 검사다. 그런데 원활한 심장 초음파 검사를 수행하고 정확한 진단을 내리기 위해서는 꽤 오랜 경험과 학습이 필요하다. 보통 심장 초음파 영상은 온통 흑백이기 때문에 육안으로 심장 질환을 발견하기가 어렵다. 초음파 영상과 이미지 데이터를 해석하기 위해서는 매일 연습하고 몇 년의 숙련 기간을 거쳐야 한다.

또한 심장 질환은 빠르고 정확한 진단과 처치가 필수다. 적절한 시간 내에 진단이 이루어지면 사망이나 중증 질환을 예방할 수 있는 경우가 많다. 특히 심장 질환의 40퍼센트가 응급 시설에서 진단받는다고 하는데, 이는 응급 시설에 입원하기 전까지는 환자가 심장 질환 여부를 알지 못했다는 것이다. 그렇기 때문에 심장 질환을 '침묵의 살인자'라고 부르기도 한다.

울트라사이트는 초음파 사용 경험이 없거나 비숙련 의료진도 쉽고 정확하게 초음파 검사를 수행하고 심장 질환을 진단할 수 있도록 도와준다. 빅데이터 처리 기술을 통해 복잡한 초음파 영상과 이미지 데이터를 해석하고 신속하게 진단 결과를 의료진에게 전달한다. 또한 의료진이 심장 초음파 검사를 수행할 때 초음파 센서를 잡고 다루는 방법이나 심장의 좌·우 어느 부분 중점적으로 촬영해야 하는지 가이드를 제공한다. 적절한 캡처 부위가 확인되면 의료진에게 신호를 보내 양질의 이미지를 얻도록 돕는다.

심장 전문의가 초음파 검사를 수행하는 데 2년여의 교육 시간이 필요하다고 하는데, 울트라사이트를 활용하면 단 하루 만에 초음파 검사와 진단이 가능하다고 한다. 시카고대학과 오로라 세인트 루크 의료센터 등에서 심장 초음파 진단 경험이 없는 의료진을 대상으로 울트라사이트 소프트웨어를 활용해 검사를 수행하도록 한 결과, 심장 초음파 경험이 없는 의료 전문가들도 93~100퍼센트가량 정확하게 검사를 수행했다. 울트라사이트는 이러한 기술력을 인정받아 유럽에서 CE 마크를 획득하고 영국에서 UKCA 마크를 획득했다. CE 마크는 유럽 전역으로 제품이 유통될 수 있는 승인으로 EU에서 지정한 위생, 건강, 안전 등의 규격 조건을 준수한 제품에만 허가를 준다. 또한 2023년 7월 FDA 승인을 받았는데, 최근 AI 및 헬스케어 관련 FDA 신청 증가로 허가 기준이 까다로워졌음에도 불구하고 비교적 빠른 기간인 신청 8개월 만에 승인됐다.

■ 경쟁력

심장 질환 및 혈관 장애는 세계적으로 광범위하게 퍼져 있는 질환이다. 전 세계 인구 중 약 6억 명 이상이 심장 질환 환자이며, 이는 13명 중 1명꼴이다.[187] 또한 심장 질환은 전 세계 사망 순위 1위를 차지하는데, 매년 약 1,790만 명이 심혈관 질환 관련으로 사망한다.[188] 이러한 수치는 고령화가 진행될수록 더욱더 증가할 것으로 예상된다. 미국 질병통제예방센터Centers for Disease Control and Prevention에 의하면, 매해 3,000만 명 이상의 환자가 심장 질환 진단을 필요로 하며 미국 전역의 응급실에는 800만 명 이상이 심장 질환으로 입원한다. 이러한 심장 질환 및 혈관 장애를 진단하기 위해서는 환자가 가진 이전 병력이나 신체검사를 통한 간단한 진단부터 심전도 검사, CT, MRI 촬영, 초음파 검사 등의 세부 진단이 필요하다.

심장 및 혈관 질환은 미리 진단해 병이 심각하기 전에 치료를 하는 것이 매우 중요하지만, 현재 한정된 의료 인력과 기관 인프라로 인한 어려움이 있기 때문에 새로운 기술의 수요가 클 것으로 예상된다. 글로벌 리서치 기관 스테티스타에서는 글로벌 의료 AI 시장이 2030년 약 1,880억 달러에 달할 것으로 예상했다. 평균 수명 및 건강에 대한 관심 증가로 의료 부분에도 AI 기술이 활용되는 예가 많아지고 있다.

울트라사이트는 심장 초음파에서부터 시작해 원격 진료 서비스를 확대해서 시장 규모를 넓히고 경쟁력을 강화할 전략이다. 클라우드를 활용해 간단한 장비로도 초음파 측정과 분석이 가능한데, 이는 심장 질환을 진단할 수 있는 기기나 영상 장비 등이 없는 오지나 시골 지역에서도 이용 가능하다는 강점이 된다. 울트라사이트는 기존에 의료 기관에서 사용하는 초음파 장치와 간단하게 페어링이 가능하고 구급차나 상시 진료소에서도 검사가 가능하다. 앞으로 조기 질병 진단이 확대됨에 따라 울트라사이트와 같은 AI 원격 진단 서비스 기업 또한 성장할 것으로 예상한다.

우로젠

■ 개요

우로젠은 요로상피암 및 특수 암 치료제를 개발하는 바이오 기업이다. 온도에 따라 형태가 바뀌는 하이드로젤을 활용해 신체에 치료제를 삽입하는 획기적인 기술을 선보인다. 우로젠의 치료제인 젤마이토JELMYTO는 2022년 전 세계적으로 약 6,440만 달러의 수익을 올렸으며, 2023년에는 7,600만~8,600만 달러의 매출이 예상된다. 우로젠은 2017년 1억 5,000만 달러의 기업 가치로 나스닥에 상장했다. 2022년 12월 기준 시가총액은 4억 4,570만 달러다. 이스라엘과 뉴욕, 로스앤젤레스 등지에 미국 본사와 지사를 두고 있으며 2023년 6월 기준으로 193명의 직원이 재직 중이다.[189]

■ 창업 과정

우로젠의 전신은 테라코트TheraCoat라는 기업으로, 2004년 아셀 홀저 교수가 설립했다. 아셀 홀저 교수는 이스라엘의 물리학자이자 사업가로 히브리대학교에서 수학과 물리학을 공부하고 첨단 의료 장비 개발 회사에서 근무했다. 이후 1984년 핵 방사선을 이용한 시스템 개발 기업 Jordan Valley Applied Radiation을 창업했으며 2001년에는 의료 제품 개발 기업 인큐베이터 ADAR 테크놀로지스를 창업했다. 2004년 우로젠의 전신인 테라코트를 창업했으며, 이후에도 2006년 스텐트 부품 개발 기업 인스파이어MDInspireMD를 공동 창업했고, 2017년에는 하트체인

HeartChain, 2019년에는 스틱잇StickIt이라는 회사를 설립한 연쇄 창업가다. 끊임없이 새로운 비즈니스에 도전하는 아셀 홀저 교수는 "또 다른 비즈니스를 시작하기에 늦은 때란 없다"고 말한다.

아셀 홀저 교수는 심장 질환과 비뇨기과 분야에서 우수한 연구 성과를 보유한 학자다. 그는 카테터Catheter(방광이나 혈관 등에 치료 목적으로 주입하기 위한 고무나 금속의 가는 관)와 스텐트Stent(혈관 등에 삽입해 흐름을 원활하게 하기 위한 의료 기기의 총칭)를 활용해 심장 질환과 비뇨기과 환자의 치료법을 개선했다. 40여 년 동안 연구를 통해 신장 결석 분쇄기(Lithotripter), 심장 스텐트(Mgard), 경요도 전립선 절제 시스템(Thermex) 등 수많은 제품을 개발했으며 특허만 수십 개를 보유하고 있다.

아셀 홀저 교수가 테라코트를 설립하게 된 계기는 2003년 이스라엘의 비뇨기과 종양 의사의 요청 때문이었다. 그는 아셀 홀저 교수에게 암 치료제가 방광벽에 잘 붙을 수 있도록 도와주는 물질을 문의했는데, 액체로 가득 찬 방광의 경우 치료에 효과를 볼 수 있을 만큼의 시간 동안 치료제를 방광 내에 유지하는 것이 어렵기 때문이었다. 아셀 홀저 교수는 동료 화학자이자 이후 테라코트의 멤버가 되는 도릿 다니엘Dorit Daniel과 이 물음에 답하기 위해 몇 가지 물질을 연구한다. 연구 결과 이들은 온도에 따라 형상이 바뀌는 젤을 활용해 방광 내에 카테터를 삽입하는 기술인 'ICDR(Intra Cavity Drug Retention)'을 개발한다.

ICDR 기술은 역열 하이드로겔을 활용하는데, 이 하이드로겔은 상온일 때는 액체이고 고온일 때는 젤 형태로 형질이 바뀐다. 즉 환자의 몸 밖과 안에서 다른 형태로 존재할 수 있는 것인데, 액체 상태일 때 카테터를 사용해 삽입한 후 젤이 몸 안에서 고체화되면 방광 벽의 암 조직에 잘 달라붙는다. 젤은 소변에 녹아 점차적으로 분해되며, 젤에 포함된 약물이

암 조직에 방출된다. 이전에는 소변에 암 치료제가 희석될 것을 고려해 적정량 이상의 치료제를 방광암 환자들의 방광 벽에 발라야 했다. 그러나 우로젠의 ICDR 기술은 방광에 적정량의 약물을 주입하기만 하면 서서히 약물이 분해하며 몸 안에서 충분히 처치 활동을 하기 때문에 효과적이고 편리하다.

이 치료법은 방광 외에 자궁이나 대장 등의 악성 종양 치료에도 활용될 수 있다. 하이드로겔은 이미 존재하는 널리 알려진 물질이었지만, 암 치료에 활용한 것은 아셀 홀저 교수진이 처음이었다. 기존에 존재하는 물질에 화학적 작용을 적용해 새로운 물질을 개발한 것이다. 이 혁신적인 기술은 '방광암 치료 방법' '생체적 합성 약물 전달 장치 및 방법'이라는 명명으로 특허 등록됐다.

테라코트는 2004년 그래넛 벤처스Granot Ventures 인큐베이터를 통해 설립됐지만 2013년 정도까지는 스텔스 모드로 운영되며 사업적인 부분보다는 기술 개발에 초점을 맞추어 운영됐다. 이후 2014년에 본격적으로 치료제로서 세상에 소개된 ICDR은 2016년 FDA 승인받았다. 15명의 팀원으로 운영되던 테라코트는 2015년에 우로젠으로 사명을 바꾸었다. 또한 미국 자회사 우로젠 파마UroGen Pharma Inc.도 설립했으며 2017년 5월 나스닥에 상장됐다.

■ 제품과 기술력

우로젠은 ICDR 기술을 활용해 상부 요로상피암, 비근육 침습성 방광암, 방광 내 암종, 과활성 방광암을 주요 타깃으로 한 치료제를 개발하고 있다. 특히 상부 요로상피암과 비근육 침습성 방광암 치료 기술을 중점적으로 개발하고 있는데 UGN-101(미토마이신 젤)은 2020년 저등급 상부 요로상피암 치료제로 승인받은 제품이다. 시중에서는 젤마이토란 이름으로 판매 중이다. 주로 1차 방광암 치료에서 권장되며, 상부 요로에 직접 주입된다. UGN-101은 상부 요로에서 천천히 분해되며 암 세포의 단백질 합성을 차단하고 DNA를 손상시켜 증식을 막는다. 환자는 시술 후 바로 퇴원이 가능하며, 보통 6주 동안 매주 시술을 받는다.

비근육 침습성 방광암 치료 기술로서 현재 임상 단계인 기술은 UGN-102, UGN-301이다. UGN-102은 서방형 하이드로겔 기반 제제인 RTGel을 카테터로 삽입, 방광 조직을 미토마이신에 장기간 노출시켜 치료하는 방식이다. 비수술적인 방법으로 종양을 치료할 수 있는 획기적인 방법이기도 하다. 또한 재발 및 위험도가 높은 High-grade 비근육 침습성 방광염과 요로 종양 치료제로서 UGN-301이 임상 1~2단계를 진행 중이다. 이 외에도 과민성 방광 및 간질성 방광염 치료를 위한 보투겔 BotuGel을 추가 개발 중이다.

■ 경쟁력

방광암은 세계 암 발병 순위 10위로, 연간 50만 건이 넘는 발병 사례가 나타나는 암이다. 우로젠이 주요 타깃으로 하는 상부 요로상피암이나 비근육 침습성 방광암은 절제술과 레이저 수술이 주요 치료법이었다. 상부 요로상피암을 치료하기 위해 신장, 요관, 요관이 방광에 연결된 지점 전체를 제거하거나 레이저로 종양만 파괴하는 것이다. 그런데 절제술의 경우 상부 요로 부분이 해부학적으로 매우 복잡하기 때문에 부분적 절제가 아닌 전체를 제거하게 되는데, 이는 단기적인 합병증을 비롯해 신장

기능의 심각한 문제를 초래할 수 있다.

레이저 수술은 상부 요로에 요도경을 삽입해 종양을 파괴하는 것인데, 절제술과 달리 신장이나 요관을 그대로 유지할 수 있는 장점이 있지만 재발 가능성이 높고 암세포가 완전히 제거되지 않은 경우가 종종 있어 추가적인 치료가 필요하다. 비근육 침습성 방광암은 질병 정도나 사망 위험은 낮지만 만성 재발성 질환으로 진행될 확률이 높다. 실제로 약 68퍼센트의 환자가 2회 이상 재발을 경험한다고 한다. 비근육 침습성 방광암 또한 절제술을 통해 치료하는데, 재발할 경우 여러 번 절제술을 진행하는 사례가 많다고 한다. 이는 치료비의 문제뿐만 아니라 환자의 건강과 삶의 질에도 부정적인 영향을 주는 치료법이라고 할 수 있다.

2023년을 기준으로 아직까지 비근육 침습성 방광암 치료제 중에 FDA의 승인을 받은 약물은 없다. 보조 옵션으로의 약물은 있으나 수술의 대안이 될 만한 치료제는 없으며, 요로상피암처럼 레이저 시술도 불가하기 때문에 오직 방광 종양 절제술을 통해서만 치료가 가능하다. 우로젠의 UGN-102 기술은 현재 임상 3단계를 진행 중이며 2024년 FDA 승인을 목표로 하고 있다. 진행되고 있는 임상에서 긍정적인 결과가 나온다면 최초의 비수술적 비근육 침습성 방광암 치료제로서 각광받을 수 있을 것이다. 최근의 암 치료 방식은 환자 개개인의 신체 상태와 치료 옵션을 반영하고, 조기 발견을 통해 비수술적인 방법으로 치료받을 수 있도록 변하고 있다. 우로젠의 제품은 이러한 변화를 반영한 혁신적인 치료법으로, 암 치료 방식의 진보를 가져다줄 것으로 예상된다.

4장

애그테크 산업

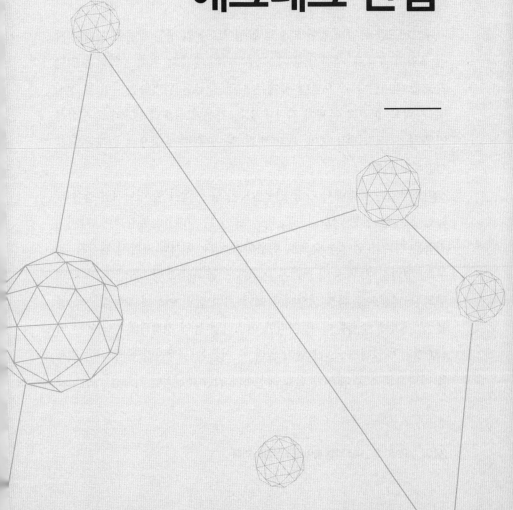

개요

애그테크란 농업과 첨단 기술의 합성어로 농업 생산 활동에 필요한 자원 투입의 효율화, 생산성 증대, 고부가가치 창출을 위해 투입되는 첨단 기술을 의미한다.[190] 오늘날 세계는 식량 공급을 위협하는 수많은 정치적, 사회적, 환경적 문제에 직면해 있는 가운데 글로벌 애그테크 시장은 인구 증가, 식량 수요 증가, 기후 변화, 물 부족 문제 등으로 인해 빠르게 성장하고 있다.

이스라엘은 세계에서 가장 인구밀도가 높은 국가 중 하나지만 경작 가능한 토지는 전체 국토의 17.2퍼센트(2021년 기준)에 불과하며, 나머지 지역은 가파른 언덕과 숲으로 이루어져 있다. 이처럼 제한된 경작지, 물 부족, 열악한 기후 등의 어려운 여건에도 불구하고 이스라엘은 자국 식량의 95퍼센트를 직접 생산하고 매년 21억 달러 이상의 고품질 농산물을 전 세계에 수출한다.[191] 이러한 이스라엘 농업 경쟁력의 중심에는 약 480개의 애그테크 스타트업이 있다.[192] 이들은 세계적인 농업 전문 지식을 바탕으로 식품 재배 방법을 개선하기 위한 혁신적인 기술을 개발하고 있다. 애그테크 생태계의 경쟁력을 기반으로, 이스라엘 애그테크 시장은 2017~2022년 동안 연 10.3퍼센트의 성장을 지속했다.[193]

애그테크 산업 현황

애그테크 기업 펀딩 규모 [194]

2023년 상반기 기준으로 이스라엘의 애그테크 관련 회사는 약 480개이며, 대다수가 스타트업이다. 최근 5년간 애그테크 분야 펀딩은 크게 성장해 2018년 1억 달러 수준에서 2022년 9억 달러 수준으로 9배 성장했다.

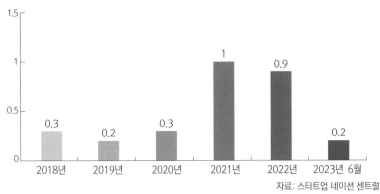

연도별 이스라엘 애그테크 펀딩 실적

(단위: 십억 달러)

자료: 스타트업 네이션 센트럴

하지만 2023년 들어 애그테크 분야 글로벌 VC 펀딩 실적의 급격한 축소 영향으로[195] 이스라엘 애그테크 기업의 펀딩은 1.4억 달러 수준에 머물렀다. 부문별로는 전체 애크테크 기업의 36퍼센트에 달하는 수처리 및 관개 부문 기업의 펀딩이 전체 펀딩의 54퍼센트 수준으로 가장 많았다.

2023년 상반기 이스라엘 애그테크 기업 주요 투자 사례

회사명	기술 분야	투자 금액	투자가 수
N드립N Drip	관개 솔루션	4,400만 달러(시리즈 C)	2
크롭엑스CropX	디지털 농업 솔루션	3,000만 달러(시리즈 C)	5
애비던스EVIGENCE	신선도 모니터링 센서	1,800만 달러(시리즈 C)	3
씨트리SeeTree	수목 모니터링 플랫폼	1,100만 달러(시리즈 C)	–

애그테크 산업 구성

이스라엘 농업 산업은 몇몇 대기업이 지배하는 과점 시장이 아닌, 세분화된 시장이다. 애그테크 산업의 구성은 업력이 오래된 대규모 기업과 혁신적인 아이디어로 무장한 스타트업 그룹으로 구분할 수 있다.

① 대기업 및 중견기업

다음은 설립된 지 비교적 오래되고, 어느 정도 규모가 있는 농업 기술 기업들이다. 이들 중 상당수는 다국적 기업에 인수됐다.

애그테크 산업 주요 기업

회사명(설립 연도)	주요 제품	참고 사항
네타핌 (1965)	농업 관개 시스템	• 관수 솔루션 시장 점유율 세계 1위 • UN의 수자원 기술 부문 콘테스트에서 1위 차지
리불리스 이리게이션 Rivulis Irrigation (1966)	점적 관개 장비	• 농업, 원예 및 조경 분야 관개 솔루션 제공 • 2020년 테마섹에서 지분의 85퍼센트를 인수
ICL (1968)	비료 및 특수 미네랄	• 국영 기업으로 출범 후 농업, 에너지, 화학, 헬스케어 분야로 확장(2022년 외형 100억 달러) • 2014년 뉴욕 증시 상장
플라손 (1963)	플라스틱 밸브 및 파이프 피팅 제조	• 유럽을 중심으로 25개국에 자회사를 설립했고 100여 개국에 수출 • 1997년 텔아비브 증시 상장
소다스트림 (1991)	소다 스파클링 음료 시스템	• 2010년 나스닥 상장했으나, 2018년 펩시에 인수되면서 상장 폐지
갠 슈무엘 그룹 Gan Shmuel Group (1941)	과일 생산, 패키징 제품 및 천연 성분	• 2022년 외형 2억 1,000만 달러 • 1993년 텔아비브 증시 상장

하제라 (1939)	데이터 기반 종자 육성 및 개발	• 2008년 유럽 최대의 종자 회사인 프랑스 리마그레인 그룹에 인수
단치거 단 플라워 팜 Danziger Dan Flower Farm (1953)	화훼 및 종자 육성과 개발	• 화초 재배 및 종자 육성 분야의 새로운 기술 개발 • 전 세계 5억 그루 이상의 품종을 재배 중
아다마 (1945)	잡초 및 병충해 관리 솔루션	• 2016년 켐차이나에서 100퍼센트 인수 • 2020년부터 켐차이나가 2017년 430억 달러에 인수한 신젠타 그룹에 소속 • 현재 선전 증시에 상장

자료: 각 기업 홈페이지

② 애그테크 스타트업: 이스라엘 농업 기술 글로벌 경쟁력의 원천

현재 이스라엘 농업 스타트업은 창의적인 아이디어와 솔루션으로 농업 혁신을 주도하고 있는데, 크게 4가지 방향으로 정리될 수 있다. 첫째, 인더스트리 4.0으로 농업 관행을 변화시킨다. 농업 산업에 정보통신기술(ICT)과 원격 감지, IoT, 머신러닝, 빅데이터 등 파괴적 기술(DT)의 통합 없이는 농업 혁신을 이루어 낼 수 없다.[196] 이들 모두는 애그테크 부문에서 중요한 응용 분야를 갖고 있으며, 수확량 최적화 및 수확 방법에 혁명을 일으키고 있다.

둘째, 정밀 농업을 통한 지속 가능한 농업 발전을 가져온다. 농업은 기후 변화(농업이 전 세계 온실가스 배출의 13~21%를 차지), 화학 오염, 물 낭비, 서식지 파괴 등 다양한 환경 문제를 야기한다. 정밀 농업은 ICT를 활용해 농작물, 밭, 동물 등 자원을 모니터링하는 접근 방식이다. 이는 자원 사용과 작물 수확량을 최대화하는 동시에 관련 비용을 최소화하는 것을 목표로 한다.[197]

셋째, 유전 및 합성 생물학을 통해 작물 품질의 상당한 향상을 가져올

수 있다. 특히 기후 변화로 인해 식량 및 섬유 작물에 대한 생물적 및 비생물적 문제 발생이 가속화됨에 따라 수확량과 생산 효율성을 유지하고 향상시키기 위해서는 보다 진보된 형질 개발 접근 방식이 필요하다.[198] 유전학 및 합성 생물학을 전문으로 하는 스타트업에서는 유통기한이 길고 영양 요구량이 낮으며, 영양가가 향상되고 해충 회복력이 향상되며 수확량이 높은 새로운 작물 품종을 개발하고 있다.

넷째, 효율성 향상을 통해 음식물 쓰레기를 획기적으로 줄이는 기술들이 나오고 있다. 전 세계적으로 생산되는 식품의 약 3분의 1이 낭비되는데, 이는 주로 공급망의 비효율성으로 인해 부패로 이어지기 때문이다.[199] 일부 이스라엘 애그테크 회사는 식품 생산자와 기타 이해 관계자가 공급망의 여러 단계에서 신선도를 관리해 유통기한을 연장하는 데 도움되는 고유한 솔루션을 소개하고 있다.

다음 표에서 소개하는 사례들은 스타트업의 창의적인 애그테크를 통한 혁신의 일부분이다.

애크테크 활용 사례

기업	혁신 내용
1. 인더스트리 4.0 적용을 통한 농업 관행 변화	
블루화이트Bluewhite	농작물 데이터 수집과 동시에 살포, 잔디 깎기, 디스크 작업을 수행할 수 있는 자율 트랙터 개발
에데테Edete	자연 꽃가루를 수집하고 이를 최적의 시기에 농작물 꽃에 인위적으로 적용하는 정밀 기술 개발
도츠DOTS	실시간 토양 모니터링을 제공하는 센서 시스템 개발: 과잉 비료 및 영양분 낭비를 줄이고 온실가스 배출을 포함한 오염 감소

라비에 바이오 Lavie Bio	식물 성능의 향상 및 해충으로부터의 보호를 위한 천연 생물 자극제 및 생물 살충제 생산을 위한 컴퓨터 예측 기술을 개발

2. 정밀 농업 혁신

그라운드워크 Groundwork	균근 접종제(식물이 물과 영양분을 더 효율적으로 흡수하도록 함) 개발: 비료 (지하수를 오염시키는 유출수로 변화) 사용량 감소
드리프트센스 DriftSense	데이터를 활용해 효율적 살충제 사용을 위한 지원: 스프레이 시간과 필요한 수량에 관해 더 나은 결정 가능
비와이즈 Beewise	AI 기반 정밀 로봇을 사용해 모든 양봉 활동을 관리하는 자율 벌집 형태의 솔루션 개발

3. 유전 및 합성 생물학을 통한 작물 품질 향상

프로지니 애그켐 ProJini Agchem	까다로운 해충 표적을 식별할 수 있는 플랫폼을 발견했으며, 그 결과를 사용해 분자 수준에서 작용하는 새로운 살충제 개발
베터시즈 BetterSeeds	게놈 편집 기술을 사용해 더 나은 종자 재배: 예측할 수 없는 조건에 관계없이 대규모의 일관된 수확량 유지
살리크롭 Salicrop	기후 변화에 대한 식물의 회복력 향상(종자 강화) 기술 보유
위드아웃 WeedOUT	잡초 꽃에 수정을 가해 불임 종자를 생산하게 하는 종별 합성 꽃가루 개발

4. 효율성 향상을 통한 음식물 쓰레기 획기적 감소

라이프-가드 Ripe-Guard	재배자, 유통 업체 및 소매 업체가 더 나은 정보를 바탕으로 유통 결정을 내릴 수 있도록 돕는 유통기한 예측 시스템
클라리프루트 Clarifruit	컴퓨터 비전 기술을 사용해 농산물 이미지를 분석해 품질 관리 프로세스를 간소화
내추럴 오프셋 파밍 Natural Offset Farming	전기 인프라가 필요 없이 이산화탄소를 에너지원으로 사용하는 냉각 솔루션을 개발
네오리틱스 Neolithics	광학 감지 AI 소프트웨어인 크리스탈아이Crystal.eye를 통해 지속 가능성, 음식물 쓰레기 감소, 농산물 품질 보장

자료: 타임스 오브 이스라엘

애그테크 기업 M&A

글로벌화 수단으로서의 M&A 전략

이스라엘 애그테크 스타트업은 기술 경쟁력에도 불구하고 국내 시장 규모의 제약 때문에 글로벌 시장에 초점을 두고 기술 적용의 확장 수단을 찾는다. 반대로 글로벌 기업은 혁신적인 기술을 확보하기 위해 이스라엘 애크테크 기업의 인수 또는 협업을 추구한다.[200] 따라서 활발한 M&A 활동은 애크테크 산업 생태계에서 중요한 역할을 한다. 2018~2021년 기간 애그테크 기업들의 M&A는 주로 관개기술 기업을 중심으로 매년 2~6건가량 발생했으며, 2022년과 2023년에는 각각 1건의 M&A 실적을 보였다.[201]

이스라엘 애그테크 분야 M&A 추이

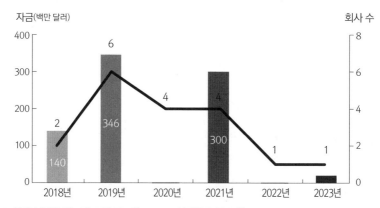

자금(백만 달러)

회사 수

※ 상기 실적은 애그테크 및 푸드테크 M&A 실적을 모두 포함

애그테크 기업들의 주요 M&A 거래

이스라엘 애그테크 기업들의 주요 M&A 거래

	분야	피인수 기업	인수 기업	연도	거래 규모
1	관개 솔루션	네타핌	멕시켐	2018	15억 달러
2	관개 솔루션	리불리스	테마섹	2020	지분 85% 취득
3	탄산 음료	소다스트림	펩시코	2018	32억 달러
4	종자 육성	하제라	리마그레인	2008	미공개
5	관개 솔루션	갤콘	플라손	2013	1,800만 달러
6	관개 솔루션	자인 이리게이션 Jain Irrigation	리불리스	2023	해외 자회사 대상

7	관개 솔루션	프로스페라 테크놀로지스	밸몬트 인더스트리스	2021	3억 달러
8	작물 보호제	아다마	켐차이나	2016	38억 달러
9	자율 운행 트랙터	미드나잇 로보틱스	필드인	2021	미공개

자료: 각 기업 홈페이지

① 멕시켐Mexichem(멕시코)은 2018년 네타핌 지분 80퍼센트를 15억 달러에 인수했다. 한편 키부츠 하체림Kibbutz Hatzerim은 거래 후 네타핌 지분 20퍼센트를 계속 보유하게 되고, 이에 따라 네타핌은 기업 가치는 19억 달러를 인정받는다. 이 거래를 통해 네타핌은 멕시켐의 자산과 지리적 배치, 제품 바스켓, 다년간의 운영 경험 등을 활용하면서 스마트 관개 분야에서 글로벌 입지를 강화할 수 있게 됐다.

② 2020년 테마섹Temasek은 리불리스Rivulis 지분 85퍼센트를 소유하게 됐다. 리불리스는 농업, 원예, 조경 및 광업 산업의 미세 관개 솔루션 산업에서 가장 광범위한 포트폴리오를 제공한다. 현재 리불리스는 전 세계 16개 제조 및 유통 시설과 7개 디자인 센터에서 약 2,000명의 직원을 고용하고 있다.

③ 2018년 펩시코PepsiCo는 가정용 탄산수 브랜드로 잘 알려진 소다스트림SodaStream을 32억 달러에 인수했다.

④ 하제라Hazera는 2008년 리마그레인 그룹Limagrain Group(프랑스)에 인수됐다. 현재 하제라는 네덜란드와 이스라엘 2곳에 본사를 두고 해외 11개국에서 자회사를 운영하고 있으며, 130개 이상의 시장에서 유통 네트워크를 갖추고 있다. 하제라의 모기업인 리마그레인은 채소, 농작물, 곡물을 전문으로 하는 유럽 최대의 종자 회사다.

⑤ 2023년 플라스틱 밸브 및 파이프 피팅 제조 업체인 플라손Plasson은 캘콘Galcon을 1,800만 달러에 인수했다. 캘콘은 단일 배터리 작동식 독립형 컨트롤러부터 멀티 스테이션, 무선, 웹 기반 관개 시스템에 이르기까지 다양한 제품 라인을 제공한다.

⑥ 2021년 농작물 모니터링용 AI 및 머신러닝 기반 센서 및 카메라 제조 업체인 프로스페라 테크놀로지스Prospera Technologies는 미국의 관개 및 인프라 장비 제조 업체인 밸몬트 인더스트리스Valmont Industries에 3억 달러에 인수됐다.

⑦ 켐차이나ChemChina(중국)는 2011년 아다마의 지분 60퍼센트를 24억 달러에 매입한 데 이어, 2016년 나머지 지분 40퍼센트를 14억 달러에 인수했다. 한편 켐차이나는 2017년 430억 달러에 스위스 국적의 세계 최대 농약 및 종자 기업 신젠타Syngenta를 인수하고, 이 거래로 인해 2017년의 아다마와 사논다Sanonda(켐차이나 자회사) 간 합병이 이루어졌으며 2020년부터 아다마는 신젠타 그룹 소속이 됐다.

⑧ 2021년 필드인Fieldin은 미드나잇 로보틱스Midnight Robotics를 인수했다. 이번 인수로 필드인의 센서 기반 농장 관리 플랫폼에 자율주행 기능이 추가돼 농장의 일상적인 작업에 효율성이 향상될 전망이다. 필드인은 미국 상추 작물의 30퍼센트, 전 세계 아몬드 작물의 20퍼센트를 자사 플랫폼을 통해 운영하는 미국 최대의 스마트 농장 관리 회사다.

애그테크 산업 실적과 전망

애그테크 산업 실적

이스라엘은 극도로 더운 날씨, 부족한 천연 담수원, 부적합한 토양 등 열악한 농업 환경에 놓여 있다. 오늘날 이스라엘이 농업 기술 분야에서 글로벌 경쟁력을 갖추게 된 것은 이렇듯 척박한 환경에 대처하는 과정에서 높은 수준의 기업가정신과 상당한 R&D 투자가 결합됐기 때문이다. 농업 R&D 부문에 관한 이스라엘 정부 예산 할당은 매년 정기적으로 증가했다. 전체 농업 관련 예산의 20퍼센트 이상을 차지하며 세계 최고 수준에 이른다. 예를 들어, 2019~2021년 동안 매년 1억 500만 달러의 예산이 농업 R&D에 할당됐다.[202]

이로 인해 공공 확장 서비스가 활성화되고 농장 수준에서의 혁신을 효과적으로 지원함으로써 이스라엘은 농업 기술, 특히 건조한 사막 환경에서의 농업 분야에서 세계적인 리더가 될 수 있었다. 이에 힘입어 많은 농업 기술과 제품이 개발됐는데 그중 대표적인 것이 세계 최초의 점적 관개 시스템과 방울토마토이다. 점적 관개 시스템 생산업체인 네타핌과 식물 유전학을 개발하는 에보젠Evogene과 같은 회사는 글로벌리더로 자리매김했다.

향후 애그테크 산업 전망

UN(2022)의 발표에 의하면 세계 인구는 2022년 80억 명에서 2050년에는 약 97억 명에 이를 것으로 전망된다. 이러한 인구 증가를 감안 하면 식량 생산량을 70퍼센트까지 늘려야 한다. 게다가 기후변화, 소비패턴의 변화 등 다양한 상황에 대응하기 위해 농업에도 획기적인 대처가 필요하다. 따라서 보다 효율적인 식량 생산 방식의 필요성이 대두했고 인공지능, 사물인터넷(IoT), 빅데이터, 위성 기반 원격측정, 클라우드 컴퓨팅 등의 통합 없이는 식량수요 증가를 충족할 수 없다.[203]

테크나비오Technavio(2022)의 분석 자료에 의하면 이스라엘의 농업 시장은 2022년부터 2027년까지 연평균 성장률(CAGR) 4.98퍼센트로 성장할 것으로 예상되며 향후 5년간 시장 규모는 28억 9,808만 달러 증가할 것으로 추정된다. 농업 4.0 기술로 무장된 이스라엘의 애그테크 경쟁력은 이러한 성장의 원동력이 될 것이다.

한편 스테티스타의 예측에 의하면 글로벌 애그테크 산업 시장 규모는 2020년 91억 달러에서 2025년 226억 달러 규모로 5년간 연평균 20% 성장할 것으로 전망된다.[204] 이스라엘이 캐나다, 중국, 독일, 미국과 함께

5대 주요 애그테크 시장 중 하나이고 농업분야 하이텍 선두 주자인 점을 감안하면 향후 글로벌 애그테크 시장 성장의 최대수혜자가 될 것으로 예상된다.

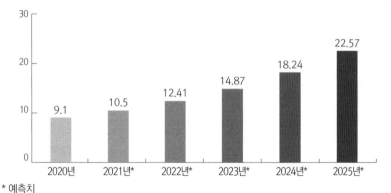

글로벌 애그테크 시장 규모 전망(2020~2025년)

(단위: 10억 달러)

* 예측치

자료: 스테티스타

네타핌

■ 개요 [205]

1965년 이스라엘 네게브 사막에 위치한 하체림 키부츠에서 설립한 네타핌Netafim은 세계 최초로 점적 관개 방식을 개발해 전 세계 농업 관개 분야에 획기적인 발전을 가져왔다. 점적 관개는 물, 영양분 및 비료를 보다 균일하고 효율적으로 분배해, 적은 물과 노동력으로 작물 수확량과 품질을 향상시킨다. 네타핌의 주요 제품으로는 드리퍼dripper, 드리퍼 라인dripper line, 스프링클러, 디지털 농업 기기 등이 있다. 또한 투약 시스템, 모니터링 및 제어 시스템, 작물 관리 소프트웨어를 포함한 작물 관리 솔루션을 비롯해 관개 관리를 위한 다양한 서비스를 제공하고 있다.

네타핌 주요 제품

제품	Tools & 솔루션
• Netafim Kits • Drippers and Driplines • Sprinklers, micro sprinklers and special emitters • Filters • Valves • Flexible and PE Pipes • Connectors & Accessories • Water Meters • Digital farming	• Fertigation • Frost protection and mitigation • NetSpeX™ – the smart sprinkler system designer • HydroCalc 3.0 • FilterConfig • ETO – Measure your field's ET • Netafim app for Android • Netafim app for IOS • Low Energy|Gravity Drip Irrigation System

자료: 네타핌 홈페이지

네타핌은 빠르게 성장하는 점적 및 미세 관개 글로벌 시장에서 점유율 30퍼센트로 차지하고 있는 점적 관개 시스템 분야 최대 공급 업체다. 지금까지 1,000만 헥타르가 넘는 농지에 관개를 했고, 200만 명 이상의 농부들을 위해 1,500억 개가 넘는 드리퍼를 생산했다. 현재 직원 수는 5,000명이며, 해외 110개국에서 오퍼레이션을 하고 있다. 전 세계적으로 33개의 자회사, 19개의 제조 공장, 2개의 재활용 공장을 보유하고 있다. UN의 '효율적인 수자원 기술 부문 콘테스트'에서 세계 1위를 차지해 UN 기구의 세계 물 포럼을 지휘하고 있다. 2017년에 지분 80퍼센트를 멕시코 화학 그룹인 멕시켐(오르비아Orbia 전신)에 15억 달러에 매각했으며, 주요 주주인 하체림 키부츠는 계속해서 20퍼센트의 지분을 유지하고 있다.

■ 창업 과정

① 창업과 시장 확장[206]

1960년부터 1965년까지 블라스Blass는 점적 관개 시스템을 개발해 이스라엘 국내와 해외에 판매했다. 그러던 중 1965년에 네게브에 있는 하체림 키부츠를 사업 파트너로 선택하고 네타핌 이리게이션 컴퍼니Netafim Irrigation Company를 설립한다. 초기에는 회사 지분 80퍼센트를 하체림 키부츠가 소유하고, 나머지 20퍼센트를 블라스가 소유했다.

1975년부터 네타핌은 이스라엘 요르단 계곡, 북부 갈릴리 지역 및 네게브 사막의 목화 재배자들에게 점적 관개 솔루션을 공급했다. 초기 성공을 기반으로 미국, 스페인, 그리스, 호주를 포함한 서방 지역과 중국, 인도의 주요 면화 재배자에게 수출을 시작해 시장 확장에 성공한다. 이러한 과정에서 기술 혁신이 중요한 역할을 했다.

② 기술 혁신[207]

야콥 모타스Yaacov Motas의 드리퍼 발명과 더불어 1965년 라피 메후다르Rafi Mehudar가 드리퍼의 개량에 성공했고 이어서 지속적인 제품 혁신이 이루어졌다. 2003~2005년 동안 관개와 영양분 및 관비(fertigation) 공급을 결합한 영양 및 관비 시스템이 개발됐고, 2009년에는 기후 조절기를 선보였다. 그리고 2012년에는 정확한 관비 및 관개 계획, 제어, 모니터링 및 분석을 포괄하는 작물 관리 통합 솔루션을 출시했다.

또 다른 혁신 프로세스는 관개 제품 위주에서 관개 솔루션으로의 포트폴리오 다양화다. 점적 관개 전달 시스템으로 시작해 점차 비료, 작물 보호 제품 등을 식물 뿌리에 직접 효율적으로 전달하는 시스템을 선보이고, 마지막에는 이를 자동화하는 소프트웨어를 투입하는 전략을 구사했다. 인도와 중국 제조 업체의 경쟁 참여로 점차 레드오션이 되고 있는 관개 시장에서 단순한 관개 제품 판매를 넘어 종합적인 지식 기반 농업 솔루션을 제공해 차별화했다. 이러한 기술 차별화 노력의 결과 중 하나가 자동 관개, 관수 및 작물 보호를 체계적으로 제어하는 최초의 소프트웨어인 넷비트NetBeat다.

③ 기업 통합[208]

성장의 원동력이 된 것은 M&A를 통한 스케일업 전략이다. 네타핌의 사업이 성장함에 따라 하체림 키부츠는 다른 키부츠 두 곳과 제휴했다. 이스라엘 중부의 마갈Magal과 이스라엘 북부의 이프타흐Yiftach와 바로 그 키부츠들이다, 1998년 세 키부츠는 각자의 회사를 하나의 법인인 네타핌 A.C.SNetafim A.C.S로 합병하고 새로운 기업 경영 구조를 확립했다.

④ 소규모 자작농 시장 공략 전략

네타핌이 직면했던 딜레마 중 하나는 인도, 중국 등 저개발 국가의 소규모 자작농 시장으로 진출하기 위한 올바른 비즈니스 모델을 찾는 것이었다.

• Family Drip System 제품: 이 제품은 인프라가 부족한 낙후 지역의 소규모 자작농을 위해 특별히 설계됐다. 인프라에 대한 추가 투자가

필요하지 않고 모든 유형의 작물에 연중 내내 적용할 수 있도록 설계된 포괄적인 중력 기반 점적 관개 시스템이다. 어떤 물탱크에도 쉽게 부착할 수 있으며, 물 분배를 위해 펌프나 전기가 필요하지 않다.[209]

- 제품보다 서비스 판매 전략: 작물 수확량을 대폭 향상시킬 수 있는 새로운 첨단 관개 솔루션이라도, 수요자 입장에서는 기술 성능에 대한 객관적 확신 없이 고가의 장비를 선뜻 구입하기는 어렵다. 이에 네타핌은 제품 판매 전략을 구독 서비스 전략으로 전환해, 회사가 성능의 리스크를 지는 비즈니스 모델로 제품의 시장 점유율을 크게 높였다. 구독 서비스 판매를 통해 새로운 장비 사용에 따르는 위험에 관한, 일종의 보험을 제공한 것이다.[210]

- 탄소 배출권 프로그램 도입: 혁신 기술로 변화하는 데 필요한 초기 재정 부담을 감안해 점적 관개로 생산되는 쌀에 대한 탄소 배출권 프로그램을 만들었다. 이를 통해 기업은 탄소 배출 감소를 위해 농부에게 비용을 지불하고 탄소 발자국을 보상할 수 있다. 탄소 배출권은 농부들이 배출량을 줄이는 농업 관행을 채택할 때 재정 지원 측면에서 매우 중요한 역할을 한다.[211]

■ 주요 기술

네타핌의 글로벌 확장 과정에서 기술 혁신이 중요한 역할을 했다. 야콥 모타스의 드리퍼 발명과 1965년 라피 메후다르에 의한 드리퍼 기능 개선을 출발점으로 혁신이 이어졌다.[212]

- 드리퍼의 막힘 문제를 해결하기 위해 난류 수로 특허(1970년)
- 경사진 지형에 균일한 유속을 전달하는 압력 보상형 드리퍼 도입 (1978년)
- 마이크로 스프링클러 및 미스트 방출기 출시(2001년)
- 관개와 영양분 및 관비 공급을 결합한 영양 및 관비 시스템 (2003~2005년)
- 기후 조절기(2009년)
- 정확한 관비 및 향상된 관개 일정 제어의 계획, 제어, 모니터링 및 분석을 포괄하는 작물 관리 시스템 통합 솔루션(2012년)

이러한 기술 혁신을 통해 네타핌의 제품 및 솔루션을 활용할 경우 현재 쌀 생산에 사용되는 물의 70퍼센트를 절약할 수 있다. 점적 관개를 사용하면 생산되는 쌀 1킬로당 1,500리터의 물이 필요하다(기존 방법에서는 5,000리터가 필요). 또한 이 기술은 비료를 30퍼센트 적게 사용하고 에너지를 36퍼센트 적게 사용하는 동시에, 메탄 배출을 거의 0으로 줄이고 비소(As) 흡수를 최대 90퍼센트까지 줄인다.[213]

그로우스피어GrowSphere[214]를 활용해 신뢰성과 투명성을 확보하고, 더 적은 노력으로 관개 계획을 수립해 실행할 수 있다. 날씨, 토양, 농작물 조건이 변화하는 상황에서 여러 토지에 대한 관개를 보다 쉽고 효율적으로 관리할 수 있도록 지원한다. 네타핌의 기술 혁신 노력은 국제 단체 및 기관들로부터도 인정받고 있다. 스페인 사라고사에서 개최된 국제 농업 기계 박람회 FIMA의 '2016년 기술 혁신 대회'에서 1위를 차지했다.[215] 지난 2013년에도 다른 관개 솔루션에 비해 물 사용을 절반으로 줄이면서 작물 수확량을 높이는 기술력을 인정받아 스톡홀름 산업 수자원상2013 Stockholm Industry Water Award을 수상했다.[216]

네타핌 특허 분야별 건수

특허 분야	특허 건수
Irrigation Pipe	154
Drip Irrigation Pipe	49
Drip Emitter	48
Pipe Wall	38
Fluid Communication	33
Drip Irrigation	32
Porous Material	30
Irrigation Element	26
Irrigation Emitter	23
Longitudinal Axis	23

※ 네타핌의 총 특허 건수는 764건이며, 각 특허별로 해당 분야가 중복됨

자료: Discovery Patsnap

■ 주요 성과 및 전망

네타핌은 현재 전 세계 40여 개 국가에서 350개 이상의 프로젝트를 실행하고 있으며, 매년 5만여 헥타르 면적에 30만 킬로 이상의 드리프 라인drip line을 설치하고 있다. 여기에는 160명 이상의 농업학자와 100명 이상의 관개 엔지니어가 참여한다. 2019년 기준 약 10억 달러 수준의 외형을 갖추었다.[217] 비상장 회사여서 더 이상 실적 공개가 이루어지지 않고 있지만, 향후 영업 환경은 매우 우호적이다. 토양 탄소 배출이 많은 농업 생태계에서 점적 관개 솔루션의 활용은 미래의 온난화를 제한하고 지역 대기 질을 개선할 수 있다. 점적 관개는 물과 질소 비료를 재배 식물의 뿌

리에 직접 접근할 수 있게 해서 탄소 배출을 최소화하는 유망한 관리 솔루션이다.[218]

스테티스티카Statistica 자료에 의하면 세계 쌀 시장 규모는 2021년 2,874억 5,000만 달러로 평가됐으며, 2022년 2,923억 9,000만 달러에서 2030년까지 3,342억 4,000만 달러로 예측 기간(2023~2030년) 동안 연 2.2퍼센트 성장할 것으로 예상된다. 이렇게 꾸준한 수요 증가에도 불구하고 기후 변화로 인해 쌀 생산성은 저하될 가능성이 높다. 쌀 생산의 주요 과제는 곡물 수확량을 늘리고 물을 절약한다는 이중 목표를 달성하는 것이다. 쌀 생산 및 소비의 주 시장인 아시아 지역에서 농업이 전체 관개 담수 자원의 약 80퍼센트를 소비하고 있는데, 담수는 점점 부족해지고 있다.[219] 네타핌의 관개 솔루션은 이러한 환경을 타개하는 데 적합한 대책이 될 수 있다.

쌀은 주로 2억 5,000만 개의 아시아 농장에서 재배되며, 규모는 대부분 1헥타르 미만이다. 벼 재배를 보다 비용 효율적으로 만들고 소규모 벼 농가의 농업 생산성을 향상시키기 위해서는 기계화 및 수확 후 관리 개선이 필요하다.[220] 이 부분 역시 그동안 노하우가 축적됐으며 경쟁력이 이미 검증된 영역이다. 따라서 네타핌의 향후 성장 전망은 매우 밝다고 할 수 있다.

프로스페라 테크놀로지스

■ 개요[221]

2014년 7월 텔아비브에서 출범한 프로스페라는 작물의 발달, 건강 및 스트레스를 지속적으로 모니터링하고 분석하는 머신러닝 및 컴퓨터 비전 기술을 개발하는 회사. 농작물 경작지에서 여러 계층의 기후 및 시각적 데이터를 확보하고, 온라인으로 재배자가 쉽게 이해할 수 있는 실행 가능한 통찰력을 제공한다. 세계적 수준의 컴퓨터 과학자, 물리학자, 농·경제 학자로 구성된 프로스페라의 핵심 인력들은 숙련된 농업 비즈니스 리더들과 협력해 농업 재배 방식에 혁명을 일으키고 있다.

초기에는 우선 온실 환경에서 농업 산업에 확실성을 높일 수 있는 AI 기반 방법들을 찾는 데 주력했다. 초기 성공을 토대로 글로벌 피벗 관개(장비가 중앙의 피벗을 중심으로 회전하고 작물에 스프링클러로 물을 주는 작물 관개 방법) 시장의 절대 강자인 벨리 이리게이션Valley Irrigation(VI)과 파트너십으로 연결돼 자율적 작물 관리 솔루션인 벨리 인사이트Valley Insights를 시장에 정착시킬 수 있었다. 또한 2019년부터 발몬트Valmont와의 전략적 파트너십을 통해 AI 기술을 중앙 피벗 관개 기술과 성공적으로 통합했다. 프로스페라의 실시간 작물 분석 및 이상 탐지용 지능형 솔루션을 통한 모니터링 면적은 2019년 100만 에이커 수준에서 2020년에 500만 에이커로 급증한 데 이어, 2021년부터 매년 두 배 정도 증가하는 추세다.

■ 창업 및 성장 과정

창업자인 다니엘 코펠Daniel Koppel은 오랫동안 "동일한 재배 조건을 가진 인접한 농경지가 그토록 극적으로 다른 수확량을 생산하는 이유는 무엇인가?"라는 근본적인 의문을 가지고 있었다. 그는 이 질문에 대한 해답을 구하는 것에 미래 농업과 관련된 비즈니스 기회가 있음을 직감했다. 드디어 2014년 그는 라비브 이차키Raviv Itzhaky, 시몬 쉬피즈Shimon Shpiz

등과 함께 창업을 한다. 이 창업 멤버들은 데이터 과학 및 머신러닝에 대한 배경 지식을 활용해 농업 산업에 확실성을 높일 수 있는 방법을 모색하는 데 심혈을 기울인다.[222]

창업 후 초기 전략과 관련해 코펠은 데이터 과학이 그동안의 농업 관행에 변화를 줄 수 있다는 것을 증명하기 위해 우선 온실 환경에서의 작물 재배에 그동안 축적된 기술을 집중했다. 온실은 연구를 방법론적으로 수행하고 방대한 양의 데이터를 수집해 결과를 측정할 수 있도록 일관된 성장 주기를 제공한다. 일부 온실 작물의 경우 매주 수확할 수 있고, 또한 온실 환경은 노지보다 훨씬 제어하기가 쉽기 때문에 제품의 약점을 식별하는 데 도움이 된다. 온실 환경에서 기술을 적용한 후에는 보다 폭넓은 영역으로 확장하는 차원에서 관개 분야로 옮겨 의사결정을 지원하는 도구를 구축했다.[223]

프로스페라는 글로벌 피벗 관개 시장에서 40퍼센트 이상을 점유하고 있는 밸리 이리게이션과 파트너십을 형성하며 피벗 관개를 자율적 파종 기계로 전환한다는 비전을 공유하게 된다. 새로운 장치나 완전히 파격적인 개념을 만드는 대신, VI의 장점인 기존 인프라를 스마트하게 만드는 전략을 택한 것이다. 파트너십으로 탄생한 밸리 인사이트(AI 기반 자율적 작물 관리 솔루션)는 VI가 운영하고 있는 25만 개 중앙 피벗으로부터 수집된 데이터의 축적을 통해 99퍼센트 이미지 감지 정확도를 갖춘 제품으로 발전하게 된다.[224]

이렇게 온실 환경에서 축적된 데이터 지식은 노지 분야에서 성공적으로 적용되기 시작했다. 시장에서 입증된 기술력은 2020 세계경제포럼 기술 선구자로 선정되면서 객관적으로 인정받았다. 2021년에는 세계적인 컨설팅 기업 가트너로부터 컴퓨터 비전 AI 부문 카트너 쿨 벤더로 선정되기도 했다. 프로스페라의 기술력은 2021년 밸몬트 인더스트리스가 3억 달러에 인수함으로써 다시 한번 주목받게 되는데, 이 인수합병으로 농업 분야 최대 규모의 글로벌 수직 통합 인공지능 기업이 탄생하게 됐다.[225]

■ 주요 제품[226]

프로스페라의 주요 제품은 아래의 농업 기술 솔루션이다. 이러한 솔루션을 통해 재배자는 수확량을 늘리는 동시에 투입량을 절약할 수 있으며, 또한 더 건강한 작물을 생산할 수 있다.

① 피벗 관개 모니터링: 피벗 관개에서의 문제를 더 빠르게 감지해 작물을 건강하게 유지하고 높은 수확량을 얻을 수 있게 한다. 이리게이션 인사이트Irrigation Insights를 사용하면 막힌 노즐, 작동 중인 스프링클러 또는 누출된 부트 호스와 같은 중앙 피벗 관련 결함을 빠르게 찾아서 저렴하게 해결할 수 있다.

② 농장 관개 제어: 손안에서 관개 펌프 및 피벗을 제어할 수 있다. 프로스페라의 애그센스AgSense 모니터 및 제어 솔루션은 다른 어떤 브랜드보다 많은 관개 시스템을 관리할 수 있다. 그리고 어디서나 피벗 또는 펌프 등의 시설을 시작 또는 중지하거나 실시간 상태를 확인할 수 있다.

③ 농장 관개 계획: 물, 돈, 시간을 절약할 수 있는 보다 현명한 관개 의사결정을 내릴 수 있다. 프로스페라의 관개 계획 기술을 사용하면 작물 유형, 토양 및 날씨 데이터를 기반으로 언제, 어디서, 얼마나 관개해야 하는지 정확히 알 수 있다.

④ 작물 상태 모니터링: 작물 상태를 빠르게 파악해 노동력과 투입 비

용을 크게 절약할 수 있다. 플랜트 인사이트Plant Insights는 재배자의 피벗을 작물 상태 모니터링 기계로 전환해 문제를 조기에 감지하고 필요한 때와 장소에서 치료할 수 있게 한다.

■ 주요 기술[227]

프로스페라의 기술은 다음 3가지 특징으로 정리할 수 있다.

① AI 기반 시스템 사용: 위성 이미지, 날씨 데이터, 현장 센서 등 다양한 소스로부터 방대한 양의 데이터를 수집하고 분석한다. 이 정보는 패턴과 추세를 식별할 수 있는 고급 알고리즘에 의해 처리되므로 재배자는 작물 관리 방법에 관해 더 많은 정보를 바탕으로 결정 내릴 수 있다.

② 정밀 농업 기술 사용: 전체를 단일하게 처리하는 대신, 개별 식물 또는 소규모 식물 그룹을 실시간 모니터링하고 관리하는 고급 기술을 사용한다. 이를 통해 재배자는 물, 비료, 살충제 같은 자원을 보다 신속하고 효율적으로 적용해 폐기물을 줄이고 작업이 환경에 미치는 영향도 최소화할 수 있다.

③ 예측 분석 사용: 프로스페라의 AI 시스템은 과거 데이터와 현재 상태를 분석해 해충 침입이나 질병 발생 같은 잠재적 문제를 예측할 수 있다. 재배자는 이를 통해 문제가 더 심각해지기 전에 적극적으로 조치를 취해서 궁극적으로 더 건강한 작물과 더 높은 수확량을 얻을 수 있다. 또한 재배자가 향후 기상 조건에 대비할 수 있도록 해 작물이 최적의 햇빛, 물, 영양분을 받을 수 있게 보장한다.

프로스페라 테크놀로지스 특허 분야별 건수

특허 분야	특허 건수
Machine Vision	3
Multimedia Content Element	2
Chemical Composition	2
Reference Image	2
Training Output	2
Reference Image Respective	2
Prediction Model	2
Training Input	2
Machine Imaging	2
Abnormality Respective	2

※ 프로스페라의 총 특허 건수는 11건이나, 각 특허별로 해당 분야가 중복됨

자료: Discovery Patsnap

테벨 에어로보틱스 테크놀로지스

■ 개요 [228]

2016년 8월에 설립된 테벨 에어로보틱스 테크놀로지스Tevel Aerobotics Technologies(Tevel)는 비행 로봇 플랫폼과 정교한 알고리즘을 결합해 자율적인 과수원 관리 및 수확 솔루션을 만드는 기술 기업이다. 테벨의 첨단 비행 로봇 시스템은 과수원에서 수확 뿐만 아니라 솎아내기, 가지치기 등의 작업 수행도 가능한 종합적인 수확 솔루션이다. 테벨의 인공 지능 소프트웨어는 생산 현장에서 과일을 분류를 할 수 있게 하고 최상의

과일을 수확할 수 있는 정확한 타이밍을 택하게 하는 경쟁 우위의 원천이라고 할 수 있다. 테벨 비행 로봇의 또 다른 차별점은 나무 꼭대기에 접근할 수 있는 능력을 갖추었고, 좁거나 산이 많은 농장처럼 복잡한 지형에서도 작동할 수 있다는 점이다. 테벨은 기본적으로 B2B 비즈니스 모델을 지향하며 50명 이상의 상근 종업원을 보유하고 있다. 최근 들어 이스라엘뿐만 아니라 유럽, 미국 그리고 중국 시장으로의 확장도 가시화되고 있다.

■ 창업 과정[229]

10여 년 전 창업자인 야니브 마오르Yaniv Maor는 우연히 〈I Have a Job For You〉라는 TV 다큐멘터리를 보게 된다. 20명의 건강하고 젊은 사람들에게 과일을 따는 임무가 주어졌는데, 반나절이 지나자 모두 중도 포기하고 떠나 버리는 것을 보고 마오르는 충격을 받았다. 가전회사 및 방위 산업 분야 등에서 20여 년 동안 R&D 프로젝트를 관리하고 운영한 경험이 있는 마오르는 이 문제를 해결해 보겠다는 의지가 솟구쳤고, 이는 곧 창업으로 이어졌다.

하지만 당시에는 로봇의 기능이 과일을 수확하기에는 너무 빈약했다. 6년을 기다린 끝에 어느 정도 기술 수준이 올라오자 마오르는 먼저 팔이 있는 간단한 지상 로봇 제작을 시도한다. 하지만 과수원의 나무는 키가 크고 두꺼워서 더 유연한 솔루션이 필요했다. 지상 로봇은 비용이 많이 들고 비효율적이라는 판단을 한 마오르의 관심은 자연히 비행 로봇으로 이동했다. 그는 창업 전 20여 년간의 R&D 운영 경험을 바탕으로 문제 해결에 필요한 솔루션(인공 지능, 지속 가능성, 그리고 기타 관련 아이디어)

을 기술 제품으로 전환하는 데 열정을 쏟는다. 연구 결과를 얻는 대로 특허를 출원하는 등의 과정을 거쳐 오늘날 테벨 성장의 초석을 다지는 데 성공한다.

■ 주요 기술[230]

① 특허 기술

테벨의 Flying Autonomous Robots(FAR)은 놀라운 정확성과 기동성을 가능하게 하는 최첨단 가이던스guidance 및 제어 알고리즘으로 구동된다. FAR 제품은 나뭇잎과 물리적으로 상호 작용하는 세계 유일의 로봇으로, 나무에 피해를 주지 않고 나무 안팎으로 지속적으로 날아다닐 수 있도록 설계됐다.

이 같은 파괴적 혁신의 결과로 테벨은 전 세계적으로 11개의 특허를 획득했다. 또한 기술의 혁신성이 인정돼 2022 아틀라스 어워드2022 Atlas Award 식품 기술 부문 최종 후보로 선정됐다. 아틀라스 어워드 위원회는 테벨의 자율 수확 솔루션의 탁월한 가치를 높이 평가했다. FAR 제품은 비용 면에서 효율적이며 내구성이 뛰어나고 가볍다. 50그램(2온스) 살구부터 700그램(25온스) 사과까지 다양한 과일을 수확할 수 있는 것도 장점이다. 현재 FAR를 통해 수확할 수 있는 과일은 주로 사과, 복숭아, 배, 자두, 살구 등 5가지 종류이며 적용 과일 범위는 계속 확장될 예정이다.

② 데이터 수집 기술

FAR 제품은 수확하는 모든 과일의 데이터를 지속적으로 수집해 실시간 수확 데이터를 제공한다. 이러한 데이터 수집 기술은 과일이 포장 공정으로 보내지기 전 과일 상자에 관한 의사결정을 할 수 있는 유용한 정보를 제공한다. 수집되는 주요 데이터는 다음과 같다.

- 수확한 과일의 총량
- 각 과일의 무게와 크기
- 과일 등급color grading
- 질병 감지
- 시간 표기timestamp
- 지리적 위치
- 상자 내 무게, 크기 및 색상 분포

③ AI 인식 알고리즘

테벨 기술 경쟁력의 원천이라 할 수 있는 과일 추적 및 데이터 융합을 위한 AI 인식 기반 알고리즘은 크게 다음 4가지로 구분할 수 있다.

- 비전Vision 알고리즘: 과일, 나뭇잎 및 기타 물체의 감지와 과일 분류 (크기, 숙성도 등) 등이 포함
- 기동 알고리즘: 최적의 궤도 계획 및 실행
- 균형 조정 알고리즘: 나뭇잎과 과일에 의해 로봇에 가해지는 힘의 균형을 맞추는 안정화 알고리즘
- 수확 최적화 알고리즘: 과수원에서의 데이터 기반 수확을 위한 로봇 관리 최적화 알고리즘

테벨 에어로보틱스 테크놀로지스 특허 분야별 건수

특허 분야	특허 건수
Aerial Drone	29
Autonomous Unmanned Aircraft Vehicle	21
Diluting Fruit	18
Datum Collection	15
Fleet Management	15
Green House	13
Optimal Harvesting	12
Dilution Task	12
Building Database	11
Harvesting Fruit	11

※ 테벨의 총 특허 건수는 71건이나, 각 특허별로 해당 분야가 중복됨

자료: Discovery Patsnap

■ 펀딩 실적[231]

지금까지 두 차례에 걸쳐 3,000만 달러 규모의 펀딩을 받았다.

① 2019년 4월, 1,000만 달러 펀딩

▶ 투자가: 아워크라우드, 매버릭 벤처스 이스라엘Maverick Ventures Israel 등 2개
   이스라엘 VC 참여

② 2020년 10월, 2,000만 달러 펀딩

▶ 투자가: : 지브 아비람Ziv Aviram, 아미차이 스타인버그Amichai Steinberg(이스
   라엘 엔젤 투자가), 아워크라우드(이스라엘 VC), 애그펀더AgFunder(미
   국 VC), 구보다Kubota(일본 전략적 투자자) 등 6개 투자가 참여

5장

기후테크 산업

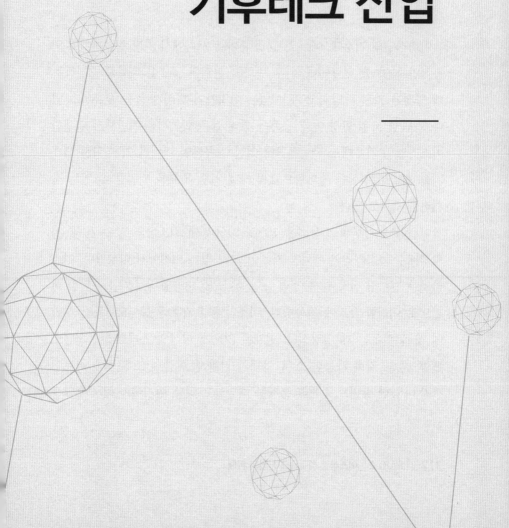

개요

이스라엘의 기후테크Climate Tech 분야는 세계에서 가장 혁신적이고 역동적인 분야 중 하나이며, 기후 변화와 관련된 글로벌 과제를 해결하는 데 열정을 가진 다양하고 재능 있는 기업가와 혁신가 풀을 보유하고 있다. 척박한 자원 환경 아래 생존을 통해 얻은 회복력을 기반으로 탄생한 이스라엘의 기후테크 산업은 혁신적인 기술뿐만 아니라 기후 혁신 생태계를 개발한 경험을 전파함으로써 국제 기후 목표를 지원할 수 있는 잠재력을 가지고 있다.

이스라엘 기후테크 산업은 1950~1960년대 최소한의 담수 자원, 사막 기후, 그리고 천연 에너지 자원이 거의 없는 여건에서 탄생했다. 이스라엘은 절수형 점적 관개, 정밀 농업, 온실 및 태양열 온수기를 포함한 혁신으로 이러한 도전에 적응했다. 이스라엘의 기후테크는 오랫동안 사막에 꽃을 피우는 데 앞장섰다. 현재는 800개 이상의 스타트업이 저탄소 배출, 운송, 지속 가능한 소재, 에너지 전환 솔루션, 탄소 포집에 이르기까지 다양한 방법으로 기후 문제를 해결하고 있다. 여기에 더해서 수많은 기후테크 혁신 제품이 연구 실험실에서 배양되고 있다.

기후에 초점을 맞춘 스타트업의 수는 2022년 대비 13퍼센트 증가했으며, 2022년에 설립된 스타트업 6곳 중 1곳은 기후테크 기업이었다. 이스라엘은 기후테크 혁신을 지원하는 스타트업, 투자자, 인큐베이터, 액셀러레이터 및 정부 기관으로 구성된 강력한 생태계를 보유하고 있다.

한편 이스라엘의 기후테크 투자는 기후 변화 관련 기업의 글로벌 자금 조달 규모를 앞지르는 등 급격한 증가세를 보이고 있다. 2018년부터 2021년까지 이스라엘의 기후 기술 투자는 글로벌 투자보다 2.6배 빠르게 증가했다. 2022년에도 기후테크 부문은 글로벌 경제 침체로 어려움을 겪은 이스라엘의 다른 기술 분야에 비해 상당한 회복력을 보여 주었다. 2022년에 기후 부문은 이스라엘의 다른 하이테크보다 회복력이 400퍼센트 더 높았으며, 2022년 기후테크 투자의 48퍼센트가 외국인 투자로 이루어졌다.

이스라엘의 기후테크 분야는 농업, 에너지, 교통, 재료과학, 생명공학, 수자원 관리 등 기후 변화와 관련된 다양한 분야에서 높은 수준의 기술 성숙도와 전문성을 보유하고 있다. 이스라엘에는 또한 비브, 윌리오트, 오거리, 옵티버스, 비아와 스토어닷처럼 가치가 10억 달러가 넘는 민간 기업인 기후테크 유니콘이 다수 있다.

기후테크 산업 현황

기후테크 섹터 개요

이스라엘 스타트업 네이션 센트럴(SNC)에서는 기후테크 섹터를 6개 하부 분야로 구분하고 있다. 친환경 운송 및 로지스틱스 분야(모빌리티), 음식 및 토지 이용 분야(농업), 청정 산업 기술, 에너지 전환, 카본테크, 지속가능 물 솔루션(농업) 등이다. 따라서 이번 장에서는 시장 및 주요 기업 부분은 주로 청정 산업 기술, 에너지 전환, 카본테크 등 재생 에너지 산업 위주로 다루고 나머지 산업 부분은 애그테크와 모빌리티 장에서 별도로 다루었다.

이스라엘 기후테크 생태계는 글로벌 기후테크 산업과 연결돼 지속적인 성장을 보여 왔고, 계속 확대되고 있다. 이스라엘 기후테크 비영리 단체인 플레인테크에 의하면 이스라엘 기후테크 스타트업 수는 지속적으로 증가해 2022년 말에는 784개에 이르렀고, 2023년 2분기에만 약 40개의 새로운 기후테크 회사가 추가됐다. 신규 설립 스타트업에서의 비율도 17퍼센트나 돼, 신규 스타트업 6개 중 한 개는 기후테크 스타트업인 셈이다. 또한 대부분(66%)의 기후테크 스타트업은 설립된 지 7년 미만이다.

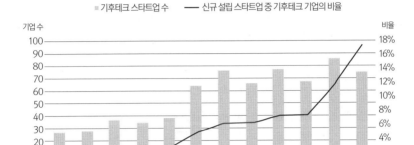

연도별 기후테크 스타트업 설립

자료: 이스라엘 혁신청과 플레인테크가 발간한 『이스라엘 기후테크 2023』

2018~2023년 상반기 동안 이스라엘 기후테크 스타트업에 투자된 금액은 총 82억 달러였으며, 2022년에만 23억 달러가 펀딩됐다. 즉 2022년 이스라엘 첨단 기술에 투자된 1달러당 14센트가 기후테크에 사용됐다. 투자자 국적별 비중을 보면 거의 50퍼센트가 외국 법인이며, 그중에서도 미국 국적이 주류다. 투자의 50퍼센트 이상을 VC 투자자가 차지했고, 그다음으로 다국적 기업들의 기업 VC(CVC)가 16퍼센트를 차지했다.[232]

이스라엘 기후테크 스타트업에 대한 투자는 대체로 글로벌 추세를 반영한다. 2018~2021년까지 이스라엘 기후테크 투자는 글로벌 성장 추세를 반영하고 있지만 320퍼센트의 펀딩 성장률을 보여 글로벌 성장을 크게 앞섰다(2.6배 수준). 2022년 세계 경제 침체 기간에도 이스라엘의 기후테크는 회복력이 높아 거의 2021년 수준의 투자 규모를 보였다. 반면 2023년 상반기 투자는 전년 동기 대비 크게 감소했는데, 이는 글로벌 추세와 일치한다. 또한 2022년 하반기 대비 펀딩 규모가 증가한 유일한 섹터여서 기후테크에 대한 투자자의 높은 관심도가 증명됐다고 볼 수 있다.[233]

주요 기업

① 유니콘 기업[234·235]

이스라엘 기후테크 생태계의 강점과 다양성 및 깊이는 유니콘 지위에 도달한 이스라엘 기후 기술 현황에 잘 나타난다. 이 목록에는 온실가스 배출을 직접적으로 줄이거나 기후 변화에 대한 회복력을 제공하는 제품과 기술을 개발하는 회사들이 포함돼 있다.

이스라엘 기후테크 유니콘 기업

회사명(설립 연도)	사업 내용
트모로우아이오 tomorrow.io (2016년)	■ 기업과 개인을 위한 하이퍼로컬hyper-local 일기예보 플랫폼을 제공 ■ 투모로우아이오의 플랫폼은 독점 기술, 고급 모델링 기술 및 기계 학습을 결합해 특정 위치에 대한 정확한 날씨 정보를 실시간으로 제공
스토어닷 (2012년)	■ 초고속 충전 배터리 분야에서 주행거리 및 충전 불안을 해결 ■ 인공지능 알고리즘으로 최적화된 독자적인 유기·무기 화합물을 설계하고 합성해 10분 안에 전기차 충전이 가능
비아 (2012년)	■ 대중교통 시스템을 강화하고 셔틀, 버스, 장애인용 차량, 자율주행차 등 전 세계 다양한 교통수단의 네트워크를 최적화하는 대중교통 기술 회사 ■ 비아의 플랫폼은 승객 요구 사항에 따라 차량 공유 경로를 맞춤화하는 알고리즘을 사용
윌리오트 (2016년)	■ 공급망 및 자산관리를 위한 IoT 기술 개발: 배터리가 필요 없는 인쇄 가능한 센서 태그 ■ 윌리오트는 가트너 주관 2022년 실내 위치 기술 및 센서 부문의 쿨 벤더로 선정
오거리 (2012년)	■ 산업 환경에서 기계 및 프로세스 상태를 모니터링하기 위한 AI 및 IoT 기반 솔루션을 개발 ■ 프로스트 앤 설리번Frost & Sullivan은 오거리를 산업 분석 솔루션 산업 분야의 2023년 올해의 글로벌 기업으로 선정
옵티버스 (2011년)	■ 버스 차량과 대중교통 운영업체를 위한 일정 최적화 소프트웨어를 개발 ■ 옵티버스는 강력한 기계 학습 및 최적화 알고리즘을 활용해 대중 교통의 계획 및 운영 방식을 재정의
비브 (2008년)	■ 주택 위기 해결을 목표로 하는 기술 기반 주택 건설업체: 패널화된 건축 시스템과 디지털 제작 프로세스를 사용해 새로운 방식으로 주택을 설계하고 생산 ■ 비브 주택은 기존 방식보다 건설 속도가 4배 빠르고, 비용도 저렴하고 탄소 배출량도 훨씬 적음
솔라엣지 (2006년)	■ 스마트 에너지 기술에 중점을 두고 주거용, 상업용 및 산업용 애플리케이션을 위한 솔루션을 제공 ■ 핵심 제품인 인버터 시스템 외 에너지 저장 장치, EV 충전 솔루션 등을 제공

자료: 각 기업 홈페이지

② 스타트업[236]

기술 강국으로서 이스라엘의 명성은 오랫동안 사이버 보안 및 핀테크 분야와 연관됐으며, 이스라엘의 에너지 기술 분야는 다소 간과돼 왔다.

하지만 이스라엘 스타트업은 발전부터 저장, 탄소 저감, 선구적인 수소 발전에 이르기까지 다양한 에너지 분야에서 두각을 나타내고 있다. 저탄소 경제를 위한 획기적인 솔루션을 제공하는 기후테크 기업들은 2022년에 전년도보다 2배 더 많은 펀딩을 하면서 번창하고 있다.

농업과 모빌리티를 제외한 재생 에너지, 청정 산업 및 탄소 기술 분야 등의 기후테크 섹터에서 혁신의 원동력이라 할 수 있는 스타트업을 대표하는 기업들은 다음과 같다.

기후테크 주요 분야별 활동적 기업 수 및 대표 스타트업

분야	활동적 기업 수	대표적인 스타트업
에너지 전환 분야		
친환경 에너지 사용	80	빔업BeamUP, 에너비브Enerbive, 솔리드티SolidT
청정 에너지 발전	66	솔로르SolOr
친환경 에너지 저장	28	엑스트라릿Xtralit, 애디오닉스Addionics
친환경 송전 및 배전	22	EGM, 그리드4CGrid4C, 메테오-로직Meteo-Logic
수소 발전	16	에이치투프로, 니트로픽스NitroFix
청정 산업 기술 분야		
지속가능 소재 및 순환성	131	서프레스카Sufresca, 솔콜드SolCold, 솔루텀 Solutum
친환경 효율적 제조	44	카스토르CASTOR, 코프린트Copprint
그린 건설	29	엑소리고Exodigo, 서모테라ThermoTerra, 주가수 Juganu
카본테크 분야		
탄소 분석, 지표면 데이터 및 핀테크	41	엠노션EMNOTION, 몬멘틱Monmentick
탄소 포집, 저장, 활용	13	테라Terra, 봄벤토Bomvento, 리와인드Rewind, 에어 로베이션

자료: 스타트업 네이션 센트럴

기후테크 글로벌 경쟁력의 원천

UNFCCC(유엔기후변화기본협약)에 의하면 제로 탄소 솔루션은 탄소 배출량의 25퍼센트를 차지하는 경제 부문 전반에 걸쳐 경쟁력이 있으며, 2030년까지 전 세계 배출량의 70퍼센트 이상을 차지하는 부문에서도 경쟁력을 가질 수 있다. 향후 제조 기업들의 탈탄소화를 위해서는 조직 운영에 새로운 기술을 도입해야 하므로 기후테크 기업들에게 엄청난 기회를 창출할 것이다. 기후 변화를 막으려면 첨단 기술이 중요하다. 유럽의 탄소중립 경로에 대한 맥킨지McKinsey의 분석에 따르면, 배출 감소의 약 40퍼센트는 아직 R&D 단계에 있거나 시연됐지만 아직 성숙되지 않은 기술에서 나올 수 있다. 나머지 60퍼센트는 검증되고 성숙한 기술을 확산시킴으로써 달성할 수 있다. 따라서 장기적으로 탄소중립의 목표를 달성하기 위해 가장 핵심적인 것은 기술 개발 및 개선에서, 혹은 비용 및 생산 능력에서 혁신을 이루는 것이다.[237]

이와 관련한 글로벌 컨센서스는 이스라엘이 혁신적인 기후테크 솔루션 개발의 핵심 주체로서 유망한 위치를 누리고 있다는 점이다. 이는 부분적으로 척박한 자연환경을 극복하기 위해 물, 농업 및 태양 에너지와 관련된 분야의 솔루션을 개발하는 데 매진했던 결과다. 여기에 더해 기후테크에 대한 그간의 연구 지식과 실무 경험의 축적은 기후테크와 연관된 이스라엘의 생태계가 글로벌 경쟁력을 갖추게 된 기반이다.

이스라엘이 특히 에너지테크 분야에서 글로벌 경쟁력을 갖추게 된 핵심 요인은 다음 5가지로 정리할 수 있다.[238]

① 수소 혁신: 수소 혁신에 대한 전 세계적인 관심에 따라 이스라엘 기술 생태계도 최근 4년 동안 투자가 8배 증가하는 등 이 분야에서 상당한 활동 증가를 경험하고 있다. 이 부문에는 현재 생성, 저장, 운송에서 연료 전지 등에 이르기까지 수소의 가치 사슬을 따라 혁신하고 있는 22개 이상의 스타트업 및 확장 기업이 있으며, 2022년에만 최소 4개의 새로운 벤처 기업이 생겼다. 에이치투프로, QD-SOL 등 유명 기업과 신규 진입 기업인 누겐Nugen, 카이랄 에너지Chiral Energies가 최근 성공적으로 펀딩 라운드를 마무리해 투자자들의 신뢰를 보여 주었다. 또한 이 분야에서는 개척자인 니트로픽스NitroFix 및 알가나이트Alganite를 통해 그린 암모니아 생성의 핵심 영역에서 획기적인 혁신을 이루고 있다.

② 그리드의 분산화Decentralization of the Grid: 이스라엘의 전력망은 여전히 재생 에너지 채택(10% 수준)에서 목표 대비 뒤쳐져 있어 향후 에너지 전환을 주도하고 경쟁을 강화하기 위해 대대적인 개혁을 진행하고 있다. 노가Noga 설립은 그리드의 분산화와 데이터 투명성을 통한 디지털화를 강화하고 혁신을 촉진하는 보다 역동적인 에너지 생태계를 만드는 역할을 하고 있다. 또한 이스라엘 전기공사(IEC)는 독점이었던 에너지에 대

한 의존도를 줄이고 보다 다양하고 지속 가능한 에너지 환경을 촉진하기 위해 운영 중인 발전소의 약 절반을 민영화하는 과정에 있다. 에너지 경계를 개방하는 또 다른 중요한 이정표는 2021년 COP27에서 요르단, 이스라엘, UAE 간에 달성됐다. 이에 따라 요르단은 마스다르Masdar가 개발한 태양광 PV 시설에서 생산된 600메가와트의 전력을 이스라엘에 제공하고, 그 대가로 이스라엘은 매년 2억 세제곱미터의 담수를 요르단에 공급한다. 이러한 공동 노력은 에너지와 물 부문에서 국경을 초월한 협력 가능성을 보여 주고 지속 가능성과 지역 파트너십을 촉진할 것이다.

③ 글로벌 기업들의 참여: 최근 몇 년 동안 글로벌 업계 선두 주자인 에넬, EDF 리뉴어블스, E.ON, 슈나이더 일렉트릭 및 지멘스 에너지가 이스라엘 에너지 기술 분야와의 협력을 위해 이스라엘에 진출하는 사례가 점점 늘어나고 있다. 글로벌 기업의 현지 진출은 지식 교환을 촉진하고 솔루션의 테스트 및 검증 기회를 창출하며, 이스라엘을 최첨단 에너지 혁신의 초석으로 자리매김하게 한다. 최근에는 이탈가스와 제니스를 비롯한 여러 다국적 기업이 기술 과제 형식을 통해 현지 생태계에 대한 참여를 늘리고 있다. 이스라엘 기반의 글로벌 에너지 대기업인 솔라엣지, 오마트 테크놀로지스 및 도랄 에너지도 이스라엘 스타트업에 대한 투자를 늘려 가고 있다.

④ 스케일업 준비가 된 에너지 기술 기업: 해당 세그먼트의 글로벌 리더인 솔라엣지와 오마트 테크놀로지스의 성과 외에도 많은 이스라엘 에너지 기술 스타트업이 기가톤 제조 능력에 도달하기 시작했다. 브렌밀러 Brenmiller 및 아폴로 파워Apollo Power와 같은 회사는 최근 이스라엘에 제

조 시설을 개설하고 스토리지 및 태양광 기술 분야의 혁신적인 솔루션으로 전 세계적으로 찬사를 받는 등 선두에 있다. 이러한 놀라운 성과는 지속 가능한 혁신을 주도하고 보다 친환경적인 미래로의 전환을 이끄는 이스라엘의 잠재력을 반영하는 것이다.

⑤ 액셀러레이터, 인큐베이터 및 벤처 창출 프로그램: 기술 기업의 창업에 필수 요소인 기업가정신을 싹틔우고 육성하려면 생태계가 중요한데, 이스라엘 생태계에서는 기후테크에 중점을 둔 액셀러레이터 및 기타 프로그램이 급증하고 있다. 예를 들어 베테랑 프로그램인 클라이미트런치패드ClimateLaunchpad, 8200 임팩트8200 Impact, 매스챌린지 MassChallenge 및 마이크로소프트의 AI 포 굿AI for Good 등이 기후테크 스타트업 육성에서 중요한 역할을 해 오고 있다. 최근에는 클라이메이트 퍼스트Climate First, 엡실론Epsilon, 이그나이트 더 스파크Ignite the Spark에서 운영하는 에너지 중심 프로그램인 EPOT(Energy Pioneers of Tomorrow) 및 EI2C(Energy Ideation 2 Creation)처럼 새로운 프로그램들이 등장했다.

M&A[239]

M&A는 스타트업의 투자 회수 수단으로 매우 중요하다. 특히 글로벌 기업의 현지 유망 기후테크 스타트업 인수 실적은 혁신적인 기후테크 스타트업 설립에 촉진제 역할을 한다. 다음은 최근 4년간 이스라엘 기후테크 스타트업의 M&A 사례들을 정리한 자료다. 특히 2022년 이후 전 세계적인 불황 속에서도 이스라엘 기후테크에 대한 M&A는 지속되고 있다.

2020~2023년 이스라엘 기후테크 기업 M&A 실적

피인수 기업	솔루션	연도	인수 금액	인수 기업
갤콘	물 인프라 통제 시스템	2023	1,800만 달러	플라손
에코플랜트 EcoPlant	압축공기 시스템용 SaaS 솔루션	2023	5,000만 달러	잉거솔 랜드 Ingersoll Rand
알고리온 ALGOLiON	리튬이온 배터리 진단	2023	–	GM

스테팩 PPC StePac PPC	농산물 습도 조절 포장	2023	–	PPC 플렉시블 패키징 PPC Flexible Packaging
폰토 파워 Fonto Power	그린 에너지 발전 관리 시스템	2023	–	솔라엣지
드라이브즈 Driivz	전기차 충전 및 에너지 관리 솔루션	2022	–	길바크 비더루트 Gilbarco Veeder-Root
시보Seebo	품질 및 수율 예측 솔루션	2022	1억 달러	오거리
에프사이트 FSIGHT	AI 기반 분산 에너지 관리 솔루션	2022	–	티고 에너지 Tigo Energy
브리조미터 BreezoMeter	헬스-포커스Health-focused 환경 정보	2022	2억 달러	구글
스파키온 Sparkion	전기차 충전용 에너지 저장 솔루션	2022	–	본티어 Vontier Corp.
레이캐치 Raycatch	AI 기반 PV 포트폴리오 관리	2022	150만 달러	블레이드레인저 Bladeranger
프로스페라 테크놀로지스	음식물 생산 최적화 솔루션	2021	3억 달러	발몬트 Valmont Ind.
아피밀크 Afimilk	낙농 관리 솔루션	2021	–	포르티시모 캐피털 Fortissimo Capital
아크와이즈 Aqwise	바이올로지컬Biological 물 및 폐수 처리 솔루션	2021	–	GES
크로아젠 Chromagen	맞춤형 온수 솔루션	2021	3,500만 달러	아리스톤 그룹 Ariston Group
비건네이션 VeganNation	커뮤니티 기반 시장 및 금융 솔루션	2021	–	시펍 Sipup
GES	물 처리 공장 디자인 및 건설	2020	3,120만 달러	제너레이션 캐피털 Generation Capital
리소어식스 Resorcix	음식료 산업의 항균제 솔루션	2020	–	인틀 비어 브루어리즈 Int'l Beer Breweries
호핏 키부츠 킨네렛 Hofit Kibbutz Kinneret	플라스틱 부품 및 액세서리	2020	1,000만 달러	훌리오트 Huliot
무빗	지도가 포함된 실시간 교통 앱	2020	9억 달러	인텔

기후테크 산업 전망

기후테크 전반

이스라엘의 기후테크 부문은 기후 솔루션에 대한 전 세계적인 수요가 증가함에 따라 향후 몇 년 동안 빠르게 성장할 것으로 예상된다. 기후테크 분야 투자에 대한 전 세계적인 관심 증가는 2023년 4월 전 세계 VC들을 대상으로 한 피치북 설문 조사 결과에서도 입증되고 있다. 기후테크 분야는 향후 혁신성과 성장성 부분에서 인공지능에 이어 2위를 차지했다. 이는 기후 변화에 대응하는 첨단 기술의 혁신과 성장에 대한 투자자들의 기대를 반영하고 있다.[240]

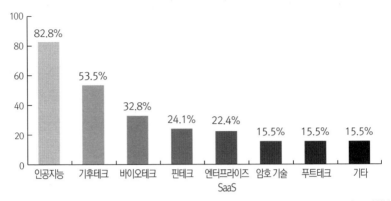

향후 유망 섹터 설문 조사 결과

| | 82.8% | 53.5% | 32.8% | 24.1% | 22.4% | 15.5% | 15.5% | 15.5% |

인공지능　기후테크　바이오테크　핀테크　엔터프라이즈　암호 기술　푸트테크　기타
SaaS

자료: 피치북

　이스라엘의 기후테크 투자 증가는 전 세계적으로 VC 투자자들 사이에서 기후테크에 대한 관심이 높아지고 있는 것과 일치한다. 또한 주요 국제 펀드들이 기후테크 분야에 관한 본격적인 투자 전략을 수립하기 시작한 것으로 조사됐다. 기후 관련 혁신을 장려하기 위해 설립된 이스라엘 비영리 단체인 플레인테크에 40명이 넘는 전문 투자자가 가입한 것은 투자자들의 이스라엘 기후테크에 대한 관심 증가를 반영하는 것이다.

　2023년 플레인테크 설문 조사에 의하면 B 라운드 이상의 기후테크 스타트업에게는 스케일업 능력이 가장 큰 해결 과제다. 이를 위해 이스라엘의 기후 혁신 기술 기업들은 전 세계, 모든 대륙, 100개 이상의 국가에서 사업을 전개하고 있다. 또한 기후테크 스타트업의 20퍼센트는 아예 이스라엘 내에서 사업을 전개하지 않으며, 20퍼센트 이상이 최소 10개국에서 활동하고 있고, 75퍼센트 이상이 북미와 유럽에서 주로 활동하고 있다.[241]

하지만 이스라엘 자체의 재생에너지 시장도 2023~2028년 동안 연 5퍼센트 이상의 성장률을 기록할 것으로 예상된다. 무엇보다 최근 이스라엘 정부는 2030년까지 석탄화력 발전소를 폐쇄하고 재생에너지 발전 용량을 30퍼센트까지 늘리는 계획을 밝혔다. 이는 향후 이스라엘 재생에너지 시장에 막대한 기회를 창출할 것으로 예상된다. 특히 태양 에너지 부문은 투자 증가와 전국적으로 예정된 태양 에너지 프로젝트로 인해 향후 시장을 지배할 가능성이 높다.[242]

재생에너지 산업 [243·244]

이스라엘은 경제협력개발기구(OECD) 회원국 중 인구밀도 3위를 차지하고 있으며, 인구 증가율이 가장 높다. 2040년에는 1,300만 명이 이스라엘에 거주할 것으로 예상된다(2020년 900만 명 대비). 또한, 2040년에는 차량 대수가 640만 대(2021년 대비 6.0% 증가)로 증가하고, 전력 수요도 2배 증가할 것으로 예상된다. 발전 및 운송을 위한 청정 에너지원으로 전환함에 따라 이스라엘의 국내 에너지 수요는 향후 크게 증가할 것이다. 이에 따라 이스라엘 정부는 전력 소비 예측에 대응하는 동시에 오염을 줄이고 재생 에너지 사용을 늘리기 위한 여러 프로그램을 추진하고 있다.

충분한 태양광 발전 잠재력에도 불구하고 이스라엘은 이전에 명시한 재생 에너지 목표를 계속 달성하지 못해 2022년에는 재생 에너지원에서 전력의 10.1퍼센트만 생산했다. 이스라엘 정부는 2015년을 기준 연도로

2030년 전력 생산으로 인한 온실가스 배출량을 30퍼센트 줄이기로 약속했다. 또한 2030년까지 생산되는 전기의 30퍼센트를 재생 가능 에너지로 충당하는 목표를 설정했다. 이 계획에 따르면 태양광은 전기의 약 90퍼센트를 차지하고 풍력, 물 및 바이오매스는 나머지 10퍼센트를 제공하게 된다. 이 새로운 목표를 달성하려면 이스라엘은 태양광 시스템 전체 설치 용량을 17.1기가와트(2022년 용량 4.7기가와트의 거의 3.5배)로 늘려야 한다. 또한 전체 저장 용량을 2020년 300메가와트에서 2030년 약 3,000메가와트로 10배가량 늘려야 한다.

이스라엘은 전력섬이다. 네트워크가 주변 국가의 시스템과 연결돼 있지 않기 때문에 2010년부터 2020년까지 연평균 3퍼센트씩 증가한 에너지 수요를 자급자족해야 했다. 2021년 전체 설치 용량은 총 21.5기가와트였으며, IEC가 생산량의 61퍼센트를 차지하고, 독립 전력 생산자가 나머지를 차지한다. 이스라엘 전력 부문의 구조 개혁 계획에 의하면 IEC의 전력 생산 비중은 60퍼센트에서 40퍼센트로 감소된다. 한편 전송 및 배전 부문에서 독점권을 유지하는 IEC는 전력 공급의 질 향상을 위해 스마트 그리드 개발에 많은 투자를 해야 한다.

비즈니스 기회 사례

물 분야[245]

이스라엘은 심각한 물 부족을 겪고 있는 이웃 국가와 달리 물이 풍부하다. 물이 부족한 지역에 위치하고 있음에도 불구하고 풍부한 물 공급을 유지하고 있다. 이는 담수화 시설 덕분이다. 이스라엘은 자국 물 소비량의 약 80퍼센트를 공급하는 세계 최대 규모의 담수화 시설을 포함해 물 부문에서 놀라운 성과를 거두었다.

■ 이스라엘 폐수의 대부분을 수집하고 처리하는 하수 배출 시설: 이스라엘은 폐수의 90퍼센트가 재사용되는 등 세계에서 가장 높은 재생률을 자랑하는 국가 중 하나다.

■ 세계적 수준의 물 처리 기술 개발: 2018년 6월, 이스라엘 정부는 2013년부터 2018년까지 5년 연속 지속된 긴 가뭄 기간에 대응하는 전략 계획을 승인했다. 이 계획은 2018~2025년 기간의 약 40억 달러 규

모 프로젝트이며, 이 중 최소 10억 달러가 국제 입찰에 배정될 예정이다. 2019년 2월 정부의 후속 결의안에 따르면, 메코로트Mekorot(국영 물 유틸리티 회사)는 이스라엘 물 인프라 개발에 대한 투자를 크게 늘려야 한다고 말한다.

① 담수화: Sorek B와 Western Galilee 등 두 개의 새로운 담수화 플랜트를 설립하면 이스라엘의 담수화 용량이 2021년 기준 연간 5억 3,300만 세제곱미터에서 3억 세제곱미터 더 늘어날 것이다. 기존 담수화 시설은 메코로트에 의해 확장되며, 이로 인해 추가적인 인프라 프로젝트가 진행될 예정이다.

② 국가 수로 시스템에 연결: 새로운 담수화 플랜트는 국가 수로 시스템에 연결돼야 한다. 서부 갈릴리 공장 연결과 관련된 인프라 프로젝트의 가치는 1억 4,400만~3억 달러에 달한다. 이스라엘은 또한 물 공급의 신뢰성을 높이기 위해 국내에 원격 위치한 지역을 국가 도관 시스템에 연결할 계획이다.

③ 얕은 우물과 깊은 우물 시추를 위한 턴키 프로젝트: 총 약 400개의 우물이 향후 몇 년 내에 계획돼 있으며, 그 가치는 약 13억 달러에 달한다. 메코로트은 2022년 1월에 70개 우물, 1억 5,800만 달러 상당의 첫 시추 회사를 발표했다.

④ 국내 및 지역 수자원 인프라 업그레이드: 메코로트의 수자원 인프라 업그레이드 계획의 일환으로 시추, 펌프장, 파이프 라인, 탱크, 저수지, 수처리, 음극 보호 등에 대한 여러 설계 프로젝트를 계획하고 있다. 또한 이스라엘 정부는 양국 간의 '번영 프로젝트' 거래의 일환으로 요르단에 판매되는 물의 양을 늘릴 계획이다. 여기에는 새로운 담수화 공장, 요르단의 우물 시추(메코로트과 협력해 개발 예정), 이스라엘 갈릴리 바다의

펌핑 증가 등이 포함된다.

폐기물 처리 분야[246·247]

이스라엘의 폐기물 처리 산업은 약 80퍼센트가 매립지로 보내지고 20퍼센트만이 재활용될 정도로 낙후돼 있다. 이는 지하수 오염, 대기 오염 등 환경적 위험을 초래한다. 이스라엘은 OECD 회원국 중 1인당 MSW(도시 고형 폐기물) 수준이 가장 높은 국가다. 가정집이 MSW의 거의 대부분인 80퍼센트를 차지하고 있다.

이러한 지속 불가능한 현상을 해결하기 위해 MOEP(환경보호부)는 2021년 이스라엘의 폐기물 처리 산업을 순환 경제로 전환하기 위한 전략 계획을 발표했다. MOEP의 2030년 단기 목표는 폐기물의 54퍼센트(2020년 20%)를 재활용하고, 폐기물 원천에서 분리에 필요한 인프라를 구축하고, 매립 처리량을 20퍼센트(2020년 80%에서)로 줄이면서 폐기물을 100퍼센트 처리할 분류 시설을 구축하는 것이다.

또한 이스라엘 정부는 파리 협정에 따라 2015년을 기준 연도로 고형 폐기물에서 발생하는 온실가스 배출량을 2030년까지 47퍼센트, 2050년까지 92퍼센트 줄이겠다고 약속했다. 아울러 2018년에 비해 2030년까지 매립지로 보내지는 도시 고형 폐기물을 71퍼센트 줄이겠다고 약속했다. 이러한 야심찬 목표를 달성하기 위해 MOEP는 이미 운영 중인 5개 시설 그리고 개발 중인 6개 시설 이외에 건조하고 재활용 가능한 폐기물(전체 폐기물의 약 39퍼센트를 차지)을 처리하기 위해 약 7~10개의 새로운 분류 시설이 필요할 것으로 예상하고 있다. 재활용할 수 없는 건조 폐기물은 가능한 경우 에너지 회수 시설Energy Recovery Facilities로 이송되거나 매립된다. 마지막으로 MOEP에서는 유기성 폐기물(전체 폐기물의 43%를 차지)을 추가 분류하는 생물학적 처리 시설에서 처리한 후 퇴비화 및 혐기성(무산소성) 소화 시스템으로 보낼 계획이다.

환경 인프라 프로젝트 [248]

현재 이스라엘의 인프라 투자 규모는 비교적 낮은 편이다. 따라서 이스라엘 정부는 거의 모든 산업에 걸쳐 대규모 인프라 프로젝트를 계획하고 있으며, 또한 Infrastructure for Growth Workplan(IGW: 진행 중이거나 예산이 책정됐거나 정부가 승인한 1억 세겔(약 3,000만 달러) 이상 규모의 모든 프로젝트를 통합하는 국가 인프라 전략)을 매년 발간하고 있다. 2023년 IGW에는 환경 섹터의 여러 프로젝트를 포함해 다양한 산업 분야에 걸쳐 총 1,140억 달러 규모의 228개 프로젝트가 포함됐다. 프로젝트의 상당 부분은 공공-민간 파트너십(PPP) 모델을 통해 추진될 예정이다.

솔라엣지

■ 개요 [249]

2006년 가이 세라Guy Sella 등 이스라엘 방위군 동료들이 공동 설립한 솔라엣지는 에너지 효율성과 생산성 측면에서 혁신적인 제품과 솔루션을 출시해 태양광 산업의 판도 변화를 이루었다. 우리 세계가 직면한 가장 큰 위협인 기후 비상 사태를 맞이해 에너지 효율성 및 혁신 기술을 기반으로 한 에너지 혁명이 시급히 필요해서 솔라엣지의 솔루션들이 이런 상황에 대한 해결책이 되고 있다. 현재 주력 제품군은 차별화된 종합기능all-in-one 인버터와 파워 옵티마이저Power Optimizer(전력 최적화 장치), 주거 시장과 상업 시장의 요구 사항을 해결하는 전문 솔루션, 그리고 에너지 저장 배터리(BESS: Battery Energy Storage System) 등이다.[250]

솔라엣지 테크놀로지스 주요 제품

가정용 제품	상업용 제품
<ul><li>Inverters</li><li>Storage & Backup</li><li>Power Optimizers</li><li>Smart Modules</li><li>EV Charger</li><li>Smart Energy Devices</li><li>가정용 Metering & Sensors, Communication, Software</li></ul>	<ul><li>Inverters</li><li>Power Optimizers</li><li>상업용 Metering & Sensors, Communication, Software</li></ul>

자료: 솔라엣지 홈페이지

오늘날 솔라엣지가 글로벌 위상의 스마트 에너지 솔루션 회사가 될 수 있었던 배경에는 창업자 가이 세라의 탁월한 리더십과 창업팀의 조화, 인버터 시스템 기술 개발 의지, 그리고 미국 시장 진출을 위한 신속한 의사 결정과 시장 선점 등을 들 수 있다.[251] 창업 후 10년간의 주력 사업 분야에서 글로벌 1위의 기술 수준을 갖추는 데 주력했다면 이후 10년은 스케일업에 주력하고 있다.

솔라엣지는 2015년 나스닥 상장에 성공했고, 시가총액이 급성장함에 따라 2021년 12월 S&P 500에 편입되기도 했다. 2022년 회계연도 매출액은 31억 달러(전년 대비 53.38% 증가)이며 종업원은 5,285명에 달한다.[252·253] 현재 전 세계 5개 대륙 133개국에 스마트 에너지 시스템 영업을 하고 있으며, 한국을 포함한 34개국에 자회사 또는 지점 형태의 직접 진출을 하고 있다.

■ 창업 과정[254·255]

솔라엣지의 창업자 가이 세라는 기업가정신과 카리스마 넘치는 리더십으로 회사 출범에서부터 오늘날의 글로벌 기업 위상으로 성장하기에 이르기까지 결정적인 기여를 한 인물이다. 그는 IDF 정찰참모부대 전투병으로 복무했으며, 의무 복무 후 테크니온 공대에서 공부했다. 졸업 후 IDF 정보군 기술 부서로의 복귀 제안을 받고 또다시 입대해 해당 부대를 지휘하게 되고 중령으로 예편했다.

그의 군대 동료였던 리어 한델스만Lior Handelsman, 갈린Galin, 메이르 아데스트Meir Adest, 아미르 피셸로프Amir Fishelov 등 4명이 공동으로 회사를 설립하기로 하고 조언을 구하기 위해 당시 제대 후 스타 벤처스Star Ventures에서 일하고 있던 세라를 찾아갔다. 갈린 일행은 벤처 캐피털에서 일하고 있던 세라에게 상담을 받으러 갔으나, 세라로부터 뜻밖의 동업 제안을 듣고 크게 기뻐했다. 무에서 실제적이고 중요한 것을 창조하는 세라의 탁월한 능력을 모두 알고 있었기 때문이다.

결국 그들은 2006년 사업 계획서도 없이 솔라엣지를 창업했고, 그 후 약 9개월 동안 무엇을 할 것인지에 대한 아이디어를 수집했다. 세라는

VC들을 찾아가서 단지 그들이 좋은 팀이라고만 설명하면서 아직 무엇을 할 것인지는 모른다고 했다. 그럼에도 세라의 잠재력을 믿은 투자자들은 무작정 투자했다. 결국 창업팀은 태양광 패널 옆에 배치하는 칩을 개발할 수 있었다.

하지만 창업팀은 첫 번째 딜레마에 직면했다. 창업팀이 접촉한 많은 벤처 캐피털에서 솔라엣지가 개발한 칩을 업계 대기업에 판매하라고 했고, 일부는 그렇지 않을 경우 투자하지 않겠다고 했다. 하지만 세라는 태양 에너지 시스템의 칩과 인버터 두 요소를 모두 통제할 수 있는 전체 시스템(entire convertor)을 개발해야 한다고 주장했다. 시장 진입을 위해 칩을 대기업에 납품하는 것에 집중하고 제품 가격을 낮추는 것은 누구에게도 이익이 되지 않는다는 점을 명확히 했다. 비록 투자자를 찾는 것은 어려웠지만 세라의 리더십 덕분에 창업팀은 비즈니스 모델을 포기하지 않았다. 결국 세라는 상황을 아주 명확하게 읽은 것으로 판명 났고, 지름길을 택한 다른 회사들은 모두 실패했다.

또 다른 중요한 분기점은 2012년이었다. 그때까지 솔라엣지를 포함해 대다수 태양 에너지 회사들은 정부 보조금 덕분에 해당 분야가 매우 강한 유럽 시장에 집중했다. 하지만 이러한 보조금이 중단되자 솔라엣지는 떠오르는 미국 태양광 시장에 초점을 맞추었고, 그 결과 현지 시장 점유율이 1.25퍼센트에서 60퍼센트 증가하는 수준으로 믿을 수 없는 성장을 이룩하게 된다. 신속한 의사결정으로 솔라엣지에게는 오늘날 세계 최대의 인버터 회사가 될 수 있는 길이 열리게 된다. 솔라엣지는 성장의 결실로 2015년 3월 6억 2,000만 달러의 가치로 나스닥에 상장된다.

창업 후 처음 10년 동안은 해당 사업 분야에서의 선두 주자로 자리매김하는 데 초점을 두었다면, 그 이후 10년 기간은 M&A를 통한 스케일업 기간이라고 할 수 있다. 특히 2018년 한국의 리튬 배터리 회사 코캠을 8,800만 달러에 인수했고, 2019년에는 무정전 전원 공급 시스템 uninterruptible power supply(UPS)을 제조하는 가마트로닉 일렉트로닉 인더스트리즈Gamatronic Electronic Industries를 1,150만 달러에 그리고 전기 자동차 추진 장치를 개발한 이탈리아 회사 SMRE를 7,700만 달러에 각각 인수했다. 2023년에는 영국에 기반을 둔 에너지 분석 및 IoT 회사인 하크Hark를 1,180만 달러에 인수했다.

■ 주요 기술[256]

스마트 에너지 솔루션 분야의 글로벌 리더인 솔라엣지는 주요 사업 영역인 인버터, 파워 옵티마이저Power Optimizer, 그리고 모니터링 플랫폼 모두에서 기술 경쟁력을 갖추고 있다. 솔라엣지의 솔루션은 모듈 수준 모니터링을 통해 에너지 생산 극대화, 높은 안전성, 설계 유연성, 장기 보증 및 향상된 시스템 가동 시간을 제공한다.

우선 솔라엣지의 인버터는 매우 높은 효율의 단일 스테이지 변환, 무변압기용 토폴로지를 적용한다. 인버터에는 인버터 입력의 DC 전압을 조절하는 독립적인 전압 제어 루프가 포함돼 있다. 파워 옵티마이저는 각 태양광 모듈에 연결돼 에너지 생산을 극대화하고, 모듈 불일치를 극복하며, PV 시스템의 에너지 출력을 높이기 위해 각 모듈의 최대 전력점(MPP)을 개별적으로 추적한다. 한편 각 모듈의 성능 정보는 원격 진단 및 유지관리를 위해 솔라엣지 모니터링 플랫폼으로 전송된다. 모니터링 플랫폼은 안전성 향상, 설계 유연성 및 O&M 비용 절감을 위한 모듈 수준 모니터링을 제공한다.

솔라엣지 테크놀로지스 특허 분야별 건수

특허 분야	특허 건수
Power Converter	115
DC Power Source	103
Power Source	100
Power Device	99
Lithium Secondary Battery	94
Photovoltaic Panel	85
Output Terminal	68
Input Power	62
Input Terminal	61
Direct Current	54

※ 솔라엣지의 총 특허 건수는 약 1,000건이며, 각 특허별로 해당 분야가 중복됨

자료: Discovery Patsnap

■ 향후 전망[257·258]

2017~2022년 동안 솔라엣지의 매출액은 6억 달러 수준에서 31억 달러 수준으로 급성장했다(복합 연평균 성장률 39%). 이러한 성장 추세는 2023년 상반기에도 이어져 사상 최대의 반기 성과를 기록했으나 하반기 들어서부터 시장 상황이 악화되고 있어 2023년 전체적으로는 전년 대비 소폭 상승하는 수준이다.

하지만 향후 중장기 전망은 매우 밝다. 글로벌 인버터 시장 규모는

2022년에 163억 달러 수준으로 파악됐으며, 향후 5년간 매년 연평균 15.7퍼센트 성장해 2027년 시장 규모가 338억 달러에 이를 것으로 예상된다.[259] 시장 조사 전문 업체인 글로벌 마켓 인사이트의 조사에 의하면 글로벌 파워 옵티마이저 시장은 2022년 17억 달러를 넘어섰고, 향후 10년간 연간 11.5퍼센트 성장을 보여 2023년에 시장 규모가 49억 달러에 이를 것으로 전망된다.[260] 맥킨지 컨설팅사의 분석에 의하면 BESS(에너지 저장 배터리) 시장은 2023년 440억~550억 달러 규모에서 거의 3배 성장해 2030년 1,200억~1,500억 달러 규모에 이를 것으로 전망된다.[261]

연도별 매출액

(단위: 백만 달러)

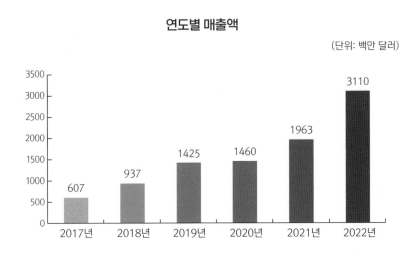

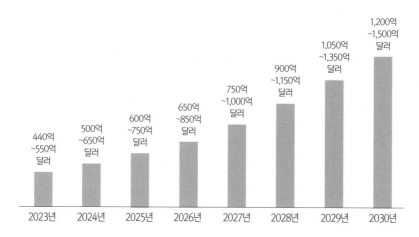

글로벌 에너지 저장 배터리 시장 전망

- 2023년: 440억~550억 달러
- 2024년: 500억~650억 달러
- 2025년: 600억~750억 달러
- 2026년: 650억~850억 달러
- 2027년: 750억~1,000억 달러
- 2028년: 900억~1,150억 달러
- 2029년: 1,050억~1,350억 달러
- 2030년: 1,200억~1,500억 달러

자료: 맥킨지 앤 컴퍼니

에이치투프로

■ 개요

에이치투프로는 그린 수소 생산(이산화탄소를 배출하지 않는 수소 생산)을 위한 혁신적인 기술을 개발한 이스라엘 스타트업 회사다. 이스라엘 카이사레아에 본사를 둔 에이치투프로는 2019년 연쇄 창업가인 탈몬 마르코Talmon Marco가 수소 전문가인 테크니온 공대의 기드온 그레이더Gideon Grader 교수, 아브너 로스칠드Avner Rothschild 교수, 헨 도탄Hen Dotan 박사 등과 공동 설립했다.[262]

지속 가능한 수소 연료를 효율적으로 확보할 수 있게 하는 에이치투프로의 핵심 기술은 테크니온 공대에서부터 연구해 개발한 E-TAC다. E-TAC는 전기를 사용해 물을 수소와 산소로 분리한다. 수소와 산소는 그 과정의 전기화학 단계와 열 활성화 단계에서 각각 별도로 생성된다. 전기화학 단계에서는 전기가 소비되면서 수소가 생성된다. 동시에 니켈 기반 양극이 충전된다. 열 활성화 단계에서는 양극이 가열돼 자연적으로 양극이 방전되고 산소가 방출된다.

수소는 여러 산업 공정의 핵심 원자재이며 에너지 저장뿐만 아니라 탈탄소화가 어려운 분야의 연료 대체재로도 연구되고 있다. 한편 수소 생산의 가장 저렴한 방법은 천연가스를 이용하는 것이지만 문제는 이산화탄소를 배출한다는 점이다. 또한 천연가스의 채취 및 저장 과정에서 메탄이 배출된다. 이에 대한 해결책으로 에이치투프로는 전기로 물을 분해해 수소를 생산하는 바람직한 방법을 개발했다. 에이치투프로 기술에 의한 에너지 효율은 95퍼센트 이상의 업계 최고 수준이며 종전의 전통적인 방식의 약 70퍼센트 에너지 효율보다 훨씬 높다.[263]

■ 창업 과정

① 창업 배경

창업자 탈몬 마르코는 연쇄 창업자로 큰 성공을 이룬 인사로 유명하다. 2010년 공동 창업한 바이퍼Viber를 2014년 일본 라쿠텐Rakuten에 9억 달러에 매각했고, 이후 2015년에 또다시 차량 공유 회사인 주노Juno를 공동 창업해 2017년 이스라엘 모빌리티 회사인 게트Gett에 2억 달러에 매각했다. 주노를 매각한 후 몇 년 동안 마르코는 세상을 더 나은 곳으로 만드는 데 초점을 맞추었다. 세상에는 분명히 많은 문제가 있지만,

마르코가 가장 가슴 깊이 느꼈던 것은 바로 기후 위기였다. 마르코는 기후 변화에 대처하는 데 사용할 수 있는 기술을 찾는 작업에 매달렸고 마침내 새로운 방식으로 수소 생산 기술을 연구하고 있는 테크니온 공대의 교수진과 연결됐다. 여기서 확보한 기술이 바로 마르코의 다음 회사인 에이치투프로 창업의 골격이 됐다.[264]

② 사업 활동

차세대 수소 생산 기술로 무장한 에이치투프로는 점차 연구소 수준에서의 성과를 현장에서 인정받기 시작하면서 외형 성장을 가속화하고 있다.

■ 2022년 3월 이스라엘 치포리트Tzipporit 산업 구역에 새로운 생산 시설(F1): 그린 수소 시스템 연간 600메가와트 생산 시설에 착수했다.[265]

■ 2022년 8월 이스라엘 도랄 에너지(신재생 에너지 기업)와 200메가와트 규모의 그린 수소 프로젝트에 필요한 에이치투프로의 전해조를 공급하기로 계약. 한편 도랄은 자사의 자회사(기업 VC) 도랄 에너지-테크 벤처스 Doral Energy-Tech Ventures를 통해 에이치투프로에 투자하는 것 외에도 이스라엘 키부츠 요트바타Yotvata에서 2023년 0.4메가와트의 파일럿 시스템 프로젝트를 시작했다.[266]

■ 2022년 9월 모로코 재생 에너지 개발업체 가이아 에너지Gaia Energy 와 10~20메가와트 규모의 에이치투프로 전해조 기술을 데모 프로젝트에 사용하도록 계약했고, 아울러 기가와트 규모의 가이아 에너지 개발 시스템에 에이치투프로의 기술을 사용하기로 계약했다.[267]

■ 2023년 3월 2030년까지 최대 500메가와트 용량의 수소 생산 시설을 건설하기로 스미토모Sumitom와 계약(계약 가치는 약 2억 5,000만 달러 정

도로 추산) 했고, 이를 위해 2024년까지 12메가와트, 2025년에 25메가와트 데모 시스템을 제공하기로 했다.[268]

③ 펀딩 실적[269]

에이치투프로 기술력의 잠재력을 높이 평가한 현대자동차, 스미토모, 아르셀로미탈ArcelloMittal 등의 글로벌 기업들의 프리시드 및 시리즈 A 펀딩 참여가 있었고, 더불어 빌 게이츠Bill Gates와 홍콩 부호 리카싱李嘉誠의 투자 참여도 이어졌다. 2022년 싱가포르 국부펀드인 테마섹 주도로 7,500만 달러 시리즈 B 펀딩의 지원이 이루어짐에 따라 에이치투프로의 그린 수소 생산 기술 완성도와 시장 확장에 탄력을 받을 수 있게 됐다.

에이치투프로 펀딩 실적

(단위: 백만 달러)

투자 단계(시기)	투자자	금액
프리시드 (2019. 1.)	현대자동차	1.4
시드 (2019. 10.)	콘트라리안 벤처스Contrarian Ventures(리투아니아 VC), 아이엔젤스 iAngels(이스라엘 VC), TPY(이스라엘 VC), 바잔 그룹BAZAN Group(이스라엘 기업)	3.5
A 라운드 (2020. 4.)	인 벤처IN Venture(일본 스미토모 기업 VC)	3.5
A 라운드 (2021. 2.)	브레이크스루 에너지 벤처스Breakthough Energy Ventures(미국), 바잔 그룹, 아이엔젤스, 현대자동차, 콘트라리안 벤처스, 아워크라우드(이스라엘 VC), 인 벤처	22.0
B 라운드 (2022. 1.)	테마섹 홀딩스Temasek Holdings(싱가포르)가 주도, 익스텐샤 캐피털 Extantia Capital(독일 VC), 야라 그로스 벤처스Yara Growth Ventures(미국), 브레이크스루 에너지 벤처스, 아워크라우드, 도랄 에너지-테크 벤처스(이스라엘 기업 VC), 호라이즌 벤처Horizons Venture(홍콩 VC), 아르셀로미탈 엑스캅 이노베이션 펀드ArcelorMittal XCarb Innovation Fund(룩셈브르크 기업 VC)	75.0

자료: 스타트업 네이션 센트럴

■ 주요 기술: E-TAC 공법[270]

에이치투프로의 핵심 기술인 E-TAC은 수소와 산소 발생 반응을 연속적인 두 단계, 즉 Electrochemical(E: 전기화학) 단계와 Thermally-Activated Chemical(TAC: 열활성 화학) 단계로 분리해 수소와 산소가 섞이지 않도록 하는 기술이다. E-TAC 기술은 다음의 경쟁 우위를 가지고 있다.

■높은 가성비: E-TAC 공법에서는 전해조의 가장 비싸고 가장 섬세한 부분인 분리막이 필요하지 않다. 결과적으로 E-TAC 장치는 더 간단하고 저렴하게 만들 수 있으며, 이는 CAPEX를 크게 줄일 수 있음을 의미한다. E-TAC은 고압 수소 생산(45+ bar)을 지원해 압축기의 필요성이 줄어들고, 이에 따라 CAPEX 및 압축과 관련 OPEX를 더욱 절감할 수 있다.

■안정성: E-TAC은 수소와 산소를 연속적으로 2단계로 생산해 두 가스 간의 접촉을 방지해 폭발성 혼합의 위험을 제거한다.

■효율성: E-TAC은 열을 가해 산소를 발생시키므로 전력 손실이 거의 없다. 그 결과 에너지 효율이 98.7퍼센트에 이른다(기존 물 전기분해는 75% 효율).

■호환성: 분리된 전기화학 공정(수소 생성)과 열활성 공정(산소 생성)을 통해 수소와 산소의 혼합 위험 없이 부분 부하partial-load 오퍼레이션이 가능하므로 E-TAC 물 분해는 기존 물 전기분해보다 태양광, 풍력 등 신재생 전력원들과 더 잘 호환될 수 있다.

■고압 생산 및 확장 가능성: E-TAC 물 분해는 고압(산업 적용에 적합)에서의 그린 수소 생산과 고효율(기존 물 전기분해보다 25% 이상 효율)을 가능

하게 한다. 또한 E-TAC 물 분해 전지에는 분리막이 필요하지 않기 때문에 상대적으로 규모 확장이 쉽고 기존 물 전기분해보다 유지 관리가 덜 필요하므로 CAPEX 및 OPEX 비용이 크게 절감된다.

에이치투프로 특허 분야별 건수

특허 분야	특허 건수
Continuous Generation	9
Oxygen Gas	8
Liquid Separator	7
Gaseous Component	7
Electrochemical System	7
Electrochemical Device	7
Active Material Regeneration Device	2
Novel Microelectrode	2
Produce Hydrogen	1
Electrolysis Electrode	1

※ 에이치투프로의 총 특허 건수는 23건이며, 각 특허별로 해당 분야가 중복됨

자료: Discovery Patsnap

■ 향후 전망

① 그린수소 시장 전망[271]

그린수소는 전 세계적인 관심 사항인 탈탄소화를 위한 유용한 도구 중 하나다. 세계 수소기업 협의체인 수소위원회Hydrogen Council가 글로벌 컨

설팅 기업 맥킨지와 함께 발간한 '수소 인사이트 2023Hydrogen Insights 2023' 보고서에 의하면, 오는 2030년 세계 수소 사업 투자 규모가 5,000억 달러(약 671조 원)에 달할 것으로 전망된다. 또한 2050년 수소가 세계 에너지 시장의 18퍼센트를 차지하고, 수소 경제 시장 규모도 연 2조 5,000억 달러(약 3,358조 원)에 달할 것으로 예측했다.

전 세계적으로 1,000개 이상의 프로젝트 제안이 발표됐다. 그중 795개는 2030년까지 완전한(일부 부분적인) 수행을 목표로 하고 있으며, 2030년까지 수소 가치 사슬에 대한 직접 투자는 총 3,200억 달러(기존 2,400억 달러)에 달한다. 기업들이 발표한 저탄소 수소 및 재생 가능 수소의 생산량은 당초 최대 연간 2,600만 톤에서 40퍼센트 이상 증가해 연간 3,800만 톤으로, 2050년 탄소중립 달성으로 가는 경로에서 2030년까지 필요한 생산량의 절반에 머물고 있다. 게다가 발표된 3,800만 톤 중 약 절반이 계획 단계에 있거나 자본 투입 의사결정을 했다.

한편 데이터에 의하면 프로젝트의 개발 및 배치가 처음 발표된 것보다 더 오래 걸릴 수 있음을 보여 준다. 예를 들어, 2021년 10월 업계에서는 2022년 말까지 약 6기가와트의 전기분해 누적 배치를 발표했으나 2023년 1월 현재 실제 배치는 700메가와트에 불과하다. 따라서 향후 3~5년 동안 대규모 확장 수행이 불가피하다. 결론적으로 수소 생산의 지속적인 확장은 거스를 수 없는 대세다.

글로벌 수소 생산 능력 추이(발표 기준)

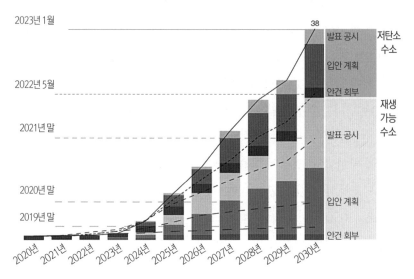

자료: Project & Investment tracker

② 에이치투프로의 가능성

실행 가능한 도구가 되려면 그린 수소가 지금보다는 훨씬 더 저렴해야 한다. 지난 몇 년 동안 에이치투프로는 이런 측면에서 엄청난 기술 발전을 이룩했다. 에이치투프로의 전망에 의하면 상업용 메가와트 규모의 프로젝트가 생산에 들어가기 시작하는 2023년부터 수소 1킬로당 생산 비용이 2달러 미만으로 내려가고 늦어도 2030년까지 1킬로 수소 생산 비용이 1달러 미만이 될 것이다.[272]

전 세계적으로 수소 생산은 강력한 모멘텀을 보여 주고 있다. 이러한 상황에서 차별화된 기술력을 보유한 에이치투프로의 입지는 강화될 것이다. 현대자동차의 프리시드 투자와 빌게이츠 펀드와 스미토모 등의 시리즈 A 투자는 그린 수소의 무한한 잠재력과 에이치투프로 기술력의 실행 가능성을 높이 평가한 것으로 추측된다. 또한 빌게이츠 펀드의 추가 투자와 싱가포르 국부펀드 테마섹 등 시리즈 B 투자는 연구실 차원에서의 가능성을 넘어 공장 플로어에서의 E-TAC 기술의 적용 잠재력을 확인한 결과일 것이다.

에어로베이션 테크놀로지스

■ 개요

에어로베이션Airovation은 독자적인 공기 정화 및 탄소 포집 솔루션을 제공하는 혁신적인 에어테크Air-Tech 회사다. 예루살렘 히브리대학교에서 10년 이상 연구개발한 결과물인 에어로베이션의 핵심 기술은 이산화탄소를 효율적이고 경제적으로 포집해 귀중한 탄산염 및 중탄산염 광물 생성물과 산소로 변환할 수 있게 한다. 또한, 이 기술을 활용해 유해가스를 산소가 풍부한 깨끗한 공기로 변환하고 바이러스, 박테리아 등 미생물의 위협을 산화시켜 실내 공기를 정화할 수 있다. 가장 탁월한 기술 혁신은 무엇보다 자연에서 가장 강력한 산화제인 슈퍼옥사이드 라디칼을 현장에서 생성해 이산화탄소를 처리할 수 있다는 것이다.[273]

에어로베이션의 획기적인 탄소 포집 기술은 고농도의 이산화탄소를 효율적으로 처리하는 동시에 순환 경제를 가능하게 한다. 에어로베이션은 독점적 광물화 기술을 통해 탄소 감소가 어려운 산업들이 탄소중립 목표를 달성할 수 있도록 지원해 준다. 특히 이산화탄소를 현장에서 포집하고 바로 활용함으로써 산업 배출원에 대한 완전한 솔루션을 제공하는 한편, 장거리 파이프라인 및 격리 유정 같은 추가 인프라를 불필요하게 한다. 에어로베이션의 독자적인 2세대 공정에서는 90퍼센트 이상의 효율성으로 탄소 배출을 광물화해, 수익성 있고 확장 가능한 운영으로 황산과 탄산칼슘을 공동 생산할 수 있다.[274]

회사 독점 공정의 고부가가치 화학 부산물인 황산(주로 비료, 귀금속 및 화학 물질 제조 분야에서 가장 널리 사용되는 무기 화학물질)은 최고 98퍼센트의 순도 수준으로 판매된다. 시멘트, 플라스틱, 배기가스 탈황 등에 사용되는 침강성 탄산칼슘precipitated calcium carbonate은 최대 1,000년 동안 내구성 있는 탄소 저장 방법으로 저장하거나 순환 경제 내에서 제품으로 판매할 수 있다.[275] 에어로베이션은 독점적인 이산화탄소 활용 기술의 가치를 실현하기 위해 글로벌 파트너 네트워크를 구축하고 있다. 파트너십을 통한 에어로베이션 기술의 적용은 비료 산업, 유리 산업 그리고 건축 자재 산업 등 다양한 분야에 걸쳐 실행되고 있다.[276]

■ 창업 과정

① 창업 동기

에어로베이션의 창업은 창업자인 마랏 마얀Marat Maayan의 IDF 근무 시절 경험과 연관돼 있다. 그가 IDF에서 대테러 전문가로 활동하던 2007년 레바논의 무장정파 헤즈볼라Hezbollah는 이스라엘 전역에 한 달간 로켓 4,000여 발을 발사했다. 로켓은 한 발이라도 고층 건물에 떨어졌다간 대규모 사상자가 나올 수 있다. 특히 고층일수록 화재 자체보다 유독가스가 치명적이다. 삽시간에 퍼지는 연기에 비해 대피할 시간은 부족하기 때문이다. 엘리베이터 내 공기를 나노 초 단위로 정화하는 장치가 해결책이라고 판단한 그는 과제를 해결하기 위해 중령으로 전역한 뒤 2013년 에어로베이션을 창업했다.[277]

② 중점 공략 산업

창업 후 지속적으로 기술 완성도를 높이는 한편 탄소 배출 감소가 어려운 산업을 중심으로 에어로베이션의 첨단 기술 적용을 집중하고 있다. 대표적 사례로 이스라엘 유일의 유리 제조 업체인 페니키아Phoenicia와 협업을 통해 탄소 발자국 감소 및 순환 경제 확보에 착수했고, 현재 2단계의 스케일업 운영 중이다.[278] 마찬가지로 비료 산업에서는 인산석고 폐기물로부터 석고 공급 원료를 제공하고 황산을 소비할 수 있게 하며 건축자재 분야에서는 시멘트, 프리캐스트 콘크리트 및 골재에 탄산칼슘을 사용할 수 있게 한다.[279]

③ 스케일업 전략

확보된 탄소 포집 기술은 가정용 공기청정기 등에 확장 적용될 수 있다. 이와 관련 에어로베이션은 2년 전부터 한국의 대기업과 협업해 공기청정기를 공동 제작하고 있으며 최근 시제품을 만들고 상용화를 준비 중이다.[280] 한편 시장 확장 특히 산업 탄소 배출이 많은 아시아 시장의 공략을 위해 현지 대기업들과의 협업에 적극적이다. 2022년 컴퓨터·가전 분야 세계적 기업인 아수스텍ASUSTek(대만)이 중화권 시장에서 제품과 솔루션의 개발, 제조 및 판매에 에어로베이션의 공기정화 기술을 활용하도록 MOU를 체결했다.[281] 이어서 한국의 코오롱인더스트리와 탄소중립 솔루션 개발을 위해 협업하기로 하고, 에어로베이션의 CCU를 활용해 코오

롱의 신규 사업 추진을 검토하고 있다.[282]

■ 주요 기술[283]

① 최첨단 탄소 포집 및 저장 솔루션

에어로베이션의 과산화물 기반 이산화탄소를 광물로 전환하는 기술은 고순도의 탄산염carbonate과 중탄산염bicarbonate을 생성한다. 이러한 탄소 네거티브carbon negative이면서 가치가 있는 최종 제품의 판매는 다수 중공업 분야에서 수익성 있는 탄소 포집 기회를 창출한다. 이 핵심 기술은 시카고의 UL 연구소에서 고농도 CO_2 스트림(이산화탄소가 대기에 배출되기 이전에 포집·저장하는 과정에서 발생하는 물질로 폐기물로 분류된다)을 대상으로 테스트해 입증된 바 있다.

② 광물화 분야 경쟁력

광물화 프로세스에서 핵심 혁신 분야는 자연에서 가장 강력한 산화제인 슈퍼옥사이드 라디칼을 현장에서 생성하는 것이다. 오염된 연도 가스는 에어로베이션의 초산화물 기술이 적용된 탄소 포집 반응기를 통해 굴뚝에서 직접 통과돼 실시간으로 광물화된다. 고품질 산업·식품 등급의 광물 부산물 생성이 가능하기 때문에 오염 공장 현장에서 탄소 포집 및 광물화 플랜트를 만들 수 있다.

에어로베이션은 과산화물 처리 공정에서 이점을 가지고 있다. 따라서 신뢰성 있는 저탄소 제품 거래를 가능하게 하는 소규모 탄소 발자국과 낮은 에너지 비용의 탄소 포집 시설이 가능하다. 이처럼 실행 가능한 순환경제 접근 방식으로 인해 선도적인 탄소 포집 신규 기술을 상용화하고 스케일업 할 수 있는 기회가 창출되고 있다.

에어로베이션 테크롤로지스 특허 분야별 건수

특허 분야	특허 건수
Air Treatment System	7
Indoor Air Quality	3
Liquid Contractor	3
Air Purifier	3
Treated Air	3
Carbon Dioxide Level	2
Air Treatment Unit	2
Volatile Organic Compound	2
Aqueous Air Treatment Solution	2
Aqueous Alkali Hydroxide	2

※ 에어로베이션의 총 특허 건수는 15건이나, 각 특허별로 해당 분야가 중복됨

자료: Discovery Patsnap

③ 공기 정화

에어로베이션은 공기 정화 기술 분야에서도 여러 특허를 가지고 있으며, 글로벌 기업들과의 협업을 통해 공기질 솔루션 시장을 공략하고 있다. 이 기술은 바이러스, 박테리아 등을 산화시켜 실내 공기 공간을 정화하고, 유해가스를 깨끗한 공기로 전환하는 기술이다. 이 기술을 통해 이산화탄소가 환경에 미치는 부정적인 영향을 방지하는 동시에 사람들의 생산성과 웰빙을 향상시킬 수 있다.

④ 순환 탄소 경제

에어로베이션이 개척한 광물화 공정은 이산화탄소를 포집하고 활용하는 최첨단 접근 방식으로, 포집한 이산화탄소로 상업용 광물을 만들 수 있다. 즉 이산화탄소는 즉시 광물화돼 다양한 상업용 응용 분야에서 귀중한 화학제품을 만드는 데 사용된다. 기술적 차별화 포인트는 에어로베이션의 프로세스가 이산화탄소 압력이나 농도의 변화에 영향을 받지 않는다는 점이다. 상세한 작동 방식은 다음과 같다. 에어로베이션의 산화 기술은 이산화탄소를 귀중한 고급 광물로 전환해 단일 공정에서 이산화탄소를 포집하고 90퍼센트 이상을 활용한다. 이 고정 오염원 포집을 통해 고농도의 연도 가스flue gas(벽난로, 용광로, 보일러나 증기 발생기의 배기가스가 파이프나 통로인 '연도'를 통해 배출되는 가스)를 처리할 수 있으며, 이 가스는 에어로베이션의 초산화물superoxide 기술이 적용된 탄소 포집 반응기를 통해 굴뚝에서 직접 통과돼 실시간으로 광물화된다.

또한 이 프로세스는 이산화탄소 가스의 격리, 가압, 저장 또는 운송이 필요 없고 낮은 전력과 소량의 탄소 발자국만을 가진다. 또한 광물 부산물 판매로 인해 영업이익이 창출된다. 에어로베이션은 2022 유엔 기후변화 회의(COP 27)에서 이스라엘 수출 기업 사절단의 대표로 선정됨으로써 CCUS(탄소 포집, 활용 및 저장) 리더로서의 위상을 입증했다.[284]

■ 향후 전망

자이언 마켓 리서치Zion Market Research에 의하면 글로벌 CCUS 기술 시장은 2023~2030년 동안 매년 15.5퍼센트 성장할 것으로 예상된다. 2022년 약 25억 달러 수준이었던 CCUS 시장 규모는 급속한 글로벌 산업화와 더불어 전 세계 주요국들의 긴급한 탄소 배출 저감정책 실시로 인해 2030년에는 79억 달러 수준으로 성장할 것으로 예상된다.

탄소거래제도 등 온실가스에 대비한 주요국의 정책 실행이 본격화됨에 따라 CCUS 기술 경쟁력을 갖춘 에어로베이션의 사업 환경은 매우 낙관적이라고 할 수 있다. 현재 진행하고 있는 글로벌 파트너들과의 협업을 통해 스케일업 성과가 가시화되면 에어로베이션이 희망하고 있는 조속한 나스닥 상장 계획도 순항할 것으로 기대된다.

6장

AI 산업

—

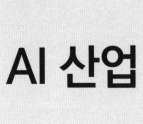

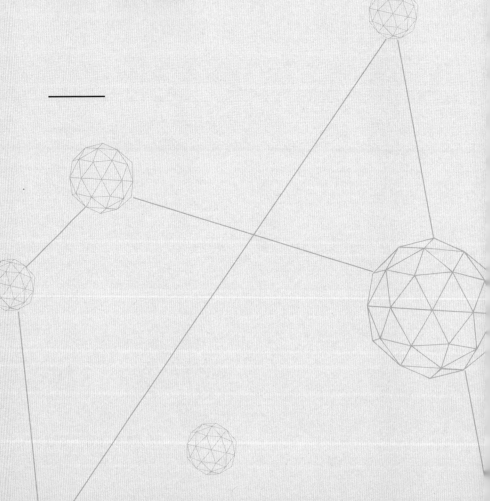

개요

AI는 교통, 의료, 은행, 쇼핑 등 일상생활의 일부가 됐으며, 앞으로 수
년, 수십 년 동안 우리의 미래를 변화시킬 것이다. 스타트업 국가 이스라
엘은 지난 10년간 AI 분야 세계 선두를 차지하며 많은 스타트업을 탄생
시켰다. 이스라엘은 미국과 중국에 이어 세계 AI 산업 점유율 3위를 차지
하고 있으며[285], 토터스 인텔리전스Tortoise Intelligence에서 발표한 2022년
글로벌 AI 지수에서 종합 5위를 기록했다. 이스라엘은 인프라 등의 지수
는 미국, 중국 등과 비교해 다소 낮지만 우수 인재 보유와 개방적인 사업
환경, 스타트업의 사업화 수준에서는 글로벌 최상위권에 위치한다.

이스라엘의 AI 기술 분야 민간 투자 규모는 세계 4위로, 해외 투자사
들에게 매력적인 시장이다.[286] 이스라엘의 AI 스타트업은 기계 학습, 자
연어 처리, 컴퓨터 비전, 딥러닝 등 다양한 AI 기술을 활용해 사이버 보
안, 의료, 자율주행 자동차 등의 분야에서 혁신을 주도하고 있다. 이러한
AI 산업 발전의 배경에는 이스라엘 정부의 AI 연구 강화와 인프라 확충
을 위한 재정적 지원, 학문적 지식을 스타트업 성공으로 전환하는 이스

라엘 특유의 스타트업 친화적인 생태계가 큰 역할을 했다. 또한 글로벌 투자금의 유입과 기술 협력이 AI 산업 분야의 성장을 가능하게 하는 토대가 됐다.

AI 산업 현황

AI 산업 지표

    토터스에서 매해 발표하는 국가별 AI 지수를 살펴보면, 이스라엘은 2023년 1분기 기준으로 국가별 AI 역량, 인프라, 정부 정책 등에서 종합 지수 7위를 기록하고 있다(358쪽 표 참조). 이스라엘은 국가별 AI 지수에서 2021년과 2022년에는 5위를 기록했고, 2023년은 싱가포르와 우리나라의 지수가 상승해 2계단 내려간 7위를 기록했다. 종합 지표상으로는 7위를 기록했으나, 국가별 인구 및 경제 규모 대비 AI 역량 지수를 살펴보면 싱가포르에 이어 2위다. 매년 1인당 인구 대비 AI 스타트업 지수가 상위권에 속하며, 미국이나 중국보다 높은 지표를 차지한다. 2023년 국가별 AI 관련 연구 논문 발표 지수를 살펴보면, 이스라엘은 네 번째로 AI 관련 연구를 활발하게 수행하는 국가다.

2023 국가별 AI 지수

	종합	역량	인프라	운영 환경	학술 연구	발전	정부 전략	상업성	규모	역량 지수
미국	1	1	1	28	1	1	8	1	1	5
중국	2	20	2	3	2	2	3	2	2	21
싱가포르	3	4	3	22	3	5	16	4	10	1
영국	4	5	24	40	5	8	10	5	4	10
캐나다	5	6	23	8	7	11	5	7	7	7
한국	6	12	7	11	12	3	6	18	8	6
이스라엘	7	7	28	23	11	7	47	3	17	2
독일	8	3	12	13	8	9	2	11	3	15
스위스	9	9	13	30	4	4	56	9	16	3
핀란드	10	13	8	4	9	14	15	12	13	4

자료: 토터스

AI 기업

2013년부터 2022년까지 이스라엘에는 총 402개의 AI 기업이 설립됐으며, AI 분야 응용 기업까지 합하면 1,000개가 훌쩍 넘는다. 기업 수로만 세계 네 번째이며, 인구 1인당 AI 기업 수를 계산하면 미국이나 중국에 비해 약 40배나 많다. 이스라엘은 컴퓨터 비전과 모빌리티 부문에서 글로벌 선두를 차지하는데, 2013년 구글이 교통 내비게이션 서비스 기업 웨이즈를 10억 달러에 인수하고, 2017년 인텔이 모빌아이를 153억 달러에 인수한 것이 그 예다. 그리고 AI21랩스 등은 자연어 처리나 생성 AI 분야에서 상당히 앞서 나가고 있다.

AI 기술은 응용 분야에 따라 몇 가지로 분류된다. 호리즌탈 제너러티브 AIHorizontal generative AI는 다양한 산업 분야에 걸쳐 범용적으로 사용될 수 있는 기술이다. 다양한 맥락에서 텍스트, 이미지, 오디오 또는 기타 데이터 유형을 생성할 수 있다. 소프트웨어 개발, 마케팅 세일즈 도구, 생산성 도구 등으로 분류할 수 있다. 호리즌탈 제너러티브 AI는 특정 산업이나 분야에 특화된 생성 AI 기술로 이스라엘 스타트업은 주로 헬스케어와 보안, 푸드테크, 핀테크 등에서 활약하고 있다.

인프라 및 운영Infrastructure & Operations과 AI-하드웨어 최적화AI-Hardware Optimization 분야는 AI 모델을 효율적으로 운영하고, AI 연산에 최적화된 하드웨어 환경을 구축하는 데 중요하다. 다양한 스마트 기기에 AI 프로세서를 제공하는 헤일로가 대표적인 스타트업이다. 파운데이션 모델은 다양한 AI 솔루션에 적용 가능한 대규모 기반 모델을 의미하는데, 대량의 데이터로 사전 훈련이 돼 범용 사용이 가능하면서도 추가적인 파인 튜닝을 통해 특정 분야에 활용 가능하도록 학습된 모델이다. 대형 언어 모델 '쥐라기Jurassic'를 개발한 AI21랩스가 대표적인 스타트업이다.

또한 대다수의 이스라엘 AI 기업은 B2B(Business-to-Business) 비즈니스 모델을 채택하고 있으며, 이는 전체의 약 71퍼센트를 차지한다. 나머지 28퍼센트는 B2C(Business-to-Consumer) 모델을 따르고 있다.[287] 이는 이스라엘의 AI 산업이 기업 간 거래를 중심으로 성장하고 있음을 나타낸다고 할 수 있다.

2013~2022년 기준 국가별 AI 기업 수

국가명	기업 수
미국	4,643
중국	1,337
영국	630
이스라엘	402

자료: 비주얼 캐피털 리스트

이스라엘 AI 기업 소개

회사명(설립 연도)	사업 내용
공닷아이오 (2015년)	머신러닝과 자연어 처리 기술을 활용해 고객 대화를 분석하고 데이터 기반 의사결정을 지원하는 대화 분석 솔루션 제공
헤일로 (2017년)	저전력, 소형, 저비용의 딥러닝 프로세서 개발 기업. 독창적인 아키텍처를 사용해 다양한 스마트 장치에 적용 가능한 AI 프로세서 제공
비즈에이아이 (2016년)	뇌 CT 영상 분석을 통해 발작과 같은 조기 징후를 감지해 환자의 시기 적절한 치료를 가능하게 하는 질병 감지 및 치료 플랫폼
AI21랩스 (2017년)	자연어 처리 기술을 기반으로 한 대형 언어 모델인 Jurassic을 개발해 영어 첨삭, 요약, 작문 서비스 등을 제공
플래테인 (2008년)	AI 기반 생산 최적화 솔루션 제공. 항공우주 및 자동차 제조 업체의 주문, 생산, 재고 관리를 실시간 효과적으로 계획하고 처리
버빗(2017년)	AI와 인간 지능을 결합해 자동 음성 인식 및 전사 솔루션 제공
라이트릭스(2013년)	모바일에서 사용 가능한 시각 콘텐츠 생성 및 편집 도구

자료: 각 기업 홈페이지

공닷아이오

공닷아이오Gong.io는 아미트 벤도프Amit Bendov와 에일론 레셰프Eilon

Reshef가 2015년 설립한 스타트업으로 대화 분석 솔루션을 제공한다. 창업자 아미트는 고객과의 커뮤니케이션에서 담당 직원들이 고객이 말하는 일부만 듣고 판단하기 때문에 영업이 효과적으로 이루어지지 않는다는 것을 발견했다. 고객과의 커뮤니케이션을 종합적으로 검토하고 이해하기 위한 솔루션이 필요하다고 생각해, 엔지니어 에일론과 함께 공닷아이오를 창업하게 됐다.

공닷아이오는 머신러닝과 자연어 처리 기술을 통해 고객과의 대화를 분석하고 이를 각 서비스 분야에서 활용할 수 있도록 지원한다. 공닷아이오의 제품인 '공 레버뉴 인텔리전스 플랫폼Gong Revenue Intelligence Platform'은 데이터 기반 의사결정을 돕는 솔루션으로 고객과의 대화 속에 존재하는 수백 개의 매개 변수를 분석해 거래 전환과 수익을 위한 효과적인 전략을 제공한다. 고객과의 세일즈 대화를 분석해 고객과 기업 담당자 간 대화 점유율이나 주파수, 강도 등을 측정하고 대화의 긴장 관계나 의견의 수렴 등을 분석한다. 현재 전 세계 4,000개 이상의 기업이 공닷아이오의 서비스를 이용하고 있다. 공닷아이오는 2015년 시드, 2017년 시리즈 A, 2019년 시리즈 B, C, 2020년 시리즈 D투자를 유치하며 지금까지 5억 8,300만 달러의 자금을 유치했다. 2023년 기준 1,100명 이상의 직원을 고용하고 있다.

헤일로

헤일로는 딥러닝 프로세서 개발에 특화된 AI 스타트업이다. 2017년 이스라엘 방위군 부대 출신인 아비 바움Avi Baum, 하다르 자이틀린Hadar Zeitlin, 오르 다논Orr Danon이 설립했다. 이들은 기존에 많은 전력과 비

용을 소모하는 하드웨어가 필요한 딥러닝 프로세서에서 낮은 전력 소비
와 작은 크기, 저비용으로 작동이 가능한 프로세서를 개발하고자 했다.
2019년 딥러닝 프로세서 '헤일로-8Hailo-8'을 선보였는데, 기존 컴퓨터
프로세서에서 사용했던 아키텍처가 아닌 독창적인 아키텍처를 사용한
다. 특히 구조정의 데이터 흐름이라는 아키텍처를 특징으로 해 컴퓨팅,
메모리, 제어 블록 등의 자원들이 칩 전체에 분산돼 있다.

이러한 헤일로가 개발하는 AI 프로세서는 다양한 스마트 장치에서 활
용이 가능한데, 스마트 홈이나 자동차 설계에 포함될 수 있다. 헤일로-8
의 경우 자동차 기능 안전 국제 표준인 ASIL-B 인증과 AEC-Q100 인
증을 획득했다. 또한 스마트 카메라용 AI 비전 프로세서를 개발해 이미
지 및 비디오 분석 기능도 제공한다. 헤일로는 2017년 시드, 2018년과
2019년 시리즈 A, 2020년 시리즈 B, 2021년 시리즈 C 투자를 유치하며
지금까지 약 2억 2,390만 달러의 누적 투자금을 유치했다.

비즈에이아이

비즈에이아이는 2016년에 크리스 만시Chris Mansi, 데이비드 골란David
Golan, 마노즈 라마찬드란Manoj Ramachandran에 의해 설립됐다. AI 기술
을 통한 질병 감지 및 치료 플랫폼을 제공한다. 신경외과 의사인 크리스
만시는 적절한 시기에 수술이 진행되지 않아 사망에 이른 환자 케이스를
통해 보다 정확하고 빠른 속도로 질병을 탐지하고 치료할 수 있는 기술의
필요성을 절감하고 비즈에이아이를 창업하게 됐다. 2018년 FDA의 승인
을 받은 비즈에이아이의 기술은 뇌 CT 영상을 분석해 과다밀도, 측내실
및 정중선 이동을 분석하고 뇌출혈량 측정 정보를 제공한다. 이를 통해

적절한 시기에 환자가 치료를 받을 수 있게 하며 사전에 위험 환자군의 발병을 예방할 수 있다. 현재 전 세계 1,400개 이상의 병원에서 비즈에이아이의 서비스를 사용 중이다. 비즈에이아이는 2016년 시드, 2018년 시리즈 A, 2019년 시리즈 B, 2021년 시리즈 C, 2022년 시리즈 D 투자를 유치하며 지금까지 약 2억 5,200만 달러의 누적 투자금을 유치했다.

AI21랩스

AI21랩스는 2017년 설립된 스타트업으로 요아브 쇼함Yoav Shoham, 오리 고센Ori Goshen, 암논 사슈야가 설립했다. 설립자 3명 모두 이전 창업 경험을 가지고 있으며 요아브 쇼함과 암논 사슈야는 각각 스탠퍼드대학교와 히브리대학교 교수였다. 오리 고센은 8200부대 출신 엔지니어로 이들은 '21세기를 위한 AI 기술'을 만들기 위해 창업하게 됐다. 이들이 생각한 21세기 AI 기술은 자연어 처리 분석 기술로 자체 LLM(대형 언어 모델Large language model)인 Jurassic을 개발했다. Jurassic을 활용해 영어 첨삭 도구 워드튠, 영문 요약 도구 워드튠 리드, 작문 서비스 워드튠 스파이스와 같은 제품을 출시했다. AI21랩스의 Jurassic는 오픈AIOpenAI의 챗GPT와 자주 비교되며 이스라엘의 오픈AI로 불리기도 한다. CB 인사이트가 선정한 '2023년 유망한 AI 스타트업 100'에도 선정됐다. AI21랩스는 2018년과 2019년 시드, 2018년과 2020년 시리즈 A, 2022년 시리즈 B, 2023년 시리즈 C 투자를 유치하며 지금까지 약 2억 8,300만 달러의 누적 투자금을 유치했다.

플래테인

플래테인Plataine은 2008년 모세 벤바삿Moshe BenBassat이 설립한 회사로 AI를 통한 생산 최적화 솔루션을 제공한다. 모세 벤바삿는 텔아비브 대학교 교수로 이스라엘 AI의 아버지로 불린다. 플래테인의 기술은 항공우주산업과 자동차 등 각종 제조 업체에서 활용할 수 있는데 실시간으로 주문, 생산, 재고 관리 등을 효과적으로 계획하고 처리할 수 있도록 지원한다. 회사의 기계, 자재 등을 효율적으로 사용할 수 있도록 구매와 재고 관리를 자동으로 완성해 주는 프로덕션 스케줄러production scheduler, IoT 기술을 통해 실시간으로 작업 정보를 수집하고 기록하며 의사결정을 도와주는 Material & Asset Tracker 등이 플래테인이 제공하는 솔루션이다. 에어버스와 보잉, 르노 등이 주요 고객사다.

버빗

버빗은 2017년 공동 창업자 에릭 셸레프Eric Shellef, 코비 벤 트즈비 Kobi Ben Tzvi, 톰 리브네Tom Livne이 설립한 회사로 AI를 활용한 자동 음성 인식과 텍스트 변환 솔루션을 제공한다. 기계 학습과 자연어 처리를 기반으로 구축된 AI 솔루션을 통해 음성 캡션과 대본을 생성하고, 훈련된 전사자 및 전문 자막 구성자들이 작업 내용을 확인함으로써 정확성과 품질을 보증한다. AI 기술만을 활용해 텍스트 변환 및 캡션을 할 경우 정확도는 75~80퍼센트 정도지만 버빗은 인공지능과 인간지능을 더해 99퍼센트의 정확도를 자랑한다. 버빗은 교육, 미디어, 법률 등의 분야 음성 언어 번역, 더빙, 메모 작성 등을 지원한다. 현재 3,000개 이상의 기업 및 기관과 거래 중이며 최근 오토매틱싱크 테크놀로지스AutomaticSync Technologies, VITAC, 테이크노트TakeNote를 인수해 300억 달러 규모인 텍스트 전환 업계의 선두 주자로 부상했다. 버빗은 2018년 시드, 2019년 과 2020년 시리즈 A~C를 거쳐, 2021년 시리즈 E로 2억 5,000만 달러를 유치했다. 지금까지 약 5억 6,900만 달러의 누적 투자금을 유치했다.

라이트릭스

라이트릭스는 2013년 설립된 영상 및 이미지 편집 솔루션 기업이다. 다섯 명의 박사인 지브 파브만Zeev Farbman, 아밋 골드스타인Amit Goldstein, 니르 포흐터Nir Pochter, 야론 잉거Yaron Inger, 이타이 치돈Itai Tsiddon이 모여 설립했다. 이들은 군 부대에서 만나 함께 창업하게 됐다. CEO인 지브 파브만은 교수가 되기 위해 히브리대학에서 컴퓨터 과학을 전공했는데, 이후 이들의 첫 번째 제품인 페이스튠Facetune을 만들고 나서 본격적인 창업의 길로 들어서게 된다. 라이트릭스의 대표 상품은 인물 사진 보정 앱 페이스튠과 사진 편집기 인라이트Enlight이며, 페이스튠 2, 페이스튠 비디오Facetune Video, 필터튠Filtertune, 비디오립Videoleap, 모션립Motionleap 등 소셜 미디어용 편집 도구와 일반 편집 도구용으로 제품군을 확장하고 있다. 라이트릭스의 앱 제품군은 전 세계적으로 5억만 건이 넘는 다운로드 수를 기록했다. 버빗은 2015년 시리즈 A, 2018년 시리즈 B, 2019년 시리즈 C, 2021년 시리즈 D 단계 투자를 유치했다. 지금까지 약 3억 3,500만 달러의 누적 투자금을 유치했다.

투자 유치 및 엑시트 현황

2013년부터 2022년 데이터를 기준으로 이스라엘은 세계에서 네 번째로 AI 기업 투자 금액이 많은 국가다. 지난 10년간 이스라엘의 AI 기업은 총 110억 달러의 민간 투자를 받았다(아래 표 참조). 2022년 지표를 기준으로 스탠퍼드대학의 AI index에 따르면 이스라엘의 AI 기업은 32억 4,000만 달러의 투자금을 유치했는데, 전 세계에서 4위를 기록했다. 2022년에 새롭게 투자받은 신규 기업 수 또한 73개로 세계 4위 수준이다.

2013~2022년 기준 국가별 AI 기업 투자 금액

국가명	투자 금액
미국	2,490억 달러
중국	950억 달러
영국	180억 달러
이스라엘	110억 달러

자료: 비주얼 캐피털 리스트

2023년 AI 스타트업은 총 73억 달러를 유치했는데[288], AI21랩스(시리즈 C), AI 기반 클리닉 솔루션 퀀트헬스QuantHealth(시리즈 A), 데이터 분석 기업 테타레이ThetaRay(시리즈 D), 의료 진단 기술 기업 아이벡스 메디컬 애널리스틱Ibex Medical Analytics(시리즈 C) 등의 기업들이 투자금을 확보했다. 2023년 국가별 AI 투자 지표를 살펴보면 이스라엘의 경우 전체 투자에서 54퍼센트가 외국 투자 자본이며 38퍼센트가 국내 투자 자본이다. 미국이나 중국이 외국 투자 자본 비율이 20퍼센트가 넘지 않는 것을 볼 때, 이스라엘의 글로벌 투자 지수가 높다는 것을 확인할 수 있다.

2023년 국가별 AI 기업 투자 현황

국가명	국내 투자	해외 투자
싱가포르	32%	62%
이스라엘	38%	54%
영국	46%	45%
캐나다	51%	43%
독일	57%	37%
인도	65%	27%
미국	82%	14%
중국	87%	8%

자료: 토터스

2015~2019년 AI 기업 인수 현황

자료: 카르두멘 캐피털

이스라엘 AI 기업은 2014년 이후 꾸준히 M&A가 이루어져 왔는데, 주목할 만한 사례로는 2019년 인텔이 20억 달러에 인수한 하바나 랩스 등이 있다. 이스라엘은 미국과 중국에 이어 세계에서 3번째로 나스닥 상장 기업을 많이 보유한 국가로 나스닥 상장 기업 중 AI 기업에는 데이터 분석 SW 개발 기업 나이스, 사이즈 측정 데이터 솔루션 개발 기업 마이 사이즈My Size 등이 있다.

AI 산업 배경과 특징

대학과 군대의 뛰어난 인적자원

테크니온 공대, 바일란대학, 벤구리온대학, 네게브대학, 히브리대학 등 컴퓨터 과학, 공학, AI 분야에서 두각을 나타내는 대학들이 우수 인재의 원천이 되고 있다. 이러한 대학과 산업계가 긴밀하게 연계돼 대학의 전문가들이 언제든지 산업계로, 혹은 산업계에서 대학으로 이동하며 연구나 신기술 개발 및 창업이 이루어지고 있다. 히브리대학 교수인 암논 사슈야는 AI 기반 자율주행 자동차 스타트업 모빌아이의 창업자이며, AI를 활용한 웨어러블 시각 보조기 회사인 오르캠 테크놀로지스도 창업했다.

이스라엘에서 AI 연구나 개발 등에 종사하는 엔지니어나 연구자만 4,000명이 넘는다고 한다. 이들 중 상당수가 스타트업에서 활동 중이며, 인텔이나 IBM과 같은 글로벌 기업에서 근무하는 인력도 30퍼센트를 차지한다. 또한 이스라엘은 국가 안보 차원에서 군대에서 AI 기술을 적극 활용하고 있다. 무기 시스템, 전쟁 시뮬레이션, 군사정보 분석 분야에 AI 기술을 접목하고 있으며, 이스라엘의 AI 산업 발달에는 군대의 데이터 분석 기술을 가진 인재들의 유입도 큰 역할을 하고 있다. 군대에서 활용한 기술을 민간에서 활용해 기업을 설립한 사례가 많다.

정부의 혁신 정책

이스라엘 혁신청은 2019년 Innovation Report를 통해 AI 산업의 중요성을 강조하며 국가 차원에서 AI 산업 지원의 필요성을 발표했다. 또한 AI 연구 기업에 보조금 지급 사업도 활발하게 진행 중이며, 2022년 3월 이스라엘 정부는 AI 산업 개발을 위한 국가 주도 전략을 발표했다. 이 계획에는 정부와 산업 간 합작 투자 활성화, 개방형 정보 자산 생성, AI 분야 연구원 수 증가, 기술 인프라 구축 등의 내용이 포함돼 있으며 지원 예산은 한화로 약 7,774억 원이다.[289] 또한 세계 AI 협의체Global Partnership on AI(GPAI)의 20번째 회원으로 가입하며 국가적으로 AI 산업 개발을 위해 힘쓰고 있다.

글로벌 R&D 생태계

이스라엘에는 구글, IBM, MS, 엔비디아, 인텔 등 다수의 글로벌 기업

R&D 센터가 있다. 이러한 R&D 센터를 통해 기술 협력과 우수 인재 고용, 이스라엘 스타트업과의 협업 효과가 증대될 수 있다. 또한 글로벌 테크 기업들이 이스라엘의 AI 스타트업을 인수하거나 투자를 함으로써 글로벌 벤처 투자 자금이 이스라엘로 모이게 돼 역동적인 생태계를 조성하는 데 일조한다. 우리나라의 삼성전자나 현대자동차 등도 이스라엘에 판매 법인이나 투자법인, 오픈 이노베이션센터를 건립해 AI 분야 투자와 협력을 진행하고 있다. 특히 이스라엘의 실리콘 밸리로 불리는 실리콘 와디에 이러한 다국적 기업의 R&D 센터와 첨단 분야 스타트업이 밀집해 있어 협력과 성장을 돕는다.

AI21랩스

■ 개요

AI21랩스는 대형 언어 모델Large Language Model(LLM)을 통해 다양한 언어 작업이 가능한 기술을 개발하고 있다. 작문 기술 향상을 돕는 AI 기반 작문 도우미인 AI21 스튜디오AI21 Studio가 대표적인 제품이다. AI21랩스는 2019년 시드 투자를 유치, 2020년 시리즈 A, 2021년과 2022년 시리즈 B, 2023년 시리즈 C 투자를 유치하며 지금까지 약 3억 2,000만 달러의 누적 투자금을 유치했다.[290] 2023년 8월 시리즈 C 라운딩에서 기업 가치 14억 달러에, 총 1억 5,500만 달러를 투자받으며 유니콘 기업으로 분류됐다. AI21랩스의 투자자로는 구글, 엔비디아, 인텔 등이 있다. AI21랩스의 연 매출은 5,000만~6,000만 달러로 추정된다.[291] 지난 1년 동안 AI21랩스는 고용 인원을 두 배로 늘려 약 260명의 직원을 고용했고, 2024년에는 100명을 추가 고용해 시세를 확장할 예정이다.

■ 창업 과정

AI21랩스는 2017년 11월 이스라엘 텔아비브에서 공동 창업자 3인에 의해 설립됐다. 두 개의 기업을 구글에 매각한 경험을 가진 스탠퍼드대학의 명예 교수이자 연쇄 창업가인 요아브 쇼함, 히브리대학교 교수이자 인텔에 153억 달러에 인수된 모빌아이의 설립자 암논 사슈야, 크라우드 펀딩 플랫폼 크라우드XCrowdX를 설립한 오리 고센이 바로 AI21랩스의 공동 창업자들이다.

요아브 쇼함은 테크니온 공대와 예일대학교에서 학업하며 인공지능, 논리, 게임이론 연구 분야에 전문성을 가지고 있다. 1999년 기업용 소프트웨어 회사인 트레이딩 다이내믹스Trading Dynamics를 설립해 2000년 매각했으며, 2011년과 2014년 각각 소셜 네트워킹 서비스 업체 카탄고Katango, 시간관리 앱 타임풀Timeful을 설립해 구글에 매각했다. 2015년부터 2017년까지 구글에서 수석 과학자로 근무하기도 했다.

암논 사슈야는 텔아비브대학에서 수학과 컴퓨터 과학을 전공하고, 와이즈만 연구소와 MIT에서 컴퓨터공학과 뇌 인지과학을 수학했다. 히브리대학에서 컴퓨터공학을 가르치며 AI와 컴퓨터 비전 분야에 활발한 연구를 수행했는데, 머신러닝과 컴퓨터 비전 분야에 160개 이상의 논문을 발표했고, 94개 이상의 특허를 보유하고 있다. 그는 연구와 함께 뛰어난 비즈니스 감각을 살려 여러 번 창업에 도전했다.

1995년 컴퓨터 비전 기술을 활용한 정밀도 측정 소프트웨어 개발 업체 코그니텐스CogniTens를 설립해 매각했고, 1999년 자율주행 시스템 온 칩과 컴퓨터 비전 알고리즘을 개발하는 모빌아이를 설립했다. 모빌아이는 2014년 미국 사상 최대 규모의 이스라엘 IPO를 달성했고, 2017년 인텔에 인수됐다. 2010년에는 컴퓨터 비전 기술을 활용한 시각장애인용 보조 장치 제조회사인 오르캠을 공동 설립했다. 암논 사슈야는 자신의 전공 분야를 살려 연구와 비즈니스를 통해 이스라엘의 하이테크 산업에 많은 공헌을 했고, 2023년 이러한 평생 공로를 인정받아 '이스라엘 프라이즈Israel Prize'라는 이스라엘에서 국가적으로 수여하는 상을 수상했다.

오리 고센은 8200부대 소속이었으며, 소프트웨어 엔지니어로 여러 테크 기업에서 15년 이상 근무한 경험을 가지고 있는데 소프트웨어 개발 기업인 프링Fring에서 메시징 앱 개발 관리자로서 프로젝트를 이끌었다. 크라우드 펀딩 플랫폼 크라우드X를 공동 창업한 경험도 있다.

AI 인덱스의 창시자이기도 한 요아브 쇼함은 위코드WeCode라는 프로그램을 통해 오리 고센을 만나게 되는데, 위코드는 소외 계층의 청년들을 위한 아카데믹 부트캠프 프로젝트다. 레이츠먼대학교Reichman University에서 열리며, 소프트웨어 개발자 교육을 통해 청년들이 일자리를 찾고 사회에 합류할 수 있도록 돕는다. 요아브 쇼함 교수와 시몬 쇼켄 Shimon Schocken 교수, 노가 고센Noga Goshen과 함께 공동 설립해 캠프를 이끌었는데 노가 고센의 남편이 오리 고센이다.

이처럼 AI 산업 분야에서 종사하고 활동하며 자연스럽게 친분이 있던 세 명의 설립자는 자연어에 대한 관심을 공유하며 AI21랩스를 설립하게 된다. 당시에는 컴퓨터 비전, 이미지와 관련된 기술이 많았지만 언어적인 요소가 인간의 사고방식과 관련됐다고 보고, AI를 인간의 '사고 파트너'로 만들기 위해 사람들이 읽고 쓰는 방식을 바꾸려는 시도를 한다. 자연어를 분석하는 기술이 앞으로의 21세기를 위한 AI 기술이라고 생각해 사명 또한 AI21랩스로 짓고 본격적인 개발 연구를 시작하게 된다.

■ 제품과 기술력

창작은 인간만의 고유한 권한으로 여겨져 왔는데 이제는 인공지능이 새로운 이미지, 텍스트 등을 만들어 내고 있다. 생성형 AI는 기존 콘텐츠의 패턴과 구조를 학습해 유사한 특징이 있는 새로운 콘텐츠를 생산해 내는 시스템이다. 생성형 AI는 텍스트, 코드, 이미지, 음악, 비디오 등 학습하는 데이터에 따라 다양하며 예술, 의료, 금융, 패션 등 다양한 분야에 응용될 수 있다. 그중 텍스트, 언어는 인간의 사고, 지능과 가장 밀접하게 연계된 부분으로 아직까지 완벽하게 AI가 인간의 언어 능력을 구사하기는 어렵지만 그만큼 앞으로의 발전 가능성이 크다고 볼 수 있다.

AI21랩스가 주목하고 있는 LLM은 컴퓨터 과학 및 자연어 처리에서 사용되는 언어 모델로, 인간의 뇌 구조를 모방한 인공 신경망이 대규모의 텍스트 데이터를 학습해 언어의 의미나 문법, 구조를 이해하고 새로운 텍스트를 창조할 수 있다. AI21랩스의 자체 LLM인 Jurassic은 세계에서 가장 큰 규모이자 정교한 LLM 중 하나로 평가받는다. 2021년 Jurassic-1이 출시됐고, 2023년 최신 버전의 Jurassic인 Jurassic-2가 출시됐다. Jurassic-2의 매개변수는 총 1,780억 개로 앞서 출시된 GPT-3보다 30억 개가 더 많다. 매개변수는 모델이 과거 학습한 지식을 담고 있는데 학습 및 예측에 중요한 역할을 한다고 할 수 있다.

또한 Jurassic은 표현, 단어, 구를 포함해 25만 개의 어휘 항목을 인식할 수 있는데, 이는 GPT-3이 5만 개의 어휘 항목을 인식할 수 있는 것과 비교하면 굉장히 큰 규모의 언어 모델이라는 것을 알 수 있다. 영어 외에

스페인어, 프랑스어, 독일어, 포르투갈어, 이탈리아어, 네덜란드어 등 6개 언어로 대화가 가능하며 GPT-3이 2021년 말까지의 데이터베이스를 보유하고 있다면 Jurassic-2는 2022년까지의 데이터를 학습해 텍스트를 생산하고 있다.

이러한 AI21만의 Jurassic을 활용해 영어 첨삭 및 작문 서비스 워드튠 Wordtune과 B2B 서비스인 AI21 스튜디오 서비스를 선보이고 있다. AI21 랩스는 플랫폼과 제품 모두를 생산하는 기업 중 하나로, 특히 오픈AI가 마이크로소프트나 구글을 통해 수익화 방법을 찾는 것과 대조적으로 직접 수익을 창출하고 있다. 2020년 처음 출시된 워드튠은 문장을 입력하면 문법이나 구조, 단어나 구 등을 바로 수정하거나 대체 표현을 제안해 준다. 크롬이나 워드의 확장 프로그램, 웹을 통해 이용할 수 있으며 2021년에는 구글에서 가장 소비자가 좋아하는 확장 프로그램으로 선정되기도 했다. 워드튠은 워드튠 리드Wordtune Read나 워드튠 스파이스 Wordtune Spices 같은 연계 서비스로도 확장돼 고객에게 제공되는데, 워드튠 리드는 영문 요약 서비스이며 워드튠 스파이스는 문장을 넘어 전체 단락을 작문해 주는 서비스다. 워드튠은 현재 1,000만 명이 넘는 이용자가 사용 중이다.

AI21 스튜디오는 2021년에 처음 선보인 AI21랩스의 기업 맞춤형 글쓰기 B2B 서비스다. 기업의 문서, 이메일 작성 및 정리, 다양한 용도의 문구 생성 등을 지원하는데 기본 모델, 작업별 모델, 맞춤형 모델 3가지 유형으로 기업 고객에게 제공된다. 또한 기업용 API를 사용해 개발자가 손쉽게 원하는 텍스트 생성 모델을 구축할 수 있다. 삼성, 데이터브릭스 Databricks, 유비소프트Ubisoft 등이 고객사다. 이러한 B2B 서비스는 기업에게 불필요한 자원 관리를 줄이도록 도와준다.

■ 경쟁력

LLM 시장을 코어 시장과 기술로 구분하자면 377쪽 그림과 같다. 이 중에서도 텍스트 생성 AI 서비스를 제공하는 기업은 미국의 오픈AI와 구글, 캐나다의 코히어cohere 등이 있으며 국내에는 네이버의 하이퍼클로바 서비스 등이 있다. 각각의 서비스가 제공하는 수준은 조금씩 다르지만, AI21랩스는 단순히 문구나 단어를 생성하는 것뿐만 아니라 어조나 상황 등에 맞는 표현까지 제공한다. 이는 미묘한 기계와 인간 사고의 차이를 뛰어넘는 작업이라고 할 수 있다. 또한 오픈AI가 텍스트, 이미지, 코드 등 다양한 영역에서 콘텐츠를 생산하고 범용 모델을 만들기 위해 애쓰는 반면, AI21랩스는 텍스트, 언어에만 집중하고 있다. 위에서 언급했듯, 언어가 인간의 사고에 가장 많은 영향을 미치는 요소이고, 인간의 사고 파트너를 만드는 것이 AI21랩스가 추구하는 기술적 목표이기 때문이다.

'언어'에 집중해 첨삭을 잘하는 모델, 요약을 잘하는 모델 등으로 분류해 해당 능력을 더 학습하고 훈련하도록 하는 것이다. 이러한 타깃 기술과 목표의 명확화는 시간이 지날수록 기술의 고도화에 많은 영향을 미칠 것으로 전망할 수 있다. 또한 AI21랩스의 경쟁력은 타 기업과 달리 지속적인 연구를 통해 학계에도 여러 연구 성과를 꾸준히 발표하고 있다는 점이다. 유니콘 기업이자 세계에 몇 안 되는 언어를 생성하는 AI 기술을 보유한 기업으로서 계속적인 연구와 데이터가 쌓인다면, AI21랩스만의 언어 생성 능력을 활용해 생성형 AI 산업 전체를 이끌 수 있을 것으로 기대된다.

LLM 시장 현황

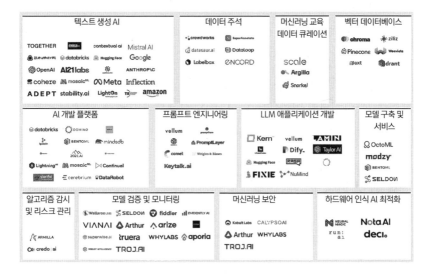

자료: CB 인사이트

헤일로

■ 개요

헤일로는 엣지Edge 컴퓨팅에 활용되는 AI 프로세서 개발 기업이다. AI 가속기, AI 비전 프로세서 제품군을 보유하고 있으며 자율주행 자동차, 보안 산업, 각종 스마트 디바이스 등 다양한 산업 분야에서 활용된다. 헤일로의 AI 프로세서는 정교한 딥러닝 작업을 수행할 수 있도록 기존 컴퓨터 아키텍처를 새롭게 구성해 만들어 냈다는 점에서 강점을 가지고 있다. 헤일로는 2017년 설립 후 시드 투자를 유치, 2018년과 2019년 시리즈 A, 2020년 시리즈 B, 2021년 시리즈 C 투자를 유치하며 지금까지 약 2억 3,000만 달러의 누적 투자금을 유치했다. 시리즈 C 단계에서 기업 가치 11억 달러로 평가받으며 유니콘 기업으로 분류됐다. 헤일로의 연 매출은 2021년 550만 달러, 2022년 690만 달러로 추정된다.[292] 아시아와 유럽, 미국 등 세계 각지에 300여 개의 고객사가 있으며 일본, 대만, 독일, 미국에 지사가 있다.

■ 창업 과정

헤일로는 이스라엘 방위군 동료인 오르 다논, 라미 페이그Rami Feig, 아비 바움 세 사람이 2017년 공동 설립했다. 오르 다논은 히브리대학과 텔아비브대학에서 각각 물리학과 전기전자공학을 전공했다. 이스라엘 방위군에서 약 10년간 복무하며 다양한 소프트웨어 개발 및 군사정보 프로젝트를 리드했고, 역량을 인정받아 국방 창의상 등을 수상한 경력이 있다. 오르 다논은 군 제대를 앞두고 군대에서의 경험과 배움을 살려 창업을 결심하게 된다.

도전적인 엔지니어였던 오르 다논은 당시 AI 기술이 클라우드앱에 국한돼 있다고 생각했다. 보다 효율적이고 생산적인 기술이 필요하다고 생각한 오르 다논은 2주간의 짧은 여행을 통해 창업에 대한 청사진을 그린 후, 라미 페이그에게 공동 창업을 제안했다. 이후 CTO로 아비 바움이 합류하고, 회사 경영 전반을 맡아 줄 하다르 자이틀린까지 합류하게 된다. 특히 헤일로의 첫 투자자이자 의장인 조하르 지사펠Zohar Zisapel을 통해 비즈니스 전문성과 경험을 배워 나갈 수 있었다. 조하르 지사펠은 이스라엘의 빌게이츠라고 불리우는 하이테크 분야 유명인으로, 1981년 네트워크 장비 회사 RAD 그룹을 설립했다.

오르 다논과 창업자들은 AI 솔루션 구현을 위해 상당한 양의 에너지가 소비되는 컴퓨팅, 클라우드, 데이터 센터에서 문제 해결 지점을 보았다. 예를 들어, 사물인터넷 같이 다양한 디바이스가 실시간으로 작동하려면 클라우드나 데이터 센터처럼 거대한 중앙식 처리 기기는 비효율적이다. 중앙 장치가 아닌, 엣지 서버나 IoT 같은 로컬 장치에서 프로세서를 실행한다면 훨씬 효율적일 것이다. 엣지 컴퓨팅은 기존의 클라우드에서 로컬 장치까지 걸리는 통신 시간이나 에너지가 소요되지 않으므로 실시간 데이터 처리가 가능하다. 헤일로의 창업자들은 엣지 컴퓨팅용 AI 프로세서를 개발해 2019년 첫 제품을 선보이게 된다.

■ 제품과 기술력

헤일로의 엣지 AI 프로세서는 높은 전력과 낮은 비용 효율성으로 우수한 컴퓨팅 성능을 제공한다. 헤일로가 개발하는 AI 칩은 어떠한 제약 조건에서도 실시간 고해상도 비디오나 여러 개의 비디오 스트리밍을 동시에 처리할 수 있다. 다양한 엣지 디바이스 중 특히 보안 카메라와 같은 소형 및 저가 디바이스의 경우 고도화된 기술력이 요구된다. 헤일로의 프로세서는 소비 전력이 타사 제품과 비교해 20배나 적고, 크기는 15배가 적다.

기존 프로세서의 기본 구조는 70년 전에 개발된 규칙 기반rule-based 폰 노이만 아키텍처Von Neumann Architecture에 토대를 두고 있다. 이 아키텍처는 각각의 범용 태스크를 수행하는 다수의 프로세싱 유닛이 하나의 메모리와 하나의 컨트롤 블록을 공유함으로써 대용량 데이터 처리를 하는 경우, 막대한 레이저 트래픽과 컨트롤에 있어서 병목현상이 불가피해져 이로 인한 높은 파워 소모와 칩 사이즈 대형화를 초래한다.

헤일로의 고유 아키텍처인 '스트럭처-디파인드 데이터플로우 아키텍처 Structure-Defined Dataflow Architecture'는 신경망 구조의 각 데이터에서 필요로 하는 연산에 적합하도록 각 프로세싱 유닛에 전용 저장 공간과 컨트롤 블록을 분산배치하고 이들을 신경망 구조에서의 데이터플로우를 고려해 연결함으로써, 적은 파워 소모로도 AI 연산에 필요한 대용량 데이터 처리를 효율적으로 할 수 있게 한다.

헤일로의 대표적인 제품은 다음과 같다.

① AI 프로세서: 2019년에 공개된 헤일로-8은 최대 26TOPS(초당 테라 연산)의 전례 없는 성능을 갖춘 AI 프로세서다. 신경망의 기본 특성을 활용하는 새로운 아키텍처를 사용해 다른 AI 칩 및 솔루션보다 더 효율적이고 효과적이며 지속 가능하게 딥러닝 애플리케이션을 실행할 수 있다. 헤일로-8은 자율주행차, 스마트 카메라, 스마트폰, 드론, 증강현실/가상 현실 플랫폼 등 다양한 디바이스별 딥러닝 앱을 위한 설계가 가능하다.

② AI 비전 프로세서: 헤일로의 비전 프로세서는 카메라에서 고성능 AI 처리를 위해 설계된 프로세서다. 주거용 주택, 상업 및 공공 공간, 도로 등의 IP 카메라와 교통 관리에 필요한 고품질의 영상 이미지와 분석 기능이 가능하도록 한다. 2023년 출시된 헤일로-15Hailo-15 비전 프로세서는 노이즈 제거, 화이트밸런스 조정, 자동 초점 기능, 움직임 보정 등의 정교한 기능을 실시간으로 제공한다.

■ 경쟁력

코로나 19 이후 재택근무가 늘어나고, 공간의 제한성이 낮아지면서 다양한 디바이스에 AI가 장착돼 시장에 쏟아져 나오고 있다. 빌딩의 자동 보안 시스템, 집안의 로봇 청소기 등 우리의 일상에는 많은 자동화 기기가 있으며 앞으로는 이러한 추세가 늘어날 것이다. 점차적으로 모든 산업 분야와 기기들이 자동화될 것이며 이러한 기기들은 중앙의 클라우드가 아닌 각각의 장치에 달린 AI 프로세서를 통해 통제될 것이다. 엣지 디바이스에 탑재되는 AI 프로세서는 데이터 센터용 프로세서와 대조적으로 저에너지로도 작동이 가능하며, 낮은 가격과 최대의 효율성을 가지고 있기 때문이다.

엣지 디바이스 프로세서 분야는 반도체 산업의 주요 성장 동력이 될 것으로 전망된다. 2022년 글로벌 엣지 컴퓨팅 시장 규모는 약 119억 달러로 추산되며 매년 30퍼센트 이상 성장해 2030년에는 1,000억 달러에 이를 것으로 전망하고 있다.[293] 특히 AI 프로세서 분야 전문 투자자들은 2027년까지 전체 반도체 산업의 매출보다 AI 프로세서 부문이 3배나 빠르게 성장할 것으로 내다본다. 생성 AI의 활성화로 즉각적인 분석과 응답이 요구됨에 따라 엣지 컴퓨팅 기술은 계속적으로 발전되고 요구될 수밖에 없다. 또한 금융 및 의료와 같은 민감한 개인 데이터가 다양한 플랫폼에서 활용되는 사례가 늘어남에 따라 개인정보 보호를 위해 중앙 클라우드에 데이터를 저장하기보다는 로컬 기기에서 정보를 처리하고 분석하는 형태로 나아갈 것이다.

헤일로의 프로세서는 제어 및 검색 처리가 프로세서 내에서 수행돼 데이터의 이동이 최소화되고 전력이 덜 소비된다. 전력이 덜 소비되기 때문에 열을 발산하기 위한 팬이 필요하지 않아 생산 단가가 줄어들고, 팬을 위한 공간도 필요하지 않아 크기도 줄일 수 있다. 엣지 컴퓨팅 기술이 고도화돼도 클라우드에서만 가능한 기능이 존재했는데, 이제는 점점 아주 정교한 작업들까지도 클라우드 수준만큼 엣지 디바이스에서 수행되고 있다. 특히 객체 감지나 인식, 분할 등과 같은 고도화 작업이 가능해진다. 헤일로의 비전 프로세서에서는 복잡한 비디오를 실시간 분석해서 작업을 수행할 수 있다. 앞으로 엣지 컴퓨팅, 디바이스 분야의 성장이 예상됨에 따라 고유한 아키텍처 기술을 보유한 헤일로의 미래 전망이 매우 밝다.

플래테인

■ 개요

플래테인은 AI 기반 스마트팩토리 SW 기업이다. 산업용 사물 인터넷 및 AI 최적화 솔루션을 개발해 각 생산 현장에서 효율적인 의사결정을 하고 자원을 활용할 수 있도록 지원한다. 스마트팩토리와 같이 제조업 기반 자동화 공정을 대상으로 실시간 현황 관리와 문제 예측, 해결 방안을 제시하는데 생산계획 최적화, 리소스 배분 최적화, 설비 유지보수 예측과 품질 예측 등의 서비스를 제공한다. 항공우주, 자동차, 각종 제조업이 사업 분야다. 고용 인원은 68명이며(2022년 기준), 2023년 시리즈 B 투자를 유치했다. 매출은 2020년 250만 달러, 2021년 310만 달러, 2022년 490만 달러로 증가세에 있다. 매출의 주요 구성은 SW 서비스다. 이스라엘, 미국과 유럽, 중국, 영국에 지사가 있다.

■ 창업 과정

플래테인의 창업자는 이스라엘 AI의 아버지로 불리는 모세 벤바삿이다. 그는 인공지능과 수학 분야 세계적 석학으로 서던캘리포니아대학교University of Southern California, 텔아비브대학 및 UCLA에서 교수로 근무했다. 1980년대부터 인공지능과 수학을 연구했으며 이를 기반으로 창업했다. 1997년 처음 창업에 도전해 클릭소프트웨어ClickSoftware라는 AI 기반 산업현장 관리 솔루션 개발 기업을 설립했다. 전기·전선 업체가 주요 고객사였던 클릭소프트웨어는 2000년 나스닥에 상장했으며, 이후 세일즈포스가 1조 6,000억 원에 회사를 인수했다.

2013년 모세는 또 한 번 창업에 도전하는데, 이번에는 그의 아들 아브너의 AI 기술을 활용해 제조업 분야의 혁신을 일으킬 솔루션을 개발한다. 그는 기술을 통해 누구든지 제품 최적화와 자동화 기술을 누릴 수 있도록 하기 위한 신념을 가지고 플래테인을 창업했다. 특히 AI의 시대에 발맞춰 앞으로는 모든 비즈니스 공정이 자동화될 것이며 제조업에서 이러한 수요가 높아질 것이라고 예상했다. 인건비가 낮은 국가에 위탁 생산을 맡기던 기업들이 자국으로 복귀하는 추세를 파악하고, 생산 효율증대와 비용 절감 측면에서 자동화 시스템에 대한 수요가 확대될 것이라고 생각한 것이다.

플래테인의 현재 CEO는 모세 벤바삿의 아들인 아브너 벤바삿이 맡고 있다. 그는 듀크대학교Duke University 경영대학원 및 텔아비브대학 출신으로 소프트웨어 분야에서 20년 이상 재직한 전문가다. 플래테인의 연구책임자인 에드워드 골드너Eduard Goldner 교수는 모세 벤바삿과 함께 클릭소프트웨어에서 엔지니어로 근무했으며, 와이즈만 연구소에서 비선형 광학을 연구한 학자다.

■ 제품과 기술력

플래테인은 독자적인 기술력으로 각종 기기와 시스템을 통한 데이터 수집, 수집된 데이터로 실시간 현황 파악과 시각화, 알고리즘을 통한 상황 예측, 최적화 알고리즘으로 문제 해결 대안 제시 단계를 제공한다. 기존의 AI 자동화 솔루션에서 데이터 수집과 실시간 현황 파악, 시각화까지 제공했다면 플래테인은 더 나아가 상황 예측과 문제 해결을 위한 대안 제시까지 가능한 것이다. 이러한 솔루션을 통해 고객사는 가장 적합하고 효율적인 의사결정을 선택할 수 있다.

플래테인의 솔루션을 통해 고객사는 모든 공정을 100퍼센트 디지털화해 추적할 수 있다. 플래테인 솔루션의 장점은 다음과 같다. 제품 원가 최대 15퍼센트 절감, 시장 출시 기간 15퍼센트 이상 단축, 재작업 최대 40퍼센트 감소, 그리고 기존 기업에서 사용하는 ERP나 MES 시스템과 쉽게 연동이 가능하다. 플래테인의 솔루션은 항공우주, 방위 산업, 풍력 블레이드 제조 산업, 자동차 산업, 조선 산업, 가구 산업 등에서 활용이 가능하다.

플래테인은 이러한 최적화 기술을 통해 2021년 'Frost & Sullivan 글로벌 기술 혁신 리더십상'을, 'SME 2021 Excellence in Composites Manufacturing Award'를 수상했다. 플래테인은 디지털 생산관리, 3D 제품 컷팅 생산작업 최적화 시스템, IoT 활용 생산 자동화 알고리즘, 자원 배분 최적화 특허를 보유하고 있으며 ISO 27001 인증을 받은 기업이다.

플래테인의 대표적인 솔루션 및 제품은 다음과 같다.

① 플래테인의 AI 알고리즘, 플랙티멈 옵티멈Practimum Optimum: 플랙티멈 옵티멈은 플래테인의 강력한 AI 알고리즘으로 주문 상황, 납품 기한, 원자재 현황 등 공장의 전반적인 운영 부분을 한눈에 종합해 볼 수 있도록 지원한다. 다양한 경우의 수를 고려해 스케줄을 계획하고, 제품 납품과 품질 측정을 지원한다. 원자재 부족이나 문제 상황 발생으로 적절한 시기에 제품 제작이 어려울 경우 이를 미리 예측해 대안을 제시한다.

② 생산 스케줄러: 생산 스케줄러는 생산 진행 상황을 추적하고 계획과 실제를 비교해, 계획을 지속적으로 업데이트해서 비효율성을 최소화한다. 이 솔루션으로 제작 시간이 95퍼센트 절약된다.

③ 원자재 관리: 원자재 관리 솔루션은 주요한 자산이 어디에 있으며 이용 가능한 상태인지를 실시간으로 추적할 수 있다. 이를 통해 공장의 비용을 절감하고 재작업이나 낭비되는 부분을 감소할 수 있다. 또한 남은 자재의 유통기한을 자동으로 추적하고, 원자재 부족으로 인해 제품 제작이 불가한 상황이 발생하지 않도록 관리한다.

④ 도구 매니저: 도구 매니저 솔루션은 제작 도구의 위치나 사용 여부, 상태를 체크하고 유지관리할 수 있도록 지원한다. 제작 도구의 병목현상을 막고 생산에 필요한 최적의 도구를 관리함으로써 제조 프로세스를 효율적으로 관리할 수 있다.

■ 경쟁력

지난 10년 동안 미국에서만 240만 개의 산업 인력 빈자리로 인해 2조 5,000억 달러의 비용이 들었다고 한다. 인구 감소와 산업 현장 일자리로의 인력 유입이 줄어들면서 제조업의 자동화 전환은 이제 필수가 돼 가고 있다. 숙련된 현장 인력이 빠르게 AI로 대체되고 있는 것이다. 특히 코로나 19를 겪으며 인력 부족 문제가 극대화됐고, 이후 항공우주 산업이나 자동차 등 각종 제조업에서의 생산 물량이 증가하면서 플래테인의 솔루션 같은 자동화 솔루션, AI 디지털 어시스턴트의 존재가 주목받고 있다.

스마트 팩토리 시장은 2022년 1,297억 달러 규모였으며, 계속적으로 규모가 성장해 2032년까지 3,200억 달러에 달할 것으로 전망되고 있다.[294] 또한 제조업용 AI 소프트웨어 시장 규모는 2022년 23억 달러에서 2027년 163억 달러까지 연평균 48퍼센트 성장 예정이다. AI 소프트웨어는 설비 규모와 상관없이 중소업체에서도 빠르게 도입율이 늘어가고 있기 때문에 시장성이 높다고 할 수 있다. 또한 지금까지 제조 업체에서는 자재 관리, 생산 관리, 일정 관리, 주문 관리 등의 공정을 각각 분리해서 관리해 왔기 때문에 통합적인 전사 관리 시스템에 대한 수요가 존재한다.

플래테인은 모든 공정을 통합적으로 관리하고 의사결정할 수 있도록 하는 솔루션을 지원함으로써 이러한 자동화 공정 수요 확대에 발맞춰 기술력과 경쟁력을 대비해 왔다고 할 수 있다. 또한 플래테인은 최근 SAP, 지멘스SIEMENS, 세일즈포스 등의 기업과 파트너십을 체결해 판매 영역을 확장했다. 기존 글로벌 기업 고객인 에어버스, 블루오리진과의 지속적인 계약 관계를 유지함과 동시에 그간의 레퍼런스를 바탕으로 새로운 고객사를 확장할 가능성이 크다.

7장

모빌리티 산업

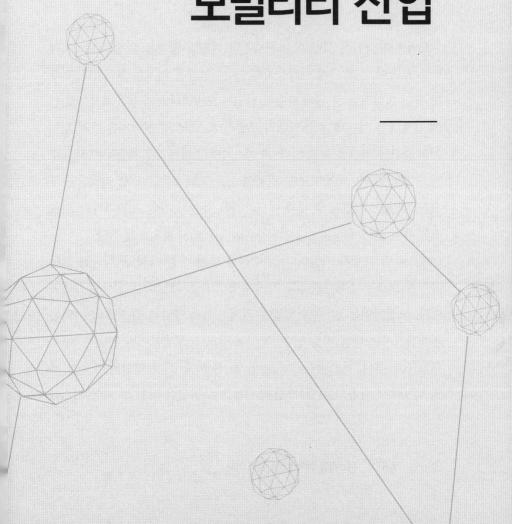

개요

　모빌리티 산업은 그린 혁신과 디지털 혁신의 영향을 가장 두드러지게 받는 분야이며 전 세계 사람들의 삶에 큰 영향을 미치는 영역이다. 전후 방 산업 영향력이 큰 세계 자동차 산업이 모빌리티의 파괴적 혁신으로 인해 거듭나는 가운데, 이스라엘의 모빌리티 스타트업 생태계는 세계 무대에서 중요한 역할을 하고 있다.[295] 이스라엘 스타트업과 기업들은 자율주행, 커넥티드 카, 사이버 보안, 전동화Electrification 등을 위한 최첨단 솔루션을 개발하고 있다. 그 결과 이스라엘이 자동차 기술, 모빌리티, 스마트 교통 등의 분야에서 혁신과 기업가정신의 허브로 떠오르게 됐다.

　이스라엘 자동차 기술의 가장 주목할 만한 성공 사례 중 하나는 첨단 운전자 보조 시스템(ADAS)과 자율주행 기술을 개발하는 회사인 모빌아이다. 모빌아이는 2017년 인텔에 의해 153억 달러에 인수됐으며, 이는 현재까지 이스라엘 기업 인수 중 최대 규모다. 모빌아이의 기술은 BMW, 포드Ford, 혼다, 폭스바겐Volkswagen 등 전 세계 25개 이상의 자동차 제조 업체에서 사용되고 있다. 전 세계적으로 영향을 미친 또 다른 이스라엘 회사는 크라우드소싱 데이터를 사용해 실시간 교통 정보와 최적의 경로를 제공하는 인기 내비게이션 앱인 웨이즈다. 웨이즈는 2013년 구글에 11억 달러에 인수됐으며 185개국 이상에서 1억 4,000만 명 이상의 사용자를 보유하고 있다.[296]

이스라엘 혁신 생태계를 지원하는 비영리 조직인 스타트업 네이션 센트럴에 따르면, 이스라엘 모빌리티 섹터에서 활동하는 기업은 2020년 350개에서 2023년 700개 이상으로 증가했다. 투자 규모 측면에서도 2010년 이래 300억 달러 이상을 펀딩함으로써 이스라엘은 세계 4위의 모빌리티 스타트업 허브의 위상을 가지고 있다. 1인당 GDP에서 차지하는 투자 규모에서는 세계 1위 국가다.

한편으로 이스라엘 모빌리티 기술의 강력한 글로벌 입지는 글로벌 추세와 자금 조달 환경 변동에 영향을 받는다. 이스라엘은 세계적인 추세를 따라 모빌리티를 포함한 첨단 기술 분야에 대한 자금 지원이 2021년에 최고조에 이르렀다가 2022~2023년에 감소했다. 하지만 다른 한편으로는 고객 기반, 파트너십, 그리고 인재 풀이 다양화돼 있어 자국에서의 충격에 더 탄력적으로 대처할 수 있다.

세계적인 컨설팅 업체인 맥킨지가 2023년 9월에 실시한 설문 조사에 따르면 이스라엘의 가장 큰 강점은 전문가 네트워크와 인재에 대한 접근성이다. 산업 전반에 걸쳐 스타트업이 집중되면 재능과 지식 교환이 가능해지며, 이는 특히 소프트웨어 솔루션에 도움이 된다.[297] 하지만 이스라엘 모빌리티 섹터에 어려움이 없지는 않다. 우선 신제품 생산 및 유통 규모 확대를 제한하는 현지 제조 역량과 인프라 부족이 문제다. 또한 급성장 중인 모빌리티 섹터에서 요구되는 숙련된 근로자와 관리자도 부족하다. 그리고 안보 위험과 국제 협력에 대한 외교적 장벽을 초래하는 복잡한 지정학적 상황도 해결 과제다. 그러나 이러한 어려움에도 불구하고 이스라엘 모빌리티 부문의 성장은 둔화될 조짐이 보이지 않는다. 이스라엘은 현재와 미래의 업계가 직면한 가장 시급한 과제에 대한 솔루션을 제공할 준비가 돼 있다.[298]

이스라엘 모빌리티 산업 생태계

이스라엘의 모빌리티 섹터는 이스라엘 전체 하이테크 산업의 8퍼센트를 차지하며, 이스라엘은 향후 10년 동안 자동차 기술 부문을 성장시킬 수 있는 지식과 기술을 보유하고 있다. 자동차 기술 부문 중에서도 특히 모빌리티 서비스와 자율주행 관련 스타트업이 상대적으로 높은 성장세를 보이고 있다. 모빌리티 서비스 분야의 선두 주자인 무빗은 2020년 5월 10억 달러에 인텔에 매각됐고, 차량-사물 통신 칩셋 생산 업체인 오토톡스는 2023년 퀄컴에 3억 5,000만 달러에 인수됐다.

주요 기업[299]

이스라엘에는 2023년 9월 기준으로 모빌리티 섹터에 724개의 스타트업 또는 기업이 있다. 모빌리티 산업 주요 구성별로는 스타트업 네이션 센트럴에 등록된 모빌리티 기업 수(총 462개) 기준으로 볼 때 모빌리티 서비스(44.2%), 자율주행 및 커넥티드 카(28.6%), 전동화(15.8%) 순이다. 대부분의 이스라엘 모빌리티 회사는 중소기업이며 85퍼센트 이상이 직원 50명 미만이다. 모빌리티 산업의 하부 섹터별 주요 기업들은 다음과 같다.

이스라엘 모빌리티 섹터별 주요 기업

회사명(설립 연도)	주요 사업 내용
전동화(73개사)	
스토어닷	• 스토어닷의 배터리는 AI 알고리즘으로 최적화된 유·무기 화합물을 설계 및 합성해 5분 이내(내연기관과 동급) 전기차 충전이 가능 • 다임러, BP, 볼보, Ola Electric, 삼성 등과 전략적 파트너십 관계이며 2028년까지 3분 이내 충전을 목표로 하고 있음
드라이브즈	• 드라이브즈는 클라우드 기반 전기 자동차 충전 네트워크 관리 소프트웨어를 개발 및 판매하며, 현재 이용자는 100만 명을 초과 • 2021년 길바코 비더루트(미국의 연료 공급 기술 및 장비 회사)에서 2억 달러에 인수
자율주행 및 연결(132개사)	
모빌아이	• 첨단 운전자 보조 시스템(ADAS) 및 자율주행을 위한 비전 기술 개발: 25개 이상의 글로벌 자동차 제조 업체가 모빌아이의 기술 활용 • 2017년 인텔에 150억 달러에 매각
오토톡스	• 도로에서의 충돌을 줄이고 어디에서나 모빌리티를 향상시키는 V2X(Vehicle-to-Everything) 칩셋 솔루션을 개발 • 오토톡스의 기술은 특히 가시선외(NLOS) 상황, 열악한 날씨 또는 조명 조건에서 다른 센서에서 나오는 정보를 보완해 줌
모빌리티 서비스(204개사)	
무빗	• 94개국 3,000개 이상의 도시에서 45개 언어로 무료 제공되는 스마트 대중교통을 위한 실시간 앱 • 현재 6억 2,500만 명 이상의 사용자 보유
웨이즈	• 사용자의 실시간 데이터를 사용해 목적지까지 최적의 경로를 제공하는 커뮤니티 중심 내비게이션 앱(현재 구글의 자회사) • 운전자는 위험 요소와 도로 폐쇄를 보고하고, 다른 사용자가 도로의 어디에 있는지 확인 가능

해상 및 물류(42개사)	
윈드워드	• 윈드워드의 AI 기반 솔루션은 운송 트래픽 데이터의 실시간 제공을 통해 고객이 정보 기반의 의사결정 및 위험관리를 하도록 지원 • 윈드워드의 SaaS 플랫폼 구독 고객에 BP, Shell 같은 석유 기업들과 HSBC 등의 글로벌 은행, 미국 및 유럽의 정부 기관들 포함
프리츠	• 첨단 물류 및 화물 운송 솔루션을 제공: 프리츠 컨트롤Fritz Control 플랫폼은 주문부터 배송까지 공급 프로세스를 간소화하도록 설계 • 이스라엘 사모 펀드 포르티시모 캐피털에서 지분 50% 보유

※ 스타트업 네이션 센트럴에 등록된 모빌리티 기업 수는 총 462개

자료: 각 기업 홈페이지

모빌리티 섹터 주요 M&A 및 IPO[300]

2018년 이래 모빌리티 부문에서 13건의 IPO와 47건의 M&A가 체결됐다. 모빌리티를 포함한 모든 첨단 기술 분야에 대한 펀딩은 2021년에 정점을 찍은 후 글로벌 추세와 나란히 2022년과 2023년에 감소했다. 2023년 상반기 동안 글로벌 펀딩 규모는 전년 대비 50퍼센트 감소했고, 이스라엘 스타트업의 펀딩 규모는 전년 대비 73퍼센트 감소했다.

2017년과 2022년의 대규모 M&A를 제외하면 이스라엘의 모빌리티 섹터의 투자 규모는 2012년부터 점진적으로 증가해 2021년 정점에 이르게 된다. 부문별로는 대부분의 신규 스타트업은 자율주행 섹터(센서 및 자동차 관련 기술)에서 설립됐다. 지난 10년 동안 이스라엘의 모빌리티 섹터는 300억 달러 이상의 펀딩을 했다 섹터별로는 자율주행 및 커넥티드 분야의 스타트업이 가장 많은 펀딩을 받았다. 다음 표에서 2020년 이후 주요 M&A 및 IPO 사례를 소개한다.

이스라엘 모빌리티 섹터 주요 M&A 및 IPO(2020~2013년)

회사명	인수 기업	M&A/IPO 연도	거래 규모
알고리온	GM	2023	–
오토톡스	퀄컴	2023	3억 5,000만 달러
컨티뉴얼Continual	레드콤RadCom	2023	–
모빌아이	나스닥 상장	2022	8억 6,100만 달러
카레시스CAARESYS	하만Harman	2022	–
고투 글로벌GoTo Global	텔아비브 증시 상장	2022	–
이노비즈Innoviz	나스닥 상장	2021	–
웨이케어Waycare	레코 시스템즈Rekor Systems	2021	6,100만 달러
시피아 비전Cipia Vision	텔아비브 증시 상장	2021	2,200만 달러
드라이브즈	길바코 비더루트	2021	2억 2,000만 달러
사이벨럼	LG	2021	1억 4,000만 달러
무빗	인텔	2020	9억 1,500만 달러
젠셀	텔아비브 증시 상장	2020	6,100만 달러

다국적 기업의 현지 진출[301]

　다국적 기업은 모빌리티를 포함해 이스라엘 경제의 모든 부문에서 중요한 역할을 하고 있다. 기존 자동차 제조 업체(OEM)와 공급업체(OES)도 이스라엘의 혁신을 주목하기 시작했다. 제너럴모터스가 2008년 이스라엘에 현지 R&D 자회사를 설립한 것은 이러한 추세의 시작이었다. 그 이후로 20개가 넘는 자동차 OEM 및 OES가 이스라엘에 현지 혁신 및 R&D 센터를 열었다. 여기에는 보쉬, 콘티넨탈, 다임러, 현대, 르노-닛산-미쓰비시, 토요타, 볼보 등도 포함돼 있다.

현재 글로벌 상위 10개 OEM 중 9개가 R&D 센터나 투자 자회사 형태로 이스라엘에 진출해 있거나 스타트업과 개념 증명(POC)을 위한 파트너십을 모색하고 있다. 상위 10개 OES 중 8개사도 진출해 있다. 글로벌 OEM들의 현지 자회사는 스타트업들과 OEM(또는 OES) 사이의 중개자 역할을 하며 다음의 기능을 수행한다.

① 잠재적 투자 및 인수 대상 물색

② R&D 활동을 위한 기술 인재 확보

③ 스타트업과 함께 POC를 개발하고 스타트업을 OEM 또는 OES 본사에 연결

④ OEM 또는 OES 요구사항의 충족을 위한 제품 및 솔루션의 공동 개발

2015년부터 엔비디아, 인텔, NEC, 화웨이Huawei, 포르쉐Porsche 등 다른 글로벌 다국적 기업들이 이스라엘에 R&D 또는 기술 센터를 설립했다. 이스라엘은 시장이 작고 현지 자동차 제조 업체도 없기 때문에 생태계는 글로벌 마켓을 지향하고 있다. 이스라엘에서 설립된 스타트업의 4분의 3은 유럽, 미국, 동남아시아를 목표 시장으로 보고 있다. 현지 사무소, 허브 또는 대표자를 통한 산업 부문 글로벌 기업들과 투자자의 현지 진출은 기업가들의 솔루션 구축을 지원하는 데 매우 중요한 역할을 한다.

정부 기관의 지원^{302·303}

정부 지원은 이스라엘 스타트업 생태계의 혁신에 기여하는 또 다른 요소다. 다른 기술 허브들과 마찬가지로 이스라엘은 스타트업의 성장을 장려하는 데 유리한 조건을 제시하며 여러 정부 기관이 지원 역할을 한다. 대표적인 참여 기관들은 다음과 같다.

① 총리실 산하의 스마트 모빌리티 이니셔티브Smart Mobility Initiative는 인프라 테스트 및 시범 개발, 학계와의 모빌리티 연구 협력, 이스라엘 운송 섹터 개선 프로젝트, 이스라엘 수출 연구소의 모빌리티 관련 활동의 펀딩 등과 관련돼 있다.

② 이스라엘-국제 기관들 간의 R&D 협력을 촉진시키는 이스라엘 혁신청(IIA)은 프리시드 펀딩 및 인큐베이터 업무부터 어느 정도 자리 잡은 스타트업 기업들과 산업 R&D 지원에 이르기까지 매년 수백 개의 프로젝트를 지원한다.

③ 공공 및 민간단체와 모빌리티 스타트업 커뮤니티의 비영리 합작 회사인 에코모션은 스타트업, 투자자, OEM 및 공급업체, 학계 간의 교류를 촉진해 지식 공유, 네트워킹 및 협업의 플랫폼을 만들고 있다. 이스라엘 스타트업 커뮤니티와 꾸준한 교류를 통해 스타트업에게 가장 시급한 주제를 다루기 위한 지원 프로그램(OEM 및 공급 업체를 위한 데모데이 개최, 글로벌 모빌리티 이벤트 개최 등)을 지속적으로 확대하고 있다.

한편, 이스라엘은 인력의 16퍼센트를 첨단 기술 분야에 배치하고 기술 솔루션을 개발하는 것을 목표로 하고 있다. 이러한 목표 달성을 위해 다음 세 가지 주요 이니셔티브가 실행되고 있다.

① 이스라엘 국가 드론 이니셔티브Israel National Drone Initiative: 이스라엘 혁신청, 교통부, 민간 항공청 및 스마트 교통국 간의 파트너십으로써 의약품, 백신, 테스트 장비, 의료 장비, 소매 시장 선적 등을 운송하기 위한 국가 항공 네트워크 구축을 목표로 하고 있다. 2023년 6월, 이스라엘은 최초의 항공 택시 시험 비행을 실시했다.

② CyITS(이스라엘 지능형 교통 시스템 사이버 센터): 이스라엘 교통부, 국립 사이버국 및 아이알론 하이웨이즈Ayalon Highways가 자금을 지원하는 스마트 모빌리티 사이버 보안을 위한 국가 연구 및 테스트 시설이다. 서비스 테스트, 검증 및 솔루션 인증을 제공하고 규제에 대해 조언하며 생태계에 대한 교육 및 R&D 지원을 제공한다.

③ PAS(자율주행 셔틀 파일럿): 자율주행 버스 상업화를 리드한다는 목표로 이스라엘 교통부, 혁신청 및 아이알론 하이웨이즈에 의해 설립됐다. 4개의 컨소시엄 파트너(스타트업 및 운영 업체)를 모아 정부 자금으로 자율버스 시험 운행을 하고 있다.

글로벌 모빌리티 산업에서 이스라엘의 위치[304]

2010~2023년에 모빌리티 투자는 미국(미화 3,270억 달러)에 집중됐으며, 중국(미화 2,300억 달러)과 영국(미화 600억 달러 이상)이 그 뒤를 이었다(399쪽 위 그래프 참조). 이스라엘은 1인당 GDP 대비 모빌리티 투자 측면에서 세계 1위이며 싱가포르와 스웨덴이 그 뒤를 따르고 있다. 또한 영국, 스웨덴, 싱가포르와 마찬가지로 상위 3대 거래가 투자의 50퍼센트 이상을 차지했다.

2022~2023년에는 모든 지역에서 투자가 코로나 이전 규모로 둔화됐다. 미주와 아시아에서는 2021년 말 최고치에 비해 60~70퍼센트 하락했고, 유럽(-40%)이 그 뒤를 이었다(399쪽 아래 그래프 참조).

국가별 모빌리티 섹터 투자 규모 순위
(1인당 GDP 대비 vs. 투자 규모)

상위 10개국		1인당 투자액 (단위: 천 달러)	2010년 이후 공시된 투자금 총액(단위: 십억 달러)	회사 수
1	이스라엘	3.9	37.2	93
2	싱가포르	3.1	16.8	28
3	스웨덴	2.1	21.9	53
4	미국	1.0	326.7	999
5	영국	1.0	64.2	226
6	네덜란드	0.9	15.4	79
7	캐나다	0.5	19.3	106
8	독일	0.3	24.0	255
9	중국	0.2	228.4	399
10	인도	0	16.3	219

자료: 맥킨지 앤 컴퍼니

지역별 12개월 평균 투자 규모

(단위: 백만 달러)

자료: 맥킨지 앤 컴퍼니

미래 모빌리티에 대한 글로벌 투자는 지난 10년 동안 증가했다. 특히 전자호출(1,570억 달러), 전기차(1,470억 달러), 배터리(890억 달러), 반도체(총 650억 달러 중 이스라엘이 약 10% 차지), 그리고 첨단 운전자 지원 시스템(ADAS) 부품(총 540억 달러 중 이스라엘이 약 40% 차지) 분야의 투자 규모가 크게 증가했다.

2020~2023년 들어서는 글로벌 경기 침체와 우크라이나 전쟁 등으로 인해 전반적으로 모빌리티에 대한 투자가 감소했으나, 일부 기술 분야는 예외적으로 증가했다. 전기차 투자는 2015~2019년 동안 연간 평균 82억 달러에서 최대 350퍼센트 증가해 2020~2023년 2분기에는 평균 288억 달러가 됐다. 배터리 투자는 연간 23억 달러에서 211억 달러로 약 900퍼센트 증가했다. 자율주행 부문은 전체적으로 연간 32억 달러에서 101억 달러로 300퍼센트 증가했는데, 이것은 ADAS 부품 투자실적의 감소를 포함한 양호한 실적이다.

2010년 이후 전체적으로 보면 대부분의 투자는 모빌리티 서비스(1,700억 달러), 전동화(1,600억 달러), 그리고 자율주행 및 커넥티드 카 부문(1,000억 달러)에 할당됐다. 참여 기업들의 밀도가 가장 높은 분야는 모빌리티 서비스(1,100개 기업)와 전동화(900개 기업) 분야다. 한편 스타트업당 평균 펀딩 규모 측면에서는 전동화(1억 8,000만 달러), 모빌리티 서비스(1억 6,000만 달러), 자율주행 및 커넥티드 카(1억 5,000만 달러) 분야에서 가장 높은 펀딩 규모를 보였다(401쪽 위 그래프 참조).

주요 국가별로 섹터 펀딩 실적을 보면 이스라엘과 미국이 자율주행 및 커넥티드 카 분야에서 가장 높은 비중을 차지하고(각각 56%와 48%), 독일과 영국은 모빌리티 서비스에서(각각 70%와 56%), 중국은 전동화 분야에서(51%) 가장 높은 비중을 차지했다(401쪽 아래 그래프 참조).

2010~2023년 글로벌 모빌리티 섹터 펀딩 규모

(단위: 10억 달러)

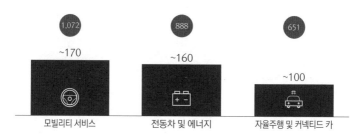

● 지원받은 스타트업 수

1,072	888	651
~170	~160	~100
모빌리티 서비스	전동차 및 에너지	자율주행 및 커넥티드 카

자료: 맥킨지 앤 컴퍼니

2010~2023년 국가별 모빌리티 섹터별 펀딩 규모

(단위: %)

■ 자율주행 및 커넥티드 카　■ 모빌리티 서비스　■ 전동화 및 에너지　■ 항공 및 해상　■ 공급망 및 물류

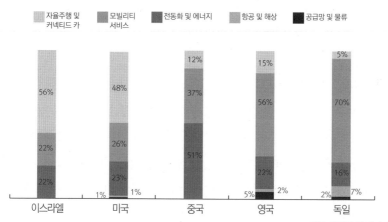

자료: 맥킨지 앤 컴퍼니

모빌리티 산업 전망

글로벌 추세를 보면 교통 부문만 전체 온실가스 배출량의 약 20퍼센트를 차지하며, 그중 75퍼센트는 도로 차량의 배기가스 배출에서 발생한다. 기후 변화는 모빌리티 시장에 목표이자 과제로 영향을 미치게 된다. 기업과 투자자는 환경 친화적일 뿐만 아니라 탄소중립 전환을 가능하게 하고 지원하는 솔루션을 개발해야 할 필요성을 점점 더 강하게 인식하고 있다.

소비자도 역시 변하고 있다. 맥킨지의 설문 조사에 의하면 응답자의 절반이 향후 10년 내에 환경 보호를 위해 여행을 덜 할 것이라고 예상했다. 당분간 자가용의 사용이 여전히 가장 보편적인 교통수단으로 남아 있겠지만 전반적으로 상당히 감소할 것으로 예상되며, 여행자의 40퍼센트 이상이 자가용 대신 다른 교통수단으로 대체할 것을 예상하고 있다.[305]

EU와 미국의 새로운 규제 목표는 2030년까지 전기차 점유율을 최소 50퍼센트로 늘리는 것을 목표로 하고 있으며, 몇몇 국가에서는 내연기관 판매 금지에 대한 가속화된 일정을 발표했다. 소비자들은 또한 지속 가능한 모빌리티를 향해 나아가고 있으며, 45퍼센트 이상이 전기차 구매를 고려하고 있다. 2035년까지 가장 큰 자동차 시장인 EU, 미국 및 중국 시장은 100퍼센트 전기차로 구성되며 첨단 운전자 지원과 자율주행 시스템에서 3,000억~4,000억 달러의 수익을 창출할 수 있을 것으로 예상된다.[306]

공유 모빌리티와 마이크로 모빌리티 같은, 다른 솔루션의 성장도 가파를 것이다. 2030년까지 글로벌 마이크로 모빌리티 시장은 두 배 이상 커져 약 900억 달러에 달할 수 있고, 공유 모빌리티에 대한 지출은 5,000억 달러에서 1조 달러에 이를 수 있다.[307] 글로벌 모빌리티 허브로서의 이스라엘은 미래의 모빌리티 업계가 직면한 시급한 과제들에 대한 솔루션을 제공할 수 있는 역량을 입증해 왔다. 따라서 향후 유망한 글로벌 모빌리티 산업 전망을 감안할 때 이스라엘 모빌리티 기술이 지속적으로 중요한 역할을 할 것으로 기대할 수 있다.

모빌아이

■ 개요 [308·309]

모빌아이는 인텔 산하의 자율주행 자동차 개발 기업이다. 예루살렘 히브리대학교에서 컴퓨터 비전을 연구하던 얌논 샤슈아 교수의 주도로 1999년에 설립됐다. 세계 최초로 ADAS를 개발한 기업으로서 현재 업계 1위이며, 더 나아가 장기적으로는 자율주행 시스템 개발에도 박차를 가하고 있다. 주요 고객으로는 BMW, 포르쉐, 폭스바겐, 닛산 등이 있으며 현재 자율주행차 업계 선두 주자인 테슬라도 오토파일럿을 상용화하기

전인 2015년부터 2016년까지 모빌아이의 주요 고객이었다.

웨이모Waymo, GM 등 대부분의 자율주행 개발 업체들이 고정밀 지도 방식을 쓰는 반면, 모빌아이는 업계 최초로 카메라 센서 데이터 기반의 딥러닝을 활용하는 컴퓨터 비전 방식을 택했다. 또한 아이큐라는 칩을 자체적으로 개발해 자율주행 모델 학습에 매진하고 있다.

2014년에는 뉴욕증권거래소에 기업공개(IPO)를 완료했으나, 2017년 인텔이 153억 달러에 인수해 인텔의 전액 출자 자회사가 됐다. 하지만 2022년 인텔이 지분 5~6퍼센트를 매각하면서 나스닥에 다시 상장하게 된다. 2022 회계연도 기준 모빌아이의 매출액은 18억 7,000만 달러, 총자산 규모는 154억 4,000만 달러, 그리고 종업원 수는 약 3,500명 정도다. 예루살렘에 본사를 두고 있으며 미드타운Midtown과 맨해튼 Manhattan(미국), 상하이Shanghai(중국), 도쿄Tokyo(일본), 그리고 뒤셀도르프Düsseldorf(독일) 등의 도시에 판매 및 마케팅 거점을 두고 있다.

■ 창업 과정 310·311·312

① 창업 배경

1999년 어느 날 샤슈아 박사가 일본의 자동차 제조 업체에서 시각 컴퓨팅에 대한 강의를 하고 있었는데 "왜 자동차의 전방 주시를 돕기 위해 두 대의 카메라가 필요한가?"라는 질문을 받았다. 잠시 생각에 잠긴 샤슈아 박사는 운전자가 한쪽 눈으로도 운전할 수 있다면 자동차도 하나의 카메라로 패턴 인식을 못 할 이유가 없다고 생각하게 됐다. 이스라엘로 돌아온 후 이것을 실현하기 위해 모빌아이를 창업했다.

하지만 첫 번째 창업에서 쓰린 실패를 맛본 샤슈아 박사는 자신이 연구 및 개발에 집중할 때 대신 자본을 조달하고 회사를 경영해 줄 동업자를 찾았다. 이를 위해 샤슈아 박사는 이스라엘의 사업가 지브 아비람과 손잡았다. 아비람은 육군 영관급 장교 출신이며 모빌아이를 설립하기 전에 이스라엘 내 최대 서점 체인, 최대 신발 소매 업체, 그리고 워터파크 등에서 최고경영자를 역임한 바 있었다. 아비람이 사업 측면을 관리하는 반면 샤슈아는 회사의 모든 기술적인 일을 처리했다. 하지만 전략적으로 그들은 모든 결정을 함께 내렸다.

② 사업 포커스

샤슈아 박사는 카메라 센서만이 시각 세계의 복잡성과 풍부함을 포착할 수 있다고 판단했다. 그는 카메라가 운전자 지원 시스템의 모든 기능을 커버할 수 있는 잠재력을 가지고 있다고 확신하고 창업 초기부터 카메라를 운전자 지원 시스템의 주요 감지 기술로 자리매김하기 위해 노력했다. 그 결과 모빌아이의 단안 카메라는 경쟁 기술(레이더, 라이다 등)뿐 아니라 멀티 카메라 시스템에 비해 자동차 제조 업체의 비용을 획기적으로 낮췄다. 창업 초기에 샤슈아 박사와 아비람은 두 가지 중요한 전략적 결정을 내리게 된다.

첫 번째 결정은 모든 앱을 한 단위로 개발하는 것이었다. 초기 창업팀은 충돌 경고 시스템 소프트웨어만 개발하고 있었지만 고객의 요청을 접하고는 한 번에 하나의 앱만 사용하는 기존 경로에서 탈피해 완전한 애플리케이션 제품군을 갖추는 것이 자동차 산업의 핵심이라는 것을 깨달았다. 이를 달성하기 위해서는 차선 인식, 차량 인식, 보행자 인식 및 기타 기능을 하나의 유닛에 포함시키는 완전한 애플리케이션 제품군으로 묶어야 했다.

두 번째 결정은 자체 SoC(시스템 온 칩) 개발이다. 창업팀의 초기 전략은 소프트웨어 개발에 집중하고 기존 하드웨어를 사용하는 것이었다. 하지만 칩을 납품받기로 한 마이크로프로세서 업체로부터 두 번씩이나 기한을 어기는 사고를 접한 후 칩 설계에 전문성이 전혀 없음에도 불구하고 자체 SoC를 개발해야 한다는 것을 깨닫게 된다. 그렇지만 그 결정으로 300만~500만 달러의 추가 투자와 3년 이상의 지연이 불가피했고, 고객사(OEM)로부터 소프트웨어 사업만 고수하라는 요청까지 받았다. 하지만 샤슈아 박사와 아비람은 하드웨어와 소프트웨어를 통합하는 것이 비전 시스템의 전력과 성능을 최적화할 수 있도록 할 것이라고 확신했다.

③ 전략적 파이낸싱 접근

모빌아이는 비교적 집중적인 제품군을 가지고 있었다. 맞춤형 반도체 칩(아이큐), 소프트웨어 응용 프로그램 묶음, 그리고 애프터마켓에서 판매되는 간단한 카메라와 경고 디스플레이를 개발했다. 회사가 이러한 제품을 수익성 있게 만드는 데 14년이 걸렸기 때문에 아비람은 파이낸싱 접근에서도 전통적인 방식을 버리고 파격적인 방식을 택했다. 처음부터 그는 VC로부터의 펀딩을 원하지 않았다. 대신 중개인을 통해 각각 5,000달러를 투자할 100명의 엔젤 투자자를 찾아 달라고 요청했고, 마침내 14명의 엔젤 투자자로부터 100만 달러를 모았다. 그의 계획은 거의 매년 엔젤 투자자들로부터 소규모 라운드 펀딩을 하는 것이었다. 주요 자동차 제조 업체들이 모빌아이의 기술을 테스트하기 시작하면서 2002년에 3,000만 달러를 모았고 2006년까지 운송용 트럭에 운전자에게 임박한 충돌 또는 의도하지 않은 차선 이탈을 경고하는 시스템을 설치하기 시작했다. 2007년에 BMW, GM, 그리고 볼보에서 출시하는 자동차에 사상 처음으로 모빌아이 기술을 자동차 안전 패키지에 포함시키게 된다.

④ 나스닥 상장까지의 과정

아비람은 제도적 자금을 확보하고자 골드만삭스Goldman Sachs를 통해 5억 달러의 가치 평가를 기반으로 첫 번째 제도권 펀딩 라운드를 하게 된다. 성장 궤도에 오르자 2007년부터 2012년 중반까지 수백만 개의 아이큐 칩을 출하했으며, 2013년 한 해에만 130만 개의 칩을 공급했다. 순조로운 추가 성장 자금의 확보를 통해 2014~2016년까지 20개 자동차 회사의 237개 자동차 모델에 자사의 기술을 적용하기로 합의했고, 또 다른 40개의 발표되지 않은 모델에도 적용하기로 합의하게 된다.

2014년 모빌아이는 뉴욕 증시에 상장하면서 8억 9,000만 달러의 자금을 조달받았다. 이는 미국 내에서 상장한 이스라엘 업체 중에서는 가장 큰 규모다. 2017년 3월에는 153억 달러에 인텔이 모빌아이를 인수했다. 이로 인해 CPU 업계 거물이자 파운드리 사업에 재진출한 인텔과 큰 시너지를 기대해 볼 수 있게 됐다. 인텔의 완전 자회사였던 모빌아이는 2022년 10월 나스닥으로 다시 상장했고, 상장 이후에도 인텔은 모빌아이의 지분 94.2퍼센트를 보유하고 있다.

■ 주요 기술[313]

모빌아이는 1999년 창립 이래 REM 크라우드소싱 매핑, 트루 리던던시True Redundancy 감지, RSS(Responsibility Sensitive Safety)와 같은 획기적인 기술을 개척해 왔다. 이러한 기술은 ADAS 및 AV 분야를 모빌리티의 미래로 이끌고 있다. 즉, 자율주행 차량 및 모빌리티 솔루션을 구현하고 업계 최고의 고급 운전자 지원 시스템을 지원하며 모빌리티 인프라를 최적화하기 위한 차별화된 인텔리전스를 제공한다.

① 아이큐(자동차 애플리케이션을 위한 시스템 온 칩)

모빌아이의 아이큐 시스템 온 칩은 시장에서 리더십을 가지고 있다. 50개 이상의 차량 제조 업체가 최첨단 비전 작업을 지원하고 동시에 최적의 전력-성능-비용 목표를 달성할 수 있는 아이큐를 선택하고 있다.

경쟁사와의 ADAS 칩 성능 비교

	테슬라 FSD	모빌아이 아이큐5
적용 모델	테슬라 전차종	테슬라를 제외한 대부분의 글로벌 완성차
TOPS*	72	12
소비 전력	50W	5W
에너지 효율(TOPS/W)	1.44	2.4
자율주행 단계	L2~L3	L2
인지 장치	8개 초음파 센서	최대 10개 초음파 센서
	1개 레이더	1개 레이더/1개 라이다
	8개 카메라	1개 카메라
양산 시기	2019년	2020년

* 초당 작업 수

자료: 삼성증권 리서치

② 아이큐 포트폴리오(토탈 모빌리티 솔루션 추구)

신뢰할 수 있는 모빌리티 솔루션을 제공하기 위해 특별히 제작된 아이큐는 운전자 지원 및 자율주행 시장의 요구 사항을 모두 충족할 수 있는 유일한 확장 가능한 자동차용 SoC다. 하나의 SoC 제품군으로 전면 카메라 운전자 지원 시스템부터 완전 자율주행 시스템을 위한 해상도 카메라, 레이더, 라이다. 그리고 수십 개의 고성능 센서 처리에 이르기까지 모든 범위의 모빌리티 솔루션을 지원할 수 있다.

③ 센서 리던던시Sensor Redundancy(센서의 중복성 추구)

모빌아이에서는 환경의 모든 요소를 감지하고 각 채널을 전체 모델로 감지해 카메라와 레이더-라이다라는 두 채널의 작업을 수행한다. 생산 준비가 완료된 AV에 결합되면 카메라 하위 시스템은 AV의 중추적 역할을 하며, 여기에 레이더-라이다 하위 시스템이 추가돼 안전성과 평균 무장애 간격(MTBF)에서 월등한 성적을 보여 준다. 센서의 중복성은 센서들이 서로를 위한 백업 역할을 하도록 보장하기 위한 것이다. 실제 센서들은 중복이 아닌 보완적인 기능을 한다. 즉 카메라와 레이더 또는 라이다 LiDAR가 각각 환경의 특정 요소를 감지한 다음 결합돼 단일 세계 모델을 구축하는 센서가 된다.

④ 로드 익스프리언스 매니지먼트Road Experience Management(전 세계 모든 지역에 자율주행차 구현 추구)

세계 어디에서나 자율주행을 가능하게 하려면 먼저 세계 곳곳을 지도화해야 한다. 모빌아이는 클라우드소싱을 통해 AV에 도로와 주변의 의미 있는 요소들을 정확하게 디지털화해 지속적으로 세계 지도를 업데이트하고, 자율주행을 위한 지도를 만들고 있다. 각 차량에서 수집되는 REM 데이터들은 클라우드로 전송돼 광범위하고 글로벌한 '모빌아이 로드북Mobileye Roadbook'으로 통합되며, 이에 따라 새로운 위치에서의 자율주행을 거의 즉각적으로 지원받을 수 있게 되는 것이다. REM 지도에는 다른 데이터 소스가 없고, 모빌아이 로드북은 타사 지도와는 별도로 제작돼 여기에 표시된 프로세스에만 의존한다. 기존의 정적인 지도와 달리 모빌아이 로드북은 자율주행 차량의 의사결정 프로세스에 더 나은 정보를 제공하기 위해 운전자가 특정 도로에서 어떻게 운전하는지에 관한 동적인 기록을 축적한다.

모빌아이 글로벌 특허 분야별 건수

특허 분야	특허 건수
Host Vehicle	318
Image Capture Device	161
Autonomous Vehicle	149
Processing Device	149
Image Representative	137
Road Segment	115
Target Vehicle	108
Image Frame	98
Autonomous Vehicle Navigation	89
Second Image	57

※ 모빌아이의 총 특허 건수는 약 2,000건이며, 각 특허별로 해당 분야가 중복됨

자료: Discovery Patsnap

■ 모빌아이 현황 및 전망

2023년 3분기 말 기준으로 모빌아이의 솔루션은 약 800개 차량 모델에 설치됐으며 SoC는 전 세계 1억 6,000만 대 이상 차량에 장착돼 있다. 모빌아이는 ADAS 솔루션 구현을 위해 전 세계 50개 이상의 자동차 제조 업체(OEM)들과 적극적으로 협력하고 있다.

모빌아이의 2022년 매출액은 전년 대비 35퍼센트 증가해 18억 7,000만

달러로 보고됐다. 이어서 2023년 3분기까지 9개월 동안 약 2,590만 대의 시스템을 출하(전년 동기 대비 약 200만 대 증가)했으며 그중 상당 부분이 아이큐 SoCEyeQ SoC다.[314·315]

모빌아이 REM의 차별화

	업계 공통 접근 방식: 고정밀(HD) 지도	모빌아이의 접근 방식: 자율주행(AV) 지도
확장성	확장 불가능: 고가의 센서(LIDAR, 카메라)를 갖춘 전용 매핑 차량에 의존	확장 가능: 수백만 대의 ADAS 차량이 작은 데이터 패킷으로 클라우드에 데이터 전송
지도 형성 프로세스	수동/반자동	완전 자동화된 지도 생성
업데이트	자주 업데이트되지 않음	실시간 지도 업데이트
지도 표시 정확도	전역에 걸쳐 좌표가 과도하게 지정	중요한 곳에 뛰어난 로컬 지도 정확도
사용 데이터	운전 패턴에 대한 구체적인 내용이나 통찰력이 없는 도로 데이터에만 의존	군중의 지혜를 활용해 운전 문화 및 교통 규칙의 풍부한 의미 생성

자료: 모빌아이 홈페이지

앞으로는 차세대 아이큐 SoC와 모빌아이 슈퍼비전Mobileye SuperVision 솔루션, 그리고 이미징 레이더 및 트루 리던던시 아키텍처의 제품화 등을 통해 자율주행 차량 본격화 시대를 여는 데 크게 기여할 것으로 예상된다. 글로벌 컨설팅 업체인 모르도르 인텔리전스Mordor Intelligence에 의하면 2022~2027년 동안 자율주행차 시장이 매년 연간 약 23퍼센트 성장할 것으로 예상되는 바, 모빌아이의 2027년 매출액은 2021년 대비 거의 3배가 될 전망이다.[316·317]

스토어닷

스토어닷은 전기차 채택이 본격화되는 데 있어서 결정적 장애 요소인 주행 거리와 충전 불안을 극복하게 해 주는 초고속 충전(XFC) 배터리의 선구자이자 리더다. 2015년 설립된 스토어닷이 추구하는 바는 사명에 내포돼 있다. 나노 입자, 즉 매우 작은 점dot 같은 분자에 에너지를 저장한다는 뜻이다. 초고속 충전 배터리 분야에서 인공지능 알고리즘으로 최적화된 독자적인 유기·무기 화합물을 설계하고 합성해 5분 안에 전기차 충전이 가능하도록 하면서 글로벌 자동차 업계가 스토어닷의 향후 행보를 주목하고 있다.

스토어닷의 배터리 기술은 '100inX' 제품 로드맵을 통해 최고의 운전자 경험을 위해 설계됐으며 'Range On Demand'를 제공한다. 스토어닷은 2022년에 전기차 배터리 셀의 실시간 초고속 충전을 성공적으로 시연한 바 있다. 2024년에는 100in5(100마일 주행 거리를 5분 이내 충전) 셀의 대량 생산을 계획하고 있다. 2028년까지 3분 만에 100마일 주행 거리 충전 및 극한의 에너지 밀도 솔루션을 제공하고, 2032년까지 2분 안에 100마일 주행 거리 충전을 목표로 하고 있다.

일반적으로 연구자가 직접 데이터 수집을 하는 R&D 프로세스의 경우 수개월에서 수년이 걸리는 것에 비해 스토어닷은 AI 지원에 의한 배터리 최적화로 연구개발 처리 속도가 매우 빠르다. 스토어닷의 엔지니어는 카플란-마이어Kaplan-Meier AI 알고리즘과 기타 고급 분석 도구를 사용해 각 셀의 생존 가능성을 계산하고 배터리 수명을 개선하기 위한 전략을 정확히 찾아낼 수 있다.

스토어닷의 전략적 투자자 및 파트너로는 다임러, BP, 빈패스트VinFast, 볼보, 폴스타Polestar, 올라 일렉트릭Ola Electric, 삼성, TDK 및 제조 파트너인 EVE 에너지EVE Energy가 있다. 현재 스토어닷에는 박사급 연구원 35명 포함 120여 명의 고급 인력이 배터리 초고속 충전 분야에서 기술 리더십을 책임지고 있다.

■ 창업 과정[320·321]

창업자인 마이어스도르프Myersdorf 박사는 2012년 그간의 경력을 바탕으로 반도체용 나노 소재를 연구를 목적으로 하는 회사를 설립했다. 그러다 휴대폰 배터리가 충전 시간이 많이 걸려 불편하다는 점에 주목하고 이 문제 해결을 위해 사업 방향을 틀었다. 사업 초기에는 스마트폰, 드론, 스쿠터, 보조 배터리 등의 제품에 중점을 두고 시장에 진출했고 점차 혁신적인 제품으로 인정받게 됐다.

그 후 차량 배터리 한 개 팩의 에너지 용량이 약 70~80kWh로 스마트폰 5,000대를 합친 것과 동일하다는 점에서 마이어스도르프 박사는 부상하고 있는 전기차 시장에 집중해 기술 개발이 성공하면 상당한 파급 효과가 있을 것으로 생각했다. 가전제품에서는 급속 충전이 점점 더 바람직해지고 있지만 전동 공구 및 보조 배터리를 포함한 각 장치 카테고리에는 고도로 맞춤화된 기술이 필요하다. 하지만 전기차의 경우 여러 제조업체가 채택할 수 있는 보다 표준화된 접근 방식이 가능해 기술 상용화 투자에 수익률이 훨씬 높을 수 있다는 판단이 섰다.

마이어스도르프 박사의 모토는 순수한 믿음으로 접근하고 지구 최고

정신의 힘을 적용하면 모든 것이 가능하다는 것이었다. 당시 불가능하다고 여겨졌던 고속 충전 기능을 리튬 이온 배터리에 장착하는 데 초점을 맞추고 적절한 과학자 팀을 구성했다. 그는 이러한 성능의 한계를 깨는 유일한 방법은 다양한 과학 분야의 혁신을 교차시키는 것임을 알고 있었다. 나노 크기 구조의 에너지 저장을 위해 유기 분자를 사용할 수 있는 가능성을 입증한 알츠하이머 연구를 바탕으로, 그들은 혁신적인 새로운 화합물을 합성하기 시작했다. 나노 도트라고 불리는 새로운 나노 구조로 기존 배터리 화학을 근본적으로 바꾸어 놓았다. 바로 오늘날까지도 회사 이름에 dot(점)가 들어가 있는 이유이기도 하다. 그 후 1년 이내에 스토어닷은 유기 및 무기 화합물의 뛰어난 품질을 입증했으며, 디스럽트 100Disrupt100에 의해 세계에서 가장 혁신적인 회사로 선정됐다.

아직 배터리를 본격 양산하기 전임에도 불구하고 스토어닷의 기업가치는 15억 달러(약 2조 원) 정도로 평가받고 있다. 지금까지 누적 투자액도 2억 달러(약 2,600억 원)에 달한다. 무엇보다 스토어닷에 투자한 회사의 면면을 보면, 이 회사에 대한 기대감이 전 세계적이라는 것을 알 수 있다. 흥미로운 사실은 스토어닷의 연구진이 2013년 유튜브에 30초 만에 충전되는 스마트폰 배터리 영상을 올린 것을 보고, 삼성 계열사 임직원 약 10여 명이 스토어닷을 방문했고 곧이어 삼성이 첫 번째 투자가 대열에 속하게 됐다. 이후에는 자동차 계열 회사가 관심을 보였다. 다임러, 벤츠, 볼보, 폴스타, 올라, 빈패스트가 앞다퉈 투자했다. 더불어 종전 에너지 회사도 신사업 추진 차원에서 스토어닷에 주목했다. 세계적인 석유화학 회사인 BP(British Petroleum)는 차세대 주유소 사업을 염두에 두고 스토어닷에 투자했다고 밝힌 바 있다.

■ 주요 기술: 초고속 충전Extreme Fast Charging 배터리 기술[322·323·324·325]

전기차는 주행 거리, 배터리 비용, 무게, 몇 시간이 걸릴 수 있는 재충전 시간 등 배터리와 관련된 중요한 문제에 직면해 있다. 스토어닷은 기존 리튬 이온 배터리와 그 기본 화학을 혁신해 이러한 문제를 해결했다. 다음은 스토어닷의 기술이 기존 리튬이온 배터리와 차별화되는 몇 가지 요소들이다.

① 전지 음극의 흑연을 나노 크기의 실리콘 입자로 교체: 배터리에 들어가는 음극재 소재는 종전까지 주로 흑연이 많이 쓰였다. 스토어닷은 반도체를 연구하면서 알게 된 나노 기술을 적용한 실리콘 소재를 흑연 대신 활용했다. 이 소재는 충전을 빠르게 해 주는 동시에 내구성을 높일 수 있게 한다. 특히 배터리 취약점 중 하나인 덴드라이트Dendrite 현상(전지 음극에 리튬이 나뭇가지처럼 자라 전지 성능이 떨어지고 폭발하기도 하는 상황)을 획기적으로 개선할 수 있다. 고속 충전은 전류가 많이 흐르게 돼 배터리가 과열되고 부풀어 오르는 문제를 야기한다. 따라서 스토어닷이 개발한 유기 첨가제와 특수 매트릭스를 사용하면 실리콘을 제자리에 고정시킬 수 있어 셀의 급속한 팽창을 제어할 수 있다.

② 독자적으로 합성한 유기 및 무기 화합물을 양극과 전해질에 통합: 스토어닷의 배터리 셀은 실리콘 40퍼센트 함유의 음극, Ni-rich(니켈이 풍부한) 계열의 층상 산화물의 양극, 다공성 세라믹 코팅 분리막, 그리고 SEI(Solid Electrolyte Interphase) 층 등으로 구성돼 있다. 이러한 배터리 화학 구성은 충전 및 방전 중에 실리콘의 특성인 팽창을 제어해 충전으로 인한 성능 저하를 줄여 준다.

③ 전지의 재설계: 빠른 충전은 사용하는 실리콘의 저항이 낮음에 불

구하고 더 높은 전류와 더 많은 열의 발생을 가져온다. 이 문제를 해결하기 위해 차량을 가속하기 위해 개발된 냉각 시스템을 채택했다. 급속 충전 과정에서 효과적인 냉각을 보장하려면 충전 중 냉각 프로세스를 수정하고 배터리 팩 설계를 강화하는 것이 필수다.

④ 실리콘 음극재 코팅 기술: 스토어닷이 독자적으로 개발한 유기화합물로 코팅하면 덴드라이트 현상을 막을 수 있다. 실리콘 계열 음극재 개발 기업은 많지만 나노 기술과 유기체 보호막 기술까지 보유한 회사는 스토어닷이 유일하다. 이 분야와 관련된 특허만도 57개나 등록됐고 45개가 출원됐다.

⑤ 이 모든 과정은 인공 지능 레이어layer에 의해 최적화된다. 스토어닷의 솔루션은 사용 가능한 표준 생산 라인에서 대량 생산되므로 특별한 공정이나 장비가 필요하지 않다.

스토어닷 특허 분야별 건수

특허 분야	특허 건수
Lithium Ion Battery	54
Anode Active Material	21
Lithium Ion	16
Lithium Ion Cell	15
Improved Anode	15
Dendrite Growth	15
Lithium Ion Accumulation	15
Buffering Zone	14
Anode Electrolyte Interface	14
Consequent Metallization	14

※ 스토어닷의 총 특허 건수는 179건이며, 각 특허별로 해당 분야가 중복됨

자료: Discovery Patsnap

스토어닷 제품 경쟁력

	스토어닷	시장 평균	업계 최상 제품
100inX: 100마일(160킬로) 주행 거리에 필요한 충전 시간	5분	19분	12분
배터리 팩 완전 충전 시 주행 거리	291마일(465킬로)		

자료: 스토어닷 홈페이지

■ 향후 전망

① 향후 100inX 목표[326]

주행 거리 100마일(160킬로)의 전기차를 단 5분 만에 충전할 수 있는 100in5 배터리 셀을 시작으로 포괄적인 제품 로드맵을 개발했다. 이러한 '100inX' 제품 로드맵을 통해 스토어닷의 배터리 기술은 최상의 운전자 경험을 위해 최적화되고 중요한 'Range on Demand'를 제공한다. 100마일 주행 거리에 5분 충전(2024년), 2028년까지 100마일을 3분 안에 충전하는 극한의 에너지 밀도(XED) 솔루션, 그리고 2032년까지 2분 안에 충전하는 것이 최종 목표다.

② 상용화 전망[327]

현재 폼팩터form factor를 반영하는 A 샘플에서 고객사(글로벌 자동차 제조 업체) 차량 폼팩터와 동일한 B 샘플로의 전환 과정에 있다. 2023년 초 미국, 유럽, 아시아 지역의 12개 이상 OEM들과 스토어닷의 실리콘 기반 A 샘플에 대한 6개월간의 평가를 완료한 바 있다. 1,000회 연속 고속 충전 사이클을 테스트한 결과 고속 충전 속도에서도 300Wh/kg 이상의 에너지 밀도를 유지한 것으로 나타났다. B 샘플로 전환 후 생산 준비 완료 설계를 나타내는 C 샘플로 진행해야 한다. 일부 OEM이 스토어닷의 B 샘플과 OEM의 고유한 폼팩터 요구 사항과 통합하는 단계로 전환됐다. 각 단계는 대략 12개월에 걸쳐 이루어진다는 점을 감안할 때 본격적으로 대량 생산이 이루어지는 시점은 2025~2026년 정도가 될 것으로 예상된다.

③ 나스닥 상장 추진 계획[328]

스토어닷은 야심찬 확장 계획과 획기적인 배터리 혁신을 통해 초고속 충전 및 고에너지 밀도의 배터리가 새로운 표준이 되는 세상으로 돌진하고 있다. 스토어닷의 혁신에 대한 글로벌 OEM의 반응도 뜨겁다. 따라서 글로벌 OEM 차량이 제조되는 위치에 스토어닷의 오퍼레이션도 함께 확장돼야 한다. 이러한 전략을 뒷받침하는 E 라운드의 펀딩이 필요하다. 이번 라운드 펀딩의 목표는 기존 전략적 투자자를 보완하기 위해 추가로 재무적 투자자를 유치하는 것이다. 스토어닷의 계획에 의하면 라운드 E 펀딩은 2~3년에 걸쳐 진행될 예정이며, 이것은 궁극적으로는 IPO를 준비하기 위한 과정이다.

에브리사이트

■ 개요

에브리사이트Everysight는 나스닥에 상장된 글로벌 방위 업체 엘빗 시스템즈로부터 분사돼 2014년 설립된 이스라엘 기반의 스마트 글래스 제조회사다. 증강 현실을 기반으로 사람들이 정보를 보고 경험하는 방식에 혁명을 일으키는 새로운 개념의 소비자 글래스 회사로 랩터Raptor 스마트 글래스를 주축으로 컨트롤러Controller, Rx 어댑터Rx Adaptor, 틴트 바이저Tint Visor 등이 주요 제품이다.[329] 특히 랩터는 사이클링 매니아를 위한 디지털 기능이 강화된 글래스로서 웨어러블 기술 분야에 수십 년간의 최첨단 경험을 제공한다. 랩터에는 세련된 디자인에 독특하고 눈에 거슬리지 않는 디스플레이 기술과 강력한 기능이 담겨 있는데, 바로 에브리사이트 빔Everysight Beam 기술 때문이다. 수십 년 동안 조종사가 사용했던 기술과 유사한 에브리사이트 빔은 착용자의 시야에 직접 정보를 선명하게 오버레이하는 독특한 투명 디스플레이 기술이다.[330]

2021년 BMW 측에서 에브리사이트에 모터사이클용 AR 글래스 개발을 위한 협업을 제안했고, 양사의 파트너십으로 2023년 7월 커넥티드 라이드 스마트 글래스를 성공적으로 출시했다. 이에 따라 AR 글래스가 진정한 대중화의 길로 접어들게 됐고, 이러한 배경에는 에브리사이트가 그동안 축적한 기술이 기여한 바가 크다.[331] 현재 주요 시장은 미국과 유럽 시장이다.

■ 창업 과정[332]

에브리사이트의 초기 버전인 프로젝션 시스템projection system은 엘빗 시스템즈 시절인 2004년에 개발됐다. 이 버전은 사용자 눈앞에 위치한 패널 창 장치 내에 통합된 단계별 빔 결합기staged beam combiner를 사용하는 소형 마이크로 HUD(head-up display)였다. 이를 통해 사용자는 결합기에서 투사되는 실시간 정보를 확인하면서 주변을 볼 수 있으며, 사용자 앞에 떠 있는 증강현실 그래픽 레이어graphic layer로 인식할 수 있다.

이어서 2006~2007년에 걸쳐 투사된 빛이 사용자의 눈으로 돌아가는 방식으로 안경 렌즈 자체가 빔 결합기로 사용되는 2세대 스마트 글래스를 개발했다. 이에 따라 렌즈 자체 외에 눈앞에 추가적인 요소가 없어 시야 방해를 방지하고 눈의 안정성을 높일 수 있었다. 또한 이 렌즈는 광학 왜곡 보정 기능이 내장된 구형 구조spherical structure를 특징으로 하며 광학 솔루션은 미니 OLED 디스플레이의 사용과 상당히 낮은 전력 소비의 효율성을 가졌다.

창업팀은 2008~2010년 동안 그래픽 프로세서, 시선 시스템line of sight system, 카메라, 오디오 시스템 및 메모리 저장 장치를 갖춘 통합 마이크로컴퓨터가 포함된 3세대 스마트 글래스를 개발했다. 이어서 2010~2012년 동안 렌즈 자체의 투사 원리를 기반으로 해 크기와 무게 측면에서 프레임을 크게 줄인 광학 솔루션을 사용하는 4세대 스마트 글래스를 개발하게 된다. 이 안경에는 플라스틱 소재와 호환되고 사출 성형이 가능한 비구면aspheric 렌즈가 포함돼 있다. 이 새로운 광학 솔루션은 높은 광학 효율로 성능이 입증돼 햇빛이 가득한 야외에서 정보를 사용하고 볼 수 있도록 OLED 디스플레이를 통합할 수 있다.

2014년 창업과 더불어 출시된 랩터 스마트 글래스(5세대)는 야외 운동선수(로드 사이클리스트 및 산악자전거 라이더)를 위해 제작됐다. 랩터 스마트 글래스를 사용하면 렌즈에서 직접 투영되는 실시간 그래픽 정보를 볼 수 있으며, 이는 현실 장면 위에 겹쳐진 증강 현실 레이어로 나타난다. 이 정보에는 생리학적 데이터, 지도 탐색, 훈련 옵션, 위치 및 미디어 공유 등이 포함돼 있다. 5세대 스마트 글래스에는 훨씬 더 작은 안드로이드

OS 기반 컴퓨터와 카메라, 메모리 저장 장치, 오디오 시스템, 음성 명령, 무선 인터페이스(Wi-Fi, Bluetooth, ANT+), 터치패드, 그리고 배터리가 통합돼 있다.

■ 주요 기술[333]

① 에브리사이트 빔 디스플레이 시스템

독자적인 소형의 자유 공간 비축 광학 시스템free-space off-axis optical system으로써 모든 조명 조건에서 강한 콘트라스트의 넓은 시야각field of view(FOV) 디스플레이를 제공하고, 고휘도의 컬러 마이크로 OLED 이미저OLED imager로 구동된다. 에브리사이트 빔을 사용하면 렌즈 자체가 증강 디스플레이 역할을 해 다른 스마트 글래스에서 볼 수 있는 오프셋 디스플레이를 제거해 준다. 또한 주변의 방해 요소를 방지하고 눈의 피로를 줄이며 시야를 가릴 수 있는 불투명 디스플레이 요소를 제거한다. 뛰어난 광학 기능 외에도 에브리사이트 빔이 탑재된 스마트 글래스는 스타일리시하고 가벼우며 편안하다. 에브리사이트 빔의 주요 장점을 요약하면 다음과 같다.

- 바이저에 직접 투영: 바이저와 눈 사이의 중간 광학 장치를 제거
- 소형 및 경량: 일반적인 안경 무게에 채널당 3그램 미만 추가
- Hi-Fi 및 넓은 시야각(FOV)
- 탁월한 광학 효율성: 도파관 솔루션에 비해 20배 이상의 효율성
- 고휘도: >1,000니트(눈 기준)로 화창한 일광 조건에서도 선명한 이미지를 제공
- 초저전력: <100mW, Ultrabright Micro OLED 디스플레이 사용

- 표준 제품: 안경 광학 및 안전 표준 충족
- 분리 가능한 바이저: 투명 혹은 다양한 색조 바이저 채택
- 처방: RX 애드온 및 임베디드 솔루션 모두 가능

② 린Lean 파워

전력 관리는 모바일 증강 현실(AR) 장치의 중요한 부분이며, 최적의 사용자 경험을 위해서는 린 전력 아키텍처가 필수적이다. 동적 전력 스케일링dynamic power scaling, 지능형 절전 모드 및 저전력 디스플레이 기술 등 에너지 효율성을 우선시해 배터리 수명을 연장하고 사용자가 장기간 AR 콘텐츠에 참여할 수 있도록 한다.

③ 에브리사이트 OSEverysight OS

안경 내장형 소프트웨어는 시스템 자원 소비를 극도로 낮게 할 수 있고, 사용자의 작동 시간을 직접적으로 연장할 수 있도록 설계됐다. 이 고도로 최적화된 실시간 시스템의 설계로 인해 여러 프로세스에 작업을 분산하고 마이크로 초 단위의 대기 시간으로 작업하도록 동기화할 수 있다. 에브리사이트의 OS는 번거롭지 않고 자연스러운 경험을 사용자에게 제공할 수 있는 잘 정의된 독자적인 API로 설계돼 있다.

에브리사이트 특허 분야별 건수

특허 분야	특허 건수
Wearable Optical Display	11
Optical Unit	11
Ophthalmic Correction	9
Light Projection Unit	8
Eye Display	7
Optical Display	6
Reflective Lens	6
Unobstructed Viewing	6
Image Capturing Device	6
Light Beam	6

※ 에브리사이트의 총 특허 건수는 53건이며, 각 특허별로 해당 분야가 중복됨

자료: Discovery Patsnap

■ 사업 현황 및 전망

에브리사이트는 군용 제품을 만들던 기술을 바탕으로 2017년부터 AR 글래스 랩터를 자전거 사이클, 스키 등 아웃도어 스포츠 시장을 타깃으로 판매했다. 2019년에는 세계 최대 IT 전시회 CES에서 혁신상을 수상했다. 이후 2023년 성능과 디자인 완성도를 높인 AR 글래스 매버릭 Maverick을 출시했다. BMW와 함께 선보인 커넥티드 라이드 스마트 글래스는 동일한 기술 버전이 적용된 사례다.[334]

글로벌 AR 스마트 글래스 시장에 대한 전망은 매우 고무적이다. 산업 분석 전문 기관인 리서치앤마켓Research and Markets에 의하면 2022년 전 세계적으로 AR 스마트 글래스는 약 72만 개 정도 판매된 것으로 추산되

며, 이후 매년 84.7퍼센트(CAGR) 성장해 2030년 글로벌 AR 스마트 글래스 시장 규모는 거의 1억 개에 육박할 것으로 전망된다.[335]

에브리사이트의 글로벌 기술 경쟁력을 감안할 때 메타버스 시대가 본격화되면 랩터가 진가를 드러낼 것으로 기대된다. 세계적인 컨설팅 회사인 맥킨지 앤 컴퍼니McKinsey & Company의 추산에 의하면 현재 글로벌 메타버스 시장 가치는 약 2,000억~3,000억 달러 수준이며, 2030년경에는 10배 이상 성장해 4조~5조 달러 수준으로 확대될 전망이다.[336] 따라서 연관 산업의 급성장에 따른 에브리사이트의 수혜 폭도 매우 클 것으로 예상된다.

8장

핀테크 산업

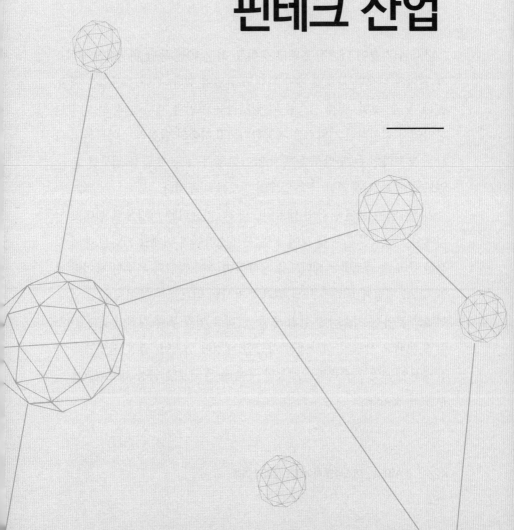

개요

금융과 기술이 더해진 핀테크 분야는 최근 10년 동안 혁신적인 서비스가 쏟아져 나오며 글로벌 메가 트렌드 산업이 됐다. 핀테크 산업은 대출, 송금, 투자, 보험, 결제 시스템 외에도 금융 보안과 재무 관리 등 다양한 분야에서 혁신적인 서비스를 제공한다. IT 기술의 발전과 스마트폰의 확산은 오프라인 은행 창구를 찾지 않아도 누구나 쉽게 금융 업무를 볼 수 있도록 했고, 전통적인 금융 업계의 판도를 바꾸었다.

이스라엘은 오랜 금융업 네트워크와 IT 기술력을 바탕으로 핀테크 산업에서 역동적인 활동을 보이고 있다. 이스라엘의 핀테크 기업은 해외 시장을 목표로 글로벌 스탠다드를 지향하며, 이스라엘의 우수한 사이버 보안 및 AI 기술에 매력을 느낀 해외 투자사의 러브콜은 끊이지 않고 있다. 핀테크 분야는 이스라엘 산업 중 두 번째로 해외 투자 실적이 높다. 이스라엘 핀테크 산업의 성과에는 다양한 배경이 있지만, 금융 산업에서 가장 중요한 보안 기술력과 오랫동안 구축해 온 글로벌 금융 네트워크를 들 수 있을 것이다.

핀테크 산업 현황

핀테크 산업 지표

이스라엘의 핀테크 산업은 2009년부터 성장세를 보이기 시작했다. 당시 90여 개였던 핀테크 기업은 2024년 기준 720개가 됐다.[337] 2021년에는 82개, 2022년에는 61개의 새로운 핀테크 스타트업이 설립됐으며 매해 60개 이상의 기업이 핀테크 분야에서 나오고 있다. 이스라엘의 핀테크 생태계에는 비자Visa, 마스터카드Mastercard, JP모건JPMorgan, 씨티은행, 바클레이스Barclays, 피나스트라Finastra 등도 참여해 있으며 이들은 R&D 센터와 인큐베이터를 통해 이스라엘의 우수한 핀테크 스타트업을 발굴하고 협력을 진행 중이다.

이스라엘에는 2014년부터 운영 중인 핀테크협회 핀테크 아비브가 있다. 핀테크 아비브는 기업가, 금융 전문가, 투자자 등 약 3만 명으로 구성된 세계 최대 핀테크 커뮤니티 중 하나다. 이들은 국제적인 핀테크 플레이어와의 협력을 위해 활동 중이며 이스라엘의 핀테크 스타트업 활성화에 많은 기여를 했다. 핀덱서블Findexable에서 조사한 2020년 글로벌 핀테크 순위에서 이스라엘은 12위였으나, 2021년 단숨에 미국과 영국에 이은 3위로 올라섰다.[338] 텔아비브는 세계 핀테크 허브 순위 5위이며 2023년 CB 인사이트CB Insights에서 발표한 세계 핀테크 기업 순위 100위에 이스라엘 기업이 5개가 포함됐다. 이스라엘의 핀테크 산업은 지난 10년 동안 많은 성장을 이루었으며 앞으로도 지속 성장이 기대된다.

핀테크 스타트업 현황

이스라엘의 핀테크 기업은 첨단 기술을 활용한 혁신적인 서비스를 선보이며 세계 무대에서 활동하고 있다. 핀테크 기업들은 주된 기술과 서비스 분야에 따라 몇 가지로 분류되는데, 가장 많은 기업이 분포된 서비스 분야는 거래 및 투자Trading & Investing 분야, 결제 및 송금Payment & Money Transfer 분야다. 거래 및 투자는 주식, 채권, 암호화폐 등 다양한 유형의 자산을 매매하고 투자하는 것인데 AI, 머신러닝 같은 기술을 활용해 고객에게 맞춤형 투자 조언과 포트폴리오 관리 서비스를 제공한다.

대표 기업으로는 소셜 트레이딩 플랫폼인 이토로가 2023년 2억 5,000만 달러의 투자금을 유치하며 주목받고 있다. 결제 및 송금 분야는 전자 결제 솔루션 분야로 모바일 결제나 국제 송금 서비스 등을 제공한다. 페이오니아라는 기업이 전 세계적으로 서비스를 제공하는 대표적인 글로벌 결제 및 송금 기업이다. 그다음으로 많은 기업이 분포된 분야는 기업 솔루션, 금융 사기 방지, 위험관리, 보험테크, 대출 및 투자, 개인 재무관리 부문이다. 기업 솔루션은 결제 처리나 청구, 회계 등 기업용 금융 솔루션 서비스를 제공한다. 금융 사기 방지와 위험관리는 핀테크에서 빠질 수 없는 분야다. 대부분 온라인으로 처리되는 자동화된 금융 서비스에서 가장 중요한 것은 안전성이기 때문이다.

이스라엘에는 우수한 보안 기술을 활용해 각종 금융 솔루션의 운영 위험을 최소화하는 서비스를 제공하는 기업이 많다. 온라인 사기 방지 솔루션을 제공하는 바이오캐치, 전자 상거래 사기 방지 솔루션을 제공하는 포터가 대표 기업이다. 보험테크는 빅데이터 분석과 IoT 기술 등을 활용해 기존 보험 모델을 혁신하는 서비스로, 개인 맞춤형 보험 상품 제공과 보험 가입 절차 간소화 등의 서비스를 제공한다. 대표 기업으로 나스닥 상장사인 레모네이드가 있다. 이 외에도 P2P, 크라우드 펀딩 등의 대출 서비스와 개인 맞춤형 자산관리 서비스 등에서 많은 이스라엘 기업이 활동하고 있다.

각 분야별 대표 기업 4곳에 대해 자세히 알아보겠다.

이토로

이토로는 소셜 트레이딩 플랫폼으로 2007년 텔아비브에서 데이비드 링David Ring, 요니 아시아Yoni Assia와 로넌 아시아Ronen Assia 형제가 설립했다. 처음에 이토로는 리테일FXRetailFX라는 사명으로, 온라인 거래 현황을 게임처럼 시각화한 플랫폼 형태였다. 이후 플랫폼에 소셜 기능을 강화해 사용자들이 다른 트레이더의 거래를 보고 팔로우하거나 그들의 전략을 복제할 수 있도록 했다. 이러한 투자 경험의 공유와 전략 학습 기능은 누구나 쉽게 자산관리를 할 수 있도록 지원해 전 세계 3,000만 명 이상의 사용자가 이토로 플랫폼을 사용하게 만들었다. 지금까지 6억 9,270만 달러의 투자금을 유치한 이토로는 2023년 1분기에만 2억 5,000만 달러의 투자금을 유치하며 2023년 이스라엘 스타트업 펀딩 기록 랭킹에 추가됐다. 영국과 미국, 호주에 진출해 글로벌 사업을 지속하고 있다.

페이오니아

페이오니아는 2005년 유발 탈Yuval Tal이 설립한 금융 서비스 기업이다. 글로벌 송금과 결제 서비스를 제공한다. 기업, 프리랜서 등 B2B 간 금융 거래에 강점을 가지고 있는 페이오니아는 사업자 계정을 통해 간편하게 송금과 결제를 할 수 있도록 지원한다. 특히 아마존, 이베이 등 주요 전자 상거래 플랫폼과 연계해 해당 플랫폼을 사용하는 사업자나 프리랜서가 수익을 페이오니아 사업자 계정으로 거래할 수 있도록 해 편의성을 제공한다. 선불/직불카드 서비스, 자금관리 서비스 등을 지원하며 세계 150개 이상의 통화로 거래가 가능하다. 2021년 나스닥에 상장됐으며, 뉴욕에 본사가 있다.

바이오캐치

바이오캐치는 사용자의 신체적, 인지적 디지털 행동을 분석해 자산 보호와 신원 관리 서비스를 제공하는 기업이다. 아비 트거만Avi Turgemen과 베니 로젠바움Benny Rosenbaum이 2011년 공동 설립했다. 군사정보부 출신인 아비 트거만은 사람들이 저마다 독특하고 고유한 방식으로 디지털 상호 작용을 보이며, 이는 측정과 식별이 가능하다는 것을 발견한다. 이들은 첨단 인지 과학과 기계 학습을 기반으로 행동 생체 인식Behavioral Biometrics 분야를 개척했다. 수천 건의 사용자 상호 작용을 분석해 디지털 사기 및 범죄를 예방한다. 세계 100대 은행 중 28개 이상이 바이오캐치의 서비스를 사용 중이며, 90개 이상의 관련 특허를 보유하고 있다. 세계 14개국에 진출한 바이오캐치는 2023년 매출 1억 달러를 넘으며 최대 매출을 기록했다.

레모네이드

레모네이드는 2015년 엔지니어와 변호사인 샤이 위닝거Shai Wininger와 다니엘 슈라이버Daniel Schreiber가 설립한 온라인 보험회사다. 이 두 창업자는 보험의 무경험자였지만, 보험 업계에 혁신의 바람을 일으킨 장본인들이다. 보험 가입 시 많은 사람이 이해하기 어려운 약관 설명이나 보험 중개인의 영업에 부담을 느끼는데, 레모네이드는 이러한 과정을 친화적인 방식으로 바꾸었다. 모바일로 간단하게 보험 가입이 가능하며 약관은 언제든지 조회할 수 있다. 보험금을 받을 때도 여러 차례 증빙 제출과 보험회사 담당자와의 실랑이로 피로감이 높아지는데, 레모네이드는 자동화된 챗봇 서비스로 단 몇 분 만에 보험금 청구와 보험금 지급이 이루어진다. 레모네이드는 매달 25퍼센트의 수수료를 고정시켜 놓고 나머지는 보험금 청구에 사용하므로 보험금 지급을 꺼리지 않고 신속하게 대응이 가능하며, 보험금 지급 이후에도 남는 금액은 자선단체에 기부를 함으로써 사회적 책임을 실천하고 있다. 이러한 기업의 사회적 활동으로 레모네이드는 B Corp 인증을 받기도 했다. 미국과 영국, 프랑스, 네덜란드, 독일에서 서비스를 제공하고 있는 레모네이드는 2020년 기업가치 16억 달러로 상장됐다.

투자 유치 및 엑시트 현황

이스라엘 핀테크 분야 투자 동향을 살펴보면 2017년부터 꾸준히 증가하다가 2021년 큰 폭으로 투자 유치 금액이 상승했다(433쪽 그래프 참조). 2020년 22억 달러에서 2021년 61억 달러로 투자금이 3배 증가했다.[339] 이러한 2021년의 독보적인 투자 지표의 배경에는 자동화 지불 서비스 기업 티팔티Tipalti의 2억 5,000만 달러 시리즈 F 투자, 암호화폐 기업 셀시우스Celsius의 4억 달러 투자 등 2억 달러 이상의 메가 라운드가 여러 건 성사되며 이루어졌다. 2022년에는 평균 투자 금액으로 회귀했는데, 2021년과 같은 메가 라운드가 없었기 때문이다. 이스라엘의 핀테크 산업은 투자자들이 선호하는 분야다. 특히 미국과 유럽의 해외 투자자들이 70퍼센트를 차지하는데, 사이버 보안 분야 다음으로 투자 금액이나 거래 건수가 많은 산업이다(434쪽 그래프 참조). 그만큼 이스라엘이 핀테크 분야에서 기술적으로 강점을 보유한 만큼, 추후 세계 금융정책이나 시류에 따라 2021년을 뛰어넘는 메가 라운드 투자가 성사될 수 있는 여지가 충분하다.

핀테크 기업 M&A의 경우 2019년에는 6회, 2020년에는 8회, 2021년에는 10회로 수치가 점점 증가하고 있다. 눈에 띄는 사례로는 2021년 미국 보험회사 메트로마일Metromile이 레모네이드를 5억 달러에 인수한 것과 2022년 미국 핀테크 기업 시프트4Shift4가 국가 간 결제 서비스에 강점을 가진 기업 피나로Finaro를 5억 2,000만 달러에 인수한 것이다. 현재 이스라엘에는 20개의 핀테크 유니콘 기업이 있으며 소셜 트레이딩 플랫폼 이토로(NASDAQ), 해외 결제 플랫폼 페이오니아(NASDAQ), 온라인 보험 플랫폼 레모네이드(NYSE), 래피드Rapyd 등이 있다.

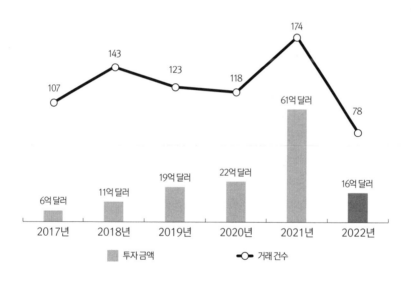

2017~2022년 이스라엘 핀테크 투자

자료: VIOLA report

2020~2022년 이스라엘 하이테크 산업 투자 유치 현황

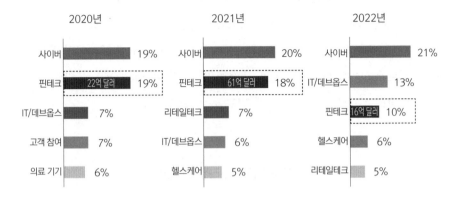

자료: VIOLA report

핀테크 산업 배경과 특징

유대인과 세계 금융 네트워크

유대인들은 경제와 금융에 대한 DNA가 남다르다는 평가를 자주 받는다. 실제로 역대 노벨상 경제학상 수상자 중에 유대인의 비율이 무려 41퍼센트다. 유대인 중에는 뛰어난 경제학자가 많이 배출됐으며, 세계에서 손꼽히는 금융 및 투자 기업의 소유자도 유대인이 대부분이다. 유대인들이 경제와 금융에서 명성을 떨치게 된 이유를 역사적으로 살펴보자면 중세 유럽으로 거슬러 올라갈 수 있다. 중세 유럽 시대는 기독교 사회로 유대인이 박해받던 시기였다. 반유대적인 법령들로 토지를 소유할 수 없었던 유대인들은 농업에 종사할 수 없었고, 조합 가입도 어려워 상업에 종사하기도 어려웠다. 당시 유대인들에게 그나마 허용됐던 것이 바로 금융업인데, 기독교 교리에서 이자를 받고 돈을 빌려주는 것을 금했기 때문에 아무도 종사하려 하지 않았다. 하지만 유대교에서는 다른 민족 간에는 이자를 받을 수 있었기 때문에 금융업을 영위할 수 있었다. 특히 세계를 유랑하며 떠돌아다니는 유대인에게 부동산이나 금, 보석과 같은 실물 경제는 안정성과 지속성이 부족했다. 이들은 대출과 이자라는 금융 경제를 통해 자산과 네트워크를 확장해 나갔다.

19세기 말과 20세기 초 많은 유대인이 미국으로 이주하면서 뉴욕의 금융 중심지에 자리를 잡게 된다. 유대인이 설립한 유명한 금융 기업으로 골드만삭스가 있다. 골드만삭스는 마커스 골드만Marcus Goldman과 그의 사위인 사무엘 삭스Samuel Sachs가 1869년에 만든 회사로, 각각의 이름을 따서 회사 이름을 지었다. 1848년 미국으로 이주한 독일 이민자 유대인 마커스 골드만은 행상부터 시작해서 어음 중개회사를 설립해 운영했다. 이후 사위와 함께 골드만삭스를 설립해 금융 거래업을 시작하게 된 것이다. 이들은 당시 미국의 각 분야에 진출해 비즈니스를 하던 유대인들과 협력해 우선 대출과 저금리 이자를 지원했고, 이는 월가에 단단한 유대인 네트워크를 형성하는 밑거름이 됐다. 골드만삭스 외에도 유대인들은 리먼 브라더스Lehman Brothers, 살로몬 브라더스Salomon Brothers 등을 설립하고 세계은행 총재, 미국 재무장관 등을 배출하며 금융계에서 영향력을 높이게 된다.

이처럼 중세 시대부터 시작된 유대인의 금융업 역사는 유대인들 간의 끈끈한 협력과 뛰어난 사업 수완을 통해 지금까지도 뉴욕이나 런던 등 세계적인 금융기관이 모인 곳에서 활발하게 이어져 오고 있다. 글로벌 금융 네트워크는 많은 금융기관이 이스라엘의 혁신 기술과 생태계에 관심을 갖게 되는 긍정적인 요인 중 하나라고 할 수 있다. 이러한 금융 네트워크와 금융업에 대한 이해를 기반 삼아 이스라엘의 많은 스타트업이 첨단 기술을 통한 금융 혁신에 어렵지 않게 도전할 수 있었을 것이다.

핀테크 산업을 견인하는 첨단 보안 기술

이스라엘 핀테크 산업은 AI, 블록체인 등 첨단 기술을 바탕으로 비약적인 성장을 하고 있다. 이스라엘은 우수한 블록체인 기술을 활용해 안전하고 간편한 디지털 금융 거래 서비스를 만들어 낸다. 보안 산업에서 암호화 및 빅데이터를 다루던 기술은 이제 금융 세계에서 꽃을 피우고 있다. 핀테크에서 가장 중요한 부분이 금융 사기 예방, 바로 사이버 보안이다. 디지털 금융 거래의 가장 중요한 요소는 안전성과 신뢰성이다. 비대면 디지털 금융 거래량이 증가할수록 금융 사기 예방에 관한 기술 수요는 확대될 것이다.

이스라엘은 글로벌 사이버 보안 시장 점유율 2위로, 글로벌 금융기관과 핀테크 투자자들에게 매력적인 국가다. 이스라엘 핀테크 스타트업의 투자 유치 현황을 살펴보면, 결제 및 자금 거래와 금융 사기, 리스크 관리 분야가 가장 많은 투자금을 유치했다. 이스라엘 정부에서도 사이버 보안 기술과 핀테크 기술 개발을 위해 베르셰바에 '핀테크 사이버 혁신 연구소'를 설립했다. 씨티은행, 페이팔, 비자 등 많은 글로벌 금융기관이 이스라엘에 R&D 센터를 설립해 기술 개발과 투자 협력을 하는 것 또한 이스라엘의 우수한 사이버 보안 기술력이 그 이유다.

이토로

■ 개요

이토로는 전 세계 3,000만 명 이상이 사용하는 다중 자산 플랫폼이다. 주식, 암호화폐, ETF, 지수, 통화 등 5,000여 개가 넘는 다양한 금융 자산을 소개한다. 이토로의 특징은 소셜 트레이딩 기능인데, 초기에 단순히 자산 거래 현황을 게임처럼 시각화한 형태에서 소셜 기능을 강화해 사용자들이 다른 트레이더의 거래를 보고 팔로우하거나 그들의 전략을 복제할 수 있도록 했다. 이러한 투자 경험 공유와 전략 학습 기능은 누구나 쉽게 자산관리를 할 수 있도록 지원해 많은 고객이 모집됐다.

2010년에 이러한 카피 트레이더Copy Trader 기능과 안드로이드 앱을 출시하며 이토로의 회원 수는 거의 10배 이상 급격하게 증가했다.[340] 특히 2014년 비트코인 거래를 제공하기 시작하며 암호화폐 시장에 영향을 미쳤다.[341] 당시 암호화폐는 투자 수단으로 잘 알려지지 않았으며, 비공식적인 루트로 거래됐다. 300만 명의 회원이 있던 이토로는 비트코인을 거래 항목으로 추가하며 암호화폐 거래를 합법화하고 활성화하는 데 중요한 역할을 한 것으로 평가받는다. 오늘날 이토로는 암호화폐 거래를 위한 인기 있는 플랫폼 중 하나다. 지금까지 6억 9,270만 달러의 투자금을 유치한 이토로는 2023년 1분기만에 2억 5,000만 달러의 투자금을 유치하며 2023년 이스라엘 스타트업 펀딩 기록 랭킹에 추가됐다.[342] 현재 영국과 미국, 호주 등 140개 이상의 국가에서 이토로를 이용 중이다.

■ 창업 과정

이토로는 2007년 텔아비브에서 데이비드 링, 요니 아시아와 로넌 아시아 형제가 설립했다. 처음에는 리테일FX라는 이름으로 활동했다. 요니 아시아는 자신이 기억할 수 있는 어린 시절부터 금융에 관심이 있었다고 한다. 코딩과 블록체인, 암호화폐에 호기심이 가득했던 요니 아시아는 이스라엘 방위군에서 프로그래머로 근무한 후, 2003년 비디오 기술 회사인 CDRide를 공동 창업했다.[343] CDRide는 롤러코스터와 같은 익스트림 스포츠를 즐기는 고객에게 고품질 영상을 제공하는 기업이었는데, 파라마운트와 같은 대기업과 거래하며 성장했다. 이후 요니 아시아는 형 로넌, 친구 데이비드 링과 함께 이토로를 공동 창업했다. 이토로 창업 당시 이들은 모든 사람이 간단하고 투명하게 거래하고 투자할 수 있는 글로벌 금융 시장을 만든다는 비전을 가지고 사업을 시작했다. 이후 이토로의 성장과 함께 요니 아시아는 2020년 포춘Fortune Magazine이 선정한 전 세계 40세 미만 사업가 TOP 40으로 선정되기도 했다.[344]

로넌 아시아는 이토로를 공동 창립하기 전 의료기기, 가전제품, 웹 앱 등을 설계하는 엔지니어였다. 이토로 창업 이후 제품 총괄 CPO, 마케팅 총괄로 근무했으며 2020년에는 핀테크, 사이버 보안 분야 기업에 중점적으로 투자하는 벤처 투자사 팀에잇의 파트너로 합류했다.[345] 또 다른 창업자 데이비드 링은 테크니온 공대 졸업 후 온라인 게임회사 888.com, 이토로, 콜루colu 등의 기업을 창업한 연쇄 창업가다. 이토로에서 CTO로 10여 년간 근무한 후, 현재는 AI 기반 콘텐츠 생산 플랫폼 IMGN의 창업자이자 CTO로 재직 중이다.[346]

■ 제품과 기술력

이토로는 하나의 플랫폼에서 주식거래, 암호화폐 거래 등 다양한 투자

거래를 할 수 있는 원스톱 솔루션이라는 점과 투자를 주제로 한 거대한 소셜 채널을 제공한다는 것이 강점이다. 초보 트레이더와 고급 트레이더 모두 만족할 수 있는 사용자 친화적인 인터페이스로, 초보 투자자도 쉽게 거래를 시작할 수 있도록 했다. 이토로를 처음 시작하면 모든 신규 계정에 가상 투자 금액 10만 달러를 제공한다. 사용자는 플랫폼에서 제공하는 다양한 투자 거래를 살펴보며 투자 연습을 할 수 있다.

또한 투자 전문가가 아니어도 쉽게 투자할 수 있도록 투자 포트폴리오 가이드와 다른 트레이더의 거래를 복사할 수 있는 기능을 제공한다. 5G나 클라우드 등 투자 유망 분야에 대한 스마트 포트폴리오 같은, 사용자가 투자 의사를 결정하는 데 도움이 되는 가이드를 제공한다. 그리고 개별 투자자의 거래를 복사할 수 있는 카피 트레이더 기능이 있다. 카피 피플Copy People이라는 화면을 통해 알고 싶은 거래와 투자 요구 사항에 적합한 트레이더를 찾아 간단하게 복사할 수 있다. 위험 점수나 실패, 성공 비율 등 각 트레이더의 성과가 표시되는데, 사용자는 이를 보고 원하는 트레이더의 거래를 복사한다. 그동안 투자는 전문가의 영역이었고, 일반인은 전문 투자자나 중개인에게 대리 투자를 맡겨야만 했다. 이토로는 투자 분야를 대중화하고 모든 사람이 쉽게 접근할 수 있도록 한다. 이토로 내에서 많은 트레이딩 복사가 이뤄진 회원은 인기 투자자로서 보상 서비스도 제공받는다. 총 자산의 최대 2퍼센트까지 지원하는데, 이는 더욱더 강력한 소셜 트레이딩 커뮤니티를 구축하기 위한 전략이다. 또한 이토로는 소셜 피드를 통해 토론하거나, 각종 게시물을 올리고 상호 작용할 수 있는 기능을 제공한다.

이토로는 프리미엄 멤버십 서비스인 이토로 클럽eToro Club을 통해 트레이딩 플랫폼의 소셜 기능을 강화한다. 멤버십 등급에 따라 수수료나 금액 지원, 각종 콘텐츠 접근성, VIP 혜택 등에 차이를 두는 것이다. 사용자가 이토로 내에서 보다 적극적으로 금융 투자에 참여하고 성과를 올릴 수 있도록 시스템을 제공한다. 이토로는 더 많은 국가로 서비스를 확장할 계획을 가지고 있으며, 암호화폐 직불카드 같은 새로운 제품과 서비스도 모색 중이다.

레모네이드

■ 개요

레모네이드는 AI와 행동 경제학을 기반으로 한 보험회사다. 보험 업계 경험이 전무한 변호사 다니엘 슈라이버와 엔지니어 출신 샤이 위닝거가 2015년에 설립했다. 간소하고 투명한 서비스로 기존의 보험 산업을 흔드는 혁신 회사로 주목받고 있다. 레모네이드는 AI를 통해 보험 중개인 없이 간편하게 보험 계약이 가능하며, 보험금 청구도 바로 이루어진다. 모든 프로세스가 서류 작업 없이 즉시 처리된다. 미국과 영국, 프랑스, 네덜란드, 독일에서 서비스를 제공하고 있으며 임차인 보험, 주택보험, 자동차 보험, 애완동물 보험, 생명 보험 상품이 있다. 레모네이드는 2015년 세쿼이아 캐피털로부터 시드 투자를 받았는데, 당시 다니엘 슈라이버와 샤이 위닝거가 데모 앱이나 프레젠테이션 없이 투자를 받은 것으로 알려져 있다. 획기적인 사업 아이디어와 두 창업자의 이력이 시드 투자로는 이례적인 금액인 1,300만 달러를 조달할 수 있도록 한 것이다. 레모네이드는 2020년 기업가치 16억 달러로 상장됐다.

■ 창업 과정

레모네이드의 공동 창업자 다니엘 슈라이버는 법률을 전공하고 기업 소속 변호사로 근무한 경력이 있다. 법률계에서 일하다가 스타트업 업계로 진출한 다니엘 슈라이버는 종종 자신을 'recovering attorney'라고 표현한다.[347] 그의 스타트업 진출은 1997년 사이버 보안 소프트웨어 기업 알키미디어Alchemedia를 공동 창업하면서부터다. 알키미디어는 이후 2003년 핀잔 소프트웨어Finjan Software가 인수하고, 다니엘 슈라이버는 USB 플래시 드라이브를 발명한 도브 모란의 M-시스템즈에서 마케팅과 비즈니스 개발 임원으로 근무했다. M-시스템즈가 샌디스크에 인수된 이후에도 계속 마케팅 총괄 관리자로 근무한 슈라이버는 2011년부터 2015년까지 무선 충전 솔루션 회사인 파워매트 테크놀로지Powermat Technologies의 이사로 재직했다.

또 다른 공동 창업자인 샤이 위닝거는 기술책임자로서 가상현실 웹 브라우저인 트리무스Trimus, 모바일 라이센스 플랫폼인 핸드스마트 소프트웨어Handsmart Software에서 근무한 경험이 있으며 2009년 프리랜서 고용 플랫폼 파이버Fiverr를 공동 창업했다. 파이버는 세계 최대 온라인 마켓플레이스로 성장한 이스라엘 기업 중 하나이며, 전 세계 사람들이 방문하는 웹사이트 상위 100개에 랭킹되기도 했다.[348]

다니엘 슈라이버와 샤이 위닝거는 보험 산업이 100년 넘게 혁신의 영향을 전혀 받지 못한 것에 주목했다. 보험 산업은 투명성이 부족하고 보험회사와 고객 간 이해관계 상충이 심각하다는 부정적인 이미지가 강했다. 보험을 필요악에서 사회적 선으로 전환하는 것에 사명을 건 이들은 2016년 미국에서 레모네이드를 출시한 후, 2년 만에 40만 명이 넘는 고객이 서비스를 이용하며 새로운 보험 산업의 비즈니스 모델로 주목받았다.

기존의 보험 산업에 혁신을 일으킨 레모네이드의 창업자 다니엘 슈라이버와 샤이 위닝거는 비보험 업계 경력이 오히려 도움을 주었다고 했다. 다니엘 슈라이버는 특정 주제에 대해 너무 많이 안다는 것은 상상력과 창의성을 제한한다고 말한다. 고객과 사용자의 관점에서 보험을 바라본 것이 레모네이드 혁신의 원천이었다고 한다. 세계적인 행동 경제학자인 댄 애리얼리Dan Ariely 교수도 레모네이드의 주요 임직원이다. 이스라엘계 미국인이자 행동 경제학, 의사결정 분야의 연구로 유명한 댄 애리얼리 교수는 레모네이드 최고 행동 책임자Chief Behavioral Officer로서 서비스가 제대로 작동할 수 있도록 돕는다.

■ 제품과 기술력

레모네이드는 기존 보험 산업의 가장 큰 문제점인 보험사와 고객 간의 불신 문제를 해결하고자 했다. 보험사는 고객이 신청하는 수많은 보험금 청구건 중에서 종종 발생하는 보험 사기를 가려내야 했다. 고객들은 보험회사들이 고객이 신청한 보험금을 지불할 자금이 없는 것이 아니라 지불할 의지가 없다고 생각했다. 보험사와 고객이 갇힌 불신의 프레임을 레모네이드는 AI 기술과 행동 경제학으로 풀어낸다. 사기 보험금 청구자 데이터를 체계화해 18개의 사기 방지 알고리즘을 만들어 보험금 청구 중에 사기를 가려낸다. 고객의 보험금 청구를 거부했을 때 발생하는 이익이 없다는 것이 알고리즘으로 확인되면, 그 즉시 고객에게 보험금이 지급된다.

AI 자동화 시스템으로 즉시 처리되는 청구 건수가 40퍼센트이며, 보험금 청구 후 단 3초 만에 보험금이 지급된 적도 있다.[349] 보험금 청구뿐 아니라 보험 가입 또한 간편하게 진행된다. 보험 설계사 같은 중개인 없이 레모네이드 앱을 통해 90초 안에 가입이 가능하다. 보험 약관도 언제든지 온라인으로 확인할 수 있다. 보험 가입 시 많은 이들이 이해하기 어려운 약관 설명이나 보험 중개인의 영업에 부담을 느끼는데, 레모네이드는 이러한 과정을 친화적인 방식으로 바꾸었다.

또한 레모네이드는 보험 수수료를 25퍼센트로 고정해 놓고 나머지 75퍼센트는 보험금 청구 지불에 사용한다. 보험금 지급 이후에도 남는 금액은 고객이 보험 가입 시 선택한 자선단체에 기부하는 시스템이다. 이는 행동 경제학적으로 자신의 사기 행위가 기부금을 줄여 사회에 폐를 끼칠 수 있다는 점에서 보험금 부당 청구 행위를 줄이도록 하는 효과가 있다고 한다. 반대로 레모네이드의 가입자 수가 많아지고 부당 청구 행위가 줄어들수록 기부금은 확대되는데, 이러한 사회적 책임을 인정받아 2016년 B Corp 인증[350]을 받았다.

■ 경쟁력

글로벌 보험 시장은 매해 9~10퍼센트가량 성장하고 있다. 2026년에는 8조 4,000억 달러에 달할 것으로 예상된다.[351] 보험 산업의 AI 자동화 속도도 빨라질 것으로 예상된다. 많은 기업에서 프로세스 간소화를 위해 AI 기술을 도입했다. 레모네이드는 기존 AI 플랫폼에 생성 AI를 통합할 계획이라고 밝혔다.[352] 생성 AI 기술을 통해 기존의 자동화 서비스를 고도화시켜 2024~2025년에는 효율성이 더욱더 향상될 것으로 전망하고 있다. 레모네이드는 2020년 말 100만 고객을 달성하고, 2023년 말에 200만 고객을 달성했다. 고객 증가 속도는 2020년 말 100만 고객을 달성했을 때보다 35퍼센트 빨랐으며, 고객 1인당 보험료는 약 70퍼센트 증가했다.[353] 특히 온라인이 익숙한 밀레니엄 세대 가입자가 많은 것을 고려했을 때 앞으로 레모네이드의 성장은 계속될 것으로 예측된다.

페이오니아

■ 개요

페이오니아는 온라인 송금 및 디지털 결제 서비스를 제공하는 기업이다. 기업, 프리랜서 등 B2B 간 금융 거래에 중점을 둔 서비스로 사용자는 사업자 계정을 통해 간편하게 송금과 결제를 할 수 있다. 특히 해외 송금과 온라인 결제가 자유로우며, 페이오니아와 파트너십을 맺은 플랫폼 사용자들에게 종합 금융 서비스를 제공한다. 페이오니아는 비올라 그룹, 그레이록 파트너스Greylock Partners, TCV 등의 투자자로부터 약 5억 700만 달러를 조달했으며, 2021년 나스닥에 상장했다. 나스닥 상장 당시 기업가치는 33억 달러였다.[345]

페이오니아는 뉴욕에 본사가 있으며 유럽과 홍콩, 일본 등 24곳의 글로벌 지사에서 2,000명이 넘는 직원을 고용 중이다. 200개 이상의 국가에서 아마존, 에어비앤비Airbnb, 구글 등의 글로벌 기업을 포함해 500만 명 이상의 고객이 매일 페이오니아를 사용하고 있다.[355] 페이오니아는 2020년 포브스Forbes가 선정한 세계 핀테크 50대 기업에 선정되기도 했다. 2023년 페이오니아의 매출은 8억 3,110만 달러로 2022년 대비 30퍼센트 이상 증가했다.[356] 거래액은 660억 달러로 2022년 대비

11퍼센트 증가했다.[357] 페이오니아가 발간한 '2023년 프리랜서 인사이트 리포트'에 따르면 페이오니아의 가장 큰 수요처인 프리랜서 시장의 경우 매해 기업의 수요가 증가하고 있는 것으로 나타났다. 세계 전자 상거래 시장은 성장세는 크지 않지만 매출액은 지속적으로 증가할 것으로 전망된다.[358] 전자 상거래 외에도 구독경제 같은 서비스를 통해 국가 간 디지털 거래는 활발할 것으로 예상돼 페이오니아의 시장 점유율도 확대될 것이다.

■ 창업 과정

페이오니아의 창업자 유발 탈은 연쇄 창업가다. 그는 은행원인 아버지의 영향으로 졸업 후 은행업에 종사했고 이후 R&D, 마케팅, 비즈니스 개발로 커리어를 확대했다. 1990년대 인터넷 보급이 확대되던 시기, 유발 탈은 전자 상거래가 활성화되며 결제 시스템이 변화할 것을 예측했다.[359] 그리고 1999년 온라인 결제 솔루션 기업인 E4X를 창업했는데, E4X는 소매 업체가 고객의 현지 통화를 웹사이트에 표기하고 달러로 결제받을 수 있도록 하는 서비스였다. E4X는 후에 보더프리BorderFree로 브랜드를 변경했으며 2014년 나스닥에 상장, 2015년 피트니 보우스Pitney Bowes에 3억 9,500만 달러에 인수됐다. 보더프리를 떠난 유발 탈은 2005년 벤 야니브 체칙Ben Yaniv Chechik과 함께 페이오니아를 설립한다. 처음에는 프리랜서들이 급여를 받을 수 있는 플랫폼으로 시작했는데, 이제는 수백만 개의 기업과 전문가들이 거래하는 글로벌 기업으로 성장했다.

또 다른 공동 창업자 벤 야니브 체칙는 뛰어난 엔지니어로 페이오니아의 CTO를 역임했다. 야니브 체칙 또한 연쇄 창업가인데, 게임 경매 서비스 미비도miBido, 모바일 구매 플랫폼 리업 모바일ReUp Mobile을 창업했다.360 페이오니아에서 2010년까지 재직 후, 또 다른 핀테크 스타트업인 테뉴어XTenureX를 창업했다.

■ 제품과 기술력

페이오니아는 국내·외 1인 사업자부터 기업체까지 안전하고 간편하게 기업 간 대금 거래를 할 수 있도록 지원한다. 150개 현지 통화를 지원하는 페이오니아는 직불카드로 자금 인출부터 해외 송금까지 가능하다. 특히 전자 상거래나 온라인 플랫폼에서 기업과 고객을 연결해, 기업이 결제 요청이나 인보이스를 발송하면 고객이 신용카드나 계좌로 결제할 수 있도록 지원한다. 페이오니아의 수수료는 연간 계정 사용비가 29달러, 환전 수수료와 인출 수수료가 1~3퍼센트 정도로 페이팔PayPal 등의 다른 서비스에 비해 합리적인 가격이다.

페이오니아는 기업이 현지 계좌를 간편하게 개설할 수 있도록 하고, 각각의 현지에서 클라이언트들이 대금을 지급하면 다른 국가의 프리랜서나 기업은 현지 통화로 대금을 수취할 수 있다. 금액은 현지에서 ATM 기기를 통해 간편하게 인출도 가능하며, 페이오니아 선불카드를 통해서도 이용이 가능하다. 특히 페이오니아는 전 세계 은행과의 직접적인 연계를 통해 국경 간 결제 시스템을 개발해서 신용카드사 수수료를 절감했다. 해외 거래 시, 계좌에서 자금을 인출하거나 환전할 때, VAT 송금 시 수수료를 납부해야 하지만 페이오니아 서비스는 페이오니아 계정을 통해 대금이 거래되므로 자금 인출 수수료나 환전 수수료가 없다. 또한 VAT도 페이오니아 계정으로 EU, 영국에서는 무료 서비스를 제공한다.

특히 페이오니아는 다양한 글로벌 마켓 플레이스와 연계해 해당 플랫폼 사용자가 페이오니아 계정으로 거래할 수 있도록 지원한다. 프리랜서 공급 업체인 업워크Upwork, 파이어, 전자 상거래 플랫폼 이베이, 월마트Walmart, 콘텐츠 제작 플랫폼 어도비Adobe, 셔터스톡Shutterstock, 그 외 구글, 에어비앤비Arbnb 등 각종 플랫폼에서 범용적으로 활용이 가능하다. 1명의 프리랜서 혹은 1개의 기업이 페이오니아를 통해 글로벌 온라인 네트워크를 확장할 수 있는 것이다. 페이오니아 계정에 보관된 수익금을 구글 광고 비용으로 지불하거나 다른 페이오니아 사용자에게 송금할 수도 있다. 페이오니아는 기업들이 하나의 서비스 안에서 유연하게 금융 거래를 할 수 있도록 토탈 솔루션을 제공하고자 한다.

PART 1. 혁신 강국 이스라엘, 어떻게 만들어졌나?

1   Dominika Nowak, National Innovation System Creation-Evidence from Israel, Scientific Problems of Machines Operation and Maintenance, 2011.

2   중소벤처기업부가 주관하는 '민간 주도형 기술창업 지원 프로그램'이다. 지난 10년간 105개 민간 투자사를 통해 총 2,415개 스타트업이 선정됐다. 총 1조 2,600억 원 가량이 지원됐는데, 이 중 80퍼센트가 R&D 지원이다. 팁스 선정 기업 중 56퍼센트(1,401곳)가 민간에서 13조 3,770억 원의 후속 투자를 이끌어냈다. 203년 9월까지 17개 스타트업이 기업공개를 했고, 69개 스타트업이 인수합병(M&A)을 통한 엑시트에 성공했다.(중앙일보, 2023.12.29.)

3   https://www.e-patentnews.com/10127https://www.finextra.com/blogposting/23926/how-israel-has-emerged-on-the-tech-scene

4   스위스경영원(IMD) 2023년 세계 랭킹, www.imd.org

5   이스라엘 혁신청 Israeli High-Tech 2023 - A Situation Report

6   이스라엘 혁신청 Israeli High-Tech 2023 - A Situation Report

7   How Israel Has Emerged on the Tech Scene, College Cliffs.https://www.finextra.com/blogposting/23926/how-israel-has-emerged-on-the-tech-scene

8   How Israel Has Emerged on the Tech Scene, College Cliffs.https://www.finextra.com/blogposting/23926/how-israel-has-emerged-on-the-tech-scene

9   How Israel Has Emerged on the Tech Scene, College Cliffs.https://www.finextra.com/blogposting/23926/how-israel-has-emerged-on-the-tech-scene

10 이갈 에를리히, 요즈마 스토리, 아라크네, 2019, 72쪽

11 수석 과학관실은 2015년 독립된 기관인 혁신청으로 확대·발전되었다.

12 김일수, 김영태, 탈무드 창조경제, 지엔피북스, 2014, 15쪽

13 김한주, 이스라엘 군 기술리더 양성 및 활용이 산업발전에 미친 영향, Issue Paper, KIAT, 2012.

14 김일수, 김영태, 탈무드 창조경제, 지엔피북스, 2014, 68쪽

15 김일수, 김영태, 탈무드 창조경제, 지엔피북스, 2014, 72쪽

16 김일수, 김영태, 탈무드 창조경제, 지엔피북스, 2014, 62쪽

17 How Israel Has Emerged on the Tech Scene, College Cliffs.https://www.

finextra.com/blogposting/23926/how-israel-has-emerged-on-the-tech-scene

18 IVC

19 Gil Avnimelech(2009), 'VC POLICY:YOZMA PROGRAM 15-YEARS PERSPECTIVE. Copenhagen Business School, Summer Conference 2009

20 헤럴드 경제, 2022.6.27.

21 전자신문, 2022.11.7.

22 National Contribution to the Concept Papers Israelhttps://sdgs.un.org/sites/default/files/2022-11/8.Israel%27s%20Inputs-2023%20Water%20Confrerence%20Concept%20Paper_0.pdf

23 수치 출처 :https://blogs.worldbank.org/water/israel-how-meeting-water-challenges-spurred-dynamic-export-industry

24 knesset, 2021https://main.knesset.gov.il/en/news/pressreleases/pages/press11123i.aspx

25 통계청, 2022년 농림어업조사

26 Israeli Agricultural Innovation: Assessing the Potential to Assist Smallholders, Syngenta Foundationhttps://www.syngentafoundation.org/sites/g/files/kgtney976/files/media/document/2019/11/15/israeli_agricultural_innovation_assessing_the_potential_to_assist_smallholders.pdf

27 Israel: Exporter Guide. https://fas.usda.gov/data/israel-exporter-guide-6

28 https://storymaps.arcgis.com/stories/7192f8ba970b404696ead8b91473bacc

29 정성호, 이스라엘과 창조경제, 살림, 2015, 22쪽

30 이스라엘 문화원 홈페이지 www.ilculture.or.kr

31 김일수, 김영태, 탈무드 창조경제, 지엔피북스, 2014, 37쪽

32 김일수, 김영태, 탈무드 창조경제, 지엔피북스, 2014, 20쪽

33 홍익희, 2010.

34 정성호, 2015.

35 시몬 페레스, 작은 꿈을 위한 방은 없다. 샘앤파커스, 2018, 320쪽

36 아비 조르쉬, 혁신국가, 에스엔아이 팩토리, 2018, 35쪽

37 시몬 페레스, 작은 꿈을 위한 방은 없다. 샘앤파커스, 2018, 258쪽

38 홍익희, 유대인 창의성의 비밀, 평생B잎새, 2021, 96쪽

39 아비 조르쉬, 혁신국가, 에스엔아이 팩토리, 2018, 33쪽

40 홍익희, 유대인 창의성의 비밀, 평생B잎새, 2021, 115쪽

41 조선일보, 2023.5.28.

42 한이스라엘 컨퍼런스 기조연설, 2023.5.18.

43 이갈 에를리히, 요즈마 스토리, 아라크네, 2019, 327쪽

44   이갈 에를리히 인터뷰

45   이갈 에를리히, 요즈마 스토리, 아라크네, 2019, 237쪽

46   이갈 에를리히, 벤처강국의 힘, 인터뷰

47   도브 모란, 100개의 문과 미친 아이디어, 아라크네, 2017, 346쪽

48   조선일보, 2023.5.28.

49   시몬 페레스, 작은 꿈을 위한 방은 없다. 샘앤파커스, 2018, 219쪽

50   시몬 페레스, 작은 꿈을 위한 방은 없다. 샘앤파커스, 2018, 95쪽

51   시몬 페레스, 작은 꿈을 위한 방은 없다. 샘앤파커스, 2018, 110쪽

52   홍익희, 유대인 창의성의 비밀, 평생B잎새, 2021, 116쪽

53   데니스 반 인터뷰

54   한국이스라엘 컨퍼런스 데이비드 헬러 초청 특별 포럼, 2023.6.21

55   야니브 골드버그 인터뷰

56   도브 모란, 100개의 문과 미친 아이디어, 아라크네, 2017, 114쪽

57   박한진, 이스라엘 비즈니스 산책, 한빛비즈, 2014, 71쪽

58   시몬 페레스, 작은 꿈을 위한 방은 없다. 샘앤파커스, 2018, 312쪽

59   이갈 에를리히 인터뷰

60   이갈 에를리히, 벤처강국의 힘, 인터뷰

61   이갈 에를리히, 요즈마 스토리, 아라크네, 2019, 72쪽

62   이명진, 이스라엘 과학기술 체제와 정책, 과학기술정책연구원, 2000, 2쪽

63   이명진, 이스라엘 과학기술 체제와 정책, 과학기술정책연구원, 2000, 23쪽

64   이스라엘 사실정보, 2008.

65   이스라엘 사실정보, 2008.

66   Zionism: 유대인이 시온의 땅, 즉 에레츠 이스라엘(팔레스타인)로 귀환하고자 하는 운동 및
      그 견해의 총칭. 즉 세계 각 지역에 흩어져 있던 유대인이 그들 조상의 땅인 팔레스타인에 자
      신의 국가를 건국하려는 유대민족주의운동으로, 1948년 이스라엘의 독립으로 실현되었다.

67   Aliyah: 알리야(히브리어: קִיָּה, Aliyah)란 유대인 디아스포라들이 유대인의 땅인 에레츠 이스
      라엘로 돌아오는 것을 말한다.

68   1993년 9월 미국 대통령 빌 클린턴의 중재로 이루어졌다. 팔레스타인의 자치에 대한 원칙
      적인 합의와 이스라엘과 PLO의 상호 인준으로 구성되며 내용은 팔레스타인 자치와 선거,
      과도기 협정, 이스라엘군의 재배치와 철수, 예루살렘과 점령지의 최종 지위 협상, 유대인 정
      착촌, 경제 조항, 난민 문제 등이 들어 있다.

69   2004년 노벨화학상 아브람 헤르슈코, 아론 치에하노베르, 2011년 노벨화학상 단 셰흐트
      만, 2013년 노벨화학상 아리 워셜

70   산업 기술은 PART 2에 나오는 개별 산업 분석의 일부를 요약한 것으로, 자료 원천은 개별
      산업 분석 참고

71   ADAS는 차선 이탈 알림, 앞차 출발 알림, 전방 추돌 경보, 과속 알림 등 인공 시각 기반의

충돌방지 시스템이다.

72 https://fintech-israel.org/

73 김일수, 김영태, 탈무드 창조경제, 2014, 19쪽

74 이갈 에를리히, 요즈마 스토리, 136~138쪽

75 이코노미 조선, 2023.1.16.

76 1위 실리콘 밸리, 공동 2위 뉴욕&런던, 4위 로스앤젤레스, 5위 텔아비브, 6위 보스톤, 7위 베이징

77 수치 출처: Startup genom 2023

78 수지 출처: https://www.startupblink.com/startup-ecosystem/tel-aviv-yafo-il

79 매일경제, 2023.1.29.

80 매일경제, 2023.1.29.

81 매일경제, 2023.1.29

82 매일경제, 2023.1.30.

83 연합뉴스, 2022.1.10

84 전자신문, 2022.11.7.

85 연합인포맥스, 2023.4.6.

86 Press release of Group14 Technologies, 2021.11.30.

87 https://www.hankyung.com/it/article/2019120800031

88 https://www.asiae.co.kr/article/2023102310183978400

89 https://biz.chosun.com/industry/company/2023/10/25/ HWCACHP2OBDDJKQBAECH3BZNQE/

90 https://www.theguru.co.kr/mobile/article.html?no=55371

91 https://www.hankyung.com/article/2019011395351

92 https://biz.chosun.com/industry/company/2023/10/12/ WR6N32E4WRABTHLV4K43MDQHO4/

93 https://www.hankyung.com/article/2019011395351

94 https://www.hankyung.com/article/2019011395351

95 https://www.businesspost.co.kr/BP?command=article_view&num=284948

96 https://www.paxetv.com/news/articleView.html?idxno=118438

97 https://www.theguru.co.kr/news/article.html?no=62864

98 https://theguru.co.kr/news/article.html?no=62864

99 https://www.theguru.co.kr/news/article.html?no=65285

100 https://www.theguru.co.kr/news/article.html?no=65285

101 https://www.sedaily.com/NewsView/29PPBT04F6

102 https://itrade.gov.il/korea/?p=2518

103 https://www.thelec.kr/news/articleView.html?idxno=14702

104 https://biz.chosun.com/site/data/html_dir/2020/04/27/2020042703530.html

105 https://live.lge.co.kr/lg-cybellum/

106 https://zdnet.co.kr/view/?no=20231214075123

107 https://www.bukwang.co.kr/m26.php?tab=2

108 https://www.dailymedi.com/news/news_view.php?wr_id=844686

109 https://www.theguru.co.kr/news/article.html?no=40472

110 야니브 골드버그 인터뷰, 2023.9.11.

PART 2. 이스라엘 하이테크 산업의 이해

111 KOTRA

112 https://www.statista.com/outlook/tmo/cybersecurity/worldwide

113 Startup Nation Central

114 https://www.ylventures.com/wp-content/uploads/2023/01/State-of-the-Cyber-Nation-2022-Report.pdf

115 IATI(Israel Advanced Technology Industries) report

116 YL VENTURES, State of The Cyber nation 2022

117 Startup Nation Central Presents Israeli Tech Annual Report 2023

118 Startup Nation Central

119 https://m.truefriend.com/mobile/stock.jsp?market=us&date=2023-02-14&code=CHKP

120 CheckPoint

121 Crunch Base

122 https://growjo.com/company/XM_Cyber

123 https://www.calcalistech.com/ctechnews/article/bypt11gwcc

124 Katz, Y., & Bohbot, A. (2017). The weapon wizards: How Israel became a high-tech military superpower. St. Martin's Press.

125 Palavenis, D. (2020, August). Israel defense industry, what we can learn from it?. In Presented at ECPR Virtual General Conference (Vol. 24, p. 28).

126 KOTRA 2023년 이스라엘 방위산업 정보

127 Palavenis, D. (2021). Adaptive Israel defense industry: myth or reality?. Israel

Affairs, 27(5), 969-983.

128 Katz, Y., & Bohbot, A. (2017). The weapon wizards: How Israel became a high-tech military superpower. St. Martin's Press.

129 Palavenis, D. (2021). Adaptive Israel defense industry: myth or reality?. Israel Affairs, 27(5), 969-983.

130 Palavenis, D. (2021). Adaptive Israel defense industry: myth or reality?. Israel Affairs, 27(5), 969-983.

131 Palavenis, D. (2021). Adaptive Israel defense industry: myth or reality?. Israel Affairs, 27(5), 969-983.

132 Katz, Y., & Bohbot, A. (2017). The weapon wizards: How Israel became a high-tech military superpower. St. Martin's Press.

133 https://sgp.fas.org/crs/mideast/RL33222.pdf

134 Lifshitz, Y. (2020). The strategic importance of the defense industries in Israel. Israel's Defense Industry and US Security Aid, 21-31

135 이스라엘 국방부 발표 https://www.gov.il/en/departments/news/esibat

136 https://english.mod.gov.il/About/Defense_Exports/Pages/SIBAT_International_Defense_Cooperation.aspx

137 Evron, Y., & Bitzinger, R. A. (2023). The Fourth Industrial Revolution and Military-civil Fusion: A New Paradigm for Military Innovation?. Cambridge University Press.

138 https://breakingdefense.com/2023/07/how-israels-military-is-prioritizing-dual-use-start-ups-to-accelerate-defense-tech/

139 Elfassy, G., Manos, R., & Tishler, A. Possible Effects of the Change in Foreign Currency Aid on the Structure of the Israeli Defense Companies.

140 https://en.globes.co.il/en/article-israeli-defense-cos-rise-in-defense-news-top-100-1001454749

141 SIPRI Yearbook 2023

142 SIPRI Yearbook 2023

143 https://www.reuters.com/business/aerospace-defense/israel-reports-record-125-bln-defence-exports-24-them-arab-partners-2023-06-13/

144 Defence Expenditure of NATO Countries (2014-2023)

145 https://www.economist.com/middle-east-and-africa/2023/06/22/the-war-in-ukraine-is-boosting-israels-arms-exports

146 elbitsystems.com

147 elbitsystems.com

148 미국 증권거래위원회(SEC) 보고자료(Annual Report 20-F)

149 Elbit Systems Conference Call (August 15, 2023)

150 https://en.wikipedia.org/wiki/Elbit_Systems

151 elbitsystems.com

152 Elbit-타겟기업 M&A 기사 참고

153 미국 증권거래위원회(SEC) 보고자료(Annual Report 20-F)

154 Elbit Systems Conference Call (August 15, 2023)

155 Elbit Systems Conference Call (August 15, 2023)

156 Rafael 홈페이지 https://www.rafael.co.il/

157 https://www.rafael.co.il/press/rafael-registers-record-breaking-year-in-sales-orders/

158 www.rafael.co.il

159 www.rafael.co.il

160 Evron, Y., & Bitzinger, R. A. (2023). The Fourth Industrial Revolution and Military-civil Fusion: A New Paradigm for Military Innovation?. Cambridge University Press.

161 https://www.rafael.co.il/press/rafael-registers-record-breaking-year-in-sales-orders/

162 rdc.co.il

163 https://www.rafael.co.il/press/rafael-enters-unmanned-aerial-platform-domain-with-acquisition-of-aeronautics/

164 https://www.calcalistech.com/ctech/articles/0,7340,L-3770013,00.html

165 https://www.rafael.co.il/press/raytheon-missiles-defense-and-rafael-team-to-establish-u-s-based-iron-dome-weapon-system-production-facility/

166 https://www.calcalistech.com/ctech/articles/0,7340,L-3847775,00.html

167 www.rafael.co.il/

168 www.rafael.co.il

169 tat-technologies.com/

170 https://www.nasdaq.com/press-release/tat-technologies-completed-private-placement-to-israeli-institutional-and-accredited

171 Annual Report: FORM 20-F

172 https://limco.tat-technologies.com/

173 https://piedmont.tat-technologies.com/

174 https://tatisrael.tat-technologies.com/

175 Investor's Presentation (November, 2023) 자료

176 tat-technologies.com

177 Investor's Presentation (November, 2023) 자료

178 www.iati.co.il

179 https://startupnationcentral.org/sector/health-tech/

180 https://startupnationcentral.org/sector/health-tech/

181 한국산업기술진흥원(2022), 이스라엘 생명과학 산업 보고서

182 https://v.daum.net/v/qeYnnFBEiu

183 www.alphatau.com

184 한국산업기술기획평가원, 방사선 치료기기 기술동향 및 산업 현황, 2017, 17(5)

185 연구개발특구진흥재단, "연구개발특구기술 글로벌 시장동향 보고서 : 방사성 의약품 시장", 2018.03.

186 ultrasight.com

187 https://www.pcronline.com/News/Whats-new-on-PCRonline/2023/World-Heart-Day-2023-Reducing-burden-cardiovascular-disease-globally-beyond-stents-balloons

188 https://www.pcronline.com/News/Whats-new-on-PCRonline/2023/World-Heart-Day-2023-Reducing-burden-cardiovascular-disease-globally-beyond-stents-balloons

189 https://www.crunchbase.com/organization/urogen-pharma

190 https://en.wikipedia.org/wiki/Agricultural_technology

191 Israeli Central Bureau of Statistics

192 https://finder.startupnationcentral.org/

193 Israel Agtech Market Summary, Competitive Analysis and Forecast to 2027 by Global Data

194 https://finder.startupnationcentral.org/

195 https://www.ft.com/content/2d2557bc-dd10-4702-b230-fef02048698c

196 Yadav, S., Kaushik, A., Sharma, M., & Sharma, S. (2022). Disruptive technologies in smart farming: an expanded view with sentiment analysis. AgriEngineering, 4(2), 424-460.

197 Yadav, S., Kaushik, A., Sharma, M., & Sharma, S. (2022). Disruptive technologies in smart farming: an expanded view with sentiment analysis. AgriEngineering, 4(2), 424-460.

198 Sargent, D., Conaty, W. C., Tissue, D. T., & Sharwood, R. E. (2022). Synthetic biology and opportunities within agricultural crops. Journal of Sustainable Agriculture and Environment, 1(2), 89-107.

199 Chauhan, C., Dhir, A., Akram, M. U., & Salo, J. (2021). Food loss and waste in food supply chains. A systematic literature review and framework development approach. Journal of Cleaner Production, 295, 126438.

200 KOTRA(2022) 스마트팜 해외진출전략보고서

201 https://finder.startupnationcentral.org/

202 OECD's Agricultural Policy Monitoring and Evaluation 2022: Reforming

Agricultural Policies for Climate Change Mitigation

203 Yadav, S., Kaushik, A., Sharma, M., & Sharma, S. (2022). Disruptive technologies in smart farming: an expanded view with sentiment analysis. AgriEngineering, 4(2), 424-460.

204 Statista (2022), Agtech Market Value Worldwide 2020~2025

205 www.netafim.com

206 https://en.wikipedia.org/wiki/Netafim

207 Dripping with Strategy: Lessons from Netafim's Successful Globalization, Business Strategy Case Studies, Tel Aviv University of School of Management

208 www.netafim.com

209 Dripping with Strategy: Lessons from Netafim's Successful Globalization, Business Strategy Case Studies, Tel Aviv University of School of Management

210 Girotra, K., & Netessine, S. (2014). Reinventing business models through risk management. Risk Management, 61(9), 38.

211 https://www.timesofisrael.com/netafim-to-introduce-carbon-credits-for-rice- growers-using-drip-irrigation/

212 https://en.wikipedia.org/wiki/Netafim

213 https://www.haaretz.com/haaretz-labels/cutting-edge/2023-04-24/ty-article- labels-m/.premium/netafim-from-making-the-desert-bloom-to-leading-global-food-security/00000187-b264-d3b7-abcf-b3647bda0000

214 www.netafim.com

215 https://israelagri.com/netafims-technology-wins-fima-prize/

216 https://www.environmentenergyleader.com/2013/05/netafims-water-saving-technology-wins-award/

217 www.netafim.com

218 https://en.wikipedia.org/wiki/Netafim

219 Andrews, H. M., Homyak, P. M., Oikawa, P. Y., Wang, J., & Jenerette, G. D. (2022). Water-conscious management strategies reduce per-yield irrigation and soil emissions of CO2, N2O, and NO in high-temperature forage cropping systems. Agriculture, ecosystems & environment, 332, 107944.

220 Bin Rahman, A. R., & Zhang, J. (2023). Trends in rice research: 2030 and beyond. Food and Energy Security, 12(2), e390.

221 prospera.ag

222 prospera.ag

223 https://agfundernews.com/why-prospera-started-in-greenhouses-before-taking-ai-tech-into-the-fields

224 https://agfundernews.com/why-prospera-started-in-greenhouses-before-taking-ai-tech-into-the-fields

225 prospera.ag

226 prospera.ag

227 prospera.ag

228 www.tevel-tech.com

229 https://agfundernews.com/tevel-co-founder-yaniv-maor-talks-fruit-field-trials-with-flying-robots

230 www.tevel-tech.com

231 https://finder.startupnationcentral.org/startups/search?&status=Active

232 Israel's State of Climate Tech 2023 published by Israel Innovation Authority and PLANETech

233 https://finder.startupnationcentral.org/reports/Reports%20and%20 Resources

234 Israel's State of Climate Tech 2023 published by Israel Innovation Authority and PLANETech

235 https://finder.startupnationcentral.org/startups/search?&status=Active

236 https://finder.startupnationcentral.org/reports/Reports%20and%20 Resources

237 Innovating to net zero: An executive's guide to climate technology published by McKinsey & Company on October 28, 2021

238 The Five Drivers of Israel's Energy Tech Sector: Unleashing Innovation for a Sustainable Future published by Start-Up Nation Central

239 https://finder.startupnationcentral.org/reports/Reports%20and%20 Resources

240 PitchBook's H1 2023 VC Tech Survey

241 Israel's State of Climate Tech 2023 published by Israel Innovation Authority and PLANETech

242 https://www.mordorintelligence.com/industry-reports/israel-solar-energy-market

243 https://en.wikipedia.org/wiki/Energy_in_Israel

244 https://www.trade.gov/country-commercial-guides/israel-energy

245 Ibid

246 OECD Environmental Performance Reviews: Israel 2023

247 https://www.trade.gov/country-commercial-guides/israel-energy

248 https://www.gov.il/en/departments/news/einfrastructure

249 www.solaredge.com

250 www.solaredge.com

251 https://en.globes.co.il/en/article-guy-sella-one-of-startup-nations-greatest-pioneers-1001299870

252 Ibid

253 Startup Nation Central 자료(https://finder.startupnationcentral.org/startups/search?&status=Active)

254 https://en.globes.co.il/en/article-guy-sella-one-of-startup-nations-greatest-pioneers-1001299870

255 https://finder.startupnationcentral.org/startups/search?&status=Active

256 www.solaredge.com

257 www.solaredge.com

258 Q3 2023 Solaredge Technologies Inc Earnings Call

259 Global PV inverter market share by shipments 2022, published by Statistica on Nov 3, 2023

260 https://www.gminsights.com/industry-analysis/power-optimizer-market/market-size

261 Enabling renewable energy with battery energy storage systems produced by McKinsey & Company in August 2023.

262 https://en.globes.co.il/en/article-israeli-green-hydrogen-co-h2pro-raises-22m-1001363555

263 www.h2pro.com

264 https://www.cnbc.com/2022/01/25/h2pro-founded-by-ex-juno-viber-founder-raises-from-gates-fund.html)

265 https://www.prnewswire.com/news-releases/h2pro-announces-and-celebrates-laying-the-cornerstone-of-its-first-production-facility-capable-of-producing-600mwyear-of-green-hydrogen-systems-3-01513590.html

266 https://www.prnewswire.com/il/news-releases/doral-energy-and-h2pro-announce-a-strategic-agreement-for-200-mw-electrolyzers-for-green-hydrogen-projects-301597957.html

267 https://www.moroccoworldnews.com/2022/11/352302/gaia-energy-h2pro-launch-green-hydrogen-demo-project-in-morocco

268 https://www.calcalistech.com/ctechnews/article/3gy030ek1

269 https://finder.startupnationcentral.org/startups/search?&status=Active

270 www.h2pro.com

271 Hydogen Insights 2023 published by Hydrogen Council and McKinsey & Company (May 2023)

272 https://corporate.arcelormittal.com/media/press-releases/arcelormittal-makes-us-5-million-investment-in-h2pro-via-xcarb-innovation-fund

273 www.airovation-tech.com

274 Ibid

275 https://finder.startupnationcentral.org/startups/search?&status=Active

276 Ibid

277 https://www.fortunekorea.co.kr/news/articleView.html?idxno=23042

278 www.airovation-tech.com

279 https://finder.startupnationcentral.org/startups/search?&status=Active

280 https://www.fortunekorea.co.kr/news/articleView.html?idxno=23042

281 https://www.prnewswire.com/news-releases/airovation-technologies-and-asus-sign-mou-to-expand-air-purification-solutions-in-taiwan-and-greater-china-301618061.html

282 https://www.fortunekorea.co.kr/news/articleView.html?idxno=23042

283 www.airovation-tech.com

284 https://www.israelscienceinfo.com/en/environnement/airovation-et-uhj-israel-kolon-coree-du-sud-un-mou-pour-transformer-le-co2-en-mineraux-pour-lalimentation/

285 Asgard vc 2018 report

286 https://www.statista.com/outlook/tmo/artificial-intelligence/israel#market-size

287 www.startuphub.ai., 'Israel's Artificial Intelligence Startups'

288 Crunch Base

289 정보통신산업진흥원, 국가별 ICT 시장동향: 이스라엘, 2022

290 Crunch Base

291 ctechnews

292 https://www.crunchbase.com/organization/hailo-technologies

293 https://www.fortunebusinessinsights.com/edge-computing-market-103760

294 https://www.m-i.kr/news/articleView.html?idxno=1042325

295 Dechezlepretre, A., Diaz, L., Fadic, M., & Lalanne, G. (2023). How the green and digital transitions are reshaping the automotive ecosystem.

296 https://www.electrifiedmag.com/news/israel-a-global-leader-in-automotive-technology/

297 Mobility tech as a source of innovation: Israel's smart mobility start-up ecosystem published by McKinsey & Company (2023)

298 https://www.electrifiedmag.com/news/israel-a-global-leader-in-automotive-technology/

299 https://finder.startupnationcentral.org/startups/search

300 Mobility tech as a source of innovation: Israel's smart mobility start-up ecosystem published by McKinsey & Company (2023)

301 Israel's automotive and smart mobility industry published by EcoMotion and Roland Berger in 2021

302 Mobility tech as a source of innovation: Israel's smart mobility start-up ecosystem published by McKinsey & Company (2023)

303 Israel's automotive and smart mobility industry published by EcoMotion and Roland Berger in 2021

304 Mobility tech as a source of innovation: Israel's smart mobility start-up ecosystem published by McKinsey & Company (2023)

305 Consumer pull: The growth of shared urban mobility published by McKinsey & Company (2023)

306 Deichmann, J. (2023). Autonomous Driving's Future: Convenient and Connected. McKinsey.

307 Heineke, K., Kloss, B., Ruden, A. M., Moller, T., & Wiemuth, C. (2023). Shared mobility: Sustainable cities, shared destinies. McKinsey Quarterly

308 www.mobileye.com

309 https://en.wikipedia.org/wiki/Mobileye

310 https://en.wikipedia.org/wiki/Amnon_Shashua

311 Yoffie, D. B. (2014). Mobileye: The future of driverless cars. Harvard Business School Case, 715-421

312 https://www.ajunews.com/view/20191109102633439

313 www.mobileye.com

314 Mobileye Releases Third Quarter 2023 Results, Updates Guidance and Provides Business Overview

315 Form 10-Q for Mobileye Global INC filed 11/09/2023

316 Form 10-Q for Mobileye Global INC filed 11/09/2023

317 https://www.nasdaq.com/articles/4-reasons-to-buy-mobileye-stock-and-4-reasons-to-sell

318 www.store-dot.com

319 https://www.store-dot.com/press/storedot-ends-2023-as-worlds -leading-company-making-extreme-fast-charging-battery-technology

320 https://weekly.automotivepurchasingandsupplychain.com/201023/storedot

321 매경이코노미(2022.08.11.), 이스라엘 유니콘 배터리 기업 '스토어닷'…5분 충전에 160km

322 www.store-dot.com

323 https://weekly.automotivepurchasingandsupplychain.com/201023/storedot

324 https://eepower.com/news/startup-attains-extreme-fast-ev-charging-without -cell-degradation#

325 2020 European Rapid Charging Battery Manufacturing New Product Innovation Award by Frost & Sullivan

326 www.store-dot.com/

327 https://weekly.automotivepurchasingandsupplychain.com/201023/storedot

328 https://weekly.automotivepurchasingandsupplychain.com/201023/storedot

329 https://finder.startupnationcentral.org/ company_page/everysight?section= business

330 www.everysight.com

331 https://zdnet.co.kr/view/?no=20230814140923

332 https://en.wikipedia.org/wiki/Everysight

333 www.everysight.com

334 https://zdnet.co.kr/view/?no=20230814140923

335 2023 Smart Augmented Reality (AR) Glasses - Global Strategic Business Report published by RESEARCH AND MARKETS

336 Hatami, H., Hazan, E., Khan, H., & Rants, K. (2023). A CEO's guide to the metaverse. The McKinsey Quarterly.

337 https://fintech-israel.org/

338 https://findexable.com/2021-fintech-rankings/

339 VIOLA Report, https://www.viola-group.com/violanotes/2022-israeli-fintech-report-rocky-but-optimistic/

340 https://brokerchooser.com/broker-reviews/etoro-review/company#found

341 https://web.archive.org/web/20170629224433/http://techcitynews.com/2014/01/13/etoro-launches-bitcoin-trade/

342 Crunch Base

343 https://www.linkedin.com/in/yoniassia/?originalSubdomain=il

344 https://wikitoro.org/info/etoro-yoni-assia

345 https://www.linkedin.com/in/ronenassia/details/experience/

346 https://www.linkedin.com/in/davidring1/

347 https://insurtechdigital.com/articles/when-life-gives-you-lemons-the-socially-conscious-insurtech

348 https://www.calcalistech.com/ctech/articles/0,7340,L-3865573,00.html

349 https://www.lemonade.com/claims

350 Benefit Corporation, 기업의 사회적 지속 가능성과 환경 성과를 측정, 글로벌 비영리 단체인 B Lab이 인증하는 국제 인증으로 세계적으로 7,531개의 인증 기업이 있음

351 https://www.statista.com/statistics/1192960/forecast-global-insurance-market/

352 https://www.pymnts.com/insurance/2023/lemonade-sees-path-to-profitability-and-reaches-2-million-customers/

353 https://investor.lemonade.com/news-and-events/news/default.aspx

354 Crunch base

355 https://www.payoneer.com/about/customer-reviews

356 https://finance.yahoo.com/news/payoneer-global-inc-payo-reports-125339881.html

357 https://kr.investing.com/news/stock-market-news/article-93CH-1015151

358 https://www.insiderintelligence.com/

359 https://www.inc.com/hillel-fuld/interview-yuval-tal.html

360 https://benyanivchechik.brandyourself.com/

한국 경제 퀀텀 점프, 이스라엘에 답이 있다

하이테크 강국 이스라엘 Startup to Scale-up

초판 1쇄 인쇄 2024년 5월 14일
초판 1쇄 발행 2024년 5월 20일

지은이 한정화

펴낸이 김연홍
펴낸곳 아라크네

출판등록 1999년 10월 12일 제2-2945호
주소 서울시 마포구 성미산로 187 아라크네빌딩 5층(연남동)
전화 02-334-3887   **팩스** 02-334-2068

ISBN 979-11-5774-760-3 03320